中国法制史考证续编

第八册

杨一凡 主编

唐式辑佚

霍存福 著

社会科学文献出版社
SOCIAL SCIENCES ACADEMIC PRESS (CHINA)

图书在版编目（CIP）数据

唐式辑佚／霍存福著. —北京：社会科学文献出版社，
2009.8

（中国法制史考证续编；第八册）

ISBN 978 - 7 - 5097 - 0821 - 7

Ⅰ. 唐… Ⅱ. 霍… Ⅲ. 法制史-研究-中国-唐代
Ⅳ. D929.42

中国版本图书馆 CIP 数据核字（2009）第 104931 号

自　序

　　唐代律、令、格、式四种基本法典，律因《唐律疏议》的广泛流传而保存下来，令、格、式则均已散佚。20 世纪 30 年代，日本学者仁井田陞博士依据 100 多种中日典籍复原了唐令 715 条，撰成《唐令拾遗》一书，使 1500 余条的唐令得现旧貌之半。此后，日本法律史界、史学界一直没有中断过对唐令复原工作的探讨。1997 年，池田温等人编集了《〈唐令拾遗〉补》，汇集了仁井田陞有关唐令复原的论文，集录了仁井田陞对唐令条文的订补及其他学者有关唐令复原的研究成果。这对于唐令复原及唐令研究，又是一个明显的推动。

　　仁井田陞博士在复原唐令时，也曾涉及唐式，尤其是当需要进行令式分辨问题的时候。但鉴于他的主要任务是复原唐令，故而涉猎唐式的范围总是有限的。1986～1988 年初，栗劲先生带领王占通、郭延德和我一同编译了仁井田陞的《唐令拾遗》，1989 年 11 月由长春出版社出版。有感于法典复原对研究工作的重要意义，当时就想对唐式也作些复原工作。1989 年中国社会科学院法学研究所在北京组织召开"中国法律史国际学术讨论会"时，我草成了《关于编纂〈唐式辑逸〉的规划与进展——兼论唐式的性质与地位》一文提交大会。该论文的第一部分，后来以《唐式逸文的遗存及搜集情况》为题，发表在《中国法律史国际学术讨论会论文集》一书中（陕西人民出版社 1990 年 9 月版）；另一部分经过整理，后来以《唐式性质考论》为题，发表在《吉林大学社会科学学报》1992 年第 6 期上。

1993 年，我以《唐式辑佚与式文研究——兼与日本〈延喜式〉比较》为题，申请了"吉林大学笹川良一优秀青年教育基金"项目，并获得了立项资助。该项目的进行，原计划至 1996 年完成一部 20 万字的专著，但实际做起来却频频受到教学任务和其他科研任务的冲击，不得不一再进行调整。故到项目结项时，只能以系列论文的形式进行验收。

好在我对唐式资料一直保有一种浓厚的兴趣，没有中断过这方面的研究，并且也一直在关注学术界对该问题的研究进展。之后又发表《唐式与日本式的比较研究》（载《中外法律史新探》，陕西人民出版社 1994 年 12 月版）等论文，并一直在断断续续地进行这方面资料的积累。这项工作，得到了杨一凡君的关注，并建议纳入到由他主持的《中国法制史考证》系列之中。此书的最后完成，也与他的支持和敦促是分不开的。

日本有保留完整的《延喜式》。此前的式文留存者，尚有《弘仁式》、《贞観式》逸文。但即使是《弘仁式》、《贞観式》，一是晚起，二是与唐式有很大不同。这样，就无法以日本式为蓝本复原唐式。这与复原唐令是不同的。日本养老令存留完整（主要通过《令义解》和《令集解》），而其所从出的母体，就是已经散佚了的唐令。故日本学者复原唐令，就是利用了这个得天独厚的方便条件。以日本令为参照系，再找寻唐令佚文，两方对应者即可大体确定为唐令。这也就是唐令复原最早出现在日本的原因之一。唐式复原不能走这条路。不过，中日典籍中仍有不

少唐式佚文，可以互相参证，复原工作还是可以做的。尤其是
《唐六典》，在内容上是排比了当时的令、式而成，包含了大量
的式文。只要有旁证，就可以将其确定为唐式文字。

　　法典复原工作，实际是一个专门的学问。日本学者在这方面
有比较成熟的经验。故本书在技术上均参照仁井田陞先生《唐
令拾遗》中复原唐令的基本做法，大体上也按照我们编译《唐
令拾遗》的体例进行，即：首先列出复原后的唐式文字，其次
排列据以复原的"引据"资料，再次是"按"语，最后是"参
考"资料（为阅读及理解方便，有时"按"语与"参考"资料
的顺序可能颠倒）。这样的做法，主要是希望法律史学者、唐史
研究者在阅读唐代令式资料的时候，能够因二书体例的相同而给
他们带来方便。本书在功力和成就上，无法与仁井田陞先生的
《唐令拾遗》相提并论，这是毋庸细说的。

　　本书的目录，已反映了唐式复原的篇数与条数情况。在总计
35 篇唐式中，共复原 207 条，它们是基本上可以确定的唐式条
文。尽管与大约 1000 条的全部唐式条文相比，①它们仅占原条文
数量的 1/5。距离其原貌的恢复，还有相当一段路程要走，但毕
竟对开掘这一领域是有所裨益的。

　　在体例上，本书采取"论述篇（唐式研究）"、"复原篇
（唐式佚文复原及考证）"分立的办法。"论述篇"是以我过去写
的 5 篇论文（包括前述未提到的《令式分辨与唐令的复原》，发

---

① 按《新唐书》卷五八《艺文志二》云"（贞观）《令》一千五百四十六条"，《唐六典》
　卷六刑部郎中员外郎条云"（《开元令》）大凡一千五百四十有六条焉"，《旧唐书》卷
　五〇《刑法志》作"（贞观）定令一千五百九十条，为三十卷"，"开元……《令》三十
　卷，《式》二十卷"。依此容量计算，30 卷的唐《贞观令》、《开元令》均为 1500 余条，
　20 卷的唐《开元式》当有 1000 条左右。《武德式》、《贞观式》均为 14 卷，《永徽式》
　为 18 卷，条数可能均少于《开元式》的 1000 条。

表于《当代法学》1989 年第 3 期）为基础，进行大幅度的修改、补充而成。主要是分门别类介绍唐式的基本情况和研究情况，我个人的研究成果也主要集中在这里。"复原篇"也部分地借助了前此的研究成果，但更多地是新的心得。凡复原条文有必要作出某种说明者，均列出相应考证文字。这是全书的重头戏，最耗费功夫的，也正在这里。

"格"的问题，因与"式"关系较近，且学术界专门从事此项研究者不多，成果较稀见，凡我收集到的，皆附于相应式的条文之下，以便于理解唐格、式之间的关系（所附格文，也间有按语，对其作出必要的说明）。故在一定程度上，本书也可看作是唐代"格"、"式"佚文的汇集。[①]

本书在书末附列了"《唐式辑佚》引据资料及所在页码索引"，作为附录一，就复原式文的引据书目及其相应卷次（或门次、条次）、式文首句或其内容梗概，依次作出标注；并在各该引据书名前，用阿拉伯数字标示该条式文在本书（即《唐式辑佚》）中的所在页码，以便读者检索；同时，又作了附录二"《唐式辑佚》引证及参考书目与论文"，对引据资料之外的引证及参考书目与相关论文，依序作了排列，以供读者进一步查阅。

本书的写作，一直得到了数位日本朋友的帮助。关西学院大学法学部的森正夫先生，虽一直与我不曾谋面，从朋友处得知我正在进行唐式复原，并有志于唐日两式的比较研究之后，遂主动承担起为我解决急需的日文资料事宜，先后解囊为我购买赠寄了日本古籍印本《延喜式》全套 3 册（新订增补国史大系本，吉川弘文馆，平成元年 4 月印行）、虎尾俊哉编《弘仁式贞观式逸

---

① 按刘俊文的研究，唐代共修格 14 次，成格 19 部。见氏著：《唐代法制研究》，台北文津出版社，1999，第 124 页。

文集成》（国书刊行会，平成 4 年 12 月印本）、虎尾俊哉著《延
喜式》（吉川弘文馆，平成元年 5 月印本）等著作；关西学院大
学法学部的林纪昭教授，也为我复印邮寄了泷川政次郎著《唐
兵部式と日本军防令》（载《法制史研究》第二号）、仁井田陞
著《唐军防令と烽燧制度——泷川博士の批评に答えて》（载
《法制史研究》第四号）两篇文章，及泷川政次郎《支那法制史
研究》（后再版时更名《中国法制史研究》）第四章《开元式》
的有关内容及新美宽撰、铃木隆一补《本邦残存典籍による辑
佚资料集成（正续）》（1968 年）中有关唐式的部分；关西学院
大学法学部的八重津洋平教授，也为我复印邮寄了新美宽撰、铃
木隆一补《本邦残存典籍による辑佚资料集成（正续）》（1968
年）中有关唐式的文字，并寄赠了他参与编写的《中国法制
史——基本资料の研究》（东京大学出版会 1993 年 2 月版）一
书；原东京大学东洋文化研究所的池田温教授也对我复原唐式的
工作一直表示关注，来信中曾询问进展情况，将他主持编写的
《中国礼法と日本律令制》（东方书店 1992 年 3 月版）、《唐令拾
遗补》（东京大学出版会 1997 年 3 月版）等相关著作及部分论
文给我邮寄来，并关注中国国内关于唐式复原与唐式研究情况
〔包括向我推荐韩国磐先生《传世文献中所见唐式辑存》一文，
载《厦门大学学报》（哲社版）1994 年第 1 期〕。对于他们的无
私支持，我表示衷心的感谢。没有这些日本学者的热心帮助，我
的这本小书是无法顺畅地完成的，至少不能这样快地完成。

　　由于我个人学力有限，在复原过程中，肯定会存在这样及那
样的问题。诚恳希望学界同仁们给予指点。

著　者
2009 年 1 月 3 日

目 录

论述篇 唐式研究

一 式的历史发展 …………………………………… （3）

（一）西魏《大统式》 ……………………………… （3）

（二）隋代的式 …………………………………… （7）

二 唐式的制定与修缉 ……………………………… （10）

（一）武德式 ……………………………………… （13）

（二）贞观式 ……………………………………… （15）

（三）永徽式 ……………………………………… （17）

（四）麟德式（乾封式） …………………………… （19）

（五）仪凤式 ……………………………………… （20）

（六）垂拱式 ……………………………………… （23）

（七）神龙式（删垂拱式） ………………………… （24）

（八）太极式 ……………………………………… （25）

（九）开元三年式 ………………………………… （26）

（十）开元七年式 ………………………………… （29）

（十一）开元二十五年式 ………………………… （31）

三　唐式的性质与地位 ……………………………………（33）

　（一）唐式的性质 ……………………………………（33）

　（二）唐式的地位 ……………………………………（45）

四　式在五代宋元时期的变化 ……………………………（55）

　（一）五代的式 ………………………………………（55）

　（二）宋式的变化 ……………………………………（57）

　（三）元人对式的理解 ………………………………（62）

五　唐式的篇目、卷数及篇卷之间的关系 ………………（64）

　（一）唐式的篇目 ……………………………………（64）

　（二）唐式的卷数及篇卷对应情况 …………………（68）

　（三）六部二十四司式与九寺诸监式 ………………（71）

六　唐式与日本式的比较 …………………………………（78）

　（一）形式的比较 ……………………………………（78）

　（二）内容的比较 ……………………………………（83）

七　唐式佚文的遗存、搜集与复原问题 ………………（102）

　（一）《唐六典》、《大唐开元礼》等典制文献引述

　　　式文 ……………………………………………（102）

　（二）法典、类书及其他政书引述式文 ……………（114）

　（三）两唐书等史书引述式文 ………………………（124）

　（四）文集及笔记小说引述式文 ……………………（125）

　（五）敦煌、吐鲁番出土文书抄录唐式 ……………（127）

　（六）日本古籍引述唐式问题 ………………………（128）

八　目前对唐式的研究情况 ················· （134）

　　（一）日本学术界对唐式的研究情况 ········· （134）

　　（二）中国学术界对唐式的研究情况 ········· （141）

复原篇　唐式佚文复原及考证

式文复原凡例 ····················· （151）

吏部式第一（复原凡八条，附《吏部格》五条） ········· （153）

司封式第二（复原凡四条） ··········· （181）

司勋式第三（复原凡一条，附《司勋格》四条） ········· （188）

考功式第四（复原凡九条，附格文二条） ········· （190）

户部式第五（复原凡二十六条，附《户部格》

　　二十二条） ··············· （202）

度支式第六（复原凡四条） ··········· （260）

金部式第七（复原凡三条，附《金部格》二条） ········· （267）

仓部式第八（复原凡二条，附《仓部格》三条） ········· （272）

礼部式第九（复原凡十五条，附格一条） ········· （278）

祠部式第十（复原凡七条，附《祠部格》三条） ········· （313）

膳部式第十一（复原凡七条） ··········· （390）

主客式第十二（复原凡八条，附格文一条） ········· （399）

兵部式第十三（复原凡五条，附《兵部格》十一条） ········ （407）

职方式第十四（复原凡十四条，附《职方格》一条） ········· （417）

驾部式第十五（复原凡七条） ··········· （443）

库部式第十六（复原凡二条） ··········· （452）

刑部式第十七（复原凡十一条，附《刑部格》

　　三十一条） ··············· （456）

都官式第十八（复原凡一条）……………………………（479）

比部式第十九（复原凡〇条）……………………………（482）

司门式第二十（复原凡一条）……………………………（484）

工部式第二十一（复原凡一条）…………………………（487）

屯田式第二十二（复原凡二条，附《屯田格》一条）……（491）

虞部式第二十三（复原凡一条，附《虞部格》一条）……（496）

水部式第二十四（复原凡三十五条）……………………（498）

秘书省式第二十五（复原凡二条）………………………（533）

太常式第二十六（复原凡三条）…………………………（537）

司农式第二十七（复原凡〇条，附《留司格》一条）……（541）

光禄式第二十八（复原凡二条）…………………………（543）

太仆式第二十九（复原凡三条）…………………………（549）

太府式第三十（复原凡二条）……………………………（554）

少府式第三十一（复原凡三条）…………………………（557）

监门式第三十二（复原凡八条）…………………………（563）

宿卫式第三十三（复原凡九条）…………………………（581）

计帐式第三十四（复原凡一条）…………………………（603）

勾帐式第三十五（复原凡〇条，附《勾帐格》一条）……（609）

附录一　《唐式辑佚》引据资料及所在页码索引…………（613）

附录二　《唐式辑佚》引证及参考书目与论文……………（643）

后　记　……………………………………………………（648）

论 述 篇

唐 式 研 究

一 式的历史发展

对隋唐以来式的源头，过去的研究者一般追溯到西魏《大统式》。但自湖北云梦睡虎地秦墓竹简出土后，人们又追溯到秦的《封诊式》。《封诊式》除了《治狱》、《训狱》两节的内容是属于"对官吏审理案件的要求"（包括"毋笞掠"，即不要拷打逼供）外，"其余各条都是对案件进行调查、检验、审讯等程序的文书程式，其中包括了各类案例，以供有关官吏学习，并在处理案件时参照执行"。[①] 但秦《封诊式》，无论就规范内容，还是就形式而言，都不能与后世的隋唐之式相提并论。[②]

因此，谈论式这种法律形式，还必须从西魏《大统式》开始。

（一）西魏《大统式》

西魏的《大统式》，据《隋书》卷二五《刑法志》载：

---

① 睡虎地秦墓竹简整理小组整理：《睡虎地秦墓竹简》，文物出版社，1978，第244页。
② 关于《封诊式》的性质，参见栗劲著：《秦律通论》，山东人民出版社，1985，第298页以下。

　　周文帝之有关中也，霸业初基，典章多阙。大统元年，命有司斟酌今古通变、可以益时者，为二十四条之制，奏之。七年，又下十二条制。十年，魏帝命尚书苏绰总三十六条，更损益为五卷，班于天下。

《唐六典》卷六刑部郎中员外郎条注，与此略同：

　　后周文帝初辅魏政，大统元年，令有司斟酌今古通变、可以益时者，为二十四条之制；七年，又下有十二条之制；十年，命尚书苏绰总三十六条，更损益为五卷，谓之《大统式》。

而《周书》卷二《文帝纪下》所载，较前二书稍详细一些：

　　魏大统元年……三月，太祖以戎役屡兴，民吏劳弊，乃命所司斟酌今古、参考变通，可以益国利民、便时适治者，为二十四条新制，奏魏帝行之。……七年……冬十一月，太祖奏行十二条制，恐百官不勉于职事，又下令申明之。……十年……秋七月，魏帝以太祖前后所上二十四条及十二条新制，方为中兴永式，乃命尚书苏绰更损益之，总为五卷，班于天下。于是搜简贤才，以为牧守令长，皆依新制而遣焉。数年之间，百姓便之。

但也只是提到了当时"戎役屡兴，民吏劳弊"的环境特征，以及颁布后的做法"搜简贤才，以为牧守令长，皆依新制而遣"，再无其他信息。

　　按，大统为西魏文帝元宝炬（公元535～551年在位）的年号，大统元年即公元535年。后周文帝，即宇文泰，西魏权臣。公元534年，北魏孝武帝元修逃到关中，依靠宇文泰。宇文泰本为北魏贺拔岳部的部将，镇守关西。次年，孝武帝被宇文泰所杀。宇文泰立孝文帝元宏之孙元宝炬为帝，都长安。史称西魏。宇文泰控制西魏朝政20多年，是当时实际的最高统治者。"周文帝"为其死后追上的尊号。宇文泰死后，其子宇文觉（孝闵帝）就夺取西魏帝位，建立北周（后周）。苏绰，西魏武功人，号令绰，史称博学能文，明习法令，任西魏度支尚书，大统十二年（公元546年）病卒。

　　北魏分为东魏、西魏，但西魏僻处关西，民贫兵弱，形势远不及东魏，连典章制度都不及东魏完备。在此情形下，二十四条新制与十二条制产生了。

　　宇文泰是鲜卑人，苏绰是主张改革政治的汉人。当时宇文泰重用苏绰，言听计从。苏绰制定文案程式及计帐、户籍等制度，并作《六条诏书》，彻底革新政治。宇文泰命令百官都须讲习，州刺史、郡守、县官不通六条诏书和计帐法的，不许做官。这就是当时制度施行的大概。

　　关于《大统式》的卷数，上引三书均云"五卷"，但后世所见者，却只有三卷。《隋书》卷三三《经籍志二》云："周《大统式》三卷"，并云："后周太祖，又命苏绰撰《大统式》。"《旧唐书》卷四六《经籍志上》之"刑法"类不见著录；而《新唐书》卷五八《艺文志二》载："苏绰《大统式》三卷"；宋郑樵《通志·艺文略》刑法类所记11部式，首部即为"周《大统式》三卷（苏绰撰）"；《崇文总目》卷二："苏绰《六条》一卷"，则是书在宋代尚存。

关于《大统式》的内容，因史书记载模糊，难以说清。沈家本《历代刑法考》曾注意到："《苏绰传》有六条诏书，其五恤狱讼。然语载《（苏）绰传》，乃诰诚之词，非法典也。"① 按《玉海》："西魏大统七年九月，② 度支尚书苏绰为六条诏书，一曰修身心，二曰厚教化，三曰尽地利，四曰擢贤良，五曰恤狱讼，六曰均赋役，奏置左右，令百官习诵之，牧令守长非通六条及计帐，不得居官。寻又益新制十二条。"是《大统式》当与《六条诏书》有一定关联。但无论如何，《六条诏书》既是有关当时时政要务的敦促性的命令性文字，而"二十四条新制"与"十二条制"也都是有关时政要务的诏书性质的文字，故所谓的"三十六条"而形成的《大统式》，也只是 36 个方面的规定，而与隋唐的式之成系统的条文体系相比，距离应是比较大的。

这里必须谈到西魏《大统式》之外的法律。《隋书》卷二五《刑法志》特别提到了"周文帝之有关中也，霸业初基，典章多阙"的问题，而《周书》卷二《文帝纪下》又将构成《大统式》的三十六条比作"中兴永式"。前者是讲《大统式》产生时的法律环境问题，当时基本典章制度有所缺乏，似无问题；但后者说以此来"中兴"，则仅靠区区三十六条是不可能中兴的。实际上，西魏仍应使用北魏的法律制度，即北魏律令制度。"典章多阙"，不应是连刑事法律也缺乏。明白了这一点，就可以大体确定《大统式》不应是一部刑事法典，而是一个行政类的法典，类似隋唐的令式，这也是隋唐时期沿用其体、袭用其名的缘故。至于《大统式》与北魏的令的关系，二者在规范类型上应是一

---

① （清）沈家本撰：《历代刑法考》第 2 册，中华书局，1985，第 918 页。

② 程树德《九朝律考·后周律考》以为："按据《周书·苏绰传》，六条诏书作于大统十年，《玉海》疑误。"商务印书馆，1927，第 486 页。

致的。由于现今史籍难以考见北魏令的基本情况了，^① 所以二者的详细关系也难以说得清楚了。

（二）隋代的式

隋代法律，沿用秦汉以来之律令及北齐、北周之格式，而成律令、格式并行的局面。《隋书》卷三三《经籍志二》云："隋则律、令、格、式并行"，这是总括整个情况而言的。唐代法律体系实行律、令、格、式之制，自然沿自隋朝。

1. 关于开皇时有无式的问题

从记载来看，诸书言及隋律令时详细，言格式时简略。比如，关于文帝开皇（公元 581~600 年）时法律，《唐六典》卷六刑部郎中员外郎条注言及隋制，云："隋开皇元年，命高颎等七人定律；至三年，又敕苏威、牛弘删定，凡十二篇。"又云："隋开皇命高颎等撰《令》三十卷。"言格则追述至东汉光武帝建武（公元 25~57 年）《律令故事》，下至后魏以格代科的《麟趾格》与北齐的《权格》，接云唐格，不及隋格。言式则在追述西魏《大统式》后，即接言唐式，也不再提到隋式。

这里都不提格、式。隋开皇间有律，也有令，自无问题。《隋书》卷三三《经籍志二》云："隋开皇令三十卷，目一卷。"《旧唐书》卷四六《经籍志上》："隋开皇令三十卷，裴正等撰。"《新唐书》卷五八《艺文志二》："牛弘等隋开皇令三十卷。"但诸书均不言隋开皇格式。《通志·艺文略》刑法类所记 11 部式，首为"周《大统式》三卷（苏绰撰）"，次为"唐《武德式》十

<hr>

① 参见程树德著：《九朝律考·后魏律考》，中华书局，1988。

四卷",也跳过了隋式,更跳过了开皇式。然据《北史》卷六三《苏威传》:"所修格、令、章程,并行于当世,颇伤烦碎,论者以为非简久之法。"又,《隋书》卷四二《李德林传》:"《格》、《令》班后,苏威每欲改易事条,(李)德林以为《格》、《式》已颁,义须画一,纵令小有踬驳,非过蠹政害民者,不可数有改张。"似章程就是所谓式。因后传中,前言"《格》、《令》班后",后云"《格》、《式》已颁",在当时并不确指何法。似开皇也有式,炀帝时沿袭之。否则,如果炀帝大业时始创立《式》的话,史书又当特殊地将其记为炀帝的一大罪过了。

2. 关于《大业式》

炀帝大业(公元605~617年)时有律、有令。大业改律,史家皆大肆渲染。《唐六典》卷六刑部郎中员外郎条注:"炀帝以开皇律、令犹重,除十恶之条,更制大业律。"《隋书》卷三三《经籍志二》:"隋大业律十一卷。"(《旧唐书》卷四六《经籍志上》、《新唐书》卷五八《艺文志二》均作十八卷)又,《隋书》卷三三《经籍志二》:"隋大业令三十卷。"但诸书不载《大业格》。而炀帝时却有《大业式》,这是见诸明确记载的。

《隋书》卷三《炀帝纪上》:"(大业)四年……冬十月……乙卯,颁新《式》于天下。"关于此新《式》的内容,现已难考见。唯程树德《九朝律考·隋律考》以炀帝大业二年(公元606年)五月乙卯诏书,有"条式"二字,遂将其列入《大业式》下。

按《隋书》卷三《炀帝纪上》云:"大业……二年……五月……乙卯诏曰:'……自古以来,贤人君子有能树声立德,佐世匡时,博利殊功,有益于人者,并宜营立祠宇,以时致祭,坟

垄之处，不得侵践。有司量为条式，称朕意焉。'”这可能是将
本条内容编入业已存在的式之中，即把单行式编入成体制的式文
中。否则，后来不会在两年之后突然冒出一个"新式"来。

二 唐式的制定与修缉

唐沿隋制，式是稳定而成型的法律形式之一。《唐六典》卷六刑部郎中员外郎条云："凡式三十有三篇（亦以尚书省列曹及秘书、太常、司农、光禄、太仆、太府、少府、及监门、宿卫、计帐为其篇目，凡三十三篇，为二十卷）。"这里讲的是《开元式》，为篇33，为卷20。其篇名的"亦以尚书省列曹……为其篇目"，则承上述"凡格二十有四篇（以尚书省诸曹为之目……皆以尚书省二十四司为篇名）"，是说唐式"亦以""尚书省二十四司为篇名"；与格不同者，是式当中还有以"秘书、太常、司农、光禄、太仆、太府、少府、及监门、宿卫、计帐为其篇目"的情况，已超出了依尚书省六部二十四司曹司名称命名的单纯情形。这是唐代格与式两大法典系统的篇名来由的大概，也是唐代处于完善期的《开元式》的篇卷情况。

唐式不止《开元式》。唐代初、中期，自高祖至玄宗，在大规模地制定和删缉律、令、格的同时，也曾多次制定和删缉过式。《唐六典》卷六刑部郎中员外郎条注，在追溯唐式历史的情况时，提到了唐代先后修定的较著名的四部式："皇朝《永徽式》十四卷，《垂拱》、《神龙》、《开元式》并二十卷，其删定与定《格》、《令》人同也。"是当时修式必伴随着修格、令

（实际有时也包括了修律）。这为我们提供了一个很好的线索，即通过追溯唐代修令的历史，来考察唐代的式。

《旧唐书》卷四二《职官志一》记录了唐代宗永泰二年（公元766年）的官品，这是继玄宗开元以来基本稳定的唐《官品令》。在记述过程中，作者追述了唐代自开国以来直至永泰时期历经的修改情况。涉及到《武德令》、《贞观令》、《永徽令》、《乾封令》、《垂拱令》、《神龙令》、《开元前令》、《开元令》等8部令。其中，明确提到《武德令》或武德七年（公元624年）定令的最多，有69次；其余如《贞观令》4次，《永徽令》6次，《乾封令》3次，《垂拱令》8次，《神龙令》8次，《开元前令》2次，《开元令》5次。这当中，提到的越多，就意味着改动的越多，与永泰制度之间的距离也就越大。《武德令》被提到的最多，是因为它是初制，后来对它的改动最大。其余令的变动，多则8次，少则2次。次数的多少，标示着不同时期的《官品令》在发展过程中的修改幅度，在一定意义上也标志着它的重要程度。

按照格令式同修的规律，唐式显然远不止《六典》所列举的《永徽式》、《垂拱式》、《神龙式》、《开元式》4部，而也应当有《武德式》、《贞观式》、《永徽式》、《乾封式》、《垂拱式》、《神龙式》、《开元前式》、《开元式》等8部。

同时，我们也注意到《唐六典》卷六刑部郎中员外郎条注的说法："皇朝之令，武德中裴寂等与律同时撰。至贞观初，又令房玄龄等刊定。麟德中源直心，仪凤中刘仁轨，垂拱初裴居道，神龙初苏玫，太极初岑羲，开元初姚元崇，四年宋璟并刊定。"其中，"开元四年"当是"开元七年"。这样，就又有了《武德令》、《贞观令》、《麟德令》（应即《乾封令》）、《仪凤令》、《垂拱令》、《神龙令》、《太极令》、《开元前令》、《开元七年令》9 部令。加上这里省略的《永徽令》，唐代共有 10 部《令》。相应地，就应当有《武德式》、《贞观式》、《永徽式》、《麟德式》（应即《乾封式》）、《仪凤式》、《垂拱式》、《神龙式》、《太极式》、《开元前式》（或称《开元三年式》）、《开元七年式》等 10 部《式》。加上《开元二十五年式》，就共有 11 部《式》了。

　　格的情况也大体与令类似。《唐六典》卷六刑部郎中员外郎条注云："皇朝《贞观格》十八卷，房玄龄等删定。《永徽留司格》十八卷，《散颁格》七卷，长孙无忌等删定。永徽中，又令源直心等删定，唯改易官号曹局之名，不易篇第。《永徽留司格后本》，刘仁轨等删定。《垂拱留司格》六卷，《散颁格》二卷，裴居道等删定。《太极格》十卷，岑羲等删定。《开元前格》十卷，姚元崇等删定。《开元后格》十卷，宋璟等删定。"将这些与《新唐书》卷五八《艺文志二》所载诸《格》对较，我们就又有了《贞观格》，《永徽留司格》、《散颁格》，《麟德格》（或《乾封格》。永徽中实际是龙朔中由源直心删定者），《永徽留司格后本》（仪凤二年奏上），《垂拱留司格》、《散颁格》，《太极格》，《开元前格》，《开元后格》共 8 种格。按照《格》、《式》同修的惯例，与它们相对应的式应当是：《贞观式》、《永徽式》、《麟德式》（即《乾封式》）、《仪凤式》、《垂拱式》、《太极式》、《开元前式》（或称《开元三年式》）、《开元七年式》等 8 部《式》。这里缺少《武德式》和《神龙式》2 种，当然也缺《开元二十五年式》。

　　自然，我们不必刻板地作这样的理解：唐代人制定令、格的时间，就一定是制定式的时间；有某令、有某格，就必然地有某式。但大体上，令与式或格与式，在唐代基本是同时制定或修改的。

宋人郑樵《通志·艺文略》刑法类所记 11 部式中，有"唐《武德式》十四卷，《贞观式》三十三卷，《永徽式》十四卷，《式本》一卷，《垂拱式》二十卷，《开元式》二十卷，《式苑》四卷（唐元泳撰）"等共 7 部有关唐式的书，[①] 其中《武德式》、《贞观式》、《永徽式》、《垂拱式》、《开元式》是唐代自高祖、太宗、高宗、武则天直至玄宗五朝的基本式文。郑樵所记，表明这些式在宋代尚存。自然，如上所述，唐式绝不仅仅是这 5 部。

下面，结合两唐书史志及他书的记载，就这里提到的唐代诸式进行分别说明。

（一）武德式

《唐六典》未提及《武德式》。《旧唐书》卷四六《经籍志》也未作著录。《旧唐书》卷五〇《刑法志》在言及唐高祖立法情况时，也仅提到"约法十二条"、"五十三条格"。而其所谓的做法，不过是"以开皇为准"，"撰定律令"。所言只及律、令、格，而不及式。实际上，唐高祖武德七年（公元 624 年）在制定《武德律》、《武德令》时，也曾沿隋制制成了《武德式》。

《新唐书》卷五八《艺文志二》记曰：

　　《武德律》十二卷。又《式》十四卷。《令》三十一卷（尚书左仆射裴寂、右仆射萧瑀、大理卿崔善为、给事中王

---

① 《宋史》卷二〇四《艺文志三》载"《唐式》二十卷"，是当时已不区分何皇帝时代的式了。

敬业、中书舍人刘林甫、颜师古、王孝达、泾州别驾靖延、太常丞丁孝乌、隋大理丞房轴、天策上将府参军李桐客、太常博士徐上机等奉诏撰定。以五十三条附新律，余无增改。武德七年上）。

这是说，《武德律》、《武德式》、《武德令》是在同一时间、由同一个官员群体撰成的。

按《唐大诏令集》卷八二载高祖武德七年（公元 624 年）四月《颁新律令诏》云："有隋之世，虽云厘革，然而损益不定，疏舛尚多，品式章程，罕能甄备。加以微文曲致，览者惑其浅深；异例同科，用者殊其轻重。遂使奸吏巧诋，任情与夺，愚民妄触，动陷罗网，屡闻刊改，卒以无成"，又云"是以斟酌繁省，取合时宜，矫正差违，务从体要"。沈家本以为，此"是当时颇有所厘正，不全用开皇也"。① 其实，当时所据者只能为隋代法律，而不能更有其他。

从律令所依据的蓝本看，当时"因开皇律令而损益之，尽削大业所用烦峻之法"，"撰定律令，大略以开皇为准"，②《武德式》当是《开皇式》系统，而不是《大业式》系统。"《式》十四卷"，应是全盘照搬隋式。

欧阳修撰新志，看到的可能是《武德式》的完本，14 卷的说法是可信的。郑樵《通志·艺文略》刑法类也记"唐《武德式》十四卷"，可见此式在宋代尚存。只是其篇名及内容，史皆缺载。

---

① （清）沈家本撰：《历代刑法考》第 2 册，中华书局，1985，第 927 页。
② 《旧唐书》卷五〇《刑法志》，中华书局，1997，第 2134 页。

（二）贞观式

《唐六典》未提及《贞观式》，《旧唐书》卷四六《经籍志》也不著录。但《颜鲁公文集》卷一《论百官论事疏》："臣闻太宗勤于听览，庶政以理，故著《司门式》云：'其有无门籍人，有急奏者，皆令监门司与仗家引对，不许关碍。'所以防壅蔽也。"①《资治通鉴》卷二二四唐代宗大历元年二月条载颜真卿上书云："太宗著《司门式》云：'其无门籍人，有急奏者，皆令门司与仗家引奏，无得关碍。'"是当时已经存在过著单行式之事。而从《新唐书》之《艺文志》看，太宗贞观（公元 627～649 年）初，确有《贞观式》，且已不限于单行式。

《新唐书》卷五八《艺文志二》云：

> 《贞观律》十二卷，又《令》二十七卷，《格》十八卷，《留司格》一卷，《式》三十三卷（中书令房玄龄、右仆射长孙无忌、蜀王府法曹参军裴弘献等奉诏撰定。凡《律》五百条，《令》一千五百四十六条，《格》七百条。以尚书省诸曹为目，其常务留本司者，著为《留司格》）。

很明显，《贞观律》、《贞观令》、《贞观格》、《贞观式》等，也是由同一个官吏群体完成的。相比之下，《贞观律》与《武德律》同为 12 卷，没有变化；《贞观令》较《武德令》减少了 4 卷；但新书《艺文志》所记的"《贞观式》三十三卷"的卷数，

---

① （清）董诰等编：《全唐文》卷三三六《颜真卿·论百官论事疏》，与此略同。

可能是以篇为卷，即将篇数作为卷数来记载了。唐式还从来没有达到这样庞大的卷帙。

我过去曾根据《旧唐书》卷五〇《刑法志》，以为《贞观式》是20卷。[①] 但细绎旧志有关太宗的部分，记载比较复杂：

> 又定令一千五百九十条，为三十卷；贞观十一年正月，颁下之。又删武德、贞观已来敕格三千余件，定留七百条，以为《格》十八卷，留本司施行。斟酌今古，除烦去弊，甚为宽简，便于人者。以尚书省诸曹为之目，初为七卷。其曹之常务，但留本司者，别为《留司格》一卷。盖编录当时制敕，永为法则，以为故事。《贞观格》十八卷，房玄龄等删定。《永徽留司格》十八卷，《散颁格》七卷，长孙无忌等删定。永徽中，又令源直心等删定，惟改易官号曹局之名，不易篇目。……《开元前格》十卷，姚崇等删定。《开元后格》十卷，宋璟等删定。皆以尚书省二十四司为篇目。凡式三十有三篇，亦以尚书省列曹及秘书、太常、司农、光禄、太仆、太府、少府、及监门、宿卫、计帐名其篇目，为二十卷。《永徽式》十四卷，《垂拱》、《神龙》、《开元式》并二十卷，其删定《格》、《令》同。

在《贞观令》、《贞观格》之下，兼述永徽至开元格及永徽直至开元式的撰定者及卷数情况，在体例上属附赘性质；在行文上，全部移用了《唐六典》卷六刑部郎中员外郎条关于“式”的本文和注文。而《六典》正文及注文前半段所述，都是指

---

① 这也是受了沈家本的影响。沈氏也将旧志所从出的《六典》注作为《贞观式》理解。见氏撰《历代刑法考》第2册，中华书局，1985，第930页。

《开元式》的篇、卷情况，即"凡三十三篇，为二十卷"。《六典》注没有提到《贞观式》，所以《贞观式》的篇、卷数，《六典》及所从出的旧志皆缺载。《新唐书》卷五六《刑法志》仿照旧志记载法，也在太宗"贞观令、格"之下记曰："又取尚书省列曹及诸寺、监、十六卫计帐以为式"，更不足为凭。而同书卷五八《艺文志》记曰：贞观"式三十三卷"，"卷"可能是"篇"的误书，我们难以将其作为《贞观式》卷数的依据。① 联系《武德式》14 卷，《永徽式》也同为 14 卷的卷帙相同情况来看，《贞观式》也应当是 14 卷。因为在永徽时，我们不曾看到对《贞观式》进行大规模删定的任何记载。

（三）永徽式

据《旧唐书》卷五〇《刑法志》，高宗永徽（公元 650～655 年）初，敕命太尉长孙无忌、司空李勣等人撰定律、令、格、式。《唐会要》卷三九《定格令》记其成果云："永徽二年闰九月十四日，上新删定律、令、格、式……勒成《律》十二卷，《令》三十卷，《式》十四卷，颁于天下。遂分《格》为两部：曹司常务者为《留司格》，天下所共者为《散颁格》，《散颁格》下州县，《留司格》本司行用。"似当时格的变化较大。再据《新唐书》卷五六《刑法志》也云此次立法，主要是"增损格敕"。则本次立法，律、令似无大改，式也无大变化，故《永徽式》当大体是《贞观式》之旧。

《永徽式》见于《旧唐书》卷四六《经籍志》、《新唐书》

① 在这一点上，宋郑樵《通志·艺文略》刑法类所记"《贞观式》三十三卷"，犯得也是同一毛病，即以篇为卷了，也不足为据。

卷五八《艺文志二》两志著录。《经籍志》云："《永徽成式》十四卷"，又"永徽中《式本》四卷。"《艺文志二》云：

> 《永徽律》十二卷，又《式》十四卷，《式本》四卷，《令》三十卷，《散颁天下格》七卷，《留本司行格》十八卷（太尉无忌、司空李勣、左仆射于志宁、右仆射张行成、侍中高季辅、黄门侍郎宇文节、柳奭、尚书右丞段宝玄、太常少卿令狐德棻、吏部侍郎高敬言、刑部侍郎刘燕客、给事中赵文恪、中书舍人李友益……刑部郎中贾敏行等奉诏撰定。分格为二部，以曹司常务为《行格》，天下所共为《散颁格》。永徽三年上）。

同样地，永徽《律》、《式》、《令》、《格》也是由同一群人、在同一时间撰定的。

《永徽式》的卷数，《六典》注、《旧唐书》之《刑法志》、《经籍志》及《新唐书》之《艺文志》等均记为14卷，旧《经籍志》、新《艺文志》还记有永徽"《式本》四卷"。沈家本云："《式本》犹律本也，乃旧所无者，其名仅见于此。"①《式本》4卷是对旧式14卷格局的突破，使式的总卷数达到18卷。宋郑樵《通志·艺文略》刑法类所记"《永徽式》十四卷，《式本》一卷"，前者与上述相合，后者则少了3卷，当是有所佚失。

同时，这次修式，因官号改易，如民部改为户部，式名也当随而改变。

---

① （清）沈家本撰：《历代刑法考》第2册，中华书局，1985，第931页。

（四）麟德式（乾封式）

《永徽式》之后，高宗龙朔二年（公元 662 年）曾"重定《格》、《式》"，仪凤二年（公元 677 年）又"删辑《格》、《式》"。这是当时两次大的改动格式的立法活动。

《麟德式》（或《乾封式》）是龙朔年间改易官名的直接结果。

龙朔二年（公元 662 年），大规模地改易官号，原有的式名及其内容皆随之改变，但篇第顺序等并未更动。《唐会要》卷三九《定格令》记其事曰："龙朔二年二月改易官名，敕司刑太常伯（即原刑部尚书——作者注）源直心等重定《格》、《式》，唯改曹局之名，而不易篇第，至麟德二年奏上之。"① 既以"麟德二年奏上"，故可按其奏上时间，称其为《麟德式》。

据旧书《刑法志》，参与其事者，还有司刑少常伯（原刑部侍郎）李敬玄、司刑大夫（原刑部郎中）李文礼等人。按旧书《职官志一》，这次官号改变，既包括官名，更包括官署名。以六部、九寺为例，官名方面，尚书改为太常伯，侍郎为少常伯，郎中为大夫，九寺卿并改为正卿；官署方面，吏部改为司列，主爵为司封，考功为司绩，礼部为司礼，祠部为司禋，膳部为司膳，主客为司蕃等；太常为奉常，光禄为司宰，太仆为司驭，司农为司稼，太府为外府，少府监为内府监，将作监为缮工监等。

麟德二年（公元 655 年）的次年，就改元为乾封，乾封共两年零三个月（公元 666～668 年初）。如上所述，唐代有《乾

---

① 《唐六典》卷六注、《旧唐书》卷五〇《刑法志》均言"永徽中，又令源直心等删定"，不确。

封令》。有关它的内容有如下三条：一是侍御医，《武德令》、《乾封令》为正七品上，后《神龙令》改动过，至《开元令》改为从六品上；二是殿中侍御史，《武德令》至《乾封令》均为正八品上，垂拱年间改动过，至代宗永泰时制度为从七品上；三是太子翊卫诸府旅帅，《武德令》、《乾封令》中，诸府旅帅为正七品下，至代宗永泰时制度为从八品上。但关于《乾封令》，其立法的时间、过程、主持者等，在史籍中都不见记载。

　　一个较大的可能是，在龙朔二年（公元662年）的"重定《格》、《式》"时，就同时对《令》进行过"重定"。其"重定"奏上时间，可能稍晚于《格》、《式》，是在乾封年间奏上的，故称《乾封令》。当然，另一种可能也是存在的。即"麟德二年奏上"的《格》、《式》（也包括《令》），颁布时已至乾封改元，故《令》称《乾封令》，《格》、《式》也相应地应称做《乾封格》、《乾封式》。这样，我们可以根据其颁布时间而定其法典名称，将其称为《乾封式》。

（五）仪凤式

　　《仪凤式》也是官名改易的结果。

　　龙朔二年（公元662年）"重定《格》、《式》"后，据说至仪凤（公元676～679年）时，官号复旧，被改动的式名旋又复旧称，故又有了仪凤二年（公元677年）的"删辑《格》、《式》"。《唐会要》卷三九《定格令》记其事曰："至仪凤二年官号复旧，又敕删辑。三月九日（旧志作二月九日——作者注）删辑《格》、《式》毕，上之。"按其奏上时间，称其为《仪凤式》也可。参与其事者为"尚书左仆射刘仁轨、尚书右仆射戴至德、侍中张文瓘、中书令李敬元、太子右庶子郝处俊、黄门侍郎来恒、太子左庶子高智周、吏部侍郎裴行俭、马戴、兵部侍郎萧德昭、裴炎、工部侍郎李义琰、刑部侍郎张楚金、右司郎中卢律师等"。但在史书中，唯有《旧唐书》卷五〇《刑法志》、《唐会要》对此有记述。旧书《高宗本纪》以及《资治通鉴》有关高宗仪凤二年记事，均无此事的记载。而《唐六典》在追溯官员名称时，往往要说到的"龙朔二年改为某某，咸亨元年复为某某，光宅元年为某某，神龙元年复故"，或"龙朔二年改为某某，咸亨、光宅、神龙并随曹改复"，并不见有"仪凤二年官号复旧"的痕迹。而龙朔二年（公元662年）之后，最接近的是咸亨；仪凤则是咸亨之后六七年的事。恰恰是咸亨元年（公元670年），有过一次恢复旧官名的举动；它所针对的，也恰恰是在龙朔二年（公元662年）被改动的官名。《旧唐书》卷四二《职官志一》云：

> 咸亨元年十二月诏：龙朔二年新改尚书省百司及仆射已下官名，并依旧。其东宫十率府，有异上台诸卫，各宜依旧为率府。其左司议郎除左字。其左右金吾、左右威卫，依新改。

可见，这次官名的改动基本上是改回去，只有个别修改之处被保留了下来。

这样，根据《旧唐书》卷四二《职官志》及《唐六典》随处可见的追述，我们可以肯定咸亨元年有过恢复旧官名的诏书，在理论上也必然要同时修改《格》、《式》，但我们看不到修改的命令。我们看到的情况却是：从咸亨元年（公元670年）到仪凤二年（公元 677 年）的长达六七年之后，才有了对《格》、《式》删缉的结果。这很可能是：咸亨也曾下令删缉《格》、《式》，但持续的时间很长，直到仪凤二年（公元 677 年）才有结果。至于为什么拖了这么久，原因就不清楚了。《旧唐书》卷五〇《刑法志》、《唐会要》卷三九《定格令》所记的"至仪凤二年官号复旧，又敕删辑"，也不误。因为参与其事的官员，当时正好在其位，并没有误记。而这些人的官称，也刚好是改正回来的名称。

因之，《仪凤式》肇始于咸亨年间改官名，但我们无法将该《式》称作"咸亨式"，即按其开始时间取名。一般地说，法典名称应按其奏上或颁布时间取名。故应称其为《仪凤式》。

在此之后，武则天光宅元年（公元 684 年）九月，曾大规模地改易官署名号及官名。如尚书省改为文昌台，左右仆射为文昌左右相；六部顺次改为天官、地官、春官、夏官、秋官、冬官等六官，及"其余省、寺、监、率之名（秘书、殿中二省，九卿寺，少府、将作、国子、军器等监，东宫十率），悉以义类改之"。① 则相关的省部寺监名称改变，也可能引起式名及式的内容的改动。

光宅元年（公元 684 年）改官名，很自然应当下令删缉《格》、《式》，这是惯例。次年改元垂拱，但刚到了三月份，删改后的新的《格》、《式》就奏了上来，这就是有名的《垂拱式》。可见改官名的同时，就要求了删缉《格》、《式》。当然，按照《旧唐书》卷四二《职官志一》，垂拱元年二月，又改变了许多官名，估计其成果已经被纳入到新的《格》、《式》中。在

---

① （宋）司马光撰、（元）胡三省音注：《资治通鉴》卷二〇三《唐纪一九》则天后光宅元年条。并见《旧唐书》卷四二《职官志一》。

此之后，直到中宗神龙元年（公元705年）二月，下令"台阁官名，并依永淳已前故事"，就是恢复到被光宅改乱了的咸亨（或仪凤）制度中去，或者说是龙朔二年（公元662年）以前的制度中去，那是后话。

（六）垂拱式

武则天垂拱（公元685～688年）年间，敕命修成《垂拱式》。《旧唐书》卷五〇《刑法志》云："则天又敕内史裴居道、夏官尚书岑长倩、凤阁侍郎韦方质与删定官袁智弘等十余人，删改《格》、《式》，加《计帐》及《勾帐》式，通旧《式》成二十卷。"《唐会要》卷三九《定格令》云："垂拱元年三月二十六日删改《格》、《式》，加《计帐》及《勾帐式》，通旧《式》成二十卷。"《新唐书》卷五八《艺文志二》记述此次立法成果云：

> 《垂拱式》二十卷，又《格》十卷，《新格》二卷，《散颁格》三卷，《留司格》六卷（秋官尚书裴居道、夏官尚书同凤阁鸾台三品岑长倩、凤阁侍郎同凤阁鸾台平章事韦方质、删定官袁智弘、咸阳尉王守慎奉诏撰。加《计帐》、《勾帐》二式。垂拱元年上新格，武后制序）。

其《式》的主要变化，是两个篇目及相应内容的增加。

关于《垂拱式》的卷数，《六典》注、《旧唐书》之《刑法志》、《经籍志》、《新唐书》之《艺文志》均记作20卷。《旧唐书》卷五〇《刑法志》说这次修式增加了《计帐式》和《勾帐式》，《新唐书》卷五八《艺文志二》称垂拱式"加《计帐》、《勾帐》二式"，"通旧《式》成二十卷"。看来，"计帐"及"勾帐"二式，应当是以篇为卷，各自单独为 1 卷，加上原来的18 卷（即《永徽成式》14 卷和《式本》4 卷），合 20 卷。

这次修式，因主持者凤阁侍郎韦方质"详练法理"，本人素质较高，又将主要任务委托给参与其事的"有经理之才"的咸阳尉王守慎等人，故当时制定的《垂拱格》、《垂拱式》，"议者称为详密"。

（七）神龙式（删垂拱式）

《旧唐书》卷五〇《刑法志》云：中宗复位，神龙元年（公元705 年），"敕中书令韦安石、礼部侍郎祝钦明、尚书右丞苏瑰、兵部郎中狄光嗣等，删定《垂拱格》后至神龙元年已来制敕，为散颁格七卷。又删补旧《式》，为二十卷，颁于天下"。《唐会要》卷三九《定格令》也云："至神龙元年六月二十七日，又删定《垂拱格》及《格后敕》。尚书左仆射唐休璟、中书令韦安石、散骑常侍李怀远、礼部尚书祝钦明、尚书右丞苏瑰、兵部郎中姜师度、户部郎中狄光嗣等同删定。至神龙二年正月二十五日已前制敕，为散颁格七卷；又删补旧《式》，为二十卷。表上之，制令颁于天下。"《旧唐书》卷八八《苏瑰传》则云："神龙初，入为尚书右丞，以明习法律，多识台阁故事，特命删定律令格式，寻加银青光禄大夫。"今所存者，有敦煌出土的《神龙删定〈散颁刑部格〉残卷》，[①] 上题"银青光禄大夫行尚书右丞

---

① 关于该《刑部格》残卷，参见本书复原《刑部式第十七》所附《刑部格》。

上柱国臣苏瑰等奉敕删定"，即其事也。

《六典》注及旧志把此式记作《神龙式》，《新唐书》卷五八《艺文志二》则将其记为《删垂拱式》，其文云："《删垂拱式》二十卷，又《散颁格》七卷（中书令韦安石、礼部尚书同中书门下三品祝钦明、尚书右丞苏瑰、兵部郎中狄光嗣等删定，神龙元年上）。"实际上，这两个《式》其实是一回事。对勘一下新旧两志关于此式的敕修、撰修时间及主持撰修官员基本相同，这一点就再清楚不过了。《唐会要》中所提到的主持及参与官员，较旧志多出唐休璟、李怀远、姜师度三人，当是因前后被委任时间不同。盖初命删定时间为"神龙元年六月二十七日"，而格敕的截止时间为"神龙二年正月二十五日已前制敕"，其间参与者多寡不同。

此次删改的主要内容，当是针对武周时期《垂拱式》中不便于复辟后的李唐王朝的某些规定，故它的修改当不会大。至于"删补"的"补"，当也不会太大。观宋代所存法令名为《删垂拱式》而不称《删补垂拱式》，就可证明。

（八）太极式

睿宗太极元年（公元 712 年）又有《太极式》。《旧唐书》卷五〇《刑法志》云："景云初，睿宗又敕户部尚书岑羲……凡十人，删定《格》、《式》、《律》、《令》。太极元年二月奏上，名为《太极格》。"依此，似乎未对律、令、式做改动。但根据《旧唐书》卷七《睿宗纪》："太极元年……二月……己巳，颁新《格》、《式》于天下。"似又对《式》进行过改动，则《太极式》又是存在着的。

按《唐会要》卷三九《定格令》："景龙元年十月十九日，以神龙元年所删定《格》、《式》漏略，命刑部尚书张锡，集诸明闲法理人，重加删定。至景云元年敕，又令删定《格》、《令》。太极元年二月二十五日，奏上之，名为《太极格》。户部尚书岑羲、中书侍郎陆象先、左散骑常侍徐坚、右司郎中唐诏（绍）、刑部员外郎邵知与、大理丞陈义海、左卫长史张处斌、大理评事张名播、左卫仓曹参军罗思贞、刑部主事阎义颛等同修。"按《新唐书》卷五八《艺文志二》，《太极格》十卷的撰定者为"户部尚书同中书门下三品岑羲、中书侍郎同中书门下三品陆象先、右散骑常侍徐坚、右司郎中唐绍、刑部员外郎邵知新、大理寺丞陈义海、评事张名播、右卫长史张处斌、左卫率府仓曹参军罗思贞、刑部主事阎义颛等删定，太极元年上"，与前述官员系衔略同。

可见，《太极式》应当存在。对旧式删定的原因，在于旧"《格》、《式》漏略"，删定之后当已详密。

（九）开元三年式

一般认为，玄宗时的所谓《开元式》，共进行过两次大规模的删定，因而有开元七年（公元 719 年）式与开元二十五年（公元 737 年）式两种。刘俊文以为唐代《开元式》经历三修，共有三种。即"开元三年式，姚元崇等奉敕撰；开元七年式，宋璟等奉敕撰；开元二十五年式，李林甫等奉敕撰"。[①] 从现存资料看，三次修式的说法是成立的。

---

① 刘俊文著：《敦煌吐鲁番唐代法制文书考释》，中华书局，1989，第337页。

按照《开元前令》、《开元前格》取名的惯例，也可以将《开元三年式》称做《开元前式》。但为不把问题复杂化，我们还是直呼《开元三年式》之名为好。

《旧唐书》卷四六《经籍志上》："《开元前格》十卷（姚崇等撰）。《开元后格》九卷（宋璟等撰）。《令》三十卷，《式》二十卷（姚崇等撰）。"这是该书所著录的全部开元法律。其中的《式》二十卷无疑就是开元三年（公元715年）式；《令》不署撰人，实际是一并署在《式》之后面的，即它也是姚崇等撰定的，是开元三年（公元715年）令；它们与《开元前格》十卷一样，都是由姚崇等撰定的。只有"《开元后格》九卷"是由宋璟等撰定的。[①]

《新唐书》卷五八《艺文志二》的著录与此不同："《开元前格》十卷（兵部尚书兼紫微令姚崇、黄门监卢怀慎、紫微侍郎兼刑部尚书李乂、紫微侍郎苏颋、舍人吕延祚、给事中魏奉古、大理评事高智静、韩城县丞侯郢琎、瀛州司法参军阎义颛等奉诏删定，开元三年上）。《开元后格》十卷，又《令》三十卷，《式》二十卷（吏部侍郎兼侍中宋璟、中书侍郎苏颋、尚书左丞卢从愿、吏部侍郎裴璀、慕容珣、户部侍郎杨滔、中书舍人刘令植、大理司直高智静、幽州司功参军侯郢琎等删定，开元七年上）。"即后三个都是开元七年（公元719年）格令式，前一个是开元三年（公元715年）格。

据《旧唐书》卷五〇《刑法志》载，开元伊始，就开始了立法活动，"开元初，玄宗敕黄门监卢怀慎、紫微侍郎兼刑部尚书李乂、紫微侍郎苏颋、紫微舍人吕延祚、给事中魏奉古、大理

① 按，"九卷"表明遗失了一卷。原为十卷。

评事高智静、同州韩城县丞侯郢班、瀛州司法参军阎义颙等，删定《格》、《式》、《令》，至三年三月奏上，名为《开元格》"，记载中不及《式》、《令》修改问题，只有格的成果。至"六年，玄宗又敕吏部侍郎兼侍中宋璟、中书侍郎苏颋、尚书左丞卢从愿、吏部侍郎裴璀、慕容珣、户部侍郎杨滔、中书舍人刘令植、大理司直高智静、幽州司功参军侯郢班等九人，删定《律》、《令》、《格》、《式》，至七年三月奏上，《律》、《令》、《式》仍旧名，格曰《开元后格》"，提到了律令式有改动，只是名称仍旧。因为有后者叫《开元后格》的存在，所以前者在史籍著录中被称做《开元前格》。《旧唐书》如此，《唐六典》卷六刑部郎中员外郎条注也谓："《开元前格》十卷，姚元崇等删定。《开元后格》十卷，宋璟等删定。"

如上所述，《旧唐书》卷四二《职官志一》记录了开元时两种《令》，一是《开元前令》，二是《开元令》。前者被该志中提到 2 次，后者被提到 5 次。与之对应的《格》，前者与《开元格》（或称《开元前格》）一同制定，后者与《开元后格》一同制定。

《旧唐书》卷四六《经籍志上》所著录的"《式》二十卷（姚崇等撰）"，就是开元三年（公元 715 年）姚崇等人奉命与《开元前格》一起删定奏上的。沈家本曾注意到《古今图书集成·祥刑典》的按语中，存在着一个关于卢怀慎的任官时间和法典撰成时的系衔的矛盾，[①] 但他未曾注意到《经籍志》中有关姚崇等撰定开元式的问题。因为《经籍志》所载"《开元前格》十卷"注为"姚崇等撰"，与"《式》二十卷（姚崇等撰）"是

---

① （清）沈家本撰：《历代刑法考》第 2 册，中华书局，1985，第 937 页。

相同的，则知姚崇与卢怀慎同被委任删定法律，是可能的。

因之，开元三年（公元715年）式也是存在的。但其影响，相对来说要小一些。

（十）开元七年式

开元七年（公元719年）式，也可以循例称做《开元式》。但容易造成混淆，还是直称《开元七年式》为好。

开元七年（公元719年）撰的《开元式》20卷，是与《开元后格》一起撰定的。《唐会要》卷三九《定格令》云："至（开元）七年三月十九日，修令格仍旧名，曰《开元后格》。吏部尚书宋璟、中书侍郎苏颋、尚书左丞卢从愿、吏部侍郎裴璀、慕容珣、户部侍郎杨滔、中书舍人刘令植、大理司直高智静、幽州司功参军侯郅琏等同修。"而前述《新唐书》卷五八《艺文志二》著录云："《开元后格》十卷，又《令》三十卷，《式》二十卷（吏部侍郎兼侍中宋璟、中书侍郎苏颋、尚书左丞卢从愿、吏部侍郎裴璀、慕容珣、户部侍郎杨滔、中书舍人刘令植、大理司直高智静、幽州司功参军侯郅琏等删定，开元七年上）。"则其《式》不只是与《开元后格》一起撰定的，同时也是与《令》一同撰定的。这个《令》就是前述的《开元令》，与《开元前令》相对。

按刘俊文的意见，《唐六典》所谓的"凡式三十有三篇"就是指开元七年（公元719年）式，它一直行用至开元二十五年（公元737年）新式出现。这就是说，《六典》卷六刑部郎中员外郎条注及《旧唐书》卷五〇《刑法志》所说的"《开元式》二十卷"，就指此式。

这个说法，有它一定的道理。《唐六典》卷六刑部郎中员外郎条注，对法典的断限，是值得注意的。《六典》注讲律，提到《武德律》、《贞观律》、《永徽律疏》，下限即《永徽律疏》，未提到所谓的《开元律》；讲令，《六典》注提到了《武德令》以下等9部《令》，其下限是宋璟刊定的《开元七年令》（误记为四年令）；讲格，《六典》注提到了自《贞观格》以下8部《格》，其下限是宋璟删定的《开元后格》；讲式，《六典》注提到了《永徽式》、《垂拱式》、《神龙式》、《开元式》，下限是《开元式》，并特别提到"其删定，与定《格》、《令》人同也"，则此《开元式》应是宋璟删定的开元七年（公元719年）式，与《开元七年令》、《开元后格》保持一致。实际上，按《开元前令》与《开元令》的惯例，讲《开元式》，一般也就指《开元七年式》。

《六典》注对法典的断限，意味着被摘要收入其中的《令》、《式》，是开元七年《令》、《式》，从而排除了开元二十五年（公元737年）《令》、《式》的可能性。

当然，也需要指出，《六典》一书，通过排比令、式而保存的《开元式》文字，不应当全部是清一色的开元七年式文。因为《六典》至开元二十六年（公元738年）始完成，其中所包含的式文，大量的当然是开元七年式，也有可能会有部分开元二十五年式文被采用。因为《六典》在记载沿革时，多有涉及开元二十三四年的事情。因而，在一定限度内，吸收开元二十五年式文，就不是奇怪的事情了。

（十一）开元二十五年式

开元二十五年（公元 737 年）撰的《开元式》，是李林甫等人撰定的。据《旧唐书》卷五〇《刑法志》，开元二十二年（公元 734 年），户部尚书李林甫受诏与牛仙客、王敬从等人"共加删缉旧格、式、律、令及敕……总成《律》十二卷，《律疏》三十卷，《令》三十卷，《式》二十卷，《开元新格》十卷"，同时"又撰《格式律令事类》四十卷，以类相从，便于省览"。至"二十五年九月奏上，敕于尚书都省写五十本，发使散于天下"。《旧唐书》卷九《玄宗纪下》所记的"开元二十五年……九月壬申，颁新定《令》、《式》、《格》及《事类》一百三十卷于天下"，即指此事。参与其事者，有侍中牛仙客、御史中丞王敬从、明法官前左武卫胄曹参军崔见、卫州司户参军直中书陈承信、酸枣尉直刑部俞元杞等人。

《新唐书》卷五八《艺文志二》著录的这次立法成果，只有两项，即"《开元新格》十卷。《格式律令事类》四十卷（中书令李林甫、侍中牛仙客、御史中丞王敬从、左武卫胄曹参军崔晃、卫州司户参军直中书陈承信、酸枣尉直刑部俞元杞等删定，开元二十五年上）"，没有《令》、《式》，也没有《律》与《律疏》。但开元二十五年（公元 737 年）式存在过，并没有问题。只是两唐书的《经籍志》、《艺文志》恰好没有著录该《式》。它们一个著录开元三年（公元 715 年）式，一个著录开元七年（公元 719 年）式，恰好缺乏开元二十五年（公元 737 年）式。

三部开元式，是唐代大规模的专门集中修式的最后几次。大抵唐式的卷数，由《武德式》、《贞观式》、《永徽式》的 14 卷增至 18 卷（永徽另有《式本》四卷），再增至《垂拱式》、《神龙式》、《开元式》的 20 卷，一直没有再突破 20 卷的格局。

开元以后，未再专门修式。据《唐会要》卷三九《定格令》，唐文宗开成元年（公元 836 年）正月曾有敕，要求"择刑部、大理官，即令商量条流要害，重修《格》、《式》"。但刑部侍郎狄兼謩上奏以为：律令格式，"皇朝贞观、开元，又重删定"，自此已经 90 余年，"今若只令刑部、大理官商量，重修《格》、《式》，遽焚冗长，伏恐奸吏，缘此舞文"。建议只对德宗建中以来制敕"分朋比类"、"条流编次"。这个建议被采纳了，"重修《格》、《式》"的动议遂尔搁浅。直至唐宣宗大中五年（公元 851 年）下敕修《大中刑法统类》，"编集《律》、《令》、《格》、《式》条件相类者一千二百五十条，分为一百二十一门，号曰《刑法统类》"，这已经是另一种法律了。因为它充其量不过是早在开元二十五年（公元 737 年）就已修成的"《格式律令事类》四十卷"一类的东西。

此外，唐代有关单行式的修订，现在尚未见到明确的记载或痕迹。今在敦煌文书残卷中发现郑余庆的《大唐新定吉凶书仪》中包含了《祠部新式》，可能是单行修订之式，也可能是大规模修式而因其特殊遂被单独抄录出来的。

三 唐式的性质与地位

（一）唐式的性质

《唐六典》卷六刑部郎中员外郎条说："式以轨物程事"，《新唐书》卷五六《刑法志》说："式者，其（百官有司）所常守之法也。"我们常根据这两条来理解唐式，包括唐式的性质问题在内。但唐、宋人的上述解释歧异，文风不同，我们平时惯常使用的两说相杂、以一说限定或注释另一说的诠释方法，也往往难得要领。所以，对唐式的性质、地位问题作些澄清工作，仍然还是必要的。

1.《六典》与新《志》两个"定义群"的优劣及对式的性质的判定

准确地解释上述两定义，必须结合上述二书的法典"定义群"进行，这是判定唐式性质的关键。

《唐六典》卷六云："凡律以正刑定罪，令以设范立制，格以禁违正邪，式以轨物程事。"《新唐书》卷五六云："唐之刑书有四：曰律、令、格、式。令者，尊卑贵贱之等数，国家之制度也；格者，百官有司之所常行之事也；式者，其所常守之法也。

凡邦国之政必从事于此三者，其有所违及人之为恶而入于罪戾者，一断以律。"

两说相较，二者对律的看法并无二致，但对令、格、式的解释却均不相同。那么，究竟是以成书于唐玄宗时期的《唐六典》为准呢？还是以宋代欧阳修的《新唐书》为准呢？我们觉得，这里的问题并不是一个简单的凭信当朝人记述或者凭信异代人记述一句话就可以作结论的，而必须考虑两个"定义群"的定义标准、方式及其所揭示内容的范围问题。

从形式上看，《唐六典》突出令、式相类似的一面，《新唐书》突出格、式相类似的一面。前者的"令以设范立制"与"式以轨物程事"，二者不仅在定义方法上一致，而且其字面含义也复相同："设范立制"是指设置规范、建立制度，"轨物程事"只是"设范立制"的另一种表达方法，仍然是为事物设立遵循（轨物）及设定规程（程事）的意思。至于后者的"常行之事"与"常守之法"，在字面上也可以互相注释，"常行之事"也即"常守之法"，"常守之法"也就是"常行之事"。这里的问题是，上述两个"定义群"对式的两种取类，哪个更符合实际呢？当然是《唐六典》。

无论最早的西魏《大统式》产生的具体原因为何，其性质怎样，都可以断定：式是从令中分化出来的。唐代令、式并行，但令、式之间的这种亲缘关系仍可以从许多方面看得出来。

首先是篇名类似，如考课令→考功式，宫卫令→监门式、宿卫式、司门式，仓库令→仓部式、库部式，封爵令→司封式，等等。此外，令、式篇名在字面上虽不同，但在内容上近似的，则有：军防令→兵部式，狱官令→刑部式，营缮令→工部式、水部式，等等。

其次是内容或规范本身的类似。同属一类事情，令、式中分别作了规定，比如《兵部式》规定："从行身死，折冲赙物三十段，果毅二十段，别将十段，并造灵舆，递送还府。队副以上，各给绢两匹，卫士给绢一匹，充殓衣，仍并给棺，令递送还家。"《军防令》则规定"征行卫士以上，身死行军，具录随身资财及尸，付本府人将还。无本府人者，付随近州县递送。"《丧葬令》也规定："使人所在身丧，皆给殡殓调度，递送至家。"① 这些都是出行身亡后的殡殓、递送办法，但由于对象不同——随从皇帝及皇太子出行、随军征讨出征、使节奉命出行的不同，而被分别规定在式与令中。同样的例证，我们还可以举出很多。比如，《监门式》与《宫卫令》都有宵禁规定，② 《驾部式》与《公式令》都有供给官吏驿马的规定，③ 《太仆式》与佚名令文也都有调驯官马的规定，④ 等等。

实际上，如果从官署职守内容的相关性来看，户部与司农、太府两寺皆掌财计，礼部与太常、鸿胪、光禄三寺皆掌礼乐，兵部与太仆、卫尉两寺皆掌兵事与甲仗，刑部与大理寺皆掌刑法，工部与少府、将作两监皆掌缮作，这样，相关之户部四式如

---

① （唐）长孙无忌等撰：《唐律疏议》卷二六《杂律》从征从行身死不送还乡条疏议引。

② （唐）长孙无忌等撰：《唐律疏议》卷二六《杂律》犯夜条引《宫卫令》："五更三筹，顺天门击鼓，听人行。昼漏尽，顺天门击鼓四百捶讫，闭门。后更击六百捶，坊门皆闭，禁人行。"及卷八《卫禁》越州镇戍等城垣条疏："又依《监门式》："京城每夕分街立铺，持更行夜。鼓声绝，则禁人行；晓鼓声动，即听行。""

③ （唐）长孙无忌等撰：《唐律疏议》卷一〇《职制》增乘驿马条疏议："又准《驾部式》：'六品以下前官、散官、卫官，省司差使急速者，给马；使回及余使，并给驴。'"同上疏议曰："依《公式令》：'给驿，职事三品以上若王，四匹；四品及国公以上，三匹；五品及爵三品以上，二匹；散官、前官各递减职事官一匹；余官爵及无品人，各一匹。皆数外别给驿子。此外须将典吏者，临时量给。'"

④ （唐）长孙无忌等撰：《唐律疏议》卷一五《厩库》官马不调习条疏：依《太仆式》："在牧马，二岁即令调习。每一尉配调习马人十人。分为五番上下，每年三月一日上，四月三十日下。"同上："又《令》云：'殿中省尚乘，每配习驭调马，东宫配翼驭调马，其检行牧马之官，听乘官马，即令调习。'"

《户部式》、《度支式》、《金部式》、《仓部式》与《司农式》、《太府式》之间，礼部四式如《礼部式》、《祠部式》、《膳部式》、《主客式》与《太常式》、《光禄式》之间（唐无《鸿胪式》），兵部四式如《兵部式》、《职方式》、《驾部式》、《库部式》与《太仆式》之间（唐无《卫尉式》），工部四式如《工部式》、《屯田式》、《虞部式》、《水部式》与《少府式》之间（唐无《将作式》），互相说明及补充的情形是不会少的。

最后，唐代人皆以同样的态度对待令、式。《唐律疏议》中许多地方都将令与式相提并论，如"准《式》依《令》"、"违《令》、《式》"、"在《令》、《式》"等，这与令式内容或规范的类似不无关系。在根源上，式与令的这些类似特征，源于式出于令，是从令中转化出来的，自然带有它的母体所具有的特征或特性。

相形之下，格与式之间没有这种亲缘关系。不过，类似之处也还是有的。在篇名方面，唐格是"以尚书省诸曹为之目"的，即以六部二十四司的曹司名称命篇的；唐式除秘书、太常、少府等诸式是以省、寺、监、卫（或府）官署的名称命篇外，并有随事立名的宿卫、计帐诸式，而其主体"亦以尚书省列曹……为其篇目"，① 即也有以六部二十四司曹司名称作篇名者。在内容方面，某些格与式的规定也极近似。例如，《兵部式》规定："叙功，计杀获及输失数。若输多，除跳荡及斩将外，自余并节级酬勋，不在与官放选限。"而《兵部格》有依据杀获数酬官放

---

① 见（唐）李林甫等撰：《唐六典》卷六刑部郎中员外郎条。关于以卫（府）官署名称为式命名，参见本书复原《监门式第三十二》。

选的详细规定,①《开元格》也有关于"跳荡"定义及各类军功的叙官办法规定。② 涉及这些问题时,唐代人也多以格、式并提,如"应酬功赏赐,须依《格》、《式》",③ 反映了他们在一定程度上也以同样的态度对待格、式的一面。类似的规定,我们还可以举出一些,但这只是局部的对应,格与式仍然无法在总体上等量齐观。因为格除了与式有对应、类似的一面外,还有与令、与律对应、类似的一面。尤其是与律的对应、类似,使格不仅有别于式,也有别于令。

到这里,问题又进了一步。《唐六典》取令、式相类,《新唐书》取格、式相类,能否顺着二书思路寻找出令与式或格与式之间的共同点,以及寻出共同点的多少,都还只是微不足道的。事情的实质是:定义群的定义方法及语言环境能否准确地揭示出一类法典的本质特征,这是更为根本的。我们以为,《唐六典》的定义群是比较优长的。

《唐六典》的律、令定义,从字面上看,很显然是沿自晋朝杜预的"律以正罪名,令以存事制"④ 的说法。"正罪名"或"正刑定罪",在规范类型上属于刑事法律规范;"存事制"或"设范立制",在规范类型上属于非刑律性规范。律、令对举的语言环境,恰好反映了古代法律分化为两个大部门的状况,抓住了刑律与非刑律性的令这两大类别法律规范的本质特征。式既与令极近似,无法将二者剖分为两种规范类型,而在律、令对举的

---

① (唐)白居易撰:《白氏六帖事类集》卷一四《功二七》。参见复原《兵部式第十三》复原第一条所附格。

② (清)董诰等编:《全唐文》卷七〇三《李德裕请准兵部依开元二年军功格置跳荡及第一第二功状》。参见复原《兵部式第十三》复原第一条所附格。

③ (宋)王溥撰:《唐会要》卷五四《省号上·中书省》。

④ (宋)李昉等编:《太平御览》卷六三八《刑法部四·律令下》引。

环境中，又无法别寻途径为式下定义，故《六典》在定义标准上，将式与律、令都采取功能兼内容的定义方式，实在是不得不尔。但这却一方面揭示了式与令之同，另一方面又反映了式与律之异。式、令相近，都属于非刑律性规范，完全可以从此推知。至于格，《六典》是别寻途径解决的。格具有与式、令相近的内容，又兼有与律相类的内容，即兼有非刑律性规范与刑律性规范两者，无法从内容方面对其下定义，因为这样做都会顾此失彼。《六典》用的是功能定义，抓住格由临时制敕转化而来、现实针对性强的特点，从"禁违正邪"即禁止违犯、矫正邪僻的角度来定义格，虽说丢掉了内容一项，但却揭示了格对于律、令、式的"补充修正法"性质，也是比较贴切的。在四六骈俪文的有限字数内，能做到这点已是很不容易了。

《新唐书》的定义方式，湮没了《六典》令、式相类似的用意。且不论将令定义为"尊卑贵贱之等数，国家之制度"就已不确（狭义的尊卑贵贱等数，只有《官品令》、《衣服令》、《仪制令》等可以当之；更广义者，则律之中依尊卑、长幼、良贱、亲疏而科刑之类，也均属之），即其对于令、格、式下定义而形成的语言环境，也很难说是考虑周密的。依《新唐书》，似乎只有格与式是有关"百官有司"之"常行之事"或"常守之法"的，而令却似乎属于有司"常行之事"或"常守之法"范围之外，就令人难以琢磨了。在一个定义群中，令取内容（何况又是一个侧面），格、式取其职司，标准不一，互不关联，起不到互相发明、相互映衬的作用。而且，按照《新唐书》的语气，似乎令、格、式都属于非刑律性规范，只在"有所违"犯时才"一断以律"，又忽略了格所包含的大量刑律性规范的一面。这是《新唐书》之一失。

《新唐书》之二失，就是无视式与令的内在联系，转而生硬地将格与式拼凑在一起下定义。其实，格、式之间，距离甚远，是无法用同样的定义方法去说明的。同时，官司的"常行之事"与"常守之法"的说法，也并没有揭示格与式的本质区别。唐式与唐格不仅在规范类型上不同，而且在规范来源、编定方式方面也有显著差别。格是由制敕转化而来的，它的编集一般要在数量众多的单行制敕中选择；而唐式则主要是统一制订和修改的，只在很少的场合才将制敕转化为式。所有这些，在《新唐书》定义群中是看不到的，而在《六典》中可以体味到。

总之，《六典》定义群优于《新唐书》，比后者提供了更多的信息量，使我们能从规范类型、内容范围两个方面把握唐式的性质，这是它的可取之处。《新唐书》用字虽多，但说明不细，容易造成误解，故不足取。

2. 《新唐书》另一错误对我们的影响

《新唐书》卷五六《刑法志》之定义不确，限制了我们的思路，使我们常常局限于"百官有司"四字去理解唐式；同时也影响了我们对《六典》定义的挖掘，以致引起了误解。我们一般都说："式是国家机关的公文程式和活动细则"，"具有行政法规的性质"。说式具有"行政法规性质"，并无不可，唐式确实包含了大量的行政法规范，是以行政法规范为主体的。但若按照现代汉语的语义训释《六典》，将"程事"之"程"解作"公文程式"，就不妥帖了。

公文程式是一个相当狭窄的概念。考今日所存唐式遗文，并无"公文程式"的痕迹可寻。从篇名来看，只有《计帐式》、《勾帐式》是可以划入"公文程式"一类的，但它远不是"公文"的全部。相反，唐代的公文程式是规定在《公式令》中的。

仁井田陞所著《唐令拾遗》，根据敦煌发现的唐代开元《公式令》残卷、《金石萃编》、《司马氏书仪》等书的记载，并参照日本养老《公式令》（通过《令义解》、《令集解》而保存）等资料，复原了唐代《公式令》有关公文程式的内容，包括《制书式》、《奏抄式》、《移式》、《牒式》、《符式》、《制授告身式》、《奏授告身式》等，使我们得以了解唐代官府所用的诸如制、敕、令、册、教、符、表、状、笺、启、辞、牒及关、刺、移等下行、上行及平行公文的程式规定。但这些所谓"式"是"公式"之式，属于《公式令》，不是"律、令、格、式"之式。

那么，将式理解为公文程式的说法从何而起？我们以为这也是与欧阳修《新唐书》卷五六《刑法志》有相当关系的。

《新唐书》之《刑法志》有一段对唐式篇名与内容的说明，唐式定义显然是以此为基础的。对这段文字，我们通行的标点法是："又取尚书省列曹及诸寺、监、十六卫计帐以为式。"细勘两唐书《刑法志》，记载显然不同。《旧唐书》卷五〇《刑法志》的说法，沿自《唐六典》卷六刑部郎中员外郎条注，是个单纯的篇名说明，并未指出内容范围。原文是：式"以尚书省列曹及秘书、太常、司农、光禄、太仆、太府、少府及监门、宿卫、计帐名其篇目"，意思很简单：式除了依尚书省各曹司及其他一些省、寺、监、卫（或府）①等官署名称命篇者外，尚有两种不依官署名称而根据内容命名的篇目，即《宿卫式》与《计帐式》。在语法上，从"尚书省列曹"到"计帐"，诸词之间是并列关系。《新唐书》卷五六《刑法志》则不然。在语法上，以"计帐"为落点，从"尚书省列曹"到"十六卫"诸词，都是

① 《监门式》很可能是从左右监门卫（或府）的官署名称而得名的。参见本书复原《监门式第三十二》。

修饰"计帐"的，都是"计帐"的定语，使式变成了各官署的计帐规格，自然就非"公文程式"莫属了。

假如我们换个角度，改以另一种方法重新标点，上引《新唐书》之《刑法志》就应当是："又取尚书省列曹及诸寺、监、十六卫、计帐以为式。"但是，这样一来，句子就读不通了。究竟"取"什么"以为式"呢？是"取"这些作为篇名呢？还是"取"其他的什么？谁也说不清。

其实，《新唐书》之《刑法志》记载不确，与整部《新唐书》的特点有关。《新唐书》从书成时起就被认为较《旧唐书》"其事则增于前，其文则省于旧"，[①] 有所谓的"文省事增"的优点。然"事增"虽是好事，"文省"却往往删削过多，使人读起来费解甚至造成误解。《新唐书》对式的记载，就是只图"文省"，以致于文义不明，造成读者理解上的混乱。

3. 式的非刑事法特性与式的内容范围

就规范类型而论，唐式属于非刑律性规范，这是唐式的第一个属性。判定唐式的性质，首先应从此入手。

《唐律疏议》卷二七《杂律》设置了"违令"罪专条，不仅处罚"《令》有禁制而《律》无罪名"的行为，同时还规定"违《式》，减一等"的处罚例，实际上等于设立了"违《式》罪"，用来处罚那些在《式》文中有禁制而《律》文中却无罪名的行为。这是一个非常重要的征兆，它表明在《令》、《式》中，均缺乏处罚性规范，因而必须在《律》中来单独地或特别地设立。而《令》、《式》只是正面地"设范立制"或"轨物程事"，违反《令》、《式》时，只能适用《律》所规定的处罚例。

---

① （宋）曾公亮撰：《进唐书表》，《新唐书》卷末附，中华书局，1975，第6472页。

现存唐式只是在有关刑罚制度的规定方面，有涉及到惩罚性规范者。例如，《刑部式》中有将刑事实体法与刑事程序法一同规定的条款，如《宋刑统》卷四《名例》老幼疾及妇人犯罪门犯时未老疾条所附唐《刑部式》："诸准格敕应决杖人，若年七十以上、十五以下及废疾，并斟量决罚；如不堪者覆奏。不堪流、徒者亦准此。八十以上、十岁以下、笃疾，并放，不须覆奏。"同时，在式当中，也有仅规定刑事实体规范者，如《唐会要》卷三九《议刑轻重》载："准《式》：制敕处分'与一顿杖'者，决四十；'至到与一顿及重杖一顿'，并决六十。无文'至死'者，为'准《式》'处分"；又，《旧五代史》卷一四七《刑法志》："《刑部式》：'决重杖一顿处死，以代极法'。"但这些只是对一些通行制度作出解释，属于法律解释，而不是单独立法。①

事情当然并不止此。唐式性质的判定，还需要进一步从其内容、特征上来把握。学者说："式……具有行政法规的性质"，我们同意将唐式拟类为行政法。

古人常"用人、行政"并提。"行政"一词，即"行其政令"之意，是广义的行政概念。这个广义的行政概念，大别之可以分为行政与诉讼两类，细分别则又可分为行政、军事、民事、诉讼诸项。

关于行政方面。唐式中各类行政法规范最多。六部诸式中，吏部、司封、司勋、考功四式规定文吏选授、考课及封爵、勋阶之事，现存《吏部式》有勋官参选，《考功式》有课试贡举人的规定，分别属于官吏选用和考课方面的行政规范。户部、度支、

---

① 有关诸条，请参见本书复原《刑部式第十七》。

金部、仓部四式，规定徭赋职贡、经费赒给、藏货赢储等，现存《户部式》有课役免除条件、各道贡物等内容，相当于"徭赋职贡"；《度支式》有供军物资拨支内容，相当于"经费赒给"，均属经济行政规范。礼部、祠部、膳部、主客四式，规定礼仪、祠祭、宴飨、贡举等事，现存《礼部式》有祥瑞物色、导从仪制、官员服色等内容，相当于"礼仪"；《祠部式》有国忌行香及禁卜筮内容，相当于"祠祀"；《膳部式》有膳食制作方面内容，相当于"宴飨"；《主客式》有关于二王后（北周、隋室后裔）享祭与蕃客进献、供食内容，属国家内外宾客方面的行政规范。工部、屯田、虞部、水部四式，规定兴造、屯田、虞衡山泽、川渎陂池之事，现存《水部式》有渠水使用、管理方面内容，即属"川渎"方面的行政规范。

其余各官署之式，大多与六部式相当。如《光禄式》规定酒醴膳羞之事，现存《光禄式》有一条关于祭祀所用笾、豆数量的规定，与《祠部式》相当。另如《少府式》规定百工技巧之事，现存《少府式》佚文有少府监制造供给蜡烛及蕃客物品内容，与《工部式》相关联。再如《太仆式》规定厩牧车舆之事，与《驾部式》规定舆辇车乘极其近似；现存《太仆式》有牧马调习及牧马死失率方面的内容，与《驾部式》的关系是很接近的。

关于军事方面。军事法也可以理解为广义的行政法，但由于它比较专门，暂将它分离出来。六部诸式中，属于军事法的有兵部、职方、驾部、库部四式，分别规定武官选授、城镇烽堠、舆辇车乘及甲仗仪仗之事。现存《兵部式》有酬勋叙官、给兵赐、军械处理等内容，《职方式》有大量的置烽、放烽的详细规定，《驾部式》有供给官吏外出马驴规定，《库部式》有允许私家保存非危险性兵器的规定，皆与军事有关。

《宿卫式》与《监门式》也属于军事法。《宿卫式》规定诸卫卫士番上之法，《监门式》规定诸卫及门司开闭诸门之法及巡警之法，都可见于现存式文。

关于民事方面。唐式中有关民事类的规范，散见于《户部式》、《主客式》等各类式，尤其以《户部式》为多。现存《主客式》佚文规定：独身商旅身死，财物由官署收管，将来有父兄子弟识认，依数归还。显然是特殊情形下的继承法规范。《户部式》也有一条规定，是关于食封人死后的封物继承办法的规定。

关于诉讼方面。唐式中有关诉讼的规范多集中于《刑部式》。现存《刑部式》佚文，有高级官吏犯公坐徒以上罪的鞫问方式及程序的规定，有对老小及疾不应决杖时应否复奏的程序规定，有法律文书用语的解释性规定，等等。

这样来分析唐式，我们就可以较准确地把握唐式的内容范围和特征，进而比较准确地揭示它的性质。从篇目的归类上，我们可以看出：唐式是以行政法为主，间有军事法、民事法及诉讼法规范掺杂其间的综合法律形式。四大类规范基本以篇为单位区分开，与唐令篇目及内容分布十分近似。古代的令在发展过程中，逐渐变成了非刑事性的、以行政法为主的各类法的总名。后产生的式，步令之后尘，也成了非刑事性的、以行政法为主的的各类法的总名，尽管它们为何在唐代没有合一的原因，我们尚搞不清楚。这就是我们从唐式出发理解唐式而得出的结论。

唐式散佚严重，使我们难于看清它的真面目，这是事实。但过去我们把它视为"公文程式"、"活动细则"，更加深了人们对它地薄位卑的印象，因为唐式本来就居律令格式法典体系之末。

加之，古籍中某些资料，往往把我们引入歧路。比如，刑事性的格，在某些时候就被赋予优先于律的特殊地位，《唐律疏议》卷四《名例》犯时未老疾条疏议引《狱官令》："犯罪逢《格》改者，若《格》轻，听从轻。"律、格之间被认为有特殊关系。相反，式与令相较，在同样与刑律性规范发生联系时，如前引《唐律疏议》卷二七《杂律》违令条规定："诸违《令》者，笞五十"，而违《式》者，则"减一等"，遂又加重了人们令重式轻的感觉。

然而，这些毕竟只是诸法典之间关系的细节。律、令、格被看重，式也非轻。前述"准《式》、依《令》"、"须依《格》、《式》"的另一层含义，是必须也只能依令、式或格、式行事，因为在律、格或律、令中缺少这样的规定。这是由当时诸法典之间规范类型和内容范围的分工造成的，不仅律、令之间有分工，令、式之间也有分工（格较特殊）。在不同的规范被分别规定入几种法典中时，很难说出彼此的轻重。所以，《唐会要》卷三九《定格令》载文明元年四月十四日敕云："《律》、《令》、《格》、《式》，为政之本"，则所谓律、令、格、式几种法律形式，在当时是同被看作为治之本的。对于内外大小官署而言，式虽居律、令、格、式之末，并不表明它在当时是无足轻重的。注意到这一点，我们就容易搞清《唐六典》为何最终以排比令、式而成书、行世了。

（二）唐式的地位

1. 式与令的关系

唐式（包括唐格）以各官署名称为篇名，内容也皆当司职掌内大小事务，这可能就是《新唐书》之所以将式与格分别定义为"（百官有司）所常守之法"及"（百官有司）常行之事"的原因。不过，由于《新唐书》将令定义为"尊卑贵贱之等数"，属于"国家之制度"的根本大法，而式仅仅是官司"常守之法"，这个特定的语言环境的强烈对比，常将我们的理解引入"式属于非根本法典"的异途。我们一般认为："式是国家机关的……活动细则"，就是如此。

唐令、式之间在总体上不存在纲领与细则的区分。① 以笔者目前掌握的唐式佚文与唐令佚文比较，唐式与唐令在内容上是基本对应的。过去我们以为，唐式中可能不存在像《职员令》与《官品令》那样的规定。但《六典》卷二吏部郎中员外郎条注云："其见在员数，已具此书……或未该者，以其繁细，亦存乎《令》、《式》。"表明在唐式中也存在有关职员设置方面的规定。再如《唐会要》载："会昌二年九月，中丞李回奏：文武常参官，据品秩《令》、《式》"云云，依唐代行文惯例，则有关品秩规定的式也是存在的。敦煌发现的唐式残卷，确有规定地方官署官吏品级的式文存在。② 我们在前面对唐令、式进行的内容对比分析，也可证明二者之间很难说存在纲目之分。我们之所以不同意《新唐书》将式限定为官司"常守之法"，而对令却不加限定，这是原因之一。

唐代令、式属于同类规范，这从其内容上已能看得比较清楚。但这也引来了问题。在一些情况下，唐令、式如何区别？尤

---

① 〔日〕仁井田陞在《唐军防令と烽燧制度——泷川博士の批评に答えて》（《法制史研究》第4号）一文中，曾说到令、式之间有"本"与"支"的本质区别，二者条文的特征分别是"简"与"繁"。
② 参见刘俊文著：《敦煌吐鲁番唐代法制文书考释》，中华书局，1989，第307～308页。

其在人们说"准《令》、《式》"时，他究竟说的是令呢？还是式呢？

笔者曾撰《令式分辨与唐令的复原——〈唐令拾遗〉编译墨余录》一文，就日本仁井田陞《唐令拾遗》一书中所涉及的令式分辨问题作了一些讨论。其中，涉及到一条式文的复原归属，并提出了令式分辨的原则。今撮其大要，叙述如下。①

唐代令、式之间，在内容上无法作统体的原则区分，这也是今天我们感到令式分辨的难度所在。在令、式之间，同一件事或关联甚紧之事，令作着这一面的规定，式则作另一面的规定。

关于同一事项的令式联事规定，表现为纲目式或一详一略式的规定方式。令对某一事项作原则性规定，式则作具体细密规定，表现为一定程度的重复。如《军防令》规定："其放烽，有一炬、二炬、三炬、四炬者，随贼多少而为差。"《唐律疏议》卷八《卫禁》烽候不警条疏议："放烽多少，具在别《式》"，"依《式》：'望见烟尘，即举烽燧'"，"放烽多少，具在《式》文，其事隐秘，不可具引。"那么，究竟贼寇数量与放烽炬数如何对应？《职方式》规定："凡寇贼入境，马步兵五十人以上、不满五百人，放烽一炬。得蕃界事宜，及有烟尘，知欲南入，放烽两炬。若余寇贼，则五百人以上、不满三千人，亦放两炬。蕃贼五百骑以上、不满千骑，审知南入，放烽三炬。若余贼寇三千骑以上，亦放三炬。若余蕃贼千人以上，不知头数，放烽四炬。若余寇贼一万人以上，亦放四炬。"依式文规定，则贼众多少与其行动方向，都是决定放烽数目的因素。

纲目式的联事规定，是唐代的一项重要的立法技术。它是适

① 详见霍存福著：《令式分辨与唐令的复原——〈唐令拾遗〉编译墨余录》，《当代法学》（长春）1989 年第 3 期。

应法律形式的多样性而产生、存在和发挥作用的。如《唐令》规定："镒钥……出纳时节、开门之法，从别《式》。"指式中有此类详细规定。查《唐律疏议》卷七《卫禁》奉敕夜开宫殿门条疏引《监门式》："驾在大内，宫城门及皇城门钥匙，每去夜八刻出闭门，二更二点进入。京城门钥，每去夜十三刻出闭门，二更二点进入。""宫城门及皇城门，四更二点出钥开门。京城门，四更一点出钥开门。"又，《六典》卷八门下省城门郎条注云："宫城、皇城钥匙，每日入前五刻出闭门，一更二点进入；五更一点出开门，夜漏尽，第二冬冬后二刻而进人"；"京城门钥匙于东廊下贮纳，每去日入前十四刻出闭门，二更一点入；四更一点出开门，夜漏尽，第二冬冬后十刻入。"当是修改后的式文。

　　第二种是交叉式的联事规定。令与式均对某一事项有规定，且不分主次与详略，表现为一定程度的交叉。如《礼部式》规定："五品以上服紫，六品以下服朱"，这是大范围的规定。而《衣服令》对六品以下官之服色的具体规定是："六品七品着绿，八品九品着青。"五品以上服色，令文限定："入仕十六考，职事官、散官皆至五品，始许著绯；三十考，职事官四品、散官三品，然后许衣紫。"像这样的令式交叉说明、互相补足的情形很多。

　　在这个问题上，学术界的理解并不相同。韩国磐于《厦门大学学报》（哲社版）1994 年第 1 期载文《传世文献中所见唐式辑存》云：

　　　　令和式的关系密切，《唐会要》中经常可看到"令式"一词。上引《白氏六帖事类集》卷 11《祥瑞》条说："式云：麟、凤、鸾、龙……为大瑞，随即奏之。"而《唐会要》卷28《祥瑞上》说："《仪制令》：诸祥瑞，若麟、凤、龟、龙……大瑞者，即随表奏。"这里式和令基本相同。又如上引《案牍簿领送解式》，其下即用《公式令》来说明此式，这里式和令相一致了。再如《唐会要》卷23《寒食拜扫》说到长庆时的敕云："寒食扫墓，著在令文……自今以后，内外官要觐亲于外州来拜扫，并任准令式年限请假。"又言及大和时敕："文武常参官拜扫，据令式，五年一给假，宜本司准令式处分。"这里除一处言令文外，余皆令式并举，该是两者规定相同。固然令是"设范立制"，如果制度规定得很详细，那么，式即可照搬令文，以致两者相同而常常并举了。

说当时人常常"令式"混用是对的，但说令式"两者规定相同"，就难说正确了。

这里有必要谈及唐朝人的习用语问题。唐人喜欢"令、式"或"式、令"连用，但所指一般只是其中的一个，并非二者都包括在内。而所指是令还是式，通常可以从上下文或法律规定的惯例中看得出来。如《唐会要》卷八二《考下》："今按《仓库令》：诸给粮禄，皆以当处正仓充……《令》、《式》昭然，不合堕废。"又，同书卷二九《节日》："开成……五年四月中书门下奏：请以六月一日为庆阳节，休假三日，著于《令》、《式》。"前者指的是令文昭然，后者则是指著令。因为按照唐代习惯，帝王诞辰节日皆著于《假宁令》，故"著于《令》、《式》"，实即"著令"。盖当时诏敕、奏章，皆受骈俪文的四六对仗影响，四字句、六字句运用颇多，许多是为讲究文法硬拼凑成四字句或六字句的。这种情况在当时讲究的判词中也大量存在。如《文苑英华》卷五四四有个房屋继承之事的"宅判"，按《户令》，户绝者的资财除丧葬、做功德等费用外，其余应给女儿继承，丧葬之事及其费用使用则由近亲主持，判文是这样的："宅即资物，女即近亲。《令》、《式》有文，章程宜据。"其中的"《令》、《式》"，也仅指令文。属于这一类的，如"依《令》、《式》施行"、"不依《令》、《式》"、"准《令》、《式》"等，或者仅指令，或者仅指式。

那么，令、式文字部分相同的场合是否存在呢? 有的。这就是式文对令文作补充规定时出现的情形。

让我们看一下日本《令集解》卷一三《赋役令·春季条》的记载：

又《古记》云：《开元式》云：

一、依令：'孝义得表其门闾，同籍并免课役。'即孝义人身死，子孙不住，与得孝义人同籍；及义门分异者，并不在免限。

一、依令：'授官应免课役，皆待蠲符至，然后注免。杂任解下应附者，皆依解时月日据征。'即杂补任人，合依补时月日蠲免。

一、依令：'春季附者，课役并征；夏季附者，免课从役；秋季附者，课役俱免。'即春季破除者全免，夏季破除者征课，秋季破除者全征。

一、防阁、疾（庶）仆、邑士、白直等，诸色杂任等，合免课役，其中有解替，即合计日二人，共免一年。

一、诸色选人中间有替解，或有转选得官，征免依破除法，各与本司计会。

对于这种"《式》云：依《令》"的情况，仁井田陞《唐令拾遗·封爵令附录》按语，在引述上引资料梗概后，说："像这样，在式中也有引用令的情况。"这个说法，我们大体上是赞同的。接着，仁井田陞又提到了《白氏六帖事类集》卷二二的《户部式》之下引用了令文的情况，评论说："像这样，在所谓式中也有与令文相同的规定。"并结论说："唐宋文献中的'令式'、'式令'之类，有的相当于令，有的相当于式。"这就需要作具体分析了。

对《令集解》卷一三《赋役令·春季条》所引《古记》中的《开元式》，应作深一层的追究。式中引令，不能得出令式规定相同的结论。考察《古记》所引《开元式》，以"一"为分隔号的五条，应当是《开元式》的原始状态，是式文的规定原样。其中，后两条是纯粹的式文；前三条中，"即"字以前，是令文；"即"字以后，是式文对令文的补充规定。[①] 引用令文的原因，是为了对原令文的粗略规定，通过式文而进行细密化规定。从立法技术角度看，这也是令式联事规定的一种方式。[②]

2. 式与格、制敕、例的关系

（1）式与格。

唐代的吏部郎中之中，有一员专掌格、式，故有时称"吏部格式郎中"。盖因吏部与中书、门下各有甲历，为三库之一，

---

① 〔日〕仁井田陞在《唐军防令と烽燧制度——泷川博士の批评に答えて》（《法制史研究》第 4 号）一文中，曾指出过这一点。
② 参见本书复原《户部式第五》。

故由其专掌。① 这多少能说明式与格的关系。

《唐六典》对格的定义，所谓"格以禁违正邪"，实际取决于《格》的内容的即时性和针对性；《新唐书》对它的定义，所谓"格者，百官有司之所常行之事也"，虽然有偏颇，但毕竟讲清了格在官府日常行政中的地位，尤其是那些《留司格》，更是如此。式的非刑事法性质，在规范类型上与格距离较远，但在可能就同一类事情作出规定，无论它是非刑事性的格，还是刑事性的格，联系密切是不成问题的。因为格是从制敕转化而来的，对于式文而言，部分地是修改原有式文的，部分是补充原有式文的。同时，由于格在适用上的优先地位，式文中以格优先适用的惯例规定，也是常见的事情。如《宋刑统》卷四《名例》老幼疾及妇人犯罪门犯时未老疾条附："准《刑部式》：'诸准《格》、《敕》应决杖人，若年七十以上、十五以下及废疾，并斟量决罚；如不堪者覆奏。不堪流、徒者亦准此。八十以上、十岁以下、笃疾，并放，不须覆奏。'"

本书已将笔者注意到的唐代格文，附列于复原式文之下，格、式之间的关系可以从其规定的比较中看得出来。其中，大量的还是非刑事性的文字规定。

唐代格的内容，前期与后期在这一事情上有较大区别。

后唐明宗天成（公元926～930年）初，法司在讨论究竟是适用《开元格》还是《开成格》时，曾请示了当时的明宗皇帝，云："《开元格》多定条流公事，《开成格》关于刑狱。今欲且使《开成格》。"② 得到了皇帝的批准。《开成格》的内容，与格之刑律性质正相符合。《唐会要》卷四〇《君上慎恤》云：唐昭宗

---

① 《唐会要》卷五四《省号上·中书省》，中华书局，1990，第930页。
② 《五代会要》卷九《定格令》，中华书局，1998，第112页。

光化元年（公元 898 年）八月二十七日敕："今后应天下州县科断罪人，切须明于《格》、《律》，不得以军法戮人。"可为证明。

《开成格》的出现原因及其内容问题，按《唐会要》卷三九《定格令》云："（开成元年）正月日制：刑法科条，颇闻繁冗，主吏纵舍，未有所征。宜择刑部、大理官，即令商量条流要害，重修《格》、《式》，务于简当，焚去冗长，以正刑名。"这里的《格》、《式》，应是指《格》，而不应包含《式》。因为《旧唐书》卷五〇《刑法志》云："开成四年，《两省详定刑法格》一十卷，敕令施行。"既仅仅只是《刑法格》，是这一活动的结果，则就不应有其他非刑事的内容。后周显德（公元 954 ~ 960 年）时所行用之格有两部分，一是《开成格》一十卷，二是《开元格》一卷。

在格式关系上，对记载中的《格》、《式》并提，我们也应做一定辨析。如《唐会要》卷八六《市》："（大中）五年八月……其月敕……又准《户部格式》：其市吏壁师之徒，听于当州县供官人市买。"此处究竟是《户部格》还是《户部式》，按敦煌出土唐《开元户部格》残卷（S. 1344）所载武周万岁通天元年（公元 696 年）五月六日"敕……其市史壁师之徒，听于当州县供官人市买"，① 则其明显是《户部格》，而不是式。

（2）式与制敕。

式的来源之一是制、敕。玄宗开元二十五年（公元 737 年）九月三日，兵部尚书李林甫有一奏章云："今年五月三十日前敕，不入新《格》、《式》者，并望不任行用限。"② 是敕条如认

① 转引自王永兴编著：《隋唐五代经济史料汇编校注》（第 1 编下册）引斯坦因 1344 号卷，中华书局，1987，第 675 页。
② 《唐会要》卷三九《定格令》，中华书局，1990，第 704 页。

为必要，可以补充到《格》、《式》之中。

　　与此相应，作为成法的《格》、《式》也可以用来检验制敕。《旧唐书》卷五〇《刑法志》云："太和七年十二月，刑部奏：先奉敕详定前大理丞谢登《新编格后敕》六十卷者。臣等据谢登所进，详诸理例，参以《格》、《式》，或事非久要，恩出一时，或前后差殊，或书写错误，并已落下及改正讫。"所谓"参以《格》、《式》"，即以《格》、《式》的规定来反观新制敕是否有值得长期行用的价值（所谓事情是否"久要"），是否与成法（此处即指《格》、《式》）相矛盾（所谓"前后差殊"）。这也是二者关系的另一面。

　　（3）式与例。

　　式的成法地位，与令、格相同，故常令式、格式并提。在一定情形下，敕的地位也较高。故而，例不仅不可与令、格相提并论，也不可与敕相提并论。

　　先看例与令、式、敕的关系。《唐会要》卷三九《定格令》载：开元十四年（公元726年）九月三日敕："如闻用例破敕及《令》、《式》，深非道理。自今以后，不得更然。"看来，令、式的成法地位，在唐代是不能动摇的。

　　再看例与格、式的关系。景龙三年（公元709年）八月九日敕云："应酬功赏，须依《格》、《式》。《格》、《式》无文，然始比例。其制敕不言'自今以后，永为常式'者，不得攀引为例。"① 是"例"与"常式"互通。而例的表面特征是，必须有"自今以后，永为常式"字样，即在制定时就有了将其作为成法的打算的规范，方可成立。行用于一时之敕，是不能作为例的。

① 《唐会要》卷三九《定格令》，中华书局，1990，第705页。

四 式在五代宋元时期的变化

（一）五代的式

五代之法，基本沿袭唐旧，变化较少。

五代后梁之式，据《旧五代史》卷一四七《刑法志》载：

> 梁太祖开平三年十一月，诏太常卿李燕、御史萧颀、中书舍人张衮、户部侍郎崔沂、大理卿王鄯、刑部郎中崔诰，共删定《律》、《令》、《格》、《式》。四年十二月，宰臣薛贻矩奏：'太常卿李燕等重刊定《律》《令》三十卷，《式》二十卷，《格》一十卷，并《目录》一十三卷，《律疏》三十卷，凡五部一十帙，共一百三卷。敕中书舍人李仁俭诣阁门奉进，伏请目为《大梁新定格式律令》，仍颁下施行。'从之。

《五代会要》与此略同。《宋史》卷二〇四《艺文志三》载"《梁式》二十卷"，《崇文总目》同。似当时诏令"删定"、奏文中之"刊定"，并未对其内容有多大改动，观其"《律》《令》

三十卷，《式》二十卷"，"《律疏》三十卷"，都是唐代之旧卷数，故知梁式仍为唐旧。

后唐之式，按《旧五代史》卷一四七《刑法志》，庄宗同光元年（公元923年），御史台以本朝是李唐王朝的后继者，而"法书"却是被朱温的后梁所删改过的，遂提请将当时唯一存留在定州的"本朝法书"调入京城，"庶刑法令式，并合本朝旧制"，得到皇帝批准。不久，定州就进纳了"唐朝《格》、《式》、《律》、《令》凡二百八十六卷"。所谓后唐式又通过恢复传统旧制的名义，而再现唐旧。

后周之式，据《旧五代史》卷一四七《刑法志》，周太祖广顺元年（公元951年），因后汉时兵乱，"法书亡失"，皇帝敕命法司"重写"法书。包括律令格式、统类编敕的重写，当时共"改点画及义理之误字，凡二百一十四"。可见，其变化也不大。至周世宗显德四年（公元957年），下旨删定律令。法司感觉，当时"朝廷之所行用者，《律》一十二卷、《律疏》三十卷、《式》二十卷、《令》三十卷、《开成格》一十卷、《大中统类》一十二卷、后唐以来至汉末编敕三十二卷及皇朝制敕"中，问题主要在律令和格敕上——"律令则文词古质"，"格敕则条目繁多"。次年，立法过程结束而成的，却是仿照唐宣宗大中年间的《大中刑律统类》体例的《大周刑统》，其编撰体例是"用《律》为主，释以疏意，《式》、《令》之有附近者次之，《格》、《敕》之有废置者又次之"。其后，便"颁行天下，与《律疏》、《令》、《式》通行"。可见，当时"式二十卷"也还是独立存在下来了。

五代的式比唐式没有大变化，可以肯定。

（二）宋式的变化

宋代法制曾经因袭唐代律、令、格、式体系，《宋史》卷一九九《刑法志一》云："宋法制因唐律、令、格、式，而随时损益则有编敕。"宋太祖建隆（公元 960～963 年）初制定《刑统》时，曾将唐以来的式包容在编敕及《刑统》之中，成为宋初法度。《玉海》卷六六载："国初用唐《律》、《令》、《格》、《式》外，有《后唐同光刑律统类》……皆参用焉"，后窦仪等在依据《大周刑统》撰集《宋刑统》时，从《大周刑统》中"削出《令》、《式》、宣敕一百九条"，"取旧削去《格》、《令》、《宣敕》及后来续降要用者一百六十条，为《编敕》四卷"，是唐以来令、式等被变为编敕之条。同时，编成的《宋刑统》中附列了"《令》、《格》、《式》、《敕》条一百七十七"，今存《宋刑统》确实如此。则当时《大周刑统》中所包含的唐以来之式，通过这两种方式皆保留了下来。

宋太宗淳化（公元 990～994 年）时，据《玉海》卷六六《诏令·律令下》："太宗以开元二十六年所定《令》、《式》修为《淳化令、式》。"是唐玄宗开元令式又成为宋令式蓝本。仁井田陞以为，宋在淳化以前大约 30 年的时间里，是行用唐开元二十五年（公元 737 年）令的，或者说是以之为基础的。[①] 唐式也当是被行用了的。虽然，陈振孙《直斋书录解题》卷七《法令类》云："唐《令》三十卷，《式》二十卷。唐开元中，宋璟、苏颋、卢从愿等所删定。……其篇目、条例，颇与今见行

---

① 〔日〕仁井田陞著，栗劲等编译：《唐令拾遗·附录·序论》，长春出版社，1989，第830 页。

《令》、《式》有不同者。"但这种不同是正常的。

但到宋神宗时，律（即《刑统》）被敕取代，格、式的内容也发生了很大变化。神宗曾有一套《敕》、《令》、《格》、《式》的御定定义，曰："禁于已然之谓敕，禁于未然之谓令，设于此以待彼之谓格，使彼效之之谓式。"依照这个精神修成的诸法，"凡入笞、杖、徒、流、死，自《名例》以下至《断狱》，十有二门，丽刑名轻重者，皆为敕"，实际是依旧律十二篇体例编列敕条；"自《品官》以下至《断狱》三十五门，约束禁止者，皆为令"，即仍依《官品令》至《狱官令》的旧令顺序编集令文，于旧令改变当不会很大；"命官之〔赏〕等十有七，吏、庶人之赏等七十有七，又有倍、全、分、厘之级凡五等，有等级高下者，皆为格"，可见《格》在内容上已无刑律性条款，而且其非刑律性条文也只局限于赏赐一项，变化较大；而凡"表奏、帐籍、关牒、符檄之类凡五卷，有体制模楷者，皆为式"。① 这样的《式》，恰好是公文程式，相当于唐代《公式令》的部分内容，变化也极大。

这样一种情况，当时人注意到了。《书目》注云："元丰以约束为《令》，刑名为《敕》，酬赏为《格》。"② 敕、律问题，我们不去论它。《格》变成了"赏格"，即酬赏之格，所谓"设于此以待彼"，只是说赏格既定、只等适用了。原来《格》中包含的刑律性规范，被归入《敕》中了；《格》中原有的相当于《令》、《式》的非刑律性规范，也被纳入《令》中了。《式》的变化更大，原有内容大体都消失了，只有"帐籍"一项可以与《计帐式》相当，故卷数也从唐以来的 20 卷减到 5 卷。而所谓

---

① 《宋史》卷一九九《刑法志一》，，中华书局，1977，第 4964 页。
② 转引自（清）沈家本撰：《历代刑法考》第 2 册，中华书局，1985，第 996 页。

"体制模楷"、"使彼效之"，不过是依此作文了。

神宗熙宁（1068～1077 年）初，确实也大量编定过《令》、《式》，如王安石编修的《三司令式》等。哲宗时有《元祐敕令式》，南宋高宗时有《绍兴重修敕令格式》，孝宗时有《乾道敕令格式》和《淳熙敕令格式》，宁宗时有《庆元敕令格式》，理宗时有《淳祐敕令格式》。据《玉海》卷六六，其中的《元祐敕令式》为"《式》六卷（一百七十七条）"，卷数、条数均少，可能与神宗时的变化有关；而《绍兴重修敕令格式》、《乾道敕令格式》均记为："《式》三十卷"。《乾道敕令格式》记载法是这样的：共"成《敕》十二卷，《格》三十卷，《式》三十卷，《存留照用指挥》二十卷"，在数量上不亚于唐五代以来的规模。

今存《庆元条法事类》保存了南宋宁宗庆元（1195～1200年）时期的敕、令、格、式。我统计了一下，在原帙 80 卷而今残存的 36 卷中，可以看到的式名，共 18 种。计有：《考课式》8 条、《文书式》15 条、《断狱式》4 条、《职制式》8 条、《杂式》7 条、《荐举式》28 条、《封赠式》1 条、《选试式》4 条、《赏式》8 条、《仓库式》14 条、《场务式》5 条、《给赐式》3 条、《理欠式》2 条、《赋役式》9 条、《道释式》8 条、《户式》2 条、《服制式》1 条、《厩牧式》4 条，共 131 条式。这尚不算明显是式文但无法确定为何种篇名的几条式文断片。

就式的名称看，宋式已经与唐五代的式之取自于官署名称者不同了，而是根据其内容定名，与唐宋令的取名方法类似。这意味着一种较大的变化，可能会因此而产生。而从内容看，南宋之式确实像宋神宗所说的那样，是"使彼效之之谓式"，即《宋史》卷一九九《刑法志一》所谓的以"表奏、帐籍、关牒、符檄之类凡五卷，有体制模楷者，皆为式"了。

比如，《考课式》的"文臣遇恩赦服色状"（卷三）是官员向礼部提出的申请书样式，《文书式》的"刺帐"、"单帐"本身就是帐籍样式；《断狱式》的"断过大辟人数"（卷七三决遣）、"编配久籍册"（卷七五编配流役）都是诸州给刑部的公文；《职制式》的"文武官射缺状"（卷六朝参赴选）是上于吏部的公文，"监司岁具巡按奏状"也是公文；《杂式》中的"保官状"、"初验尸格目"、"复验尸格目"（卷七五）、"保去失状"（卷七八）是文状格式；《荐举式》、《封赠式》、《选试式》也多是公文书式；《赏式》中的"保明磨勘出税租亏失酬赏状"（卷四八税租帐）、"保明推正驳正入人死罪酬赏状"（卷七三推驳）是赏赐规格；《仓库式》"诸州申钱帛帐"（卷三七给纳）、《场务式》"转运司申铸钱计帐"、"诸州铸钱监申铸钱物料帐"（卷三二）是计帐规格；《给赐式》"勘给旁历背木印"（卷三七勘敕），则只是给予的简单记录；《理欠式》、《赋役式》之"输纳税租钞"、"人户纳畸零税租凭由"（卷四七受纳税租）、"夏秋租税簿"（卷四七租税簿）、"转运司比较税租帐"（卷四八税租帐）是帐式；《道释式》"保奏试经拨度童行状"（卷五〇试经拨度）、"道士女冠行游公凭"（卷五一）、"僧道童行等帐"（卷五一）也是公文；《户式》"归明人帐"（卷五一、卷七八），《厩牧式》的"季申官马帐"、"卖不堪官马等物钱帐"（卷七九），也都是分类籍帐。

南宋式只在很少的场合保持了式文的规范性质。如《文书式》的"名讳"（卷三）是应避御名等讳，虽与表奏有关，但本身是规范而不是公文样式；《断狱式》的"狱具"（卷七三决遣）是杖与笞的重量、长度、上下径等的规定；《服制式》是"铭旌"、"墓田"、"坟"等的等级规定（卷七七丧葬），也不是公文样式。但也仅此而已。

　　不过，式的内容虽已改，但其与令的关系，如同唐代令、式一样，仍是互相照应的。以南宋为例，其《断狱令》规定：

　　　　诸州大辟案已决者，提点刑狱司类聚具录情款刑名及曾与不曾驳改月日，有无稽留，季申尚书刑部（诸州岁终仍别类聚决过大辟都数，限五日依式申提点刑狱司，本司类聚限十日依式申尚书刑部）。

这里的"依式"二字，也还是唐五代以来的习惯用法，仍是指"依式文"之意。在南宋的《断狱式》中，有《断过大辟人数》一条，内容是上述《断狱令》所指称者：

　　　　某路提点刑狱司
　　　　今具本路州军某年断过大辟数目下项
　　　　　奏断若干
　　　　　　死罪若干
　　　　　　　陵迟若干
　　　　　　　处斩若干
　　　　　　　处死若干
　　　　　　贷命若干
　　　　　本处处断若干（非本处合断及贷命人，更不具外，
　　　　　　　　余并依奏断死罪具数）
　　　　　　于法不至死时，处死若干（谓前项本犯死罪都数之
　　　　　　　　外，特处死者）
　　　　　　　奏断若干

　　　　本处若干（具逐人所犯情状如何处断，曾与不曾

　　　　　　自劾）

　　　右件状如前。谨具申

　　　尚书刑部。谨状

　　　年月日依常式

　　　　诸州仿此申提点刑狱司。①

这大概就是式之传统的仅有遗存了。

（三）元人对式的理解

　　宋神宗御定的《敕》、《令》、《格》、《式》定义与《新唐书》卷五六《刑法志》欧阳修的《律》、《令》、《格》、《式》定义，对后世影响是很大的。元人徐元瑞《吏学指南》"五科"解释说：

　　　　律……《唐·刑法志》曰："人之为恶，入于罪戾，一断以律。"……令，《唐·刑法志》曰："禁于未然曰令。"尊卑贵贱之等级，国家之制度也。……宋三十七章，金二十九章。……格，《唐·刑法志》曰："设于此而逆于彼曰格。"百官有司之所常行者也。其章十。……式，《唐·刑法志》曰："设于此而使彼效之，谓之式。"诸司常守之法也。宋有二十一章，金有《六部式》，即今之公文式也。②

---

① 《庆元条法事类》卷七三《刑狱门三·决遣》。
② （元）徐元瑞撰、杨讷点校：《吏学指南》，浙江古籍出版社，1988，第52~54页。

　　考其来源，所谓"《唐·刑法志》云云"者，不过是宋神宗定义与欧阳修《新唐书》卷五六《刑法志》说法的综合。虽然这种综合过于牵强，根本没有顾及法典前后变化的因素，但对于一部吏学启蒙读物来说，似也毋庸苛责。何况当时《旧唐书》废而《新唐书》行，徐元瑞只能依据通行的《新唐书》及元人容易看到的宋神宗定义为说。加上元代法典体系也处在改变传统体例的变化过程中，徐元瑞释"律"用《唐律》、《宋刑统》篇名，释"令"用金令篇名，释"格"用元初的《至元新格》篇名，正可见对变化中的法典体系难以用一朝法制说明的情形。其实，元代之格正是唐宋以来之令，唐宋之律也渐演变成元代之断例，断例之源头又沿自宋代之刑名敕。只是"式"没有篇名，徐元瑞也举不出，他只说传统的"式"就是元朝之"公文式"。说宋代"二十一章"式及金代《六部式》是传统的《式》，并没有错；但说它们"即今之公文式"，就难以辨明了。但此处却透露了一个极重要的消息：元代"公文式"完全是宋神宗"体制模楷"之式的流风！元代人无法脱离本朝"公文式"去理解唐式，也就很自然了。

　　因之，我们平时爱说唐式"是国家机关的'公文程式'"，实际也与宋元以来式的这一新变化有关。只是我们过去对此注意不够。

五 唐式的篇目、卷数及篇卷之间的关系

（一）唐式的篇目

1. 六部二十四司式的篇目与排列顺序

唐式篇目的名称、排列顺序的变化，在唐初是因六部名称、排列顺序的变动而起的。

关于排列顺序的变化，主要是礼、兵、民或礼、民、兵三部的顺序问题，吏部排第一，刑、工二部排最后，原本无问题。按《唐会要》卷五七《尚书省诸司上·尚书省分行次第》云："《武德令》：吏、礼、兵、民、刑、工等部。《贞观令》：吏、礼、民、兵、刑、工等部。光宅元年九月五日改为六官，准《周礼》分，即今之次第乃是也。"即改为以吏、户、礼、兵、刑、工为序。这一改动，为中宗神龙复辟后的唐朝所沿用。光宅元年（公元 684 年）是武则天于唐高宗死后的第二年，先废中宗、再废睿宗后，以母后身份临朝的第一年。这样，在《垂拱式》之前，六部二十四司式的顺序，就因《武德令》、《贞观令》规定的顺位而有所变化：

《武德式》顺序为：《吏部式》、《主爵式》、《司勋式》、《考

功式》,《礼部式》、《祠部式》、《膳部式》、《主客式》,《兵部式》、《职方式》、《驾部式》、《库部式》,《民部式》、《度支式》、《金部式》、《仓部式》,《刑部式》、《都官式》、《比部式》、《司门式》,《工部式》、《屯田式》、《虞部式》、《水部式》。

《贞观式》顺序为:《吏部式》、《主爵式》、《司勋式》、《考功式》,《礼部式》、《祠部式》、《膳部式》、《主客式》,《民部式》、《度支式》、《金部式》、《仓部式》,《兵部式》、《职方式》、《驾部式》、《库部式》,《刑部式》、《都官式》、《比部式》、《司门式》,《工部式》、《屯田式》、《虞部式》、《水部式》。

《垂拱式》之后,因为六部顺序的确定,六部二十四司式的顺序,就依照吏、户、礼、兵、刑、工的顺序进行了。直至《开元式》,都是如此。

关于篇名的变化,随着唐太宗李世民去世后,高宗在贞观二十三年(公元649年)将民部改为户部,显庆(公元656~661年)时再改为度支,上述诸式的篇名,自然要发生相应的变化。所以,《永徽式》中,《民部式》就应是《户部式》。其后,高宗一朝,自龙朔二年(公元662年)改官名,咸亨元年(公元670年)恢复旧名;武则天光宅元年(公元684年)再改官名,直至中宗神龙(公元705~707年)复辟后又恢复旧名,先后两改两复。六部二十四司式的篇名,就随此而变了。从前述立法情况看,高宗时期的《麟德式》、《仪凤式》,都是专门因官名改易而删定式文的。神龙之后,始逐渐确定下来。

2.　唐式篇目总数

唐式篇目的总数,一直变化不大。武则天垂拱(公元685~

688 年）年间修成《垂拱式》，增加了《计帐式》及《勾帐式》，这是我们知道的第一次篇名和篇数的变化。到《开元式》时，有《计帐式》而无《勾帐式》。其余则未见有变化记载。

据《唐六典》卷六刑部郎中员外郎条注及《旧唐书》卷五〇《刑法志》所记，《开元式》为 33 篇（所谓"凡式三十有三篇"）。不过，若以同上二书所开列的篇目计，却有 34 篇。可以分为三个层次。

首先，"以尚书省列曹"命篇的有 24 篇。分别为：《吏部式》、《司封式》、《司勋式》、《考功式》、《户部式》、《度支式》、《金部式》、《仓部式》、《礼部式》、《祠部式》、《膳部式》、《主客式》、《兵部式》、《职方式》、《驾部式》、《库部式》、《刑部式》、《都官式》、《比部式》、《司门式》、《工部式》、《屯田式》、《虞部式》、《水部式》。

其次，以省、寺、监、卫（或府）名篇的共有 8 篇，即《秘书省式》（省 1 篇）、《太常式》、《司农式》、《光禄式》、《太仆式》、《太府式》（寺 5 篇）、《少府式》（监 1 篇）、《监门式》（卫或府 1 篇。监门原为左右监门府，高宗龙朔二年改为左右监门卫）。

最后，不以曹司名称取名者 2 篇，即《宿卫式》、《计帐式》。

这里的 33 篇与 34 篇的不符合，常引起人们的揣测。韩国磐《传世文献中所见唐式辑存》云："《唐六典》、《旧唐书》皆言唐式为三十三篇，而所列篇名除尚书省列曹二十四司各自为篇外，有五寺及秘书、少府、监门、宿卫、计帐共为十篇，总共为三十四篇，如果监门、宿卫合为一篇，则恰为三十三篇。"[1] 关

---

[1] 韩国磐著：《传世文献中所见唐式辑存》，《厦门大学学报》（哲社版）1994 年第 1 期。

于监门、宿卫二式单独立篇或合并为一的问题，我过去也曾怀疑此二式是否被合为一篇的，甚至猜测《监门式》与《司门式》被合并的可能性。但考之《唐律疏议》以及日本古文献《令集解》中所引的《监门式》，是独立成篇的，与《宿卫式》无涉。可证当时二式是独立的。

关于为什么诸寺、监有的部门有专门式，而有的无式的问题，韩国磐先生又云："为什么九寺中只有五寺有式，而宗正、卫尉、大理、鸿胪四寺没有呢？这可能是宗正寺事，可归之于《吏部式》、《司封式》；卫尉寺可合之于《监门式》、《宿卫式》；大理寺可合之于《刑部式》；而鸿胪寺则可归之于《主客式》和《祠部式》。"韩先生特别提到"大理寺审案，据《唐六典》等记载，一般要申报刑部详覆。故大理寺所用之式即为《刑部式》"，因而"唐代三十三篇式中没有大理这篇"。这个推测是正确的。不过，这个问题已涉及到《唐六典》的记载方法一事，请参看下文。

此外，关于《计帐式》与《勾帐式》的问题。武则天《垂拱式》增加了《计帐式》与《勾帐式》两篇，《开元式》有计帐而无勾帐，或许勾帐之事已合并在《计帐式》或其他式中。

这样一来，唐朝实际存在过的式的篇名，总数是35个。

但关于篇目问题，有一事须辨明。即唐式中有无小篇名的问题。

韩国磐先生《传世文献中所见唐式辑存》就《白氏六帖事类集》引式情况而概括说：唐式"三十三篇为大的篇名，其下又有小篇名。如《充夫式》下引《户部式》，即知《充夫式》是《户部式》内的小篇。《立神式》下引《祠部式》，《蕃夷进献式》下引《主客式》，《斗门式》下引《水部式》，前者皆为后者篇内的小篇。但有例外，如《衣赐式》下引《兵部式》和《度支式》，则前者系由后两者的部分内容所组合而成，不同于大篇小篇的关系。"① 但这里的《充夫式》、《立神式》、《蕃夷进献式》、《斗门式》只是白居易随事立名，应分别理解为有关"充夫"方面的《式》、"立神"方面的《式》、"蕃夷进献"方面的《式》、"斗门"方面的《式》等。白居易为科举作文，只是约其内容而言的，并非有大篇名与小篇名的问题在。唐史其他资料也未显示唐式中有小篇名的存在。

　　这种随事立名的事情，在唐代人对待《格》的时候，也有发生。如《白氏六帖事类集》卷一六《军资粮一》有《军粮格》，而其下所引为《仓部格》；《白氏六帖事类集》卷一四《功二七》又有"兵部叙录《格》"，显然是《兵部格》，而其所引内容是"叙录"方面的；《全唐文》卷七〇三《李德裕·请准兵部依开元二年〈军功格〉置跳荡及第一第二功状》，也将《格》文称为《军功格》，但此《军功格》只是"军功"方面的《格》，考其下引文字，是《开元格》。但这也不表明唐格中也有小篇名。

（二）唐式的卷数及篇卷对应情况

　　唐式先后有过 14 卷、18 卷和 20 卷。前两个卷数，我们暂时不讨论，只探讨 20 卷的《开元式》。

　　《开元式》的 33 篇（或 34 篇）被归并在 20 卷之中，这样，

---

① 韩国磐著：《传世文献中所见唐式辑存》，《厦门大学学报》（哲社版）1994 年第 1 期。

以篇为卷、篇卷对应就无法做到。① 根据《六典》注及旧志所记的《开元式》篇目顺序及日本古籍引用《开元式》时署明卷数的两个例证，我们完全可以作出唐式的篇卷对应情况的大致估计。

《令集解》卷一二《田令·荒废条》：

　　《古记》云……其租者，初耕明年始输也。《开元式》第二卷云："其开荒地，经二年收熟，然后准例。"

《令集解》卷一五《学令·释奠条》：

　　《古记》云……《开元式》四卷云："诸祠祀，若临时遇雨，沾服失容，则以常服从事；若已行事遇雨者，则不脱参（祭）服。"

按，荒地在土地种植成熟地后才开始收租，是国家对新开垦土地实行的优惠政策，即前两年不收租税（日本则第二年收租）。这样的规定，当是《户部式》。因为户部尚书、侍郎之职"掌天下户口、井田之政令"，其中一项即"徭赋、职贡之方"，徭赋即百姓编民应向国家交纳之赋税和应服之徭役。在户部中，具体掌领其事的是户部的头司即户部司。户部郎中员外郎之职，即"掌领天下州县户口之事"，其"事"的内容之一，就是"任土所出而为贡、赋之差"。

_____

① 唐《开元格》的情况也是这样。按《六典》："凡格二十有四篇。"注云："以尚书省诸曹为之目，共为七卷。……皆以尚书省二十四司为篇名。"则是 24 篇格被集中在 7 卷之中，1 卷平均容纳 3 篇有余。

　　又，祠祀遇雨之服饰，当是《祠部式》。因为礼部尚书、侍郎职掌"天下礼仪、祠祭、燕飨、贡举之政令"。礼部四司之中，具体主掌"祠祭"的，是其第二司的祠部司，祠部郎中、员外郎职掌"祠祀、享祭"。以此来推算，六部二十四司式，可能是以3篇为1卷，共占8卷。其具体的篇卷对应情况是：

　　卷一：吏部式、司封式、司勋式；

　　卷二：考功式、户部式、度支式；

　　卷三：金部式、仓部式、礼部式；

　　卷四：祠部式、膳部式、主客式；

　　卷五：兵部式、职方式、驾部式；

　　卷六：库部式、刑部式、都官式；

　　卷七：比部式、司门式、工部式；

　　卷八：屯田式、虞部式、水部式。

　　其余以省、寺、监、府名篇的，可以依此类推，大抵是以篇为卷，即：

　　卷九：秘书（省）式；

　　卷一〇：太常式；

　　卷一一：司农式；

　　卷一二：光禄式；

　　卷一三：太仆式；

　　卷一四：太府式；

　　卷一五：少府式；

　　卷一六：监门式；

　　不以曹司名称取名者，也可能是以篇为卷，即：

　　卷一七：宿卫式；

　　卷一八：计帐式。

至于卷一九、卷二〇，或可能因上述某些篇目复分为两卷，详情就难以准确指出了。

当然，这个推测也可以稍作变通。即六部二十四司式的前五卷的篇卷对应情况，可以变成如下的不规则状：

卷一：吏部式、司封式、司勋式、考功式；

卷二：户部式、度支式、金部式、仓部式；

卷三：礼部式；

卷四：祠部式、膳部式、主客式；

卷五：兵部式、职方式、驾部式；

或者是：

卷一：吏部式、司封式、司勋式、考功式；

卷二：户部式；

卷三：度支式、金部式、仓部式；

卷四：礼部式、祠部式、膳部式、主客式；

卷五：兵部式、职方式、驾部式；

如此等等。但无论如何，《开元式》第二卷的"开荒地，经二年收熟，然后准例"纳赋税的内容，不应脱出《户部式》；也就是说，《开元式》第二卷中必然有《户部式》。同样，《开元式》第四卷的"祠祀遇雨，沾服失容"时，是用"常服"还是用"祭服"，只能在《祠部式》中；这也就是说，《开元式》第四卷中必然有《祠部式》。

（三）六部二十四司式与九寺诸监式

在讨论六部二十四司式与九寺诸监式之前，有必要述及六部二十四司与九寺诸监两大类官署之间的关系。

学者每每讥评唐代官制之叠床架屋。其实，不只今人如是看待，这一看法，恰是唐代本朝人开其端的。唐代人杜佑在其所著《通典》卷四〇《职官二二·秩品五（大唐）》中，用远古制度比类唐朝官制，说：

> 昔皋繇作士正五刑，今刑部尚书、大理卿，是二皋繇也。垂作共工利器用，今工部尚书、将作监，是二垂也。契作司徒敷五教，今司徒、户部尚书，是二契也。伯夷秩宗典邦礼，今礼部尚书、礼仪使，是二伯夷也。伯益作虞掌山泽，今虞部郎中、都水使者，是二伯益也。伯同太仆掌车马，今太仆卿、驾部郎中、尚辇奉御、闲厩使者，是四伯同也。古者天子有六军，汉家前后左右将军四人，今则十二卫、神策等八军，凡有将军六十人也。

在上述 7 个两两相对的比较关系当中，涉及到六部与九寺诸监的重复关系者，就有 4 对。这当然是从时间上往回看的感觉。如果就横断面看，问题可能就更清楚。

严耕望先生在其《唐仆尚丞郎表》卷一《述制》谈到这一问题时说：

> 自汉季以来，尚书六部虽侵九卿之权，参预行政，而九卿亦沿置不废，与尚书皆承君相之命，分行政务，故尚书六部与九卿之职权常至重复混淆，不能析辨。唐世亦置九寺诸监，粗观《六典》、两《志》之文，其职似几尽与六部相重复（如司农、太府两寺之与户部，太常、鸿胪、光禄三寺之与礼部，太仆、卫尉两寺之与兵部，大理寺之与刑部，少

府、将作两监之与工部），学者不易通晓其故，易滋疑惑而
生误解。

但严耕望先生注意到了尚书六部与九寺诸监的组织上的不
同：尚书都省与六部之组织极其简单，置官不过150余员，置吏
不过1100余人；而寺监官吏员额不下万人。这种矛盾情形，说
明九寺诸监不是闲司，国家大政也非尚书六部之官吏所能集办。
严耕望考察《六典》、两《志》叙述六部与寺监职掌之文，得出
的结论是：

> 户部与司农、太府两寺虽皆掌财计，礼部与太常、鸿
> 胪、光禄三寺虽皆掌礼乐，兵部与太仆、卫尉两寺虽皆掌兵
> 事与甲仗，刑部与大理寺虽皆掌刑法，工部与少府、将作两
> 监虽皆掌缮作，然作者用字遣词却截然不同，并时露六部与
> 寺监间之关系。

这种关系，综合而言就是：

> 尚书六部之职是"掌政令"，以"行（君相之）制
> 命"；而九寺诸监之职是"掌诸事"，以"行（尚书之）政
> 令"。即尚书六部上承君相之制命，制为政令，颁下于寺
> 监，促其施行，而为之节制；寺监则上承尚书六部之政令，
> 亲事执行，复以成果申于尚书六部。故尚书六部为上级机
> 关，主政务；寺监为下级机关，掌事务。六部为政务机关，

故官员不必多；寺监为事务机关，事类丛琐，故组织常庞杂。①

严耕望的说法，对于我们研究六部二十四司式与九寺诸监式之间的关系，具有启发意义。

《开元式》设专篇的寺、监类机构，有一省（秘书）、五寺（太常、司农、光禄、太仆、太府）、一监（少府）、一卫或府（原为左右监门府，高宗龙朔时改为左右监门卫）。另外，《宿卫式》一篇，实际也包容了诸卫职掌，也等于专篇。我们将其称为九寺诸监式。与之相对的是尚书省六部二十四司式。尚书省六部二十四司式，历来是被看得很重的。

《唐会要》卷五七《尚书省诸司上·尚书省》："永泰二年四月十五日制……今之尚书省，即六官之位也。……庶务所归，比于喉舌。……朕纂承丕绪，遭遇多难，典章故事，久未克举。其尚书宜申明《令》、《式》，一依故事。诸司、诸使及天下州府，有事准《令》、《式》各申省者，先申省司取裁，并所奏请，敕到省，有不便于事者，省司详定闻奏，然后施行。"这里不免有官样文章的味道，而且还是《令》、《式》并提，难说唐式就何等的重要。但六部式的重要，在人们的意识中是能反映出来的。白居易作《白氏六帖事类集》，其所引用唐式的篇目是：《吏部式》、《考功式》、《户部式》、《度支式》、《祠部式》、《主客式》、《兵部式》、《水部式》共8种，都集中在六部式上，六部式之外的式文一篇都没有引述。尽管他引式的目的是为了便于他自己及他人将来的写作，但反映了六部式在他脑子中的重轻程度。

① 分别见严耕望著：《唐仆尚丞郎表》第1册，中华书局，1986，第1~2页。

式在后来的发展，似乎也能曲折地反映这一点，虽然这又与官制的发展变化有关。金代有《六部式》，是取《式》中所必须。《金史》卷四五《刑法志》载：金有泰和年间新定的《律令》、《敕条》、《格式》共五十余卷，其中有《泰和律令》二十卷，《新定敕条》三卷，《六部格式》三十卷，泰和元年司空襄进。是当时《格》与《式》共有 30 卷，总数要比唐代为少，显然是有过剔除繁复的选择。元徐元瑞《吏学指南·五科》也提到金之《六部式》，云："《唐·刑法志》曰：'设于此而使彼效之，谓之式。'诸司常守之法也。宋有二十一章。金有《六部式》，即今之公文式也。"

当然，重要性与数量多少并不就是一回事。

如上所述，就我们注意到的情况而言，九寺诸监式可能是每一篇单独成卷的，而六部二十四司式则是几篇合起来构成一卷。就是说，九寺诸监式的每一个单篇，比六部二十四司式的单篇的内容要多，部头要大。提出这样一个估计的依据，除了上引《户部式》、《祠部式》条文所在卷次的确切证据外，笔者更注意到了当时官制的背景。

唐代六部与九寺、五监等机构之间，存在一种叠床架屋的重复关系。汉以来的尚书六曹发展为隋唐六部，是以逐渐侵夺九卿职权为特征的。六部诸司与寺、监之间，前者起领导或指导作用，后者实际上是已经降低为前者的附属机构——尽管在名义上不如此说。这一点，许多先辈都曾指出过。这样，在六部诸司与寺、监之间，许多具体的、事务性的工作在寺、监，故而有关寺、监职掌规定的式文，条数多、份量大，单独成卷的可能性很大；而六部二十四司，工作只属指导性或领导性的原则规定，式文无所可载，卷数自然就少了。关于这一点，《唐六典》的记事方式可以作个间接证据。

在记载上,六部简略其文,而入于九寺五监者,究竟应该如何理解?是理解为因当时官制(六部与九寺五监)叠床架屋,故在顾及六部二十四司记载时,也不得不考虑九寺五监有所可载?还是理解为这些内容原本就是《令》、《式》文字,应当属于九寺五监方面的《令》、《式》?

比如,《六典》卷四膳部郎中员外郎,其职掌是"邦之牲豆、酒膳,辨其品数",这是很广泛的事务,是礼部职掌之一。但所有这些,并没有都记载在膳部职下,而是分列在其他五个部门职掌之下。首先,京城和东都郊祀天地、享祭宗庙所用的牛羊豕的"涤养之数,省阅之仪",记载在"廪牲之职"(廪牲署属太常寺);其次,上述郊祀、享祭所用的"笾豆之数,鱼脯之味,石盐之差",记载在"太官之职"(太官署属光禄寺);再次,凡祀享六尊,"所实之制"(即其中所填充之物),记载于"良酝之职"(良酝署属光禄寺);又次,凡天下珍羞供进之物,"多少之制,封检之宜",记载于"尚食之职"(尚食局属殿中省);最后,诸陵所有进献之馔,则记载于"陵令之职"(诸陵署属太常寺)。这样一来,上述之本来可能规定入《膳部式》的条文,更有可能因职掌关系而规定入《太常式》、《光禄式》中。

再如,《六典》卷五驾部郎中员外郎条,提到国家诸监、牧马牛等的"畜养之宜,孳生之数,皆载于太仆之职",这可以是《驾部式》的内容。但既载在太仆,很有可能就是《太仆式》的内容。在对应关系上,太仆寺之"监牧羊马籍帐",要"上于尚书驾部",并对其负责。

当然,相反的情形也可能有。比如,《六典》卷四礼部郎中员外郎条:"凡百官葬礼,皆有辒车、引披、铎翣、明器、方

相、魌头之制，皆载于鸿胪之职焉。"查今本《六典》卷一八鸿
胪寺司仪（署）令条，所载皆然，唯缺"明器"一项。鸿胪寺
除了与礼部司有关系外，还会因其下属机构典客署管理"二王
之后及夷狄君长之子袭官爵者，皆辨其嫡庶，详其可否"之事，
而与主客司有关系，相应事务的处理要"上尚书"，即报告尚书
省礼部的主客司。故《六典》卷四主客郎中员外郎职掌"二王
后及诸蕃朝聘之事"，但"其朝贡之仪，享燕之数，高下之等，
往来之命，皆载于鸿胪之职焉"。同样地，鸿胪寺还得因"寺观
三纲、京都大德取以补充"之事而"上尚书祠部"，即报告尚书
省礼部的祠部司，因为祠部司管理"道佛之事"。这样一来，上
述之鸿胪职掌因无《鸿胪式》的设置，而可能规定入《礼部
式》、《主客式》、《祠部式》中。但这是特例，原因在于唐式中
恰好没有这篇，不得不规定入六部式文当中（当然，规定入令
中而不是式中，也是可能的）。它如兵部与诸卫之间（《六典》
卷五兵部郎中员外郎条下，提到了其职掌的"天下之府五百九
十有四，有上、中、下"，但记载上却是"并载于诸卫之职"
的），仓部、金部与太府寺、司农寺等官署之间（仓部郎中木契
与司农寺合，金部郎中木契与太府寺合、太府寺申所司等），也
都可作如是观。《六典》互见法，含有记载艺术的意味，但未尝
就不具有本来篇目归属的意义。

　　当然，就记载方便而言，并不是某篇式必须记载在该篇之
下。在《六典》中，六部式之间也有记载串动的问题。比如，
祠部郎中、员外郎条就有《礼部式》，则又是以方便为原则的，
原本就不能顾及职掌部门的一一对应之事。关于此事，请参见本
书复原《礼部式第九》相关按语。

六　唐式与日本式的比较

80 多年前，日本学者中田薰先生的《唐令与日本令的比较研究》一文，迈出了唐日两令比较研究的第一步，引来了日本学界研究唐令与复原唐令工作的热烈局面。中田薰的弟子——仁井田陞博士所著《唐令拾遗》，集中了他们师徒俩唐日两令比较研究的全部成果，使唐令研究与复原工作达到高峰。无疑，比较研究是使研究深化的一个重要环节。笔者参与栗劲先生主持的《唐令拾遗》一书的编译，有感于唐日两式的比较的紧迫性，曾作《唐式与日本式的比较研究》一文。① 今以原作为基础扩而充之，叙列如下。

（一）形式的比较

1. 唐式与日本式卷数情况的比较

德川光国《大日本史·刑法志》言及古代的日本三次制定格式的情况，云："格、式之书，又相继成编于弘仁（嵯峨天皇年号，唐宪宗元和五年，公元 810 年）、贞观（清和天皇年号，

---

① 载《中外法律史新探》，陕西人民出版社，1994，第 246～265 页。

唐宣宗大中十三年，公元 859 年）、延喜（醍醐天皇年号，唐昭宗光化四年，公元 901 年）间。"①

其中，三次制定或修定式的具体情形是，嵯峨天皇弘仁十一年（唐宪宗元和十五年，公元 820 年），制成《弘仁式》40 卷（藤原冬嗣等撰上）；清和天皇贞观十三年（唐懿宗咸通十二年，公元 871 年），修成《贞观式》20 卷（藤原氏宗等撰上）；醍醐天皇延喜五年（唐昭宗天祐二年，公元 905 年），下诏撰修新式，至延长五年十二月修成《延喜式》50 卷（藤原忠平等奉敕撰）。② 最早的《弘仁式》距唐代《开元式》已 83 年、距唐代《永徽式》已 160 多年，最晚的《延喜式》距《开元式》与《永徽式》分别是 168 年和 250 年。最后一部式完成时，唐代已经灭亡了。三部日本式所依据的蓝本就是《永徽式》和《开元式》。延喜修式的主持人藤原忠平在谈到《延喜式》与前两部日本式及唐式的关系时说："于是搜古典于周室，择旧仪于汉家；取舍《弘仁》、《贞观》之弛张，因修《永徽》、《开元》之沿革"，③ 或"准据《开元》、《永徽式》例，并省两式（指弘仁、贞观两式——作者注）"，④ 吸收的是成熟程度较高的唐《永徽式》和《开元式》。

关于日本《弘仁式》与《贞观式》卷数悬殊的差别，《〈延喜式〉序》一方面说"前后之式（指弘仁、贞观式），章条既

---

① 转引自杨鸿烈著：《中国法律对东亚诸国之影响》，中国政法大学出版社，1999，第 177 页。

② 参见杨鸿烈著：《中国法律对东亚诸国之影响》有关三部式制定时间及撰者的叙述，中国政法大学出版社，1999，第 187～188 页。按藤原忠平等《上〈延喜格式〉表》，《延喜式》的完成时间为"延长五年十二月"。

③ 〔日〕藤原忠平等奉敕撰：《上〈延喜格式〉表》，《交替式·弘仁式·延喜式（前篇）》，《新订增补国史大系》（普及版），吉川弘文馆平成元年 4 月，第 1 页。

④ 〔日〕藤原忠平等奉敕撰：《〈延喜式〉序》，《交替式·弘仁式·延喜式（前篇）》，《新订增补国史大系》（普及版），吉川弘文馆平成元年 4 月，第 4 页。

同，卷轴斯异，诸司触事，捡阅多岐”，似乎二式在内容上无甚
差异，只是卷数分合不同，存在着后式合并前式两卷为一卷的可
能性；但《序》又云："然犹后式攸录，事多漏略"，似 20 卷的
《贞観式》，确实不如 40 卷的《弘仁式》详备。二者不仅仅是卷
数的不同，内容详略也不一。至于《延喜式》，其原《序》云：
"凡起《弘仁》旧式，至《延喜》新定，前后缀叙……惣编五十
卷，号曰《延喜式》。"则《延喜式》既保留了弘仁、贞观二式
的内容，又增加了许多新条文，故卷数较旧式增多也是很自然
的。从《延喜式》整理者在条文的条首所附小字看，标明
"弘"、"贞"字样者，均是《弘仁式》、《贞観式》旧文，清晰
反映了这种新旧传承关系。

　　日本式的绝对卷数超过了唐式，抛开中日古籍卷册装订的差
异成分，也应该认为日本式的内容确实较唐式增多，份量加大
了。其中的原因，可以认为是源于文化移植时三个经常起作用的
因素。其一，基本吸收之外，辅以国情，酌量国情而作的规定是
其增多因素之一。其二，为消化外来文化而作的重复细密规定。
其三，日本式是在律令制度行用 130 年之后才制定的，具有
"补阙拾遗"、[①] 完成全面吸收外来文化的补充作用，这也是其增
多因素之一。日本移植唐令而成的《近江令》，颁布于天智天皇
七年（相当于唐高宗总章元年，公元 668 年），至第一部式——
《弘仁式》制成，相隔 132 年。由于律、令先具，格、式后起，
式的定义明显反映了这种时间性。《〈弘仁格式〉序》云："律以
惩肃为宗，令以劝诫为本，格则量时立制，式则补阙拾遗"；延
喜时制定格式之敕，认为"律令之兴，盖始大宝，惩肃既具，

---

① 《类聚三代格》卷一《〈弘仁格式〉序》。转引自仁井田陞著：《唐军防令と烽燧制度
　　——泷川博士の批评に答えて》，《法制史研究》第 4 号。

劝诫亦甄；然律令之典，上举大纲，至于体履相须，事犹阙如，论之政术，固有未周。因兹修格式，以备阙违"，也以为式是补"阙如"和"备阙违"的；[1] 天平宝字三年六月，石川年足的奏章曰："臣闻治官之本，要据《律》、《令》；为政之宗，则须《格》、《式》。方今科条之禁，虽著篇简；《别式》之文，未有制作。伏乞作《别式》，与《律》《令》并行。"[2] 这是当时解释日本令的过程中频频看到的"可有《别式》也"的期待的集中反映。格式的指定，就是在这种要求之下进行的。后来《令集解》也说式是"补法令阙，拾法令遗"的。这与《唐六典》的令、式定义显然是不同的。

2. 唐式与日本式篇数与篇目情况的比较

唐式分篇，以六部二十四司及部分省、寺、监、卫（或府）等官府名称命名者，计有 32 篇，不依曹司名称命名者，仅两篇（历史上也只存在过 3 篇）。

日本式方面，以保存完好的《延喜式》为例，共 53 个篇目。除《杂式》一篇外，其余均仿照唐制体例，按照日本当时官制的二官（神祇官、太政官）、八省（中务省、式部省、治部省、民部省、兵部省、刑部省、大藏省、宫内省）、一台（弹正台）、六卫府（左右近卫府、左右卫门府、左右兵卫府）等机构及其所属分支机构命篇。

唐日两式以官署的名称命名，在当时是便于各官署寻检本司

---

① 《类聚三代格》卷一七，转引自虎尾俊哉编：《弘仁式贞观式逸文集成》，国书刊行会平成 4 年 12 月版，第 227 页。此敕当是在天长七年十月藤原三守的奏章"但律令之典，止举本纲，至于体履相须，式条犹缺，论之政术，固有未周"的基础上形成的。该奏章见《日本逸史》卷三八《淳和天皇》。参见仁井田陞著：《唐军防令と烽燧制度——泷川博士の批评に答えて》，《法制史研究》第四号。

② 《续日本纪》卷二二《淳仁天皇》。又《类聚国史》卷一四七《文部下》。参见仁井田陞著：《唐军防令と烽燧制度——泷川博士の批评に答えて》，《法制史研究》第四号。

条章的。在客观上，也为今日的我们开展唐日两国官署职掌的同异并进而研究两式的对应关系提供了方便。尤其是，日本在移植唐文化的过程中，官制也是仿唐制而设的。其中，神祇官是按日本传统国情重神道而设，然其所掌为祭祀、卜兆之事，故学者比之唐代太常寺、礼部、祠部；太政官，学者也以为是模仿唐之三师三公及尚书、中书、门下三省的综合为一的机构。① 八省仿唐之六部，弹正台仿唐御史台，六卫府仿唐十二卫。唯唐之诸寺监的职掌，被并入诸省职掌。因为唐之官制，经历了西汉以来九卿职掌被尚书台逐渐侵夺的过程，研究者一直以为在体系上是叠床架屋。故日本在移植时作了省并，也是事理之当然。

笔者曾在《令式分辨与唐令的复原——〈唐令拾遗〉编译墨余录》一文中，试列过唐日两式主要篇目对应表，② 现作部分修正，揭列如下：

神祇式——太常式、礼部式、祠部式

中务省式——驾部式、监门式、司门式

式部省式——礼部式、吏部式、考功式

治部省式——主客式、礼部式、太常式、司封式、司勋式

民部省式——户部式、度支式、比部式、金部式

兵部省式——兵部式、职方式

刑部省式——刑部式、都官式

大藏省式——太府式、仓部式、库部式

宫内省式——膳部式、太常式、少府式

① 参见〔日〕桑原骘藏博士著：《王朝之律令与唐之律令》，载《历史与地理》第 6 卷第 5 号。转引自杨鸿烈著：《中国法律对东亚诸国之影响》，中国政法大学出版社，1999，第 189～190 页。

② 见《当代法学》，1990 年第 3 期。

左右卫门府式——司门式、监门式

弹正台式——刑部式

左右近卫府、左右兵卫府式——宿卫式

日本式的篇卷对应情况。《延喜式》原书具在，篇、卷对应关系清晰明了。不过，篇数、卷数约略相当的《延喜式》，篇、卷之间也呈现出不规则的复杂情形。以篇为卷，篇卷对应的有21篇，如太政官、宫内省、弹正台、杂式等，这是基本形态，占全部篇、卷数的2/5；同一篇目分为上、下两卷的，有式部、民部等，占1/5；同一篇目分为10卷的有神祇式。此外，还有两篇合为一卷的，如兵部省；有3篇合为一卷的，如中宫职；4篇合为一卷的，如治部省；5篇合为一卷的，如中务省等。

出现这种状况的原因，主要是因为各官署的分支机构多寡不一，职掌的繁剧与闲散不同，加上在此以前其他法律形式（比如令）对这些机构的职掌规定有详有略，故诸司之式所规定的内容或多或少，篇卷分合不定也就是自然的了。

（二）内容的比较

1. 日本式的源流及其与唐礼、唐式、唐令等的关系

前文指出，日本式是依唐式为蓝本制定的，这是它的源头。但是在比较唐日两式时，必须注意到其他法律形式、规范类别与式的关系或对式的影响，这是支流问题。在这方面，有下列几个问题需要说明。

（1）关于式与礼的关系。在日本称做"式"的，有三种情况。一是"仪式"，相当于唐礼，单独编集。古代日本移植唐制，未用礼的名称，却改用"仪式"为名。藤原忠平等人在

《〈延喜式〉序》中声称："至如祭祀、宴飨之礼，朝会、蕃客之仪，大小流例，内外常典，事存仪式，不更载斯。"在《延喜式》中，频频可见"事见仪式"的小注，说明"仪式"与式是分别编集的。其二是《交替式》。现存的《延历交替式》、《贞観交替式》、《延喜交替式》，是专门规定内外官交替及与交替有关的事项，唐式中尚未发现专门的《交替式》。然正如日本延喜廿一年正月播磨清澄等勘解由使为"内外官交替式事"所上奏章所说的那样："名虽称《式》，实是似《格》"，[①]因都是逐年规定的积累，与唐之编格类似，所以日本人也不把它看作真正的式。真正的式或狭义的式，是经过大规模编集者，像《弘仁式》、《贞観式》、《延喜式》等式是。

那么，抛却了"仪式"的日本式，是否就与礼隔绝了呢？不是的。在日本，偏偏有人将日本式与唐礼相提并论。庆安元年林道春《书新雕〈延喜式〉后》云：《延喜式》"虽唐式不可以加也。欲议朝仪者，可不考乎！"又云："何愧唐礼哉！"[②]细读《延喜式》，不唯10卷的《神祇式》是奉神的专篇，其余各式也多与奉神有关，而且大多数条文也都没有摆脱"仪式"的痕迹。其中原因，除了在唐式原型中，礼与式就有密切关系外（与礼令关系类似），日本制式时，又增加了大量的神事条文。所以，将它比拟于唐礼，并不为过。

（2）关于式中有令的问题。日本仿照唐制，在制令时也考虑到了令、式之间的衔接。养老《神祇令·季冬条》正文云：

---

① 《交替式·弘仁式·延喜式（前篇）》，《新订增补国史大系》（普及版），吉川弘文馆平成元年4月，第55页。

② 《延喜式（后篇）·书新雕延喜式后》，《新订增补国史大系》（普及版），吉川弘文馆平成2年11月，第1006页。

"前件诸祭供神调度及礼仪、斋日，皆依《别式》。"又《杂令·大射者条》正文："凡大射者……其仪式及禄，从《别式》。"①但由于制令在前，制式在后，不是同时编定，故制令、制式是分别对唐令、唐式所作的两次独立的吸收、选择过程。所以，对唐制的弃取及令式之间的衔接、照顾，就是大问题。而日本直至第一部式——《弘仁式》编定后，唐之四种法律形式的引进、移植才告完成，故《〈弘仁格式〉序》下定义曰："律以惩肃为宗，令以劝诫为本，格则量时立制，式则补阙拾遗。"后来《令集解》也说式是"补法令阙，拾法令遗"的。

　　与唐令、唐式原形相比，日本式对日本令的补缺拾遗作用，使得在唐代原属令制而日本令未采取的，制式时却入于式，归属发生了变化。

　　如唐代关于"大中小祀"的等级分类及所属名目，规定于《祠令》："昊天上帝……皆为大祀；日、月……并为中祀；司中……等并为小祀。"② 日本养老《神祇令·月斋条》只规定"凡一月斋为大祀，三日斋为中祀，一日斋为小祀"，③ 没有其他内容，故《延喜式·神祇一·四时祭上》在"祭祀大中小"条就不得不作补充规定："凡践祚大尝祭为大祀，祈年……等祭为中祀，大忌……等祭为小祀。"④ 这样，日本式的补缺拾遗重新回到了唐令的立场上，改变了日本令对唐令吸收不足的面貌。

　　又如，"祭器弊则埋，祭服弊则烧"，本是唐代祠令的内容。

① 分见〔日〕清原夏野等奉敕撰：《令义解》卷二、卷一〇，《新订增补国史大系》（普及版），吉川弘文馆，昭和63年11月，第78、341页。

② 〔日〕仁井田陞著，栗劲等编译：《唐令拾遗》，长春出版社，1989，第60~63页。

③ 〔日〕清原夏野等奉敕撰：《令义解·神祇令》，《新订增补国史大系》（普及版），吉川弘文馆，昭和63年11月印本，第79页。

④ 《延喜式》卷一《神祇一·四时祭上》祭祀大中小条，《交替式·弘仁式·延喜式（前篇）》，《新订增补国史大系》（普及版），吉川弘文馆平成元年4月，第9页。

仁井田陞《唐令拾遗·祠令第八》复原第四十五条内容为："诸祭器、祭服有破弊，不任修理者，申替讫，器则埋之，服则烧之，皆长封。"这是根据《大唐开元礼》卷三《序例下·杂制》及日本《令集解》卷一五《学令·释奠条》所引《开元令》而复原的唐令文字。这条规定，源于《礼记·曲礼上》的"祭服敝则焚之，祭器敝则埋之，龟策敝则埋之，牲死则埋之。"其实，后部的"龟策敝则埋之，牲死则埋之"之类，也同样是唐令的内容，《续通典》卷四五《礼一·郊天》即云："（唐）穆宗长庆三年，太常礼院奏……请比附《礼记》及《祠令》'牲死则埋'之例，委监察使及礼官于祠所瘗埋。"①

但这样的唐令，在日本却被纳入到式的范畴中了。《延喜式》卷二〇《大学寮·祭器》："凡祭器弊则埋，祭服弊则烧。"而这一规定不是至延喜时方如此，此前的式文就已如此了。《政事要略》承平七年（后晋天福二年，公元 937 年）勘解由使"勘判釈奠礼器无実事"云："《式》云：祭器弊则埋"，②表明早在嵯峨天皇弘仁十一年（唐宪宗元和十五年，公元 820 年）制成的《弘仁式》及清和天皇贞観十三年（唐懿宗咸通十二年，公元 871 年）修成的《贞観式》时代，就已经是如此了。

补缺拾遗也见于式对令的修正。《延喜式》卷五〇《杂式·度量权衡》："其度以六尺为步，以外如令。"而此前的养老令如《令义解·杂令》度地五尺为步条的规定却是："凡度地，五尺

---

① 参见拙文《论礼令关系与唐令的复原——〈唐令拾遗〉编译墨余录》，《法学研究》1990 年第 4 期。
② 〔日〕虎尾俊哉著：《弘仁式贞観式逸文集成·刑部省》第 78 页引，国书刊行会平成 4 年 12 月版。虎尾氏以为"《式》云"应是"大学寮"式。又，虎尾原注："新订增补国史大系本《政事要略》的底本中，在前述逸文后有'之秽则作拠'五字。因文意不明，故未采录。"

为步，三百步为里。"原来制令时只简单地挪用唐令"五尺为步"之制，至此改为六尺。又如，唐代《衣服令》："诸六品、七品着绿，八品、九品着青。"[①] 日本养老令如《令义解·衣服令》朝服条也确定："六位深绿衣，七位浅绿衣，八位深缥衣，初位浅缥衣。"缥本指淡青色，浅缥是其本义，深缥即指深青。但《延喜式》卷四一《弹正台》修改了上述令文，规定："凡六位、七位朝服，同著深绿；八位、初位共服深缥。"这是一个大变化，唐代人尚以为"深青乱紫，非卑品所服"，龙朔二年孙茂道曾提议"改八品、九品著碧"，[②] 日本人的观念显然与此有别。

（3）关于令中有式的问题。同时，随着研究的深入也产生了另外一个问题，日本制令时是否仅依唐令？有无可能也杂取了唐式？一般的估计是：日本令沿唐令，式取唐式，故成两大系统。但在宋朝人标为"唐兵部烽式"或"唐式"的文字中，[③] 竟然是 8 条日本养老《军防令》的原型。[④] 这就证明日本制令时确实吸取了唐式。现将 8 条逐项列出，并略加说明。（见下页表）

《六典》文字，显系参酌式文而成。但"大率"之类，很明显是撮取式文大意的叙述性文字，而原式文才是标准的法律用语。对此，我不同意仁井田陞先生将上引《六典》文字复原成唐令的做法。至于日本养老令为何采《六典》文字而不用原式文，我倒有一个更大胆的猜测，日本制令时也杂采了《六典》，

---

① 〔日〕仁井田陞著，栗劲等编译：《唐令拾遗》，长春出版社，1989，第 390~391 页。
② 〔日〕仁井田陞著，栗劲等编译：《唐令拾遗》，长春出版社，1989，第 390~391 页。
③ 均见《武经总要前集》卷五，下引只注"唐式"二字，不标书名及卷数。该书著录，依据的是唐人李筌所记当朝式，可信度较高。
④ 〔日〕清原夏野等奉敕撰：《令义解·军防令》，《新订增补国史大系》（普及版），吉川弘文馆，昭和 63 年 11 月印本，第 201~203 页。

就如同兼采唐式而制令一样。道理很简单，用其方便，择善而从，本来就是移植文化民族的共同特征，自始就不看重文化发源地民族所信守的那些彼疆此界。

唐　式	日本令	《唐六典》
凡边城堠望，每三十里置一烽，须在山岭高峻处。若有山冈隔绝，地形不便，则不限里数，要在烽烽相望。若临边界，则烽火外周筑城障	凡置烽皆相去卅里，若有山岗隔绝，须遂便安置者，但使得相照见，不必要限卅里	凡烽候所置，大率相去三十里（若有山冈隔绝，须逐便安置，得相望见，不必要限三十里）。若逼边境者，筑城置之

又，日本令使用"得相照见"，《唐六典》用"得相望见"，仁井田陞以为较早的唐令定是用"照"字，故日本令原样照搬；《唐六典》则是为避则天武后之名讳时期的唐令。① 这个说法有道理。另外，下引唐式中也有为避武则天讳而使用"应火分明"，而在日本令中则作"应照分明"，也没有避与"照"发音相近的"曌"。按，前述日本式的制定是使用了《永徽式》与《开元式》的，日本令用的也是《开元式》而不是《永徽式》。因为在《永徽式》中，不可能为武则天避讳。

---

① 〔日〕仁井田陞：《唐军防令と烽燧制度——泷川博士の批评に答えて》，《法制史研究》第4号。

唐　式	日本令
……若昼放烟，至夜即放火……后烽放讫，前烽不应，烟尽一时，火尽一炬，即差脚力人走问，探知失堠或被贼掩捉。……告所在州、县勘当	凡烽，昼夜分时候望，若须放烽者，昼放烟，夜放火。其烟尽一刻，火尽一炬，前烽不应者，即差脚力，往告前烽。问知失候所由，速申所在官司

日本令是唐式的节文。"前烽不应"四字，也与"烟尽一刻，火尽一炬"互倒。

唐　式	日本令
凡掌烽火，置帅一人，副一人。……并取谨信有家口者充。……并二年一代，代日须教新人通解，始得代去。……	凡烽，置长二人……国司蕳所部人家口重大堪捡挍者充……三年一替。交替之日，令教新人通解，然后相代

除明显不同外，唐式本条同时也规定"每烽置烽子六人"，日本令则另外专设"配烽子"条。即由一条分解为二条。

唐　式	日本令
置烽之法……安火炬，各相去二十五步。如山险地狭，不及二十五步，但取应火分明，不须限远近	凡置烽之处，火炬各相去廿五步。如有山崄地狭，不可得充廿五步之处，但得应照分明，不须要限相去远近

　　两条的置烽距离是相同的。值得注意的是，唐式中的"应火分明"之"火"，可能是为避武则天讳，而避免使用"照"字；而日本令恰恰是"应照分明"，没有避与"照"发音相近的"曌"。故日本令用的可能是《开元式》而不是《永徽式》。因为在《永徽式》中，没必要为武则天避讳。

唐　式	日本令
用烽火之法……并二尺围干苇作薪，苇上用干草节缚，缚处周回插肥木。其次炬橛等，在烽每道当蓄二千（十）具以上，于舍下作架积贮，不得雨湿。……	凡火炬，干苇作心，苇上用干草节缚，缚处周回，捵肥松明。并所须贮十具以上，于舍下作架积着，不得雨湿

　　日本令将"肥木"更具体为"肥松明"。另外贮藏具数也多寡不同。其余同。

唐　式	日本令
……在烽贮备之物，要柴藁木材……所委积处，亦掘堑环之，防野烧延燎。……	凡放烟贮俻者，须收艾藁、生柴等，相和放烟。其贮藁柴等处，勿令浪人放火，及野火延烧

二者文字虽偶有不同，但内容相同。

唐　式	日本令
凡应火土筒若向东应，筒口西开；若向西应，筒口东开，南北准此	凡应火筒若向东应，筒口西开；若向西应，筒口东开，南北准此

二者只差一字。沿袭痕迹明显。

唐　式	日本令
凡白日放烟、夜放火，先须看筒里，至实不错，然后相应时……若昼日阴晦雾起，望烟不见，元放之所，即差脚力人速告前烽。雾开之处，依式放烟。……	凡白日放烟、夜放火，先须看筒里，至实不错，然后相应。若白日天阴雾起，望烟不见，即驰脚力，递告前烽。雾开之处，依式放烟。……

总之，从第四至第八条，大抵也是节取唐式文字而成条的，改变不大。

同时，在日本令中，撮取唐代式文大意而立制者，也是有的。比较明显的是下条。

唐　式	《唐律疏议》	《唐六典》	日本令
凡寇贼入境，马步兵五十人以上、不满五百人，放烽一炬。得蕃界事宜，及有烟尘，知欲南入，放烽两炬。若余寇贼，则五百人以上、不满三千人，亦放两炬。蕃贼五百骑以上、不满千骑，审知南入，放烽三炬。若余寇贼三千骑以上，亦放三炬。若余蕃贼千人以上、不知头数，放烽四炬。若余寇贼一万人以上，亦放四炬。其放烽一炬者，至所管州、县、镇止；两炬以上者，并至京。先放烟火处州、县、镇，即录状驰驿奏闻。若依式放烽，至京讫，贼回者，放烽一炬报平安。凡放烽告贼者，三应三灭；报平安者，两应两灭	放烽多少，具在别《式》。……放烽多少，具在《式》文，其事隐秘，不可具引①	其放烽，有一炬、二炬、三炬、四炬者，随贼多少而为差焉②	凡有贼入境，应须放烽者，其贼众多少，烽数节级，并依别《式》

①　《唐律疏议》卷八《卫禁》烽候不警条疏议引。
②　《唐六典》卷五职方郎中员外郎条注。

日本制令不纯依唐令而反取唐式，式入于令，法条归属发生改变，当然影响了日本式的面貌。《延喜式》中只在卷二八《兵部省式》下有"放烽"条，是日本式中仅见的一条有关烽燧制度的条文，与唐式详细规定烽燧之制无法比拟。这是考察日本式源流时，必须给予充分注意的问题。

2. 唐式与日本式条文比较例示

就笔者收集到的唐式佚文看，日本式与唐式条文的相同之点，可以分为四种类型。下分述之。

（1）因全面袭用而完全相同者。日本式原盘移植唐式，节目、字句都无差别。属于这种情况的，首推唐《礼部式》祥瑞条与《延喜式》卷二一《治部省·祥瑞》条。中国古籍保留此式最完整的文字，首属《唐六典》卷四礼部郎中员外郎条。因原式文字太繁，仅将二式瑞目及文字相异之处列示如下：

《唐六典》	《延喜式》
大瑞：64 项。项数多系因"龙马、泽马、白马赤髦、白马朱鬣、腾黄、驹騔"六项作正文。文字不同："黄星真人"，《延喜式》作"黄真人"	大瑞：60 项。项数少，系因"龙马、泽马、白马赤鬣、白马赤髦，腾黄、驹騔"六项作注文。又，较《六典》多"瓶甓"一项，分"江河水五色"为"河水五色"与"江水五色"二项，故总数合60项
上瑞：36 项。较《延喜式》少"赤熊"、"玉璜"二项。	上瑞：38 项。文字差异：《六典》"玉英"改作"玉典"、"金藤"改作"金胜"。

中瑞：31 项。较《延喜式》少"威委"、"雉白首"二项

中瑞：33 项。改《六典》诸"乌"字为"乌"、"青燕"为"青熊"等；《六典》"白雌雄"，《延喜式》作"白雉、雉白首"，后者为是

下瑞：13 项。较《延喜式》少"冠雀"、"白鹊"二项

下瑞：15 项。《六典》"竹实蒲"、"嘉禾"，此处作"竹实满"、"嘉木"

二式相较，互有缺文、衍文及其他文字差异，不具引。《六典》在传抄、印刷过程中，误字较多，不及《延喜式》。但《六典》往往保留原字原意之真，《延喜式》又不及。以《资治通鉴》卷一九三《唐纪九》胡三省注观之，《六典》大瑞 64 项、《延喜式》上瑞 38 项，都与胡三省注所云唐代瑞目物色数目相符；中瑞、下瑞，《延喜式》分别为 33 项和 15 项，较胡三省注的 32 项和 14 项均多 1 项，而《六典》又均少 1 项。《六典》上、中、下三瑞数目均少 2 项，若补足，正与《延喜式》相合。二式的孰是孰非，虽已难确定，不过，这也正好印证了日本式在一些方面全面地移植了唐式这一基本事实。

自然，我们说完全相同，并不是说一字不差才算完全。只要二者的基本精神、语言结构等具有明显的承受关系，就可以算作完全相同。《唐六典》卷一五光禄寺太官令条注所载唐式（当是《光禄式》）与《延喜式》卷二〇《大学寮·释奠》条、卷五〇《杂式·诸国释奠》条的关系就是这样。

唐　式	日《大学寮式》	日《杂式》
凡祭，有牲者，皆豚右胖体十一：前节三，肩、臂、臑；后节二，肫、胳；正脊一，脡脊一，横脊一，长肋一，短肋一，代肋一，皆二骨以并。脊从前为正，肋傍中为正	……牲者，皆载右胖，体十一，前脚三节，肩、臂、臑，节一段，皆载之。后脚三节，节一段，去下一节，载上肫、胳二节；又取正脊、脡脊、横脊、短胁、正胁、代胁，各二骨以并。余皆不设（余者左方也。兽卧下左，故不用左也）	……牲者，皆载右胖，前脚三节，肩、臂、臑，节一段，皆载之。后脚三节，节一段，去下一节，载上肫、胳二节；又取正脊、脡脊、横脊、短胁、正胁、代胁，各二骨以并。余皆不设

　　三式的前节三、后节二、以及三脊、三肋，均符合"体十一"的总数。日本式强调"余皆不设"，即唐式所谓采"右胖"，唐日两式精神相同。唐之"长肋"，日本称"正肋"，且与"短肋"互倒文字。日本令解释了为何不用左方之胖体的原因，这在中国是不言自明的，在日本需要在立法时说清楚，以免在执行中出现疑问。

　　（2）因大体袭用而基本相同者。日本《延喜式》大体沿用唐式旧文，只在涉及官称、地点（场所）等情形时，作了相应的改变。

唐《主客式》	日《延喜式》
蕃客入朝，于在路不得与客交杂，亦不得令客与人言语。州、县官人若无事，亦不得与客相见①	凡诸蕃使人……其在路不得与客交杂，亦不得令客与人言语。所经国、郡官人若无事，亦不须与客相见。停宿之处，勿听客浪出入

　　从基本精神到语言，上述《延喜式》卷二一《玄蕃寮·诸蕃》条显然依据的是唐《主客式》。只是"州、县官人"改为"国、郡官人"。需要附带说明的是，《唐律疏议》卷八《卫禁》所引的这段《主客式》，只是节略文字，不是条文的全部。《唐律疏议》引述这段唐式，为的是说明"国内官人、百姓，不得与客交关"这样一种法律原则。但式文中"于在路不得与客交杂"的主体，难于看得清楚。所以，这段式文的上文，应当是迎接、领送官员的有关规定；"亦不得令客与人言语"的管束者，同样是迎接、领送官员。考察上引日本《玄蕃寮式》的上下文，正是对迎接、领送官员的有关规定，上文是：

　　　凡诸蕃使人，将国信物应入京者，待领客使到，其所须驮夫者，领客使委路次国郡，量献物多少及客随身衣物，准给迎送。仍令国别国司一人，部领人夫防援过境。

---

① （唐）长孙无忌等撰：《唐律疏议》卷八《卫禁》越度缘边关塞条疏议引。

其下文是：

> 自余杂物不须入京者，便留当处库，还日出与。其往还在路所须驮夫等，不得令致非理劳苦。

可以推定，日本式的这两段文字也是从唐式移植过来的，唐式的原形如是。只不过"领客使"、"国司一人"等官称改变了。

同类事务，由于国情不同，法律精神虽一致，规定也极近似，但保护对象改变了，场所改变了。如：

唐《礼部式》	日《延喜式》
天地五郊等坛三百步内，不得葬埋①	凡神社四至之内，不得伐树木及埋藏死人②

这种场所的变更，还有很多。如因祭祀对象的不同而出现的许多《神祇式》条文，就属于这一类。

（3）因模仿而产生雷同。日本式模仿唐式立制，但由于传统与国情不同，无法一味地沿用唐制，故在形式上模仿了唐式。这样，在规范的结构框架、行文等方面，都能显示出模仿痕迹。

《令集解》卷五《职员令·大膳职条》所引的唐《开元式》，可酌定为《膳部式》。《延喜式》卷三三《大膳下·造杂物法》条，显然是模仿唐代的这一《开元式》的。

---

① 《太常因革礼》卷五《总例五》。
② 《延喜式》卷三《神祇三·临时祭》社四至条，《新订增补国史大系·交替式·弘仁式·延喜式（前篇）》，吉川弘文馆平成元年4月，第69页。

唐《开元式》

供奉酱一石，料：上豆黄五斗，曲米三斗，盐二斗五升，黄蒸二斗五升，曲子米八合，木橦四分。上酱一石，料：豆黄四斗，曲米、盐各二斗，黄蒸二斗，曲子米八合，木橦三分九厘。次酱一石，料：豆黄二斗八升，曲米、盐各一斗八升，黄蒸一斗九升，木橦三分九厘。造官者

日《延喜式》

供御酱，料：大豆三石，米一斗五升（蘖料），糯米四升三合三勺二撮，小麦、酒各一斗五升，盐一石五斗，得一石五斗。用薪三百斤。但杂给料，除糯米、添酱料，酱滓一石，盐三斗五升，得六斗五升，用薪六十斤。末酱，料：酱大豆一石，米五升四合（蘖料），小麦五升四合，酒八升，盐四斗，得一石

唐式之"木橦"，即日本式之"薪"。二式均是酿造所需物料的详细规定。这类规定，既是技术规程，又是管理、监督的准则。唯唐式以造酱一石计算所需物料，日本式以一定数量的物料可得酱若干计算。但两式均以比较容易计量的整数或半数计算，如石、斗、升、合及五斗、五升等，又符合有关官署运用时容易计数的要求，都是便当的法律规定。

至于造酱时的具体用料不同，酱的等级分类不同等，大抵是因饮食习惯不同决定的。这类情形是模仿时容易出现的。

日本式模仿唐式立制者很多，再举一例。《延喜式》卷三二《大膳上·新甞（祭）》条的"宴会杂给"，即是模仿《唐六典》卷四膳部郎中员外郎条的规定（《六典》之文当是《膳部式》）。

唐六典	日《延喜式》
凡亲王已下常食料各有差（每日细白米二升，粳米粱米各一斗五升，粉一升，油五升，盐一升半，醋二升，蜜三合，粟一斗，梨七颗，苏一合，干枣一升，木橦十根，炭十斤，葱韭豉蒜姜椒之类，各有差……）。	亲王以下、三位已上并四位参议：人别饼料粳米、糯米各八合，糯糒三合……油一合……酱二合，盐四合，豉一勺……橘子十颗。
三品已上常食料九盘：每日……四品五品常食料七盘：每日……六品已下九品已上常食料五盘：每日……	四位五位并命妇：人别……

所不同者，只是供料范围的宽窄、供料品种及数量的多寡而已。这些又都是模仿所允许的。

（4）因变通而出现雷同者。日本式虽变通了唐式，但精神、主旨仍不离唐式。因为变通毕竟不是变革。

试将《武经总要前集》卷五所引唐"兵部烽式"（即《职方式》）与《延喜式》卷二八《兵部省·放烽》条作一对比（见下页）。

唐代边防重点在西、北陆路，故只对骑兵、步兵生文；日本岛国四面环水，故重在海防。如果仅仅是这样的话，也只是模仿立制。但是，在日本见使船也放烽，此与唐式是大不同处。不过，日本式毕竟参照了唐式。按照此前日本养老令的规定，《令义解》卷五《军防令》有贼入境条："凡有贼入境，应须放烽者，其贼众多少，烽数节级，并依《别式》。"本条日本式遵循了这个原则："烽数节级"，有两炬者，有三炬者；"贼众多少"，有一艘以上者，二百艘以上者之区分，日本令袭用了唐令，日本式也变通使用了唐式。

唐　式	日《延喜式》
凡寇贼入境，马步兵五十人以上、不满五百人，放烽一炬。得蕃界事宜，及有烟尘，知欲南入，放烽两炬。若余寇贼，则五百人以上、不满三千人，亦放两炬。蕃贼五百骑以上、不满千骑，审知南入，放烽三炬。若余贼寇三千骑以上，亦放三炬。若余蕃贼千人以上，不知头数，放烽四炬。若余寇贼一万人以上，亦放四炬	凡太宰所部国放烽者，明知使船，不问客主，举烽一炬。若知贼者放两炬，二百艘已上放三炬

总体上说，日本式袭用、模仿、变通唐式的情况，与日本令有较大不同。日本令以全面袭用和大体袭用唐令为主，日本式则以模仿、变通唐式为主，而以袭用为辅。这实际上代表了日本移植唐代法律的两个成熟程度不同的历史发展时期。前一时期以袭用为主，建立起了律令制，基本上是"中国化"。后一时期模

仿、变通，则以改造为中心，增加了日本化的成分，后起的格式制度就代表这一时代。至于完全植根于日本国情的法律规定，在日本式中更多，从而显示出与唐式不同的面貌。但这已经是另外一个问题，不是这里要解决的事情了。

需要指出的是，日本在制定令式时，也充分袭用了唐代的立法技术。这里首推立法上的令式联事规定，日本令式的这一技术也源自唐令式。

比如，就以前述的日本养老《军防令·有贼入境条》的"凡有贼入境，应须放烽者，其贼众多少，烽数节级，并依《别式》。"此中"烽数节级，并依《别式》"，属唐、日令式之间提示性联事规定。日本《延喜式》确有放烽数量的节级规定，这就是上引《延喜式》卷二八《兵部省·放烽》条的规定。

余如养老《杂令·大射者条》："其仪式及禄，从《别式》。"养老《丧葬令·遣使吊条》原注："殡敛之事，并从《别式》。"都是在制令时，就考虑了将来制定"《别式》"来细密化这样的事情。

七　唐式佚文的遗存、搜集与复原问题

　　唐式佚文的遗存，典制文献如《唐六典》、《大唐开元礼》，法典如《唐律疏议》、《宋刑统》，类书如《白氏六帖事类集》，其它政书如《通典》、《唐会要》、《武经总要前集》、《元和郡县图志》等，引述式文为最多，故也是遗存量最大的。其余如两唐书等史书，个别文集及笔记小说也间或有记述或引述式文者。文献记载之外，出土的敦煌文书、吐鲁番文书残卷，也有抄录唐式文字者，属于另外一个来源系统。国外文献记载的，当数日本古籍如《令集解》、《倭名类聚抄》、《延喜式》等书引述唐式为最多了。

（一）《唐六典》、《大唐开元礼》等典制文献引述式文

1.《唐六典》

　　《唐六典》唐李林甫（公元？~752 年）等撰，30 卷。玄宗开元二十六年（公元 738 年）最终撰成。唐式文字的遗留，当以该书为最多。盖《六典》排比当时行用的令、式而成，故其所保留的唐令、式文字也最多。

关于《唐六典》与当时行用令、式的关系，唐刘肃《大唐新语》卷九《著述一九》云：

> 开元十年，玄宗诏书院撰《六典》以进。时张说为丽正学士，以其事委徐坚。沉吟岁余，谓人曰："（徐）坚承乏，已曾七度修书，有凭准皆似不难，唯《六典》历年措思，未知所从。"（张）说又令学士毋婴等，检前史职官，以《令》（原作"今"，应作"令"——作者注）、《式》分入六司，① 以今朝六典，象《周官》之制。然用功艰难，绵历数载。其后张九龄委陆善经、李林甫委苑咸，至二十六年，始奏上。百寮陈贺，迄今行之。

按，《新唐书》卷一三二《韦述传》云：

> 先是，诏修《六典》，徐坚构意岁余，叹曰："吾更修七书，而《六典》历年未有所适。"及萧嵩引（韦）述撰定，（韦）述始摹周六官领其属，事归于职，规制遂定。

陈振孙《直斋书录解题·职官·唐六典》也说到其过程："上手写白麻纸凡六条，曰理、教、礼、政、刑、事典，令以类相从，撰录以进"。难产之后，便是韦述等人的"以《令》、《式》分入六司，象《周礼》六官之制，其沿革并入注"。

按，徐坚之所以在受命后的一年多时间里，"未知所从"或"历年未有所适"，是因为唐代官制无法纳入玄宗御定的"理典、

---

① 按，陈振孙《直斋书录解题》卷六"唐六典"条引韦述《集贤记注》，也云《唐六典》是"以《令》、《式》入六司"的。刘肃《大唐新语》的说法，当是来自韦述。

教典、礼典、政典、刑典、事典"等"六典"的格局。而后来
问题的解决，刘肃《大唐新语》说是张说指挥下的毋婴等人
"检前史职官，以《令》、《式》分入六司"，即将唐《令》、《式》
内容各归入六部之下，其根据是过去职官类史书的记载方法；宋
祁的《新唐书》说是萧嵩指挥下的韦述受命撰述后，发明了
"官领其属，事归于职"的编纂体例，即在形式上取用玄宗所定
"理典、教典、礼典、政典、刑典、事典"等所谓"六典"的名
义，仿照《周礼》之天官、地官、春官、夏官、秋官、冬官的
六官体例编排，而实际上基本是按照唐代官制的实际情况进行编
排。其实，二说并不矛盾，它们都强调了模仿《周礼》，这正是
唐玄宗作《六典》之粉饰太平、夸耀治理之所在；前者的长处，
还在于指出了《六典》的内容来源于作为法典的《令》、《式》。
欧阳修《新唐书》卷五八《艺文志二》"职官类·六典"条所
述也大体如是：

> 开元十年，起居舍人陆坚被诏集贤院修《六典》，玄宗
> 手写六条曰：理典、教典、礼典、政典、刑典、事典。张说
> 知院，委徐坚，经岁无规制，乃命毋婴、余钦、咸廙业、孙
> 季良、韦述参撰，始以《令》、《式》象《周礼》六官为
> 制。萧嵩知院，加刘郑兰、萧晟、卢若虚；张九龄知院，加
> 陆善经；李林甫代九龄，加苑咸。二十六年书成。

突出的也仍是"以《令》、《式》象《周礼》六官为制"之事。
    《唐六典》"以《令》、《式》分入六司"，实际是一个大略
的说法。六司一般指尚书省六部，但在这里是个约略的说法。尽
管在《六典》中，六部的内容占了全书 30 卷中的 6 卷，为 1/5，

但因唐代官制实际上不仅是六部，故事情不止于六部又是可以肯定的。唐代官制中之省、部、寺、监等中央官署、东宫官属及地方之府、州、县，既要被撰述于一书当中，就不应当有所遗漏。更何况，这样一套机构，在当时人（比如大名鼎鼎的杜佑）的眼睛里，是蛮有合理性的：

> 盖尚书省以统会众务，举持绳目；门下省以侍从献替，规驳非宜；中书省以献纳制册，敷扬宣劳；秘书省以监录图书，殿中省以供修膳服，内侍省以承旨奉引（尚书、门下、中书、秘书、殿中、内侍，凡六省），御史台以肃清僚庶；九寺（太常、光禄、卫尉、宗正、太仆、大理、鸿胪、司农、太府为九寺）、五监（少府、将作、国子、军器、都水为五监）以分理群司；六军（左右羽林、左右龙武、左右神武为六军）、十六卫（左右卫、左右骁卫、左右武、左右威、左右领军、左右金吾、左右监门、左右千牛为十六卫）以严其禁御；一詹事府、二春坊（有左右春坊，又有内坊，掌阁内诸事）、三寺（家令寺、率更寺、太〔子〕仆寺）、十率（左右卫、左右司御、左右清道、左右监门、左右内侍，凡十率府）俾乂储宫；牧、守、督、护，分临畿服（京府置牧，余府州置都督、都护、太守）。……于是百司具举，庶绩咸理，亦一代之制焉。①

实际上，《唐六典》也确实依序列记了如上所述的当时自上而下的所有官署、职官，其记述情况分别是：三师、三公、尚书

---

① （唐）杜佑撰：《通典》卷一九《职官一·历代官制总序》。

都省（卷1）、尚书吏部（卷2）、尚书户部（卷3）、尚书礼部（卷4）、尚书兵部（卷5）、尚书刑部（卷6）、尚书工部（卷7），门下省（卷8）、中书省（卷9）、秘书省（卷10）、殿中省（卷11）、内官、宫官、内侍省（卷12），御史台（卷13），太常寺（卷14）、光禄寺（卷15）、卫尉寺、宗正寺（卷16）、太仆寺（卷17）、大理寺、鸿胪寺（卷18）、司农寺（卷19）、太府寺（卷20），国子监（卷21）、少府监、北都军器监（卷22）、将作监、都水监（卷23），左右卫、左右骁卫、左右武卫、左右威卫、左右领军卫（卷24）、左右金吾卫、左右监门卫、左右千牛卫、左右羽林军、诸卫折冲都尉府（卷25）、太子三师、太子三少、太子宾客、太子詹事府、太子司直、太子左春坊、太子右春坊、太子内坊、太子内官（卷26）、太子家令寺、太子率更寺、太子仆寺（卷27）、太子左右卫率府、太子左右司御率府、太子左右清道率府、太子左右监门率府、太子左右内率府（卷28）、亲王府、亲王国、公主邑司（卷29）、京兆、河南、太原三府官吏、大都督中都督下都督府官吏、上州中州下州官吏、京县畿县天下诸县官吏、大都护上都护府官吏、镇戍岳渎关津官吏（卷30）等。有关这些机构的职掌、官员编制、各自品级以及相关法度，都在《六典》的记述范围内。

依据上述官署顺序而编排的《六典》，通过排列唐代《令》、《式》，分述各官署职掌及组织机构状况，保存了大量的《开元式》原文以及根据《开元式》原文大意而酌写的文字。关于《六典》篇章与《开元式》篇目的关系，可以作这样一个推测：即当时《开元式》中，凡有以该官署名称命名的式文，如六部二十四司式（如《吏部式》）及部分之以省（如《秘书省式》）、寺（如《太常式》、《光禄式》、《太仆式》、《司农式》、《太府式》等）、监（如《少府式》）官署名称命名的式，其辑录方式可能就是在《六典》的同一名称的篇章中；没有专门式名的官署，其职掌若有涉及，相应式文的辑录，应当在相关的篇章内。这当是《六典》所遵循的基本的《令》、《式》编排方式。根据这样一个推测，在复原唐式过程中，对于式文篇目的确定，我们是将《六典》辑录或记载的篇目作为一个重要的参考的。①

关于《六典》所辑录的《开元式》（也包括《开元令》）的年代问题，学界大都认为其中应以开元七年（公元 719 年）《令》、《式》为主，也有以为出于开元二十五年（公元 737 年）《令》、《式》者。但如果就《式》而言，其中《开元二十五年式》的比率不应高，大部分应是《开元七年式》。因为，《唐六典》自开元十年（公元 722 年）起稿，至开元二十六年（公元 738 年）书始成，中间经过张说、萧嵩、张九龄、李林甫等人主持，经徐坚、韦述等人具体修撰。在开元十年之后的很长一段时间里，能写入该书的，只能是开元七年《令》、《式》。故而，有的学者断定《六典》的资料下限为开元二十三年（公元 735年），基本排除了开元二十五年《令》、《式》入书的可能性。②这一说法，是有一定道理的。《唐六典》中，官属设置虽有变化，但仍依照旧制叙述。如卷一四"太庙署令"，本应掌太庙之事，但开元二十四年（公元 736 年）敕废其官署，其事由少卿一人"知太庙事"。但《六典》在叙述时，仍说"太庙署"是太常寺的八署之一。但也有相反情况。如卷一五光禄寺"太官署令"条，开元二十四年，将"时享太庙，每室笾、豆各十二"

---

① 前文已经指出这一点。参见本书"五、唐式的篇目、卷数及篇卷之间的关系"之"（三）六部二十四司式与九寺诸监式"一节。
② 吴枫著：《隋唐历史文献集释》，中州古籍出版社，1987，第 92 页。

的"旧制"改为增加"笾、豆各六"从而变为"笾、豆各十八",《六典》正文遂记为十八,并没有按"旧制"来记载。

关于《六典》辑录《令》、《式》或记载《令》、《式》的总量问题的估计。《唐六典》30 卷,正文、注文合起来近 30 万字,注文约占全书的 1/3。按 30 卷《六典》,辑录 30 卷《令》、20 卷《式》共合 50 卷的内容,以最高利用率计算,每卷平均要辑录的,是 1.66 卷的《令》或《式》。以最低平均数计,应有 12 卷的分量是辑录唐《式》的,其余 18 卷是辑录唐《令》的。这就是说,通过《唐六典》,可能保存了唐《式》的一半以上的卷数和条文数,并保存了唐《令》的一半以上的卷数和条文数。唐《式》的一半为 10 卷,唐《令》的一半为 15 卷。唐《令》30 卷,有 1500 余条(《旧唐书》卷五〇《刑法志》及《唐会要》均言《贞观令》1590 条,《六典》记《开元令》为 1546 条);唐《式》20 卷,应合 1000 条。这样,在理论上,《唐六典》可能保存 500 条以上的唐《式》,保存 750 条以上的唐《令》。但这只是理论上的,只是一个估计。实际情况要比理论估计要复杂的多。

同时,由于《六典》引述《式》文时,都不具篇名,无法分辨出《令》与《式》。因此,利用《六典》复原唐《式》,就必须有其他资料的佐证才能使用。

应当重点提到的,还有《唐六典》的注释问题。《六典》有时题曰"唐玄宗御撰,李林甫奉敕注",讲"御撰"固然是为阿谀玄宗皇帝,意思至少说正文是玄宗的作品;但说"奉敕注",李林甫仅将占全书 1/3 的注文内容归在了自己名下。在目前,尚无证据显示,在李林甫之前的撰写班子,只写了正文,而未写注文。但在李林甫主持其事时,主要是对注文进行了加工,应是没有问题的。而在《六典》中，正文多《令》文，注文中《令》、《式》均有，而以《式》文为多。

《唐六典》排列《令》、《式》是有体系的。无论我们怎样看待《唐六典》的性质，是将它看做一部法典，还是将它看作一部政书，都不影响它作为一部经过精心组织的成体系的作品这一特征。因此，在复原过程中，对于复原《式》文之顺序的编排，除非有其他直接证据可以作为依据，一般情况下，我们都将《唐六典》各该条的记事顺序作为复原顺序的重要根据，至少是作为主要参考。这也是我们在每一篇复原《式》文之前，都要介绍《唐六典》记事内容情况的原因。

《唐六典》排比《令》、《式》，以《令》文而言，有的似不必进行文字加工，有的则明显经过加工。指出这一点，对于理解《式》文的复原可能是有意义的。

如门下省侍中的职掌，在原《令》文中是较简单的，《通典》卷二一《职官三·门下省侍中》云："按《令》文（当是《三师三公台省职员令》——作者注）：掌侍从，负宝，献替，赞相礼仪，审署奏抄，驳正违失，监封题，给驿券，监起居注，总判省事。"而在《唐六典》卷八中，却是："侍中之职，掌出纳帝命，缉熙皇极，总典吏职，赞相礼仪，以和万邦，以弼庶务，所谓佐天子而统大政者也。"其下对奏抄、表状等的处理，"皆审署申复而施行焉"；又"凡法驾行幸，则负宝以从"；又"凡制、敕慰问外方之臣及征召者，则监其封题。若发驿遣使，则给其传符，以通天下之信。凡官爵废置，刑政损益，皆授之于记事之官，既书于策，则监其记注焉。凡文武职事六品已下，所司进拟，则量其阶资，校其才用，以审定之；若拟职不当，随其便屈，退而量焉。"基本上是对其职掌的展开说明。关于中书省中书令的职掌，在《令》文中与在《六典》记述中，情况与此同。《六典》记述唐《式》，也可能存在类似的情况。

2. 《大唐开元礼》、《大唐郊祀录》、《太常因革礼》

（1）《大唐开元礼》，唐萧嵩（公元？~749 年）等撰，150卷。实际是自唐玄宗开元十四年（公元 726 年）即奉敕撰写，最后由宰相萧嵩等人总成，前后经历 6 年始成书。《通典》卷四一《礼一·沿革一·礼序》叙其事云：

> 开元十四年，通事舍人王岩上疏，请改撰《礼记》，削去旧文，编以今事。集贤院学士张说奏曰："《礼记》，汉朝所编，遂为历代不刊之典，去圣久远，恐难改易。但今之五礼仪注，已两度增修，颇有不同，或未折衷。请学士等更讨论古今，删改行用。"制从之。于是令徐坚、李锐、施敬本等检撰，历年其功不就。锐卒后，萧嵩代为集贤院学士，始奏起居舍人王仲丘修之。二十年九月，新礼成，凡百五十卷，是为《大唐开元礼》。

这里所说的《五礼仪注》，即唐代此前的两部礼典——《贞观礼》与《显庆礼》，分别制定于太宗和高宗时。《贞观礼》系根据隋朝五礼旧仪改定的，分《吉礼》（61 篇）、《宾礼》（4篇）、《军礼》（20 篇）、《嘉礼》（42 篇）、《凶礼》（6 篇）、《国恤》（5 篇）等共 138 篇，100 卷；《显庆礼》增至 130 卷，229 篇。《大唐开元礼》分别为《序例上、中、下》（卷 1 至卷3）、《吉礼》（卷 4 至卷 78）、《宾礼》（卷 79 至卷 80）、《军礼》（卷 81 至卷 90）、《嘉礼》（卷 91 至卷 130）、《凶礼》（卷 131 至卷 150）。《唐六典》卷四所述的"凡五礼之仪一百五十有二，一曰吉礼，其仪五十有五（一曰冬至祀圆丘）"云云，就是属于五礼的各个分编的具体的仪式。而比仪式宏观的、抽象的礼的原则性规定，在《大唐开元礼》中是被规定入《序例上》、《序例中》、《序例下》等 3 个卷次之中的。这些有关礼的文字，有许多属于令、式文字。其有关《令》文方面，仁井田陞在撰写《唐令拾遗》时就使用了其中的大量文字，从而复原了《祠令》、《衣服令》、《卤簿令》、《仪制令》、《丧葬令》、《假宁令》等唐令条文。仁井田陞也曾指出其中有些文字属于《式》文。

在《序例上、中、下》中，现在可以确定的有关礼仪的《式》文，共有 3 条。分别是车驾巡幸、郊庙预祭遇雨、实俎之牲骨等方面的内容。

这里，有必要述及礼与式或式与礼的关系问题，这是礼与法（包括令、式）两大规范体系之间的关联问题，同时又与当时修礼的方式有较大关系。按《旧唐书》卷二一《礼仪志一》："高宗初，议者以《贞观礼》节文未尽，又诏太尉长孙无忌……等重加缉定，勒成一百三十卷。至显庆三年奏上之，增损旧礼，并与《令》、《式》参会改定，高宗自为之序。时许敬宗、李义府用事，其所损益，多涉希旨，行用已后，学者纷议，以为不及贞观。"《新唐书》卷一一《礼乐志一》也说"《显庆礼》，其文杂以《式》、《令》，而（李）义府、（许）敬宗方得幸，多希旨傅会。事既施行，议者皆以为非。上元三年，诏复用《贞观礼》。由是终高宗世，贞观、显庆二礼兼行。"旧新两志对《显庆礼》的非议，不在于其"与《令》、《式》参会改定"及"其文杂以《式》、《令》"，而是许敬宗、李义府的操守在其他方面的表现。但到宋朝周必大《拟开元礼序》，则将"其文杂以《式》、《令》"之事与许敬宗、李义府的操守行事，搅在了一起，周必大曰：

> 始太宗文皇帝……诏房玄龄、魏征与礼官、学士等增修五礼，成书百卷，总一百三十篇，所谓《贞观礼》是也。高宗纂承大统，复诏长孙无忌、杜正伦、李义府等以三十卷益之。然义府辈务为傅会，至杂以《令》、《式》，议者非焉。所谓《显庆礼》是也。二书不同，盖尝并用，春官充位，莫之或正。开元皇帝……于是张说奏言："仪注矛盾，盍有以折衷之。"乃诏徐坚、李锐、施敬本载加撰述，继以萧嵩、王仲邱等历数年乃就，号曰《大唐开元礼》。

其《序》中又讲到《显庆礼》，曰：

> 然既出义府傅会，则非所谓一定之论，猥杂百司《令》、《式》，则非所谓不刊之书。[①]

按他的说法，《显庆礼》中"杂以《令》、《式》"，或"猥杂百司《令》、《式》"，这是儒者所不希望的；儒者希望保持礼典的纯正性。实际上，"杂以百司《令》、《式》"，不见得就不能保证其学术的或理想的纯正性。

周必大说，《贞观礼》尚可，《显庆礼》价值不大。除了与《令》、《式》相杂外，最主要的似乎又在其使得"春官充位，莫之或正"，即礼部没有多少实权，只是徒有虚名，"取充位"而已。可见他理想中的状态是，礼部从而礼官说了算，礼学在国家

---

① （宋）周必大撰：《词科旧稿》卷二。转引自《大唐开元礼》，民族出版社，2000，第4～5页。

典礼中起主要引导或指导作用，而不是"俗气"太浓的法律支配它。在他的眼睛里，《大唐开元礼》似乎是不错的，估计他所说的两个毛病都没有了。

但周必大没有说《显庆礼》的何处"杂以《令》、《式》"，或"猥杂百司《令》、《式》"。以《大唐开元礼》而言，在其《序例》的宏观内容中，有一部分是来源于《令》、《式》的。仁井田陞《唐令拾遗》从其《序例》中复原唐《祠令》、《衣服令》、《卤簿令》、《仪制令》、《丧葬令》、《假宁令》等有关礼仪的令文共125条。这也当是当年《显庆礼》"与《令》、《式》参会改定"及"其文杂以《式》、《令》"的一个方面。另外，目前虽然在《大唐开元礼》中仅发现三条唐式逸文，但若有更多旁证的话，还能发现更多唐《开元式》文。

（2）《大唐郊祀录》，唐王泾撰，10卷。《新唐书》卷五八《艺文志二》云："王泾《大唐郊祀录》十卷（贞元九年上，时为太常礼院修撰）。"则其书成于唐德宗时。其书卷首，有王泾上表，略云：

> 臣谬参绵，久历岁时……谨集历代郊庙享祀之要，及圣朝因革沿袭之由，伦比其文，各标篇目，裁为《大唐郊祀录》十卷。其中义有异同，皆随文注释；神位升降，并写而为图；祝史陈告之词，工歌大雅之什，亦俱编于此。

今本已无图示。按，郊祀属吉礼，故该书为唐朝郊祀庙享之礼典专书。

该书体例，分别为《凡例上、中、下》（卷1至卷3）、《祀礼一至四》（卷4至卷7）、《祭礼一》（卷8）、《享礼一至二》

（卷9至卷10）。其正文多摘引礼制原文，注文与王泾按语用于解释其字词含义，或说明制度来源，或说明本朝具体制度。注文占全书2/3以上。

该书所涉及的唐式文字，在其《凡例》中。共有2处，一为卷一《凡例上·俎馔》引《光禄式》之祭天地、日月事，一为《凡例上·牲牢》引实俎之牲骨之文。

（3）《太常因革礼》，宋欧阳修（1007～1072年）等奉敕撰，100卷。实际编撰多出姚辟、苏洵之手。全书分《总例》（28卷）、吉礼（33卷）、嘉礼（9卷）、军礼（3卷）、凶礼（3卷）、废礼（1卷）、新礼（21卷）、庙议（12卷），共计8类185个子目。为考查宋代礼仪制度的基本书目。

该书在卷五《总例五》中，有当时人奏章中引述唐《礼部式》关于天地五郊等坛内禁止葬埋规定，故也一并附于此。

（二）法典、类书及其他政书引述式文

韩国磐《传世文献中所见唐式辑存》云："唐玄宗时所编的《唐六典》，如唐人刘肃《大唐新语·著述》所言，'以令式入六司'，亦即将唐代的令、式分散编入六部二十四司等职官下。故《唐六典》之文，多与令、式相符合者；但未写明为某令某式之文，故不能的指为某令某式，而又确实可供参考者。而保存在传世文献中的式文，因系征引某点有关部分，故率多断章零句，未见长篇。"① 这里提出了一个问题，即如何将《六典》文字与其他文献中的式文结合起来进行复原的问题。这是唐式复原问题的

---

① 载《厦门大学学报》（哲社版）1994年第1期。

关键。

1. 《唐律疏议》、《宋刑统》

（1）《唐律疏议》，唐长孙无忌（公元？～659年）等撰，30卷。原名《律疏》。据《旧唐书》卷五〇《刑法志》云：

> 永徽……三年，诏曰："律学未有定疏，每年所举明法，遂无凭准。宜广召解律人，条义疏奏闻，仍使中书、门下监定。"于是太尉赵国公无忌、司空英国公勣、尚书左仆射兼太子少师监修国史燕国公志宁、银青光禄大夫刑部尚书唐临、太中大夫守大理卿段宝玄、朝议大夫守尚书右丞刘燕客、朝议大夫守御史中丞贾敏行等，参撰《律疏》，成三十卷，四年十月奏之，颁于天下。

是当时主要是为解决律学考试没有统一答案问题而发的。但实际操作中，自然已超出了这一认识。《律疏》与原《律》的重要差别，就是增加了大量的疏文，对原律文与注文进行疏解。学者统计，全书23万字中，律文3万字，疏议则有20万字。疏文中参引了部分《令》、《格》、《式》条文及条文大意。

在为《律》作"疏议"时，为揭示律与式两大法典的联系，显示二者互为基础、互相补充的关系，疏议中参引了部分唐式条文。总计有15条唐律涉及式，引式文字共出现37处。引式具有完整式名的有10种，即《户部式》，《礼部式》、《主客式》，《兵部式》、《职方式》、《驾部式》、《库部式》，《刑部式》，《太仆式》，《监门式》；涉及六部式8种，九寺诸监式2种。它们分别出现在：卷二（《刑部式》）、卷七（《监门式》）、卷八（《主客式》、《职方式》、《监门式》）、卷一〇（《驾部式》）、卷一五

（《太仆式》）、卷一六（《库部式》、《监门式》）、卷二六（《兵部式》）、卷二七（《礼部式》）、卷二八（《户部式》）。这些唐式具引的原始式文篇目，对唐式的复原是非常有益的。同时，未具引篇目的式文，对扩大复原式文的总量也是有意义的。

对于上述这些式，中国多数学者认定《唐律疏议》是《永徽律疏》，一般认为其是《永徽式》。日本以仁井田陞为首的学者认定《唐律疏议》是《开元律疏》，认为其所引式是《开元式》，并且是开元二十五年式。我的意见，其大部应当看成为《永徽式》。

（2）《宋刑统》，宋窦仪（公元914～966年）等撰，30卷。参与其事者，尚有苏晓、奚璵、张希逊、陈光乂、冯叔向等。宋太祖建隆四年（公元963年），窦仪等受命以《大周刑统》（即《显德刑统》）为基础，加以详定而成。其书恢复了唐永徽以来的律文疏议，削出原来附列的式、令、宣敕109条，编入后来制敕15条，录出"一部律内余条准此"44条而集中于一处，增加窦仪等人的"起请"32条。在一定程度上，《宋刑统》等于是唐永徽《律疏》的复归，与唐末至五代盛行的各朝《刑统》距离反倒较大。

这样，《宋刑统》除保留了原《唐律疏议》中疏文所引用的所有《式》文外，还保留了数条原来就附列于《刑统》内的唐《式》，这是自唐宣宗《大中刑律统类》以来历经五代直至宋初一直沿用不辍的唐《式》。在6个卷次的9个条目之中，引述的唐式共9条，涉及到《户部式》、《礼部式》、《主客式》（2条）、《军部式》（可能是《库部式》之误）、《刑部式》（4条）共5种式名。

可惜的是，宋初修《刑统》删除了原来附列的大量的令、格、式、敕，将其单独编为一本，现已佚失。否则，我们将会从中看到更多的唐《式》及五代《式》。目前所能见到者，也只是《宋刑统》中所保留的这9条。

关于《唐律疏议》、《宋刑统》的疏议之中所引令、格、式，一般都以为是唐代以来之物，系唐代所颁，也包括五代所颁者。叶大庆《考古质疑》言及二书曰："今观疏议所载，往往言'依令'，言'依式'，或言'依别格'。其称名也，于《令》曰《公式令》、曰《杂令》……。于《式》曰《监门式》，曰《职方式》，曰《太仆式》，曰《军部式》，曰《刑部式》。于《格》曰《刑部格》。此皆历代遗法，唐初审定，与律文并著者。据隋、唐书《经籍志》中，令、格、式等书名甚繁，特今不得见耳。至《刑统》所附之令、格、式、敕，则又唐时及五代所颁，经窦氏等详定，有削有增……盖皆以辅翼律文，求尽事变，为刑章之所必不可缺也。"①

2.《白氏六帖事类集》、《白孔六帖》、《册府元龟》

（1）《白氏六帖事类集》，唐白居易（公元772～846年）撰，30卷。属私人撰述类书的代表作。《新唐书》卷五九《艺文志三》题作："《白氏经史事类》三十卷（白居易。一名《六帖》）。"同书又载"盛均《十三家帖》（均，字之材，泉州南安人，终昭州刺史。以《白氏六帖》未备而广之，卷亡）。"是当时作帖者不止一家。该书体例，与《北堂书钞》略同，共分235目，1367门；摘取经籍中典故词语、诗文佳句，分类编排。虽供科举取士考生应试之用，但在摘取古籍中词语并进行解释说明时，收取了唐代一些律、令、格、式条文或断文。

---

① （宋）窦仪等撰、吴翊如点校：《宋刑统·附录》，中华书局，1984，第503～504页。

　　《白氏六帖》共摘引唐式17条，引述19处，涉及9种式，它们均是六部式，而没有九寺诸监式，分别是《吏部式》、《考功式》，《户部式》、《度支式》，《礼部式》、《祠部式》、《主客式》，《兵部式》，《水部式》。这些式文在《白氏六帖》中的分布情况是：卷九（祠部式）、卷一一（礼部式、祠部式）、卷一二（吏部式、考功式）、卷一四（兵部式）、卷一六（兵部式、度支式）、卷二一（主客式）、卷二二（户部式、主客式）、卷二三（水部式）、卷二七（祠部式）。

　　仁井田陞曾将《白氏六帖事类集》与《太平御览》称为保存古代法律条文的"双璧"，只不过前者专重唐制，后者侧重宋以前历代之制。并以为前者所引唐令格式，可以认为是开元二十五年的法度。①《白氏六帖事类集》在引述唐式时均具式名，利用起来比较便当与准确，为复原唐式提供了很好的依据。

　　（2）《白孔六帖》，唐白居易（公元772~846年）撰，宋孔传续增，100卷。北宋孔传仿《白氏六帖》体例，辑录唐五代诸籍，续作《六帖新书》30卷，分1371门，又称《后六帖》，成书于绍兴初年。后有人将二书合刻，以《白帖》为主，按类附入《孔帖》，共1399门，合100卷，名《唐宋白孔六帖》。有四库全书本等。

　　《白孔六帖》卷三六有引唐式文字："祥瑞第二：《式》云：麟、凤、鸾、龙云云。又《式》云：玄珠、明珠、玉英云云。又云：秬黍、嘉禾、芝草云云。"但大多与《白帖》同。

　　（3）《册府元龟》，宋王钦若（公元962~1025年）等编撰，1000卷。真宗景德二年（1005年）奉诏修撰，大中祥符六年

---

　　① 〔日〕仁井田陞著、栗劲等编译：《唐令拾遗》，长春出版社，1989，第873页。

（1013 年）书成。分 31 部，1104 门，以部为纲，按事类和人物，分门编次；内容采自正经、正史及唐五代诏令、奏议、文书等材料，不录小说。每部前有总序，每门有小序。其唐五代部分，史料价值较高。

该书引式多与他书同。如卷五八五《礼部式》之南郊陪位，卷五四五《式》文之公主以下葬礼，及《礼部式》之文武官赴朝之诸府道从等，多与《旧唐书》等书记载同。这样的引式共有 4 处。

3.《通典》、《续通典》、《唐会要》、《五代会要》、《文献通考》

（1）《通典》，唐杜佑（公元 735～812 年）撰，200 卷。该书在刘秩《政典》三十五篇（自黄帝至唐天宝末制度沿革废置）的基础上扩充改写，增加新礼（包括沿革与开元礼纂类），于德宗贞元十七年（公元 801 年）书成。分食货（12 卷）、选举（6 卷）、职官（22 卷）、礼（100 卷）、乐（7 卷）、兵（15 卷）、刑（8 卷）、州郡（14 卷）、边防（16 卷）共 9 门，每门下又分若干目，共有 1584 子目，按时代顺序记述其制度沿革、有关史事与议论。其取材，隋以前多用群经、正史及汉魏六朝人文集、奏疏，唐代则多采自诏诰文书、帐册、实录、国史、时政记、大事记等，具有较高文献价值。为我国现存最早的典章制度通史。

《通典》引唐式不多，只有 16 处。其中明确引式名的 2 处，即《吏部式》；标明式文年代的有 1 处，即《开元二十五年式》（从内容看，当是《户部式》）。数量最大的是有关烽燧制度的《职方式》，前后有 6 处；另有 1 处可能是《宿卫式》文。

《通典》从卷一九至卷四〇的《职官典》，对历代官制尤其是与唐代有关的三省六部九寺五监诸卫等中央官署的职掌，进行过较简单的叙述。这也是来自唐人记述的有关唐代官署职掌的说明。就职掌的概括而言，《通典》较长，一律采用事项的罗列方式排列，比《六典》的颇为简单的一句话的职掌说明，要复杂些；但它又不如《六典》叙述详细，《六典》是借助在此后的叙述来作尽可能详尽的说明的，这又是《六典》的长处。但两书相较，《六典》记事有不能详尽者，因为要记载的事情太多；而《通典》在罗列中，可能就已经将《六典》所无法详叙的事情，用数语点明了（有关这方面的情况，请参见复原各分篇）。因此，在介绍各官署职掌时，我们先列《六典》叙述，接着用《通典》有关记载与之作印证，比较一下异同。以此为复原工作提供一些遵循或便利。

（2）《续通典》，清嵇璜（1711～1794年）等奉敕撰，150卷。该书上接《通典》，所记起自唐肃宗至德元年（公元756年），止于明崇祯十七年（1644年）。取材于各朝正史及《唐六典》、《唐会要》、《五代会要》、《册府元龟》、《太平御览》、《山堂考索》、《契丹国志》、《大金国志》、《元典章》、《明集礼》、《明会典》等书而成，历叙900年间典章制度。

《续通典》卷四五《礼一·郊天》引述唐式文字一条："行事官明衣、绢布等，准《式》既祭前给讫云云。"

（3）《唐会要》，宋王溥（公元922～982年）撰，100卷。该书以唐德宗贞元十九年（公元803年）苏冕兄弟纂集的《会要》四十卷（唐高祖至唐德宗九朝事）及唐宣宗大中时宰相崔铉主持纂集的《续会要》四十卷（唐德宗以下至宣宗）为基础，又采集唐宣宗以下史事，重新厘定而成，于宋太祖建隆二年（公元961年）正月献上。分帝号、诸王、封禅、藉田、辍朝、祥瑞、学校、定格令、官号等，共514门，以事类为中心，专述

唐代文物典章制度发生、发展与演变过程。该书因采用苏冕、崔
铉二书的原始素材，史料价值较高。

《唐会要》完整具引式文名称的共有 7 种，分别是《吏部
式》、《户部式》、《礼部式》、《祠部式》、《光禄式》、《少府
式》、《监门式》；标明式文年代的有 2 种，即《贞观式》、《开
元式》。它们分散在：卷九上（《吏部式》）、卷九上（《光禄
式》）、卷一七（《光禄式》）、卷二〇（《贞观式》）、卷二一
（《祠部式》）、卷二三（《监门式》）、卷三一（《礼部式》2 处）、
卷三一（《少府式》）、卷四四（《礼部式》）、卷六〇（《吏部
式》2 处）、卷八二（《开元式》）、卷九〇（《户部式》）。合计
完整引式共 14 处。

未具引式名而可以酌定为式文的，在《唐会要》中更多，
计有 41 处。是引述唐式较多的书目之一。

(4)《五代会要》，宋王溥（公元 922～982 年）撰，30 卷。
该书根据五代时期后梁、后唐、后晋、后汉、后周五代之 50 年
诸朝实录及旧事传闻，分类记述其典章制度，于宋太祖建隆二年
（公元 961 年）编成后，与《唐会要》一同进呈朝廷。分别记述
宫中制度、乐、礼、刑、天文、官制等，所引诸朝诏令、奏议颇
多，具有较高史料价值。

该书引唐式 2 处，一处可能是《考功式》，一处可能是《礼
部式》。

(5)《文献通考》，元马端临（1254～1323 年）撰，348 卷。
书成之后，于元仁宗时进献朝廷。其书体例，依《通典》9 门成
例，再作划分和改易。如将“食货”分为田赋、钱币、户口、
职役、征榷、市籴、土贡、国用等 8 个门类，“选举”分为选
举、学校 2 个门类，“礼”分为郊社、宗庙、王礼 3 个门类，改

"州郡"为舆地、"边防"为四裔，"职官"、"乐"、"兵"、"刑"依旧，并新增经籍、帝系、封建、象纬、物异5门，共24门。《通典》所收材料自上古至唐玄宗天宝时，《通考》则自天宝增补续修至南宋宁宗嘉定末。

　　该书在卷一〇七《王礼考二·朝仪》下，有2处引述了唐式，一为朝官皆以绫为袍的《式》文，一为朝官有周以下丧服绝缦的《式》文。但它们都是他书（如《旧唐书》）中所有的。

4.《武经总要前集》、《神机制敌太白阴经》

　　（1）《武经总要前集》，宋曾公亮（公元998~1078年）、丁度（公元990~1053年）等奉敕撰，前集20卷，后集20卷，共40卷。兵书。成书于仁宗庆历四年（1044年）。其《前集》有制度15卷、边防5卷；制度为选将料兵、讲武教例、叙战军争、车骑战法、奇兵制胜、侦察敌形、军行次第、攻城诸法等，边防则叙述诸路的古今沿革、地理方位、道路关隘、兵员驻防等。《后集》有故事15卷、占候5卷；故事选取历代及本朝战例等，占候则述阴阳五行、六壬遁甲等。大抵《前集》备一朝之制度，《后集》具历代之得失，有很高的史料价值。《前集》有明正德年间刊本。

　　《武经总要前集》在其卷五烽火类下，转引了唐人李筌所记的"唐兵部《烽式》"10条，包括烽候设置、烽帅等设置、置烽之法、用烽火之法等内容，为仅见的大批量唐代烽燧制度的文字，估计当是《职方式》。其中有一些可以与《唐律疏议》中所引述的唐《职方式》相印证。大约也只有在这样的兵书中，才会有如此大量的有关军事的法律条文被摘抄而存留下来。同时，这些式文，与日本养老《军防令》文字多同。对了解唐式与日本令的关系，也有重要的价值。

（2）《神机制敌太白阴经》，唐李筌撰，10 卷。兵书。在人谋上、人谋下、杂仪、战具、预备、阵图祭文捷书、药方、杂占、遁甲、杂式等卷中，又分若干篇，共 100 篇。杜佑《通典》兵类多采其说。在该书卷五《预备·烽燧台篇》中，有 4 处文字与《职方式》略同，包括烽燧设置、烽子配备、突灶设置、早夜举放平安火等；在该书卷四《战具类·器械篇》关于长垛箭、弓袋、胡鹿、长弓袋等设备，卷四《战具类·军装篇》有关于锉子、解结锥等设备的说法，可能与《宿卫式》相关。

5.《元和郡县图志》

《元和郡县图志》，唐李吉甫（公元 758～814 年）撰，40 卷。唐代地理专书，为现存最早的较完整的地方总志。成书于唐宪宗元和八年（公元 813 年）。原书以太宗贞观十三年（公元 639 年）大簿区划为纲，分 10 道（关内道、河南道、河东道、河北道、山南道、淮南道、江南道、剑南道、岭南道、陇右道）记述。配合当时的 47 镇，每镇篇首有图，分镇记载府州沿革、户数、乡数，府州境界及四至八到、物产、贡赋，府州属县的沿革、山川、名胜等项。至宋代，图已亡佚；其文今存 34 卷。

该书所列诸州贡、赋中，开元贡、元和贡都可能是当时《式》文的断文；尤其是开元贡，为《开元式》原文的可能性很大。有关贳布、丝布、纻布、胡粉的贡、赋，在该书中罗列较细，自卷九至卷三八，计有 29 个卷次涉及到有关断文。这方面资料的处理，主要是根据日本《倭名类聚抄》引述有关唐式所提供的线索而进行了复原。目前所涉及者，为当时河南道、江南道、河东道、山南道、剑南道、岭南道、河北道等 7 道诸州的贡、赋情况。有关详情请参见本书"附录一、《唐式辑佚》引据书目及所在页码索引"。

（三）两唐书等史书引述式文

1.《旧唐书》

《旧唐书》，后晋刘昫（公元 888～947 年）等撰，200 卷。实际参与修撰者，有张昭远、贾纬、赵熙等。原名《唐书》，后为与欧阳修所撰《新唐书》相区别，而得今名。后晋天福六年（公元 941 年）始修，开运二年（公元 945 年）成书。该书用唐人吴兢、韦述、于休烈等所纂《国史》、《唐书》以及唐高祖至文宗各朝实录为蓝本；至穆宗长庆以后，则采用杂说、传记成之。

《旧唐书》引式，志、传均有。其中，志引 5 处，传引 6 处，共 11 处。完整引述式名的，有《吏部式》、《礼部式》、《司门式》、《光禄式》4 种；其余诸处，按其内容可能是《礼部式》、《职方式》，涉及面较宽。

2.《新唐书》

《新唐书》，宋欧阳修（1007～1072 年）、宋祁（公元 998～1061 年）撰，225 卷。自仁宗庆历四年（1044 年）开局始修，至嘉祐五年（1060 年）成书。欧阳修撰写本纪、志、表，宋祁撰写列传。取材于《旧唐书》、宋人所著唐史及小说、碑志等文献。体例上恢复立表（如《宰相表》、《方镇表》等），改进志书，新增《兵志》，《地理志》、《艺文志》均较旧书为充实、完整。但删除或改写诏诰章疏，片面追求文词简要，不仅有失历史原貌，也造成文义晦涩。

《新唐书》引式，主要是《地理志》所录的诸州土贡之属于《户部式》方面的断文。按我的统计，自卷三八《地理二》至卷四三上《地理七上》，相关的断文不下 18 个卷次。有关这方面的复原，主要是根据了日本《倭名类聚抄》引述唐式所提供的线索而进行的。详情请参见本书"附录一、《唐式辑佚》引据书目及所在页码索引"。

《新唐书》其他处引式，如卷一五三《颜真卿传》所引《司门式》，与旧书相同。其他诸如卷五〇《兵志》的 3 条，如"人具弓一"、番上宿卫者给"弓矢"、"十人为火"等，与《宿卫式》文字相近，当为《宿卫式》。

3.《旧五代史》

《旧五代史》，宋薛居正等撰，150 卷。原名《五代史》，也称《梁唐晋汉周书》。后因欧阳修另撰《五代史记》，故得今名。始修于宋太祖开宝六年（公元 973 年），次年修成。取材主要依据累朝实录及范质《五代通录》，也采录遗闻琐事。宋司马光修《资治通鉴》及元胡三省注，也多据之。

该书在卷一四七《刑法志》引述过唐《刑部式》"决重杖一顿处死，以代极法云云"。但为仅见的一条。

（四）文集及笔记小说引述式文

1. 文集（别集、总集）

（1）《颜鲁公文集》，唐颜真卿（公元 709～785 年）撰，15卷。分奏议（卷 1）、表（卷 2 至卷 3）、碑（卷 4 至卷 9）、墓碣、墓志、祭文（卷 10）、书帖、赞、题名（卷 11）、序（卷12）、记（卷 13 至卷 14）、诗（卷 15）。有清嘉庆七年（1802年）刻本。

在其卷一《论百官论事疏》，引述当时的"《司门式》云：

其有无门籍人有急奏者云云"。

（2）《刘宾客文集》，唐刘禹锡（公元 772～842 年）撰，30卷。又名《刘梦得文集》、《中山集》。排列先赋，次文，后诗。有商务印书馆缩印本。

在《刘宾客文集》卷二《碑上·高陵令刘君遗爱碑》，有引文曰："按《水部式》：决泄有时云云。"

（3）《全唐文》，清董诰（1740～1818 年）等奉诏编纂，1000卷。唐代（包括五代）文章总集。始编于嘉庆十三年（1808年），成于嘉庆十九年（1814 年）。汇集了当时可见的所有唐五代文章，共收入作者 3042 人。其编排顺序为，诸帝、后妃、宗室诸王、公主、臣工、释道、闺秀。有中华书局 1983 年据清内府刻本影印本及上海古籍出版社 1990 年 12 月缩印本。

在《全唐文》卷六〇九《刘禹锡十一·高陵令刘君遗爱碑》，有引述唐式文字："按《水部式》：决泄有时云云。"另外，在《全唐文》卷三〇四《李适之·禁朝官称惨改乘服式奏》，也有引述："朝服，准《式》皆合备具云云。如有惨故，准《式》不合著朱衣裤褶云云。"

2. 笔记小说

（1）《唐语林》，宋王谠撰，原 10 卷，一作 8 卷。记唐五代遗闻旧事。仿刘义庆《世说新语》体例，分 52 门纂辑唐五代杂记小说共 50 种。今本 4 卷，补遗 4 卷。分德行、言语、政事、文学、方正、雅量、识鉴等 18 目。补遗前 3 卷按时代编次，末卷不分时次。内容多为唐政治史实、宫廷杂事、民间旧闻、士林言行、典章故实等。有上海古籍出版社 1978 年 6 月据原中华书局上编所点校本而印行本。

在《唐语林》卷八《补遗》中，有引述唐式文字者："今之免服，准《式》给晦日假者云云。"

（2）《开元升平源》，唐吴兢（公元 670~749 年）撰，1 卷。《新唐书》卷五九《艺文志三》题著者为陈鸿，《崇文总目》不署撰人，《郡斋读书志》、《直斋书录解题》均题唐吴兢撰。该书记述姚崇借骑射邀恩献言十条，始奉诏作相事。丁如明辑校《开元天宝遗事十种》，根据司马光《资治通鉴考异》所引文字而收入，上海古籍出版社 1985 年 1 月版。

《开元升平源》引式文字有："准《式》，车驾行幸，三百里内刺史合朝觐。"

（五）敦煌、吐鲁番出土文书抄录唐式

1. 敦煌文书

敦煌文书为法国人伯希和掠走、现藏法国巴黎国立图书馆者，有编号 P.4745 号的贞观《吏部式》断片；编号 P.2504 号的"天宝令式表残卷"中，有《文〔吏〕部式》，有《装束〈式〉》，另有国忌方面的式文，共计 3 条；编号 P.2507 的，则是有关泾、渭白渠等用水溉灌的开元《水部式》残卷，共32 条。

敦煌文书为英国人斯坦因掠走、现藏英国伦敦大英图书馆者，有编号 S.6537 背 14 分号录文的敦煌写本郑余庆《大唐新定吉凶书仪》中所引的"《祠部新式》第四"，内容一为唐代高祖皇帝以下忌日，二是"三元日"等节日的式文。

敦煌石室发现唐《水部式》残卷，其文甚长，现存 144 行。与白居易《白氏六帖事类集》所引述的唐《水部式》文字相较，白氏所引只占其中不足 4 行。故对《水部式》的复原，作用甚

大。最早将该残卷确定为唐《水部式》的，是罗振玉。罗氏在
《雪堂校刊群书叙录》中，将《白氏六帖事类集》卷二三《水
田》条所引《水部式》与该残卷的第 12～15 行相比较，认为该
残卷为唐《水部式》。

此外，伯希和文书中，还有编号 P.3078 的《神龙删定〈散
颁刑部格〉残卷》（现藏法国巴黎国立图书馆）；斯坦因文书中，
还有编号 S.4673 的《神龙〈散颁刑部格〉残卷》（现藏英国伦
敦大英图书馆），二者同为一卷。它们对理解唐代格、式之间的
关系有所帮助。

2. 吐鲁番文书

吐鲁番文书，是 1972 年出土的吐鲁番阿斯塔那墓葬文书，
以 72TAM 的公元年代与地名拼音字头缩写标注和编号。现藏新
疆维吾尔自治区博物馆。与唐式有关者，主要有被学者考订为
《仪凤度支式》的 3 个残卷，分别是编号为 72TAM230：46（1）
《仪凤度支式》残卷，内容为"以折破庸调"；72TAM230：46
（2）《仪凤度支式》残卷，内容为"委交府便配以南诸州"云
云；72TAM230：84（1）《仪凤度支式》断片，内容为"各别为
项帐"云云。

（六）日本古籍引述唐式问题

新美宽撰、铃木隆一补：《本邦残存典籍による辑佚资料集
成》（正续）（1968），将日本《令集解》、《倭名类聚抄》二书
中引述唐《开元式》、唐式（看不清唐代何时式）及其他具有具
体篇名的唐式，都收集罗列在一起，为我们的复原工作提供了极
大的方便。今依据其所列，并尽可能地翻检重勘原书，结合本书

的复原情况，将所引各该书的基本情况作一介绍。此外，日本学者也指出了他书中引述唐式的问题，如《本朝文粹》等。① 现一并介绍如下。

1. 《令集解》

《令集解》，日本惟宗直本编，41 卷。日本清和天皇贞观（起唐宣宗大中十三年，讫唐僖宗乾符三年，公元 859～876 年）年间，② 明法博士惟宗直本编纂。为日本《养老令》的注释书，是对此前的《令义解》等注释书的集大成者，是研究日本令制的不可或缺的基本资料。

该书的注释，尤其在其《古记》及"释云"、"穴云"等中，引用了大量的唐令、格、式。在日本古籍中，无有能与其比拟者。当年仁井田陞复原唐令，在《唐令拾遗》中就有 190 余条的唐令，是据该书复原的。

该书有 9 处引唐式，共计 13 条。具有完整式名的是《刑部式》、《大仆式》、《监门式》3 种，标明时代的是《开元式》（共 8 处），实际涉及式种较多。其分布情况是：卷五《职员令集解·大膳职条》引《开元式》、卷一〇《户令集解·嫁女条》引《刑部式》、卷一二《田令集解·荒废条》引《开元式》、卷一三《赋役令集解·春季条》引《开元式》5 条、卷一五《学令集解·释奠条》引《开元式》、卷二四《宫卫令集解·宫墙条》引《监门式》、卷三八《厩牧令集解·死耗条》引《大仆式》等。该书引述的重要价值还在于，卷一二、卷一五引式分

---

① 〔日〕宫城荣昌著：《延喜式の研究（论述篇）》，第 4 篇第 2 章 "延喜式の性格"，大修馆书店，1957，第 677 页。

② 仁井田陞说该书在平安朝（公元 782～1191 年）初期编成，则其指称的时段更长。见〔日〕仁井田陞著、栗劲等编译：《唐令拾遗》，长春出版社，1989，第 875 页。

别标明了所引《开元式》的卷数为"第二卷"和"四卷",为我们确定唐代开元式的篇与卷的对应情况有直接的帮助。这一点,过去一直被学界所忽略,应当引起我们充分的注意。中国古籍中尚无此类引述者。

2.《倭名类聚抄》

《倭名类聚抄》,日本源顺撰,10 卷(狩谷本等)或 20 卷(那波本)。源顺,日本朱雀天皇承平(后唐长兴二年至后晋天福二年,公元 931～937 年)中人。① 该书是日本一部较大的古辞书。体例上分为"部","部"下再作分类。其中载录了很多唐代令、格、式的逸文,仁井田陞曾用之复原唐令 50 余条,并附带提到了其中的数条唐式。其在日本的版本有:那波道圆古活字本(东方文化学院东京研究所藏)、狩谷棭斋本、真福寺本(古典保存会刊)等。清光绪间,在中国曾有过刊本,称《和名类聚抄》。

该书共引唐式 31 条,明确标明式名的是《秘书省式》,标明时间或年代的是《开元式》,实际涉及式的种类很多,可能有《户部式》、《礼部式》、《职方式》、《秘书省式》、《宿卫式》等。其分布情况是:卷一引唐式 1 条,卷三引唐式 4 条,卷四引唐式 12 条,卷五引《开元式》2 条、引唐式 4 条(另有 1 条与卷 4 重复引述,不另作统计),卷六引唐《秘书省式》1 条、引《开元式》1 条、引唐式 6 条(有 4 条可能是《宿卫式》)。

3.《延喜式》

《延喜式》日本藤原忠平等奉敕撰,50 卷。藤原奉醍醐天皇敕命,于延喜五年(唐昭宗天祐二年,公元 905 年)十二月二

---

① 〔日〕仁井田陞著、栗劲等编译:《唐令拾遗》,长春出版社,1989,第 878 页。

十六日撰进。该书是《弘仁式》、《贞観式》以来的集大成之作。在体例上，按官制分篇记述，分神祇、太政官、中务省、式部、治部省、民部、兵部省、刑部省、大藏省、宫内省、弹正台、左右近卫府等。是日本沿袭唐代律、令、格、式法典体系的成果之一。

《延喜式》条文与唐式条文的对应酌定问题，是一个需要投入大量精力进行研究的问题。唐式在《延喜式》中遗存多少，也很值得研究。

目前我们至少可以确定，该书卷二一《治部省·祥瑞》条的诸瑞规定、卷三二《大膳上·新嘗（祭）》条的“宴会杂给”内容、卷二一《玄蕃寮·诸蕃》条的护送诸蕃使人，以及卷二〇《大学寮·释奠》和卷五〇《杂式·诸国释奠》的祭祀用牲、卷二九《刑部省·医药》的狱囚给衣粮等，都可以看作是仿照唐式而立制的。这样，已有6条与唐式是相同或近似的文字。

关于这一点，可以将日本学者的一条意见作为理解问题的参考。近卫本《〈大唐六典〉考订·凡例》云：“唯本朝《令》、《式》，间有与《六典》交涉者，今并攗之。”① 是日本学者也早已注意到日本令、式与《唐六典》的这种“交涉”关系。则日本令与唐令多同，日本式与唐式多同，正是日本令、式与《唐六典》多同的反映和表现。

4.《令义解》

《令义解》日本醇和天皇天长十年时，清原夏野等奉敕撰定的养老令的注释书，凡30篇，10卷。现已佚失卷8中的仓库、医疾两令。今较通行的是吉川弘文馆的《新订增补国史大系》

① 《大唐六典》，（唐）李隆基御撰、李林甫奉敕注，〔日〕广池千九郎训点、内田智雄补订，广池学园事业部，昭和48年12月刊行，第4页。

（普及版）之《令义解》，昭和 63 年月印刷。

《令义解》中，卷五《军防令》俑戎具条有"凡兵士，每火……锉磓一具"，卷二《户令》造计帐条有"依式造帐（谓造计帐摸样也）"等文字，当与唐式文规定相同。

5.《本朝文粹》

笔者未曾见此书。据宫城荣昌《延喜式の研究（论述篇）》讲，《本朝文粹》曾引唐式 1 条。其书的卷二《官符》云："案唐《式》，昭文、崇文两馆学生，取三品已上子孙。"属于直接引述唐代式文者。[①]

6.《入唐求法巡礼行记》

《入唐求法巡礼行记》日本僧人圆仁（公元 794 ~ 864 年）撰，4 卷。以日记形式记叙入唐求法途中见闻。记事始于唐文宗开成三年（公元 838 年），终于唐宪宗大中元年（公元 847 年）。内容一为遣唐使组织、船只、里程，一为所经各地风土人情、习俗信仰、经济状况、官府组织、寺院、僧侣、宗教仪式等。该书国内版本，有上海古籍出版社 1986 年 8 月顾承甫、何泉达点校本，花山文艺出版社 1992 年 9 月白化文等《〈入唐求法巡礼行记〉校注》本。

该书卷四"会昌四年"条下记有："唐国恒《式》：三长月不许致命，今上则不然也。"同卷"会昌五年"正月又记有："寒食，从前已来，准《式》赐七日暇云云"，卷一有"又大唐国今帝讳'昂'（即云名），先祖讳'纯'（淳）云云"，及"开成四年正月一日甲寅，是年日也。官俗三日休暇云云"，当是唐式文字。

---

① 〔日〕宫城荣昌著：《延喜式の研究（论述篇）》，第 4 篇第 2 章"延喜式の性格"，大修馆书店，1957，第 677 页。

7.《政事要略》

据虎尾俊哉《弘仁式贞観式逸文集成》讲，《政事要略》天历四年十月十三日符，曾引式1条。内容为："检《式》条：狱囚応给衣粮、荐席、医药云云"，应是《刑部式》。

八 目前对唐式的研究情况

（一）日本学术界对唐式的研究情况

对唐代格、式进行研究，滋贺秀三先生《汉唐间法典の二三考证》（日本《东方学》17，1958 年）曾有论及；泷川政次郎《唐代格式と日本格式》（《石田博士颂寿记念东洋史论丛》，1965 年），则举例论述了日唐格、式之间的区别与联系。

泷川政次郎著《支那法制史研究》（后再版时更名为《中国法制史研究》）有《令集解に见ぇる唐の法律史料》，专章介绍了唐代的《开元式》。泷川氏指出，《令集解》中，《职员令集解·大膳职条》、《田令集解·荒废条》、《赋役令集解·蠲符条》、①《学令集解·释奠条》共 4 条，都明确引述了《开元式》；另外，《公式令集解·便奏式条》提到了"本律《监门式》"，《厩牧令集解·死耗条》引述了《大仆式》，推断其可能也是开元《监门式》、《大仆式》。泷川氏还对这些式的年代进行了推测，以为见于《唐六典》刑部郎中员外郎条的 33 篇式名，可能

---

① 按，此处的《赋役令集解》之"蠲符条"，当是误书；应当是该《赋役令集解》之"春季条"。"春季条"曾引述《开元式》，且不止一条。

是开元前式（即开元七年式）；《令集解》中所见的《开元式》，从《古记》当中有引述这一点来看，其法典年代当是开元前式。而近来从敦煌石室发现的唐代《水部式》，从其官名推断，当是开元后式（开元二十五年式）。《户令集解·嫁女条》也有《刑部式》文字，它或是贞观《刑部式》，或是永徽《刑部式》。①

其他地方，泷川氏还对有关唐式的年代进行了推定。如《唐律疏议》卷七《卫禁》奉敕合符夜开宫殿门条疏议所引的《监门式》，② 推定为《永徽式》；而《唐六典》卷八门下省城门郎条注所据之式，③ 则推定为《开元式》。④

仁井田陞《敦煌発见唐水部式の研究》（载《服部先生古稀祝贺记念论文集》，1936 年），是较早对《水部式》进行专门研究的成果。此后对《水部式》进行研究的，还有二人：一是佐藤武敏的《敦煌発见唐水部式残卷译注》（载《中国水利史研究》2，1967），对之进行了翻译和注解；二是冈野诚的《敦煌発见唐〈水部式〉の书式》（载《东洋史研究》46 - 2，1988 年），又从书式角度对《水部式》进行了一种独到的研究。另外，仁井田陞所著《唐令拾遗》，虽主要是研究唐令的，但间也涉及讨论唐式，并在令、式分辨方面有他自己的见解。

对唐式进行专门研究，则不能不提到泷川政次郎与仁井田陞

---

① 〔日〕泷川政次郎著：《支那法制史研究》，有斐阁，1940，第 110 ~ 112 页。
② 其原文为："依《监门式》：驾在大内，宫城门及皇城门钥匙，每去夜八刻出闭门，二更二点进入。京城门钥，每去夜十三刻出闭门，二更二点进入"；又，"其开门出钥迟者，依《监门式》：宫城门及皇城门，四更二点出钥开门。京城门，四更一点出钥开门。驾在大明、兴庆宫及东都，进、请钥匙，依《式》各有时刻。"
③ 其原文为："宫城、皇城钥匙，每日入前五刻出闭门，一更二点进入；五更一点出开门，夜漏尽，第二冬冬后二刻而进入"；又，"京城门钥匙于东廊下贮纳，每去日入前十四刻出闭门，二更一点入；四更一点出开门，夜漏尽，第二冬冬后十刻入。"
④ 〔日〕泷川政次郎著：《京制并に都城制の研究》，第 223 页。并参见日本律令研究会编：《译注日本律令六·唐律疏议译注篇二》，东京堂，昭和 59 年，第 49 页。

就有关唐令复原原则所进行的大论战。在论战过程中，涉及到了《武经总要前集》卷五所记载的唐《式》对复原唐《军防令》的意义问题。

泷川政次郎先是撰写了《唐兵部式と日本军防令》，发表于日本《法制史研究》第二号，对仁井田陞复原唐《军防令》时将有关烽燧制度的三条资料复原为令文，进行了批评，以为它们应当是式文。仁井田陞则写了《唐军防令と烽燧制度——泷川博士の批评に答ぇて》，发表于《法制史研究》第四号，对泷川政次郎提出反批评。

泷川氏以为，日本律、令不仅以唐律、令为模范，也参酌了唐格、式。如三浦周行博士就曾指出过日本《僧尼令》依据了唐的《道僧格》等；泷川氏也在《支那法制史研究》中考证过日本《仪制令》的"内外官人条"依据了唐的《垂拱刑部格》、日本《公式令》的"便奏式条"参酌了永徽的《监门式》。泷川氏尤其批评了仁井田陞把"凡是日本令有相应文字，就将中国古籍中的有关条文拟定为唐令"的方法不妥当，认为日本制令时不仅依据了唐令，也模仿了唐式。他举仁井田氏《唐令拾遗·军防令》复原第三十七条的"烽候所置，大率相去三十里"条、复原第三十八条的"放烽有一炬二炬三炬四炬者"条为言，以为仁井田氏所依据的《唐六典》、《旧唐书》二书文字不是唐令逸文而是唐式逸文；以为只要留意读一下日本《军防令》条文，就能体会到这一点。日本《军防令·有贼入境条》"凡有贼入境，应须放烽者，其贼众多少，烽数节级，并依《别式》"，"其放烽，有一炬二炬三炬四炬者"，不就相当于"《别式》"吗？并引《倭名类聚抄》卷四《灯火部》："烽燧。《说文》云：烽燧，边有警则举之。《唐式》云：诸置燧之处，置火台，台上插橛"，① 以为有关"烽"的事务是规定于《式》中的。仁井田氏将其确定为《令》文是不确的。泷川氏说，《四库全书》所收的宋代曾公亮的《武经总要前集》卷四（应为卷五——作者注）的"唐法"，明言"烽燧，军中之耳目，预备之道，不可阙也。唐兵部烽式，尤为详具"，因而它们是唐《兵部式》文。而日本《军防令》有关烽的数条条文，是以唐《兵部式》的烽式为范本的。他以为，这些内容，仁井田氏应该注意到。唯泷川政次郎以为《武经总要前集》卷四（应为卷五——作者注）所引式文为唐《兵部式》，而仁井田陞以为相应的式文应属《职方式》，而不是《兵部式》。这一点，招来了日后仁井田氏的批评。

在式文的年代判定上，泷川氏以为，日本《军防令》所取则的，当是永徽《兵部式》；而《武经总要前集》所载的《兵部式》，当是开元《兵部式》。②

仁井田陞的《唐军防令と烽燧制度——泷川博士の批评に答ぇて》，对泷川氏的上述诸点进行了反驳。同时，为反驳的需要，仁井田陞也在此文中，对唐式的一般性问题进行了较全面的论述。

关于日唐《军防令》的关系，以及与兵部烽式及《唐六典》的关系，仁井田陞以为，日唐《军防令》都有烽燧方面的条文。如日本《令集解·赋役令》中就有"唐令烽条云：取中男配烽子"，日本《军防令》烽条云："凡烽，各配烽子四人。若无丁处，通取次丁。以近及远，均分配番，以次上下"；而唐兵部烽

---

① 〔日〕新美宽撰、铃木隆一补：《本邦残存典籍による辑佚资料集成（正续）》京都大学人文科学研究所，1968，第52页；并见〔日〕泷川政次郎：《唐兵部式と日本军防令》，《法制史研究》第2号，第75页。

② 〔日〕泷川政次郎：《唐兵部式と日本军防令》，《法制史研究》第2号。

式则规定："凡掌烽火，置帅一人，副一人。每烽置烽子六人"。日本令中的丁、次丁都可选为烽子，只是年龄有差别，与唐《军防令》相对应，而与唐兵部烽式相异。唐《军防令》是规定烽燧制度的基本法律，兵部烽式则是以此为前提的对《军防令》进行个别的细则性的规定。唐《军防令》烽条与唐令的其他条文一样，在开头也冠以"诸"字，日本令也如此。总之，唐《军防令》也有烽燧方面的制度，不能认为烽燧问题都是规定入兵部烽式中的。

仁井田陞在该文中对于唐律、令与式的一般关系的探讨，我以为，就其理论意义而言，似乎比对唐日《军防令》、唐兵部烽式（即《职方式》）关系的探讨更有价值，意义也更重大些。

首先，仁井田陞以为，唐律、令与唐式的一般关系，与日本情况一样，律、令是根本法，式是补充细则，也即如今日的施行细则。故《唐六典》有所谓"式，以轨物程事"，《〈弘仁格式〉序》有所谓"式则补阙拾遗"（《类聚三代格》卷一引），《旧唐书·刑法志》则有所谓"设于此而使彼效之，谓式，诸司常守之法也"的说法（按，此处应当是《新唐书·刑法志》与《宋史·刑法志》的混合说法）。而在日本，天平宝字三年六月，石川年足奏章云"臣闻治官之本，要据《律》、《令》；为政之宗，则须《格》、《式》。方今科条之禁，虽著篇简，《别式》之文，未有制作。伏乞作《别式》，与《律》、《令》并行"（《续日本纪》卷二二《淳仁天皇》，又《类聚国史》卷一四七《文部下》），天长七年十月藤原三守等奏章中"但《律》、《令》之典，止举本纲；至于体履相须，《式》条犹缺。论之政术，固有未周"（《日本逸史》卷三八《淳和天皇》，又《类聚国史》前揭），也是大家熟悉的。

　　其次，仁井田陞就唐日文献中的唐式逸文与律、令的关系进行了展开说明。认为，《式》的细则规定，使用了与律、令条文或同一，或同义，或类似的文字。

　　一方面，日本令中，令文使用了与式文规定内容相通的、可以相互说明的语汇；同时，令文规定某些事项"皆依《别式》"，而后来的式文确实如此规定了，例证也很多。对律文进行补充规定的《别式》也是存在的，如《延喜式》中关于流刑远近里数的补充规定，就是如此。

　　另一方面，唐代情况也如此。比如《白氏六帖事类集》卷二二《征役》所引唐《户部式》"诸正丁从夫四十日免〔调〕"云云，与唐《赋役令》之"诸丁岁役二十日……须留役者，满十五日免调"对应，《令》、《式》共同规定着课役免除之事；《户部式》"诸男女三岁以下为黄"云云，与唐《户令》"诸男女三岁以下为黄"相同，都是人的年龄规定。此时，《令》、《式》的文字完全相同。再者，日本《倭名类聚抄》有关贡赋项下所引的唐式，狩谷棭斋以为"白丝布"以下引述的四条（笺注本卷三布帛类所引），当是《户部式》。有关"台州金漆"的《开元式》（笺注本卷五调度部引），同样应是开元间的《户部式》。而它们不过都是唐《赋役令》"诸州贡献，皆尽当土所出"云云规定细节的《户部式》断文，这就是唐《户令》与《户部式》的关系。再如，关于河川堤防管理的基本原则规定于唐《杂律》和《营缮令》，而蓝田新开渠、河西诸州的河川、龙首泾堰、扬州扬子津等各河渠的具体事情规定于《水部式》；《宋刑统》卷二七所引《户部式》"诸荒田有桑枣之处，皆不得放火"，即是唐《杂律》疏议中《律》与《令》有关烧田野规定相照应的细节规定；又《宋刑统》卷一八所引的《主客式》"诸蕃客及使蕃人宿卫子弟”云云，是与唐《贼盗律》规定对应的有关蕃客焚葬例外规定的式文；《宋刑统》卷二七所引《库部式》“诸收获破贼及阑遗器仗等”云云，是以《杂律》、《捕亡令》、《军防令》等存在阑遗物的规定为前提而出现的细节规定。《宋刑统》卷三〇更有《刑部式》“用‘准式’者，格敕律令皆是”，与《断狱律》、《狱官令》、《刑部格》排列一起，能显现唐律、令、格、式之间的相互关系。类似的还有《光禄式》与《祠令》及《学令》的关系，《太仆式》与《厩库律》的关系。《祠令》是天地、日月等祀祭的规定，《祠令》及《学令》又有释奠的规定，但它们是祀祭对象、时间、场所的规定，而祀祭所用的笾豆数量却不作规定，笾豆数量的详细规定是在《光禄式》之中。唐《厩库律》规定官畜产的损耗问题，一般情况下，是免官赎罪；而《太仆式》则对此类损耗设定适用的例外。

最后，仁井田陞指出了唐式中的在令文基础上进行补充规定的立法情形。保留在《令集解》中之《赋役令·春季条》的被标明“《开元式》云”的条文之下，有三条出现了“依令”字样；在引述完《令》文之后，用“即”字开始进行补充规定。而这些补充规定，就是《式》文。

泷川政次郎与仁井田陞的这次论战，是日本有关唐令式研究的比较全面的反省。尤其对仁井田陞而言，为论战的需要而在令式的比较研究和式文的内容研究方面，远远超出了他前此的《唐令拾遗》的水平，探讨更为深入，涉及面也更广。

此后，在日本学界应该被提到的重要的研究成果还有：20世纪七八十年代，池田温、冈野诚合撰《敦煌吐鲁番発见唐代法制文献》（《法制史研究》27，1978年），全面介绍了上述两地文献的出土经过和研究史，并制作了这些文献的一览表，附有详细的解说和研究文献目录；同时或稍后，山本达郎、池田温、冈野诚合编《敦煌吐鲁番社会经济史文书》第一辑《法制文书》（东洋文库，图版，1978 年；介绍和录文，1980 年），① 收集了当时所能见到的所有唐代律、令、格、式、判的残卷。其所收入的唐《贞观吏部式》断片、《水部式》残卷、《天宝令式表》残卷等，对推进有关唐式研究的深入，是极为有益的。该书收入唐格残卷数件，其中一件被中国学者认为是唐式。②

（二）中国学术界对唐式的研究情况

1. 研究概况

在唐史或唐代法制研究中涉及唐式问题研究的，法律史学界主要有钱大群教授等人。钱氏在其有关唐代法律体系与《唐律》、《唐六典》性质的系列研究中，曾一再涉及对唐式性质的判定问题。这里，既有他较早的对唐令、式与《唐六典》之间的关系研究，也有近期的对"律令格式皆刑法说"的批评等三篇论文。③ 钱大群教授以为，《式》基本不是刑法，而是正面的制度性的规定，不是定罪判刑的"刑法"；《刑部式》虽属于广义的刑法范畴，只能算是刑事法规，不是定罪判刑的刑法内容；比起规定重大典章制度的《令》来，《式》的内容常表现为一些制度实施在时间、人数、物量等规定上的细则方面的内容。

---

① T. Yamamoto, O. Ikeda, M. Okano, *Tun – huang and Turfan Documentsconcerning Social and Economic History*. I. *Legal Texts*. (B) Plates, TōyōBunko, 1978. (A) Introduction & Texts, TōyōBunko, 1980.

② 韩国磐先生以为，其中的一件唐《吏部格》，可能是唐式。见韩国磐著：《传世文献中所见唐式辑存》，《厦门大学学报》（哲社版）1994 年第 1 期。此前刘俊文已将其拟定为《贞观吏部式》，见后述。

③ 钱大群著：《唐律与唐代法律体系研究》，南京大学出版社，1996，第 98～170 页。

相应的研究性文字，还有冯卓慧《从几件敦煌吐鲁番文书看唐代法律形式——式》，载《法学研究》1992 年第 3 期。这是从出土文献中研究唐式的路径。而远在几十年之前，对唐式研究引起突破的一个决定性因素，恰是因敦煌文书的发现而起的研究热。

中国学者罗振玉，最早将敦煌石室遗书中 P. 2507 号残卷（被法国人伯希和掠走，现藏法国巴黎国立图书馆）收入其《鸣沙石室佚书》（1913 年），并在其《雪堂校刊群书叙录》卷下，引用白居易《白氏六帖事类集》卷二三《水田》条所引《水部式》，与该残卷进行对比研究，考证此残卷即是《水部式》残卷。[①] 此后，王永兴、刘俊文等都对该《水部式》残卷进行过研究。王永兴著有《唐开元水部式校释》（载《敦煌吐鲁番文献研究论集》（三），北京大学出版社，1984），刘俊文在《敦煌吐鲁番唐代法制文书考释》（中华书局，1989）一书中，也对其中《水部式》残卷也进行了详细的考证、校补和笺释。

刘俊文《敦煌吐鲁番唐代法制文书考释》一书对唐式的研究，除上述《水部式》残卷外，也涉及《贞观吏部式》、《仪凤度支式》残卷。刘氏也将研究视野扩展到了敦煌文书 P. 2504 号残卷（刘将其定名为《天宝令式表残卷》），著有《天宝令式表与天宝法制》一文（载《敦煌吐鲁番文献研究论集》（三），北京大学出版社，1984），对其中所包含的《吏部式》、《祠部式》进行了研究，其相应成果也收入其《敦煌吐鲁番唐代法制文书考释》一书。刘俊文是中国学者中收集和研究出土唐式残卷较全面的一位研究者。

唐耕耦、陆宏基合编《敦煌社会经济文献真迹释录》（第一

---

① 韩国磐著：《传世文献中所见唐式辑存》，《厦门大学学报》（哲社版）1994 年第 1 期。

辑，书目文献出版社，1986；第二至第五辑，全国图书馆文献缩微中心，1990），所收格式尤其是有关经济方面的格式，与日本山本达郎、池田温、冈野诚合编《敦煌吐鲁番社会经济史文书》第一辑之《法制文书》略同，也属于基本资料整理方面的工作。

对古籍文献中的唐式进行研究者，沈家本的《历代刑法考》、程树德的《九朝律考》等书也有涉及，但都难算是专门研究。笔者曾撰有《令式分辨与唐令的复原》（《当代法学》〔长春〕1989 年第 3 期）、《唐式逸文的遗存及搜集情况》（载《中国法律史国际学术讨论会论文集》，陕西人民出版社，1990，第235～242 页）、《唐式性质考论》（《吉林大学社会科学学报》1992 年第 6 期）、《唐式与日本式的比较研究》（载《中外法律史新探》，陕西人民出版社，1994，第 246～265 页），对唐式的有关问题进行了分专题的研究。

国内学术界对古籍文献中唐式逸文进行较全面的梳理者，当数韩国磐先生。韩国磐先生在其所撰《传世文献中所见唐式辑存》一文中，基本穷尽了现存典籍中所有唐式逸文。共辑录唐式 40 余条，涉及 21 个篇目。计有《吏部式》5 条，《考功式》1条，《户部式》2 条，《度支式》1 条，《礼部式》3 条，《祠部式》3 条，《主客式》2 条，《兵部式》3 条，《职方式》1 条，《驾部式》1 条，《库部式》1 条，《刑部式》1 条，《司门式》1条，《虞部式》1 条，《水部式》1 条，《太常式》1 条，《太仆式》1 条，《太府式》1 条，《少府式》1 条，《监门式》5 条，共为 36 条。加上《计帐勾帐式》1 条，及推定的《吏部式》、《户部式》4 条等，总数达 41 条。①

---

① 韩国磐著：《传世文献中所见唐式辑存》，《厦门大学学报》（哲社版）1994 年第 1 期。

2. 关于唐式复原的一个宏观性问题

在此附述一下有关复原唐式时对原始记载的认定问题。

关于唐式复原的一个宏观性问题，是在唐式复原或认定过程中，对于古籍中经常出现的"准式"、"永为常式"、"在式"、"依式"等词汇如何看待和处理的问题。因为对于明确地标明着"《吏部式》"、"《户部式》"等字样的唐式逸文，直接复原当然就可以了，用不着费太多笔墨。而能否在唐式复原过程中，将"准式"、"永为常式"、"在式"、"依式"等字样，作为比较确定的形式标记来对待，能否将带有这些字样的文字理解为唐式逸文，就是一个让所有研究者都感到难办的问题。

当年仁井田陞在复原唐令过程中，对此也感到棘手。他的结论是，"准式"有的相当于《令》，有的相当于《式》。我国国内学者的意见，基本上是倾向于按《式》来理解。韩国磐《传世文献中所见唐式辑存》云："我们还看到史书上常出现'准式'、'永为常式'等词，如《唐会要》卷23《寒食拜扫》中允许官吏于寒食节扫墓，'永为常式'；卷24《诸侯入朝》、《朔望朝参》等条中，说到朝集使朝参'朔望依常式'、'准式'、'在式'；卷66《致仕官》谓致仕官给半俸及朝会'并依常式'；卷92《内外官职田》说到京官职田，'准式'令佃民输送至京等等，既未写明篇名，就不能随便定为某篇式文，但按《唐六典》所载各官职守，大体可推知为《吏部式》、《户部式》等，然亦不可遽为断定之。"①

笔者认为，不应单独依据"准式"一词进行式文的复原；在使用"准式"一词进行复原时，要尽可能地有旁证。因为在

---

① 韩国磐著：《传世文献中所见唐式辑存》，《厦门大学学报》（哲社版）1994年第1期。

唐代法律中，"准式"一词确实包含有"准法"的含义。同理，"永为常式"也常常是"永为常法"的意义上使用的，与"在《式》"、"依《式》"的意义不同。只有"在《式》"、"依《式》"，多是指狭义的《式》，即律、令、格、式之《式》。

比如，《宋刑统》卷三〇《断狱》断罪引律令格式门附："准《刑部式》：用'准式'者，格、敕、律、令皆是。"这是讲在律中凡用"准式"字样，未必一定是指"依准《式》文"，而可能是"准律"、"准令"、"准格"甚至"准敕"。因而，这里的"准式"实即"准法"，"式"在这里用得是广义。实际上，在律之外的其他公文中，"准式"的这一用法，也是普遍的。

唐代张鷟有一判文，其问目云：

　　太学生刘仁范等省试落第，挝鼓申诉："准式：'卯时付问头、酉时收策。'试日晚付问头，不尽经业，更请重试。"台付法，不伏。①

这里所谓"准式"谓何？查日本古籍《令集解》卷二二《考课令》贡举人条："释云……或说……《唐令》云：试贡举人，皆卯时付策，当日对了。本司监试，不讫者不。考毕，本司判官将对尚书定第。"是《唐令》中规定"卯时付策"，则张鷟判文所引之"准式'卯时付问头'"，应是征引《唐令》。正是上述

---

① （清）董诰等编：《全唐文》卷一七三《张鷟二》，上海古籍出版社，1990，第775页；田涛、郭成伟校：《〈龙筋凤髓判〉校注》，中国政法大学出版社，1996，第69页。又，南京大学法学院钱大群教授曾来信建议，对本条进行一定研究，探讨是否可将本条也复原为唐式。在此，感谢钱教授的好意。

《刑部式》所谓"准式"之义。

又如,《五代会要》卷一七御史台:"(后唐)长兴四年五月二十五日,御史中丞龙敏等奏陈事如后:一、台司除御史中丞随行印,及左右巡使、监察使并出使印等外,其御史台印一面,先准《令》、《式》,即是主簿监临。……近年以来,缘无主簿,遂至内弹御史权时主持,又常随本官,出入不定。伏缘台中公事……当申奏申堂之际,及牒州府之时,事无轻重,并使此印。今准《令》、《式》,逐日有御史一员台直,承受制敕公文。其御史台印,今后欲勒留台中,不令在外。选差令史一人、帖司一人同知此印。"本条云"准《令》、《式》",可能为《式》,也可能指《令》,难以确定。再如,《唐律疏议》卷一六《擅兴》应给发兵符不给条:"若下符违式",注:"谓违《令》、《式》,不得承用者。疏议曰:'若下符违式',谓不依次第,不得承用者。"这个"违式",可能是"违《令》",也可能是"违《式》"。

有时"准式"又指式。如韩国磐《传世文献中所见唐式辑存》在引用唐代式文后云:"案此言'准式',当即指《虞部式》。唐史籍如《唐会要》等,'准式'的用语经常可见,有的指本官司之式,有的即指一般规定或其他曹司之式。"①

此外,史书中"编入常式"、"著之常式"之类的记载,也是应当注意的。《通典》卷一六九《刑法七·赦宥》载:"天宝十三载二月赦文:左降官承前遭忧,皆不得离任,孝行之道,所未弘通;情理之间,深可哀恤。如有此类,宜并放归,仍申省计。至服满日,准法处分。自今以后,编入常式。"又,《通典》卷五三《礼一三·释奠》:"开元……二十八年二月,敕:文宣

---

① 韩国磐著:《传世文献中所见唐式辑存》,《厦门大学学报》(哲社版)1994 年第 1 期。

王庙，春秋释奠，宜令摄三公行礼，著之常式。"它们可能是被
零星编入唐式的式文，但也可能是编入格条。《宋刑统》卷三
《名例》犯流徒罪门引唐元和十二年九月十二日敕关于左降官量
移之事，其敕文末尾即云"仍请编入格条，永为常式"。是所谓
"常式"，不见得就是式文。

复 原 篇

唐式佚文复原及考证

式文复原凡例

一、每篇之前，附以简短按语，说明该篇式所从属的官署之职掌，以与复原式文比对，并提出应注意的问题。

二、每条式文均依复原式文、引据资料、按语、参考之顺序排列（个别情况则参考与按语颠倒）；各该部分，分别用小四号黑体之"引据"、"按"、"参考"字样以标识之。

三、凡能确定式文年代者，即标以当时年号甚至具体年份，如〔贞观〕、〔永徽〕、〔开元〕等；开元七年式、开元二十五年式，分别省略为〔开七〕、〔开二五〕。

四、凡能确定式文篇名者，即标明其具体式名，如〔吏部〕、〔水部〕、〔监门〕等。

五、凡能确定式文年代及篇名者，即全部标出其年号（及年份）、式之种类，如〔贞观·司门〕、〔开二五·水部〕等。

六、引据资料中省略的字句，用"（以下与本文同）"代之。

七、式文后所附参考，内容相近者，以"一"、"二"等顺次罗列；属于不同类别者，以"参考一"、"参考二"区别之。

八、式文后所附格文，皆以附录形式出现。式文所附格文内容相近者，以"一"、"二"等顺次罗列；属于不同类别以及格文因无相应式文而被集中排列于篇末者，以"附一"、"附二"

等区别之。

九、凡引用他人整理过的古籍资料，原用特别符号不变。如补起之字用"□"号圈起，或用加粗方括号"〔〕"括起；原缺之字用"（）"等。

十、凡原文双行小字注，用"（）"标出。又，古籍中人名若缺姓氏，也用"（）"补之。

十一、凡原文有明显错字、别字者，在原字后用圆括号"（）"标出正确之字。

十二、凡异体字、俗字，均改为本字，一般不出注。

十三、凡原文有明显脱字或缺漏者，随处用方括号"〔〕"补起，以资识别，并相应出注。

十四、凡原文有增衍者，随处用加粗圆括号"**（）**"标出。

十五、凡条文间之断文，用"○"以间隔之。

十六、凡日文古籍，有相应的中文简化字者，则用中文简化字；无者，一律用其原字；书名、人名也同。其双行小字注等，参照中文古籍例处理。

吏部式第一

（复原凡八条，附《吏部格》五条）

　　《唐六典》卷二吏部尚书侍郎条："吏部尚书、侍郎之职，掌天下官吏选授、勋封、考课之政令。凡职官铨综之典，封爵策勋之制，权衡殿最之法，悉以咨之。其属有四：一曰吏部，二曰司封，三曰司勋，四曰考功；尚书、侍郎总其职务而奉行其制命。凡中外百司之事，由于所属，皆质正焉。"其中，"勋、封"或"封爵、策勋之制"，分别由司封司、司勋司掌理；"考课"或"权衡殿最之法"，专门由考功司掌理；"天下官吏选授"或"职官铨综之典"，由吏部头司的吏部司掌握。《六典》同上在叙及吏部司职掌时，其郎中之一的职掌即"掌考天下文吏之班、秩、品、命"。

　　《六典》吏部尚书侍郎条下所记述者，是整个吏部铨选之事，主要是唐《选举令》的条文。有关这方面的内容，可参看仁井田陞先生的《唐令拾遗》的复原《选举令第十一》，此处不赘。

　　关于吏部司所掌之文吏之"班、秩、品、命"，[①]《六典》卷

---

① （宋）李昉等编：《太平御览》卷二一六《吏部郎中》条引《六典》、《旧唐书·职官志》均作"班秩阶品"。

二吏部郎中员外郎条，在第一郎中员外郎的职务下，依次记述了
10 个方面的事务。这些事务，内容既有《令》文（参看同上仁
井田陞著作），也当有《式》文。

其一，文吏叙"阶"（即散官）的 29 个等次（从"从一
品"的"开府仪同三司"、正二品的"特进"，至各色"大夫"、
"郎"）。此即文散官，与武散官相对。这些内容属于"令"的范
畴，规定于《官品令》。仁井田陞《唐令拾遗》根据《旧唐书》
卷四二《职官志》、《通典》卷四〇《职官二二·大唐官品》、
《唐会要》卷二五《辍朝》等资料，将其相关内容复原为《官品
令》，可参看。其二，部分散官（四品以下、九品以上）在吏部
当番之事；其三，叙阶的七种方法（包括封爵、亲戚、勋庸、
资荫、秀孝、劳考及除免而复叙等情形），高级官品以特别方法
进叙（即"待制而进之"）。有关叙阶方法规定的内容，既有
《令》文，也当有《式》文。其四，文武百僚朝参行立之班序，
在京常参官、供奉官等每日衙内待制之事，授官进让与否之事，
职事官患疾及所亲疾病之侍养程限；年七十以上官员致仕问题；
其五，入仕之人之家庭背景（工商之家）禁制，出任侍奉之官
之禁制；其六，内外官清白著称、强干有闻之叙官法；其七，岭
南、黔中之"南选"；其八，天下官员之法定员数；其九，诸司
设置"直"官之额定数量；其十，内外官的假宁之节、行李
之命。

吏部之另一郎中"掌小选"，或称"流外铨"。依其职掌叙
述，流外官铨注程序与流内略同；选择条件为考察书、计、时务
等。两个员外郎分别掌选院和曹务。

《通典》卷二三《职官五·吏部尚书》注云：（吏部司）郎
中"掌选补流外官，谓之小铨；并掌文官名簿、朝集、禄赐、

假使并文官告身，分判曹事。"很明显，前者的掌小铨是第二个郎中的职掌；后者是第一个郎中的职掌，如"假使"即"假宁之节、行李之命"，"文官名簿"即"簿书景迹、功赏殿最"。二书的记述基本上是一致的。但《通典》所记，也有《六典》所无者，如"朝集、禄赐、文官告身"，都不见于记述。或许，是因为《六典》吏部郎中条下，应当记载的事情太多的缘故。

今所存《式》文的第一个类型，是关于叙阶之法方面的。其中，有以亲戚叙阶者，有以资荫叙阶者。复原式文即依其七种情形之排列次序，而编列有关材料，兼照顾其时间顺序。

一是前朝官员荫庇子孙问题。隋朝官员可以荫庇子孙，虽《六典》未述及，但在历史发展顺次上，应是唐朝任用官员问题上发生最早之事。且《六典》载叙阶之法在先，其中第四项即"资荫"，故先列隋资。隋资使用主要也在唐初，即高祖与太宗时。

二是子孙使用母、祖母等妇人别加邑号者荫，也属"资荫"，故列于上条之下。在时间上，本条属玄宗天宝间之规定，较前条时间稍后。

三是驸马都尉得官系因亲戚，《六典》载叙阶之法的第二项即"有以亲戚"，虽先于"资荫"，为照顾重轻，仍列于前二条之后。

今存《式》文的第二个类别，是关于官署设置官员名称及员数的。《六典》卷二吏部郎中员外郎条："凡天下官吏各有常员"，注云："其见在员数，已具此书……或未该者，以其繁细，亦存乎《令》、《式》。"又，《唐律疏议》卷二八《捕亡》在官无故亡条疏："在官，谓在《令》、《式》有员。"是《令》、《式》中均有官吏名称及员数规定。而此处之所谓《式》，应当是《吏部式》。今发现三条《吏部式》有关设置官吏断文，依《六典》顺序列于其下。

复原式文的第三个类别，为官员休假与授官赴任之装束问题。《六典》正文云"内外官吏则有假宁之节、行李之命"，注文分别是对各类假日（所谓假宁之节）之说明、别敕差使及吏部差使配给判官、典、孔目官（所谓行李之命）等人数。关于休假之事，笔者已将其复原为《祠部式》文（详见本书复原《祠部式第十》）。有一条文涉及休假的一般性管理，故仍列为《吏部式》文，而不作《祠部式》处理。关于差使配给属官问题等装束之类的问题，未发现佚文，但有一条属于《吏部式》的任官装束方面的条文。

复原的其他条文，尚有流外官得勋的叙法、冬荐官的吏部检勘问题等。

复原中较难处理的是令、式或格、式分辨问题。我们的原则是，无把握者不予复原，宁缺毋滥。如《全唐文》卷九三《哀帝·允吏部请诸道申送员阙诏》云："比者吏部注官，只凭《格》、《式》送阙"；同上《允朱全忠请注拟准旧式处分诏》又云："应合赴吏部常调选人等，三铨公事，素有条流。……请准《式》施行……如或逾滥，辄违《格》文，罪在官曹"，则《格》、《式》应是铨曹常用之法。又按《唐会要》卷五七《尚书省诸司上·尚书省》，《令》、《式》之中似有亲属同省之是否回避改授的规定；再按《唐会要》卷八一《阶》："叙录将士兼试官，加泛阶而入三品、五品者，其正三品以上阶，准《格》、《式》须有特恩"，则格式又有特别规定。像这样的格式、令式并提者，皆是吏部注官所用之法，唯难以断定其是《格》、是《式》、还是《令》。如《唐会要》卷八一《阶》所载开元三年八月十七日敕中"驸马都尉从五品阶，受自先朝，颇亏前式。……自今已后，驸马阶宜依《令》、《式》，仍借紫金鱼袋"（《通典》卷二九《职官十一·武官下·三都尉》所载与此略同）。仁井田陞以《大金集礼》卷九《亲王公主郡县主》提到"唐《选举令》：诸娶郡主者出身，正六品上；娶县主者，正七品上"，遂将其定为唐《选举令》。但此处之"前式"，我以为应指"《式》"文，非泛指"法"，也不是指"令"文。

一甲　〔贞观〕　长史、司马、司录、上总管从四品，中总管正五品，下总管从五品。随（隋）勋官、散官及镇将、副五品以上，并五等爵，在武德九年二月二日以前身亡者，子孙并不得用荫当；虽身在，其年十二月卅日以前不经参集，并不送告身经省勘校奏定者，亦准此。随（隋）官文武职事五品以上，在贞观五□□□□□前省司勘定符下 者，〈后缺〉

引据

敦煌文书 P. 4745 残卷（敦煌发现《贞观吏部式》断片）：长史、司马、司录、上总管从四品（以下与本文同）。①

按

关于本条，日本泷川政次郎最早作了研究，判定为《贞观吏部格》，发表《ペリオ氏将来の唐贞观吏部格断简》（载《国学院法学》15·1，1977 年）。刘俊文《敦煌吐鲁番唐代法制文

---

① 现藏法国巴黎国立图书馆，编号 P. 4745。转引自刘俊文著：《敦煌吐鲁番唐代法制文书考释》，中华书局，1989，第 307～308 页。

书考释》将其拟定为《贞观吏部式》。

本残卷内容属贞观制度，泷川氏、刘俊文皆已论及。观其中"武德九年二月二日以前"及"贞观五⬚⬚⬚⬚⬚⬚前"等字样，表明其确属唐初法度。从涉及的时间来看内容，"隋勋官、散官"等的用荫问题可能为武德九年年终或贞观元年所制定；"隋官文武职事"等的用荫问题，当是贞观五年或六年所制订，即二者制订时间不同。武德九年二月的特殊性解释，可能为此月齐王李元吉被任命为司徒。或许此后隋官不附者，即遭元吉报复，故予优遇。

在内容方面，有对隋五品以上勋官、散官、卫官（镇将、副）之子孙用荫规定；有对隋五品以上职事官的规定，可能也属子孙用荫规定。不同时间但在内容上相对应的两条规定被编在一起，自然应在贞观五年以后。

录文的最初一句话，可能也是有关隋代官员的规定，即隋朝地方官长史、司马等叙唐代官品的有关规则。刘俊文云："此件内容，为有关前朝隋代官员叙阶及子孙用荫之规定。"是兼此三项而言。

刘氏拟定本条为《贞观吏部式》的理由约略有二。其一，《唐律疏议》卷二五《诈伪》伪写官文书印条疏议有："依《式》，周、隋官亦听成荫。"本条"用荫当"正相当于"隋官成荫"，故"此件所载或即是《吏部式》文"。其二，在形式上，本残卷前端缝背残留"凉州都督府之印"，与"永徽东宫诸府职员令残卷"（P.4634、4634C2、4634C1，S.1880、3375、11466，分藏法国巴黎国立图书馆、英国伦敦大英图书馆）和"开元公式令残卷"（P.2819，现藏法国巴黎国立图书馆）所钤"凉州都督府之引"

不同，故“估计所载为《贞观式》”。

又，下面所列“参考”之第一项资料，反映了这样一个问题：在贞观元年，皇帝已有承认周、隋官可荫子孙之意图，当是《式》文规定之源始。在此之前或当年，遂有《式》文出现。在此前后，《式》文要求隋各类官员必须在一定时间内经“参集”及送告身经省勘校奏定，方为有效。

参考

一、《唐会要》卷五六《起居郎起居舍人》：贞观元年，上问中书令房元龄曰：“往者周、隋制敕文案，并丕在？”……太宗曰：“周、隋官荫，今并收叙。文案既无，若为凭据？”

二、《唐会要》卷四〇《臣下守法》：（贞观元年），温州司户参军柳雄，于隋资妄加阶级，人有言之者。上令其自首：“若不首，与尔死罪。”固言是真，竟不肯首。大理推得其伪，将处雄死罪，少卿戴胄奏：“据法止合徒。”上曰：“我已与其断，当与死罪。”胄曰：“陛下既不即杀，付臣法司，罪不至死，不可酷滥。”上作色遣杀，胄言之不已，至四五，然后赦之。

一乙 〔永徽〕 周、隋官亦听成荫。

引据

《唐律疏议》卷二五《诈伪》伪写官文书印条疏：依《式》：“周、隋官亦听成荫。”

按

本条当是《吏部式》规定之节略文字。《唐六典》卷二吏部郎中员外郎条云：“凡叙阶之法，有以资荫”，其下注文罗列各类正官（职事）、赠官、散官、勋官、爵位及二王后子孙荫叙之法，可证荫叙系吏部职掌。前朝周、隋两代官员子孙之荫叙也应入吏部职掌。

"成荫"的含义应有两种。一指荫叙，即子孙凭借父祖之荫，而叙阶或叙官；二指子孙等人犯罪后，用父祖之荫抵当罪责或减轻刑罚，《唐律疏议》卷二《名例》八议者条、皇太子妃条、七品以上之官条、应议请减条之减赎，即谓之"荫"，每类人有"荫及"范围，大小各不同。但本条《唐律》引式，仅指前者。律云"伪写前代官文书印，有所规求，封用者"，即指规求用前代荫得官，而非指后者。疏举"或争封邑之类"，系例举伪写前代印之目的之一。

本条应属永徽《吏部式》，因疏文当是永徽作疏时之原文，不似后世加入者。

从下文参考项看，《大唐新语》云"事隔两朝"，是至高宗时犹有理隋资者。但大规模的理周、隋官荫之事，当在太宗时，观柳雄事可知。太宗并有诏命令诉资不实者自首，可见诉资者多，作假者亦复不少。

参考

一、《大唐新语》卷一一《惩戒》：杨昉为左丞时，宇文化及子孙理资荫，朝庭以事隔两朝，且其家亲族亦众，多为言者。所司理之，至于左司。昉未详其案状，诉者以道理已成，无复疑滞，勃然逼昉。昉曰："适朝退未食。食毕当详案。"诉者曰："公云未食，亦知天下有累年羁旅诉者乎？"昉遽命案，立批之曰："父杀隋主，子诉隋资；生者犹配远方，死者无宜更叙。"时人深赏之。

二、《唐会要》卷五八《左右丞》：（高宗）龙朔二年，有宇文化及子孙理资荫，所司理之。至于勾曹，右肃机杨昉未详案状，诉者自以道理已成，而复疑滞，劾而逼昉。昉谓曰："未食。食毕详之。"诉者曰："公云未食，亦知天下有累年羁旅诉者乎？"昉遽命案，立判之曰："父杀隋主，子诉荫资；生者犹配远方，死者无宜使慰。"

三、《新唐书》卷一〇六《杨弘礼传附杨昉传》……昉，武后时为肃机。宇文化及子诉治先荫，昉方食，未即判，遽曰："肃机，而未食，庸知天下有冤而求食者乎？"昉怒，取牒署曰："父弑隋主，子诉隋资，可乎？"人服其敏。

二 〔天宝·文部〕　诸妇人不因夫、〔子〕① 而别加邑号者，子孙听准正三品用荫。

引据

敦煌文书 P.2504 残卷（敦煌发现《天宝令式表》残卷）：《文〔吏〕部式》：诸妇人不因夫而别加邑号者，子孙听准正三品用荫。②

按

《新唐书》卷四六《百官志》吏部条注云："天宝十一载，改吏部曰文部。至德二载复旧。"故《文部式》即《吏部式》。玄宗天宝十一载为公元752年，肃宗至德二载为公元757年，其间相隔6年。本条《式》文应是天宝时行用之式，即此6年间所抄录者。

---

① "子"，原无。据刘俊义说增补。见刘俊文著：《敦煌吐鲁番唐代法制文书考释》，中华书局，1989，第378页。
② 现藏法国巴黎国立图书馆，编号 P.2504。转引自刘俊文著：《敦煌吐鲁番唐代法制文书考释》，中华书局，1989，第358~359页。

　　刘俊文《考释》校补云："'不因夫'下脱'子'字。《唐律疏议》卷二妇人有官品条：'若不因夫、子，别加邑号。'"夫、子并提，即一佐证。刘氏又追述不因夫、子而别加邑号者之子孙用荫先例云："《唐会要》卷八一《用荫》云：'景龙二年七月七日，皇后表请：诸妇人不因夫、子而别加邑号者，许同见任职事官，听子孙用荫。制令施行。'天宝盖将此制修入式文，并明确规定准正三品用荫而已。"此唐代夫、子并提之又一强证。是当时立法上不存在单独的因夫得邑号之规定，必夫、子并提，以显严密。

　　关于《会要》所述之事，《通典》卷三四《职官一六·后妃（及内官命妇附）》云："中宗时，韦皇后表请诸妇人不因夫、子而加邑号，许同见任职事，听子孙用荫，门施棨戟。制从之。"这当是较接近原始记载的。其注文还列述了唐代两例不因夫、子而别加邑号的事例。一是"武太后时，契丹寇平州，平州刺史邹保英妻奚氏率城内女子助守，贼遂退，封为诚节夫人"；二是"咸亨元年，赠武太后母为鲁国太夫人，谥曰忠烈。"后者严格说不属于"不因夫、子而别加邑号者"，因为毕竟有武则天作为皇后存在的因素。

　　唐代"妇人品命"，除"不因夫、子，别加邑号"者外，大量的则是"因夫、子而授"者。但品、命不同。《唐律疏议》卷二《名例》妇人有官品邑号条疏："妇人有官品者，依《令》，妃及夫人、郡、县、乡君等是也。邑号者，国、郡、县、乡等名号是也。妇人六品以下无邑号，直有官品，即媵是也。"又卷三除免官当叙法条注疏云："妇人因夫、子而得邑号，曰夫人、郡君、县君、乡君等。"

参考

一、《唐六典》卷二司封郎中员外郎条：外命妇之制……一品及国公母、妻为国夫人，三品已上母、妻为郡夫人，四品若勋官二品有封，母、妻为郡君，五品若勋官三品有封，母、妻为县君，散官并同职事，勋官四品有封，母、妻为乡君。其母邑号皆加太字，各视其夫及子之品。若两有官爵者皆从高。……凡妇人不因夫及子而别加邑号，夫人云某品夫人，郡君为某品郡君，县君、乡君亦然。

二、《唐会要》卷二六《命妇朝皇后（应仪制附）》：景云四年六月敕……又外命妇品，大长公主、长公主并视正一品，郡主视从一品，县主视正二品，王妻为妃（嗣王、郡王母、妻亦同）。文武官一品及国公（……）母妻为国夫人（下略）。①

三、《唐律疏议》卷三《名例》除免官当叙法条注云：妇人因夫、子得邑号，犯除名者，年满之后，夫、子见在有官爵者，听依《式》叙。疏议曰：妇人因夫、子而得邑号，曰夫人、郡君、县君、乡君等。其身犯罪而得除名，年满叙日，计夫、子见在有官爵，仍合授夫人、郡、县、乡君者，并依前授，不降其品；若夫、子被降官者，并依降授法；如夫、子进官者，听依高叙。其妇人叙法，《令》备明文，为因夫、子官爵，故不依降减之例。

四、《唐律疏议》卷二《名例》妇人有官品邑号条：诸妇人……若不因夫、子，别加邑号者，同封爵之例。疏议曰：别加邑号者，犯罪一与男子封爵同：除名者，爵亦除；免官以下，并从议、请、减、赎之例，留官收赎。

---

① 《六典》来源，即先此所发之景云四年敕。可知令式的源头在此。

三甲　〔永徽·吏部〕　殿中里行，三员。

引据

一、《唐会要》卷六〇《御史台上·殿中侍御史》：（睿宗）文明元年，又制殿中里行，以杨启、王侍征为之。准《吏部式》，以三员为定额。

二、《通典》卷二四《职官六·殿中侍御史》：武太后时，有殿中里行及员外殿中御史官，或有起家为之而即真者。神龙以来，无监察则有里行。

参考

一、《通典》卷二四《职官六·殿中侍御史》：殿中侍御史……大唐置六员（初有二员，贞观二十二年增二员，开元中加二员），内供奉三员，初掌驾出，于卤簿内纠察非违，余同侍御史，唯不判事。

二、《通典》卷二四《职官六·监察侍御史》：凡诸内供奉及里行，其员数各居正官之半，唯俸禄有差，职事与正同。

三、《通典》卷二四《职官六·御史台》：大唐……大夫一人，中丞二人，侍御史四人，殿中侍御史六人，监察御史十人，主簿一人。内供奉、里行者，各如正员之半（太宗朝，始有里行之名。高宗时，方置内供奉及里行官，皆非正官也。）

四、《通典》卷二四《职官六·侍御史》：大唐……侍御史凡四员（本二员，显庆中加二员），内供奉二员（侍御史内供奉与殿中御史内供奉、监察御史里行，其制并同，皆无职田、庶仆。台例：占阙者得职田、庶仆；无阙可占，则岁两时请地子于太仓，每月受俸及庶仆于太府），掌纠察内外，受制出使，分判台事。

按

韩国磐《传世文献中所见唐式辑存》（《厦门大学学报》（哲社版）1994年第1期）云："案唐殿中侍御史，武德时四员，贞观时加两员为六员。里行为正员之半数，故此处《吏部式》规定的三员定额，当为殿中里行的定额，而非殿中侍御史的定额。"按《通典》卷二四《职官六·监察侍御史》："《吏部式》：其试监察。神龙以来，无复员外及试，但有里行。凡诸内供奉及里行，其员数各居正官之半，唯俸禄有差，职事与正同。"所谓"里行"之"员数各居正官之半"，本于此。

"文明"系睿宗年号，仅用了七个月（始二月，终八月）。至九月，武则天便垂帘，改年号为光宅，次年更名为垂拱。殿中里行之官号、设员，在文明元年时为二人。《吏部式》之规定三员，当是永徽《吏部式》（因为《麟德式》、《仪凤式》只是改易官名和官号复旧的产物，不是独立修式）。"文明元年又制"，只是对永徽以来制度的再次使用。《垂拱式》系《永徽式》之后首次修式，新设官职当依例收载。

《唐律疏议》卷九《职制律》置官过限及不应置而置条疏："官有员数，谓内外百司，杂任以上，在《令》各有员数。而署置过限及不应置而置，谓《格》、《令》无员，妄相署置。"是《令》中有官吏员额规定，《格》中也有。依下引《六典》及《唐律疏议》卷二八《捕亡》在官无故亡条，则不惟《令》中，在《式》中也有官吏员额的规定。不过，就其地位和数量而言，《令》所规定的员额应是基本的、大量的，《式》、《格》中的规定应是辅助的、少量的。现搜集到的官员名、额的规定佚文，皆非开国定制，而是后增加的，且目前只发现御史台所增新官名、额。其余机构所增官之名、额，尚未发现。参考四显示，"侍御史内供奉"的设置员数，与其他一样，也可能是《式》文。

又，本条与下条可能系同一条式文，详三乙之按语。

三乙 〔永徽·吏部〕 监察里行及试〔监察〕，七员。

引据

一、《唐会要》卷六〇《御史台上·监察御史》：（睿宗）文明元年，自王宾以后，不复更衔本官，且以里行为名，至今不改。……《吏部式》：监察里行及试，以七员为定额。

二、《通典》卷二四《职官六·监察侍御史》：大唐监察御史十员（初有四员，贞观二十二年加二员，显庆中加二员，开元中加二员），里行五员，掌内外纠察并监祭祀及监诸军、出使等。

参考一

一、《通典》卷二四《职官六·监察侍御史》：武太后时，复有员外监察、试监察，或有起家为之而即真者。

二、《通典》卷二四《职官六·监察侍御史》：《吏部式》：其试监察。神龙以来，无复员外及试，但有里行。凡诸内供奉及里行，其员数各居正官之半，唯俸禄有差，职事与正同。

三、《通典》卷二四《职官六·御史台》：大唐……大夫一人，中丞二人，侍御史四人，殿中侍御史六人，监察御史十人，主簿一人。内供奉、里行者，各如正员之半（太宗朝，始有里行之名。高宗时，方置内供奉及里行官，皆非正官也）。

四、《通典》卷二四《职官六·侍御史》：大唐……侍御史凡四员（本二员，显庆中加二员），内供奉二员（侍御史内供奉与殿中御史内供奉、监察御史里行，其制并同，皆无职田、庶仆。台例：占阙者得职田、庶仆；无阙可占，则岁两时请地子于太仓，每月受俸及庶仆于太府），掌纠察内外，受制出使，分判台事。

参考二

《通典》卷一九《职官一·历代官制总序》：大唐……武太后……天授二年，凡举人，无贤不肖，咸加擢拜，大置试官以处之。试官盖起于此也（试者，未为正命。凡正官，皆称行、守。……太后务收物情，其年二月，十道使举人，并州石艾县令王山耀等六十一人，并授拾遗、补缺。怀州录事参军崔献可等二十四人，并授侍御史。并州录事参军徐昕等二十四人，并授著作郎。魏州内黄县尉崔宣道等二十二人，并授卫佐、校书、御史等。故当时谚曰："补缺连车载，拾遗平斗量；杷推侍御史，碗脱校书郎。"试官自此始也。

参考三

《通典》卷一九《职官一·历代官制总序》：大唐……神龙……二年三月，又置员外官二千余人（国初，旧有员外官，至此大增，加兼超授诸阉官为员外官者，亦千余人。中书令李峤……乃奏请大置员外官，多引用势家亲识）。于是遂有员外（员外官，其初但云员外。至永徽六年，以蒋孝璋为尚药奉御，员外特置，仍同正员。自是员外官复有同正员者。其加"同正员"者，唯不给职田耳，其禄俸赐与正官同。单言"员外"者，则俸禄减正官之半）、检校、试、摄、判、知之官。

按

监察御史里行一官，设置应早于殿中里行。《唐会要》卷六〇《御史台上·监察御史》云："（高宗）龙朔元年八月，忻州定襄县尉王本立为监察御史，里行之名始于此。《六典》又云：'里行始于马周'，未知孰是。"查《唐六典》卷一三监察御史注云："武德初，监察御史置八人。贞观二十二年，加监察二人。其外，又置监察御史里行。其始自马周，以布衣，太宗令于监察御史里行。自此便置里行之名。"是苏冕也难定其起始。

《通典》卷二四《职官六·监察侍御史》："又有监察御史里行者，太宗置，自马周始焉（始马周以布衣，有诏令于监察御史里行，遂以为名。后高宗时，王本立自忻州定襄县尉为之。凡里行，皆受俸于本官，多复本官者。自王大宾后，罢本官俸，方有即真者）。"

睿宗之前，依《唐会要》同上云："初皆带本官，禄俸于本官请。如未即真，有故停，即以本官赴选。"文明时始变，且直"以里行为名"，苏冕至称"至今不改"。是其制度之变化，在睿宗时。《永徽式》载录这一制度，也当是垂拱《吏部式》所定内容，即与殿中里行一同入式。因之，本条与上条可能系同条，姑分二条载录。

关于"试"官，武后天授二年举人中，有24人"并授侍御史"，另有22人中的一部分也被授以"御史"，是当时"试"官，在御史中是一个大方面，故而时谚有"杷推侍御史"的说法。但史书中显示，"试监察"有之，似无"试侍御史"，后者可能称做"侍御史内供奉"之类的官名。另外，从员外官施行状况看，也有可能在诸御史中比较多地使用了"员外监察"之名的情况。

又，关于"试"官及"员外"官，《新唐书》卷一五七《陆贽传》载陆贽对其缘起所作的一番评价，可资参考。陆贽云：若"职员不足以容功，而散、试之号行焉"，"今员外、试官与勋、散、爵号同"，而"勋、散、爵号，止于服色、资荫，以驭崇贵，以甄功劳，所谓假虚名佐实利者也"；相反，法令规定国家"有职事官，有散官，有勋官，有爵号。其赋事受奉者，惟职事一官，以叙才能，以位勋德，所以施实利而寓虚名也"。

三丙　〔永徽·吏部〕　其试监察。

引据

一、《通典》卷二四《职官六·监察侍御史》：武太后时，复有员外监察、试监察，或有起家为之而即真者。

二、《通典》卷二四《职官六·监察侍御史》：《吏部式》：其试监察。神龙以来，无复员外及试，但有里行。凡诸内供奉及里行，其员数各居正官之半，唯俸禄有差，职事与正同。

按

依《通典》，神龙以来既无员外监察及试监察，则"试监察"唯存在于中宗神龙以前的武周时期，实际上也包括武周以前，包括永徽式。《通典》虽未具引其内容，原《吏部式》当有试监察的员数等方面的规定。

关于"试"官，参见三乙之参考二。

参考

一、《唐六典》卷二吏部郎中员外郎条：凡天下官吏，各有常员（……其见在员数，已具此书，各冠列曹之首。或未该者，以其繁细，亦存乎《令》、《式》）。

二、《唐律疏议》卷二八《捕亡》在官无故亡条：在官，谓在《令》、《式》有员。

四甲　文班常参官，○每月得请两日事故假。文武常参官应请期
年丧假者，除准《式》假满，连许请三日事故假，仍五
个月内，每朔望日各许请事故假一日；其大功丧假者，准
《式》假满，连许请事故假两日，仍三个月朔望日，各许
请事故假一日。

引据

《唐会要》卷八二《休假》：太和八年九月，御史台奏：文
班常参官，旧例，每月得请两日事故假。今许请三日……文武常
参应请期年丧假者（以下与本文同）。

参考一

一、《唐会要》卷六〇《御史台上·御史台》：（大中）四
年，御史台奏："……臣请起自今以后，文武常参官等，除准
《式》假及疾病灼然，为众所知外，有以事故请假者，并望许臣
举察录奏。……"敕旨：依奏。

二、《五代会要》卷一七《杂录》：晋开运二年八月敕："今
后诸御史，宜令除准《式》请假外，不得以私故小事请假
离京。"

参考二

一、《唐会要》卷八二《休假》：大中四年正月制……诸州
府及县官到任已后，多请远假。或言周亲疾病，或言将赴婚姻，
《令》、《式》假名，长吏难为止抑……。

二、《唐会要》卷八二《休假》：元和元年八月，御史台奏：
"新授常参官，在城未上及在外未到假故等，准《令》、《式》，
职事官假满百日，即合停解。其未上官等，并无正文。或满百

日，无凭举奏。自今已后，如有在城授官，疾病未上者，在外授官，敕到后计水陆程外满百日者，并请停解。"从之。

按

参考一所引《唐会要》及《五代会要》均言"准《式》假"或"准《式》请假"，是式中有休假或请假之规定。又所谓"以事故请假"或"以私故小事请假"，表明"事故假"是当时常用名词之一。

《令》、《式》中有节假规定，见于记载。参考二中《唐会要》卷八二《休假》，均言"《令》、《式》假名"、"准《令》、《式》"，表明《令》、《式》中皆有节假规定。另外，史书中也有将某些假期编入法条的记载，如《通典》卷一六九《刑法七·赦宥》载："天宝十三载二月赦文：左降官承前遭忧，皆不得离任。孝行之道，所未弘通；情理之间，深可哀恤。如有此类，宜并放归，仍申省计。至服满日，准法处分。自今以后，编入常式。"

《六典》卷二吏部部郎中员外郎条在述及"天下官吏，各有常员"及"诸司置直，皆有定制"之后，即叙述"内外官吏，则有假宁之节"，注文皆为各类假目之说明。对与这些说明相类的内容，笔者已将其复原为《祠部式》（详后）。本条或可能也与《祠部式》有关，但因涉及官吏一般管理，故仍列为《吏部式》文。

四乙　诸官亲丧，免服，给晦日假。

引据

《唐语林》卷八《补遗》：今俗，释服多用昏时，非礼也。……今之免服，准《式》给晦日假者，盖以朝既从吉，使竟是日吉服，尽与亲宾相见，遍示礼终，至明日复参公务，无乐不为之义。

按

晦日为农历每月的最后一日。《唐六典》卷二吏部郎中条注、敦煌发现唐《职官表》引《假宁令》皆有"正月……晦日……休假一日"。开元以来皆以正月晦日为节。按《唐会要》卷二九《节日》载，德宗以二月一日为节，以代正月晦日，实际是废除了正月晦日节，尽管二者只差一日。正所谓"更晦日于往月之终，揆明辰于来月之始"。此处给晦日休假一日，应当是每月晦日给假。

本条所谓"准《式》"者，系用其狭义。

关于亲丧之假，似《令》、《式》中均有规定。《全唐文》附《唐文拾遗》卷五九《阙名·今古服制令式不同奏》（清泰三年二月太常礼院）引《五代会要》卷八云："据尚书兵部侍郎马缟上疏言：'古礼，嫂叔无服，盖推而远之。案《五礼精义》，贞观十四年魏征等议：亲兄弟之妻，请服小功五月。今所司给假差谬，为大功九月。'太常博士段禺称：'自来给假，元依《令》、《式》。若云违古，不独嫂叔一条。旧为亲姨服小功，《令》、《式》今服大功；为亲舅旧服小功，今服大功；妻父母缌服，今服小功；为女婿、为外甥缌服，今并服小功。此五条在《令》、《式》，与古不同。未审依马缟所奏，为复且依《令》、《式》。'"

附《（选）格》：

《唐会要》卷八二《考下》：大中五年，吏部奏：准今年选《格》节文：经考停罢者，一选集。准旧《格》，两选集。今据

《格》文，一选即当年许集。其京官及外官，如有假故官人等，请准旧《格》，前两选集。敕旨：宜依。如是别敕除替，及非因假故者，即许一选集。

五　〔天宝〕　　今年新授官，过谢后计程不到任所者，宜解所职。

引据

敦煌文书 P. 2504 残卷（敦煌发现《天宝令式表》残卷）：装束《式》：敕：今年新授官（以下与本文同）仍永为恒式。

开元廿八年三月九日①

按

刘俊文云："考官吏给假装束乃吏部郎中员外郎职掌，故此卷所录之装束《式》当是《吏部式》之一部分。"此说甚是。《唐六典》卷二吏部郎中员外郎条云："内外官吏则有假宁之节、行李之命。"虽注文未涉及装束，但假宁有《假宁令》，注文多属之，且装束方面的令文在《唐律疏议》卷九《职制》疏、敦煌文书 P. 2504 残卷（《敦煌天宝令式表残卷》）及《五代会要》卷一二《休假》中皆有遗文存在。《六典》此处注文未录此段《假宁令》文，未知何故。同时，"行李之命"注文系别敕差使配给随员的规定，与本条新授官之任问题有密切联系。故本条属于《六典》此处未载的《吏部式》文，似无问题。

刘俊文又云："'装束《式》'当是《吏部式》之一部分，如同《白氏六帖事类集》所载'充夫《式》'乃《户部式》之

---

① 敦煌文书 P. 2504 残卷，现藏法国巴黎国立图书馆。转引自刘俊文著：《敦煌吐鲁番唐代法制文书考释》，中华书局，1989，第 359 页。

一部分一样。"按《白帖》卷二二《征役第七》曰:"'充夫《式》'(《户部式》云云)",是即唐人习惯于用条文内容随意称呼某条《式》(详见本书复原《户部式第五》之第一条,另见复原《祠部式第十》之第八条"立神式"),目的在于眉目清晰、便于记忆。白居易为写作而作《六帖》是如此,本残卷可能为官吏个人抄存查阅之手卷,自然也专为其确定了名称。

残卷既称"装束《式》",肯定是《式》文无疑,而非其他法律形式。惟首云"敕",署有发敕日期,且云"仍永为恒式",是此装束《式》为新增《式》,即通过发布单行制敕的方式而将其变为永式。此事对理解古书中有关"永为恒式"、"永为常式"等用词将有很大帮助。

又,新授官到任所,《唐律》称"之官",其准备期限称装束假。同残卷之《假宁令》即规定新授外官到任之前的装束假的,大抵以里程远近确定日程长短(详见本条参考二)。至于"计程",又涉及到唐代对各种交通工具规定的每日行程。同残卷《公式令》即是对马、驴、车、船等每日应行里数的规定(详见本条参考二)。一般之计程,应从装束假满日计算。但此处称"过谢后"即计程,似较常规为严。又《唐律》对"之官限满不赴"之处罚,为刑事处罚,此处为行政处分(详见本条参考二)。

参考一

《五代会要》卷二〇《县令下》:周广顺元年二月敕:"今后应诸道州府录事参军、判司、县令、主簿等,宜令本州府以到任月日,旋具申奏及报吏部。……其新授官,准《令》、《式》给程限外……"

参考二

一、《假宁令》：诸外官授讫，给假装束：其千里内者卅日，二千里内者五十日，三千里内者六十日，四千里内者七十日，过四千里者八十日。并除程。其假内欲赴任者，听之。若有事须早遣者，不用此令。若京官身先在外者，装束假减外官之半。

二、《公式令》：诸行程：马，日七十里；步及驴，日五十里；车，日卅里；重船逆流，河日卅里，江日卅里，余水卅五里；空船，河日卅里，江日五十里，余水六十里。重船、空船顺流，河日一百五十里，江日一百里，余水七十里。其三峡、砥定之类，不拘此限。若遇风水浅不得行者，即于随近官司申牒验记，听折半功。[①]

三、《唐律疏议》卷九《职制》之官限满不赴条：诸之官限满不赴者，一日笞十，十日加一等，罪止徒一年。疏议曰：依《令》，之官各有装束程限。……其有田苗者，依令"听待收田讫发遣"。

六　〔吏部〕　诸流外宦满未满，得勋五品已上叙勋，敕至省者，陈牒请解于兵部，续劳上经三年，折当考，考满日，从流外资叙，不得辄叙勋阶。若六品以上（下）[②] 勋、反[③]国勋，不在此限。

[①] 敦煌文书 P.2504 残卷，现藏法国巴黎国立图书馆。转引自刘俊文著：《敦煌吐鲁番唐代法制文书考释》，中华书局，1989，第359页。

[②] 原文作"上"，当为"下"。因"五品已上勋"与"六品以下勋"正成对举。唐代立法此类例很多。

[③] "反"，韩国磐著：《传世文献中所见唐式辑存》〔《厦门大学学报》（哲社版）1994年第1期〕作"及"，似误。

引据

《白氏六帖事类集》卷一二《胥吏四二》:《吏部式》:〔诸流外宦满（以下与本文同）〕。

参考

韩国磐《传世文献中所见唐式辑存》〔《厦门大学学报》（哲社版）1994 年第 1 期〕录文为: 诸流外宦（官）满未满，得勋五品已上，叙勋。敕至省者，陈牒请解于兵部，续劳上经三年，折当考，考满日，从流外资叙，不得辄叙勋阶。若六品以上勋及国勋，不在此限。

按

《唐六典》卷二吏部郎中员外郎条有"郎中一人，掌小选。凡未入仕而吏京司者，复分为九品，通谓之行署。其应选之人，以其未入九流，故谓之流外铨，亦谓之小铨。"但参加流外铨的，是"六品已下、九品已上"官员的儿子、州县佐吏，以及"庶人参流外选者"。此处系流外官因军事活动而得到五品已上勋官品级（按《六典》卷二司勋郎中员外郎条的说法，勋级十二转，分别比照不同品级: 正二品上柱国、从二品柱国、正三品上护军、从三品护军、正四品上轻车都尉、从四品轻车都尉、正五品上骑都尉、从五品骑都尉）时，如何叙官的规定，总精神是在原流外资上叙官，不再在勋官上叙官；但若是得到六品以下之勋品（正六品骁骑尉、从六品飞骑尉、正七品云骑尉、从七品武骑尉），则仍要在勋品上叙。

本条不属于"叙阶之法"之"有以勋庸"。因"以勋庸"而叙阶是以勋官而再得到散官之位，即《六典》注"谓上柱国，正六品上叙"，至"云骑尉、武骑尉，从九品上"等叙官法。本条是以勋品再得流外品。流外品是各级各类官府中的令史等主典一类的小吏，参见《通典》卷四〇《职官二二·大唐官品》。

本条被白居易明确标定为《吏部式》。按流外铨的"校试铨注"方法，理应由一名郎中掌理，故依《六典》所叙述顺序排列于此。

七 每年冬荐官，吏部准《式》检勘。

引据

《唐会要》卷八二《冬荐》：（贞观）至九年十一月二十九日敕：每年冬荐官，吏部准《式》检勘。或成者，宜令诸司尚书、左右丞、本司侍郎引试都堂，访以理术。

按

《唐六典》卷二吏部郎中员外郎条："员外郎一人，掌选院，谓之南曹（其曹在选曹之南，故谓之南曹）。每岁，选人有解状、簿书、资历、考课，必由之以核其实，乃上三铨；其三铨进甲则署焉。"又，同卷吏部尚书侍郎条："凡选授之制，每岁孟冬，以三旬会其人……以三铨分其选……以四事择其良……"是其发展时之制度。贞观间冬荐检勘，也当是南曹事务。至于有高官引试都堂，与《六典》玄宗时制度不同。

因《六典》员外郎选院检勘载在吏部司职掌尾部，故本条也附在后。

此外，与吏部司职掌相关从而也可能是《吏部式》文的，还有《唐会要》卷八二《甲库》所载一事："（建中）二年十月十一日，中书门下奏：中书门下及吏部制敕甲库等，准《式》中书舍人、给事中、吏部员外郎并合专判。"此处"准《式》"也可能是《吏部式》。姑附于此，以俟后考。

八 〔永徽·吏部〕 南郊陪位。

引据

一、《旧唐书》卷二一《礼仪志一》：（高宗）显庆……二年七月，礼部尚书许敬宗与礼官等又奏议：据《祠令》及新礼，并用郑玄六天之议，圆丘祀昊天上帝，南郊祭太微感帝……且检《吏部式》，惟有南郊陪位，更不别载圆丘。《式》文既遵王肃，《祠令》仍行郑义，《令》、《式》相乖，理宜改革。……今请宪章姬、孔，考取王、郑，四郊迎气，存太微五帝之祀；南郊明堂，废纬书六天之义。……仍并条附《式》、《令》，永垂后则。

二、《通典》卷四三《礼三·郊天下》：永徽二年七月，太尉长孙无忌等奏议曰："……且检《吏部式》，唯有南郊陪位，更不别载圆丘。《式》文既遵王肃，《祠令》仍行郑义，《令》、《式》相乖，理宜改革……"诏从无忌等议，存祀太微五帝，于南郊废郑玄六天之义。

三、《唐会要》卷九上《杂郊议上》：永徽二年，太尉长孙无忌等奏议曰……且检《吏部式》，唯有南郊陪位，更不别载圆丘。《式》文既遵王肃，《祠令》仍行郑义，《令》、《式》相乖，理宜改革。

四、《册府元龟》卷五八五《掌礼部·奏议》：至高宗龙朔二年，为修礼官，奏曰……且简《礼部式》，惟有南郊陪位，更不别载圆丘。《式》文既遵王肃，《祠令》仍行郑义，《令》、《式》相乖，理宜改革。

按

《旧唐书》、《通典》、《会要》均作《吏部式》，而《册府元龟》作《礼部式》，所言《式》名，只一字之差，当从前书。又，《旧唐书》、《唐会要》、《册府元龟》三书记此事时间不同。当以《旧唐书》为是。

附一：《吏部格》

《令集解》卷一七《选叙令·官人至任条》：穴云：《职制律》贡举，《吏部格》：官人有犯赃贿名教者，即与替。又条：内外官令与替者，敕到之日，即停理务。①

附二：《格》

《唐会要》卷八一《阶》：（贞元）六年六月，吏部奏：准《格》：内外官承泛阶应入五品者，制出日，须经一十六考；见任六品官，本阶加正六品上，应入三品者，制出日，经三十考；见任四品官，本阶加正四品上。……日后有司因循，以例破《格》……违《格》、《令》……其阶高官卑者，请准《格》处分。

附三：《长定格》

《唐会要》卷八一《阶》：内侍省叙阶《长定格》：会昌四年正月，内侍省奏：内侍省叙阶长定格：著紫供奉官及衔内有赐紫官，叙阶不得过金紫光禄大夫；著绯供奉官及衔内有赐绯官，叙阶不得过正议大夫；著绿供奉官及衔内有赐绿官，叙阶不得过朝议郎。敕旨：内侍省官叙阶，起今以后，宜依前件……

附四：《神龙吏部留司格》

TIIT《神龙吏部留司格》断片（吐鲁番吐峪沟出土，为格林威德尔和勒柯克掠走。现藏德国柏林科学院东方学与亚洲历史

---

① 《新订增补国史大系·令集解》第2册，吉川弘文馆，昭和63年版，第494~495页。参见刘俊文著：《唐代法制研究》，台北文津出版社，1999，第147页。

研究所)①

〈前缺〉

陈其　　　　　　　　　　　　　　　　　

敕：诸司有大事及军机，须仗下　　　须奏者，并宜进状。仍令仗家觉，　　　　　　　　　其应仗下奏事人，夏中炎热，每日　　　　　　肆刻停。长寿三年腊月十一日。　　　敕：　　　宜令日午以前早进。如有军机及　　　　　封上注日辰早晚，皆令本司官　　　　　若经两时无处分，任即放去。状过时　　　奏请。若急事，宜当日即请。万岁通天　　　

敕：文昌台郎官已下，自今后并令早　　　　　必自中门，不得侧门来去。日别受事，　　　　　勾，迟者更催，仍令都司壹勾勤惰。　　　

敕：冬官、屯田两司，宜各于令史员内补　　　　

敕：鸾台事务繁多，其令史宜　　　　

敕：夏官勾三卫令史，宜补起家　　　　　　　　　　考经两　　　　　　　　

〈后缺〉

　　按

　　刘俊文原将编号 TIIT 的断片（吐鲁番吐峪沟出土，为格林威德尔和勒柯克掠走），拟为《垂拱后常行格》断片，后经详细考证后，改定为《神龙吏部留司格》断片。今从之。

---

①　刘俊文著：《敦煌吐鲁番唐代法制文书考释》，中华书局，1989，第 270 ~ 271 页；又氏著：《唐代法制研究》，台北文津出版社，1999，第 129 页。

司封式第二

（复原凡四条）

《唐六典》卷二司封郎中员外郎条："司封郎中、员外郎掌邦之封爵。"其下记述者，一为王、公、侯、伯、子、男之九等爵位、品级及其食邑之户数，皇族自皇兄弟以下封王、郡公、国公规则，九等爵位继承顺位及办法，封食邑之地域禁制，郡公以下回授子孙制度；二为内命妇之制，皇帝诸妃、嫔等的名号、品级、员数，皇太子良娣以下员数、品级；三为外命妇之制，诸公主、郡主、县主等名号、视品级，王之母、妻等及官员之母、妻为妃、国夫人、郡夫人、郡君、县君、乡君等的名号、品级，妇人不因夫及子而别加邑号者之称号，庶子有官封皆封嫡母等；四为亲王孺人以下人数、视官品，嗣王以下媵之人数、视品级等；五为皇家五等亲、诸亲三等亲的簿籍除附之制，其除附制度记载在宗正寺职掌中，这是记载上的互见法。

《通典》卷二三《职官五·吏部尚书》注言及司封郎中的职掌："掌封爵、皇之枝族及诸亲、内外命妇告身及道士、女冠等。"与《六典》相同，只是叙述较《六典》为细。不同之处，一为《六典》所谓九等爵与《通典》所说的不同，虽然《通典》是记载在其他卷次的;① 二是道士、女冠所属前后有变化，有时归宗正寺，有时归司封。开元二十五年敕，将道士、女冠从鸿胪寺改隶属宗正寺，以与所谓道教始祖李耳相攀，故《六典》卷一六宗正寺条有"崇玄署令掌京、都诸观之名数，道士之帐籍，与其斋醮之事"。至肃宗至德二年（公元757年）十一月敕"道士、女冠等宜依前，属司封曹"。只是《六典》未言及僧尼，因为此时僧尼尚属于祠部管辖。

今所复原者，一类为食实封者之承袭程序、畿内县不得分封等有关实封规定，一类为文武职事官、散官及勋官等的母亲、妻子依例可得各种不同邑号之规定，属于外命妇封赠之事。另外，日本古籍《倭名类聚抄》卷一引《唐式》有"皇子乳母、皇孙乳母"之断文，估计也可能是封给名号之类的事，故也复原于此。

一   应食实封人，并一年内，准《式》具合袭子孙官品、年、
      名，并母氏嫡、庶，于本贯陈牒；如无本贯，即于食封人
      本任、本使申牒。如合袭人有罪、疾及身死者，亦限一周
      年内申牒，请立以次合袭人，仍具家口陈牒，请附籍帐。
      本贯勘责当家及亲近，如实是嫡长，即与责保，准《式》
      附贯，然后申省。

引据

《唐会要》卷九〇《缘封杂记》：（贞元）八年八月，户部

---

① 《通典》卷一九《职官一·封爵》："大唐，国王、郡王、国公、郡公、开国郡公、县公、开国侯、伯、子，凡九等。"而《六典》所记为王、郡王、国公、郡公、县公、县侯、县伯、县子、县男，多"县男"而少"开国郡公"。

奏：准贞元七年三月二十日敕节文：比来食实封人，多不依《令》、《式》，皆身殁之后，子孙自申请传袭。伏请自今以后，并今日以前，应食实封人，并一年内，准《式》具合袭子孙官品（以下与本文同），准《式》附贯，然后申省。到后即取文武职事三品正员一人充保。敕旨：宜依。[①]

按

本条与复原《户部式》第二十五条之注重食实封之家的封物（财物）分配不同，主要是着眼于承袭的合法性，即确保嫡、长能继承其实封。文云"比来食实封人，多不依《令》、《式》，皆身殁之后，子孙自申请传袭"，本处两处"准《式》"，似应是《式》文，且当是《司封式》文。

参考一

一、《通典》卷一九《职官一·封爵》：大唐，国王、郡王、国公、郡公、开国郡公、县公、开国侯、伯、子，凡九等（并无其土，加实封者，乃给租庸。自武德至天宝，实封者百余家；自至德至大历三年，实封者二百六十五家）。

二、《通典》卷三一《职官一三·历代王侯封爵》：其加实封者，则食其封。分食诸郡，以租调给（自武德至天宝，实封者百余家；自至德二年至大历三年，食实封者二百六十五家，凡食四万四千八百六十户）。

参考二

《唐六典》卷二司封郎中员外郎条：诸王、公、侯、伯、子、男，若无嫡子及罪、疾，立嫡孙。无嫡孙，以次立嫡子同母弟；无母弟，立庶子。无庶子，立嫡孙同母弟；无母弟，立庶

---

① 《全唐文》卷九六四阙名撰《定承袭食封奏（贞元八年八月）》与此同。

孙。曾、玄已下亦同此。无后者，国除。①

二　凡名山、大川及畿内县皆不得以封。

引据

一、《唐六典》卷二司封郎中员外郎条：凡名山、大川及畿内县皆不得以封。

二、《唐会要》卷九〇《缘封杂记》：景龙二年十一月，河南巡院监察御史宋务光上疏曰："臣闻分珪列土，各有方位；通邑大都，不以封锡。前猷未远，古义亦深。自顷命侯，稍殊旧《式》。……且滑州者，国之近甸，密迩帝畿；地出缣纨，人多趋附。所以列县惟七，分封有五"。

三、《唐会要》卷九〇《缘封杂记》：开元……二十二年九月敕……诸名山、大川及畿内县，并不封。

按

《会要》言"旧《式》"，当指《六典》所言"畿内县皆不得以封"之事。

三　文武官五品以上，准《式》叙母、妻邑号。〇妇人因夫、子得邑号，犯除名者，年满之后，夫、子见在有官爵，听依《式》叙。

引据

一、《唐会要》卷五八《司封员外郎》：（宪宗）元和十二

---

① 另见〔日〕仁井田陞著、栗劲等编译：《唐令拾遗》，长春出版社，1989，第219～227页。

年十月，司封奏："文武官五品以上，请准《式》叙母、妻邑号，乖滥稍多。或国叙军功，妄参勋籍；或偶逢庆泽，冒引诏条。今请应在城诸军卫官，未至将军；使在外，未至都知兵马使、押衙、都虞候，纵有散官，与敕旨文相当者，并不许叙封。其流外官，诸司诸吏职务，并伎术官等，迹涉杂类，并请不在封限。"从之。

二、《唐律疏议》卷三《名例》除免官当叙法条注云：妇人因夫、子得邑号，犯除名者，年满之后，夫、子见在有官爵者，听依《式》叙。疏议曰：妇人因夫、子而得邑号，曰夫人、郡君、县君、乡君等。其身犯罪而得除名，年满叙日，计夫、子见在有官爵，仍合授夫人、郡、县、乡君者，并依前授，不降其品；若夫、子被降官者，并依降授法；如夫、子进官者，听依高叙。其妇人叙法，《令》备明文，为因夫、子官爵，故不依降减之例。

参考一

一、《唐律疏议》卷二《名例》妇人有官品邑号条疏：妇人有官品者，依《令》，妃及夫人，郡、县、乡君等是也。邑号者，国、郡、县、乡等名号是也。妇人六品以下无邑号，直有官品，即媵是也。

二、《唐六典》卷二司封郎中员外郎条：外命妇之制……一品及国公母、妻，为国夫人；三品已上母、妻，为郡夫人；四品若勋官二品有封，母、妻为郡君；五品若勋官三品有封，母、妻为县君，散官并同职事；勋官四品有封，母、妻为乡君；其母邑号皆加太字，各视其夫及子之品，若两有官爵者皆从高。……凡妇人不因夫及子而别加邑号，夫人云某品夫人，郡君为某品郡君，县君、乡君亦然。

三、《唐会要》卷二六《命妇朝皇后（应仪制附）》：景云四年六月敕……又外命妇品……文武官一品及国公（……）母妻为国夫人（下略）。

参考二

《唐会要》卷八一《阶》：（贞元）十五年十二月敕：内侍省自今以后，高品官白身等，官至五品已上，合结朝散大夫等阶，及准《格》母妻合得邑号，并结阶累勋阶者，并宜当司磨勘，具衔奏来。

按

仁井田陞《唐令拾遗·封爵令第十二》复原第五条，根据《唐六典》卷二司封郎中员外郎条记述及《唐会要》、《通典》、《册府元龟》等书明确征引为《令》的情况，确认"五品以上官叙母、妻邑号"为《令》制。其所说《令》中有此类规定，自无问题。

但这不排除《式》中也可有相类似的规定。五品官母妻可得邑号，也可理解为是《式》文规定，引据一中《唐会要》卷五八之司封此奏，可为一证。其后论封叙限制，可知当时请求封叙之滥。原《式》文规定仅云文武官五品以上母、妻可得邑号，现在鉴于太滥，故要求限制。其"准《式》"二字，与引据二的《唐律疏议》卷三"听依《式》叙"的"依《式》"，应不是巧合。故其"准《式》"二字，不是广义而是狭义。

另外，根据我注意到的材料，内侍省官至五品以上准《格》母妻合得邑号（见参考二），是《格》文中也有类似或相同规定。似不能解作此《格》单为内侍省而言。如此，本条《唐会要》云"准《式》"，其余云"准《令》"、"准《格》"，是令、格、式皆对同一个问题重复或者反复作过规定。

四 〔开元〕 皇子乳母、皇孙乳母。

引据

《倭名类聚抄》卷一：《唐式》云：皇子乳母、皇孙乳母。[1]

按

新美宽撰、铃木隆一补《本邦残存典籍による辑佚资料集成（正续）》，将本条确定为《开元式》；又，仁井田陞以为："《倭名抄》所引的唐式有唐《开元式》，而不见有其他年度的式，也可以把所引的唐式都看成《开元式》。"[2] 故将本条复原为《开元式》。

本条可能是《司封式》，是有关对皇子乳母、皇孙乳母给予相应封爵的规定。若如此的话，她们最多相当于外命妇。

---

① 〔日〕新美宽撰、铃木隆一补：《本邦残存典籍による辑佚资料集成（正续）》，京都大学人文科学研究所，1968，第52页。

② 〔日〕新美宽撰、铃木隆一补：《本邦残存典籍による辑佚资料集成（正续）》，京都大学人文科学研究所，1968，第53页；再，参见〔日〕仁井田陞著、栗劲等编译：《唐令拾遗·附录·序论》，长春出版社，1989，第879页。

司勋式第三

(复原凡一条，附《司勋格》四条)

《唐六典》卷二司勋郎中员外郎条："司勋郎中、员外郎掌邦国官人之勋级。"其下记述，一是勋级十二等，自最高的十二转起，每转的名称、比照散官之品级，如上柱国比正二品、柱国比从二品、上护军比正三品、护军比从三品、上轻车都尉比正四品、轻车都尉比从四品、上骑都尉比正五品、骑都尉比从五品、骁骑尉比正六品、飞骑尉比从六品、云骑尉比正七品、武骑尉比从七品；其二是对司勋司职掌的叙述，即凡有功效者应授勋，皆由司勋复核考定，然后奏拟。《六典》对于司勋的记载，只此略略数语，是述及诸官署职掌之最少者。其注文中关于征（行）、镇（守）功勋与其余的泛勋在未授身亡时是否加授问题的规定，可能是《式》文，但无证据，姑存疑。

《通典》卷二三《职官五·吏部尚书》注言及司勋郎中的职掌："掌校定勋绩、论官赏、勋官告身等事。"与《六典》所述略同。《通典》比《六典》多者，即"勋官告身"一事。

今所复原一条，也非原始《式》文。一并附列有关司勋方面的《格》文，以对理解《式》文有所帮助。

一　准制及《格》、《式》叙勋。

引据

《唐会要》卷五八《司勋员外郎》：天宝四载六月十三日敕：准制及《格》、《式》叙勋，今复宜令司勋员外郎二人，除曹务之外，每有勋甲团进后，专知磨勘。

按

《式》中有叙勋内容，观此敕昭然。惟其内容不详。

附：《司勋格》

一、《唐会要》卷八一《勋》：开元十七年十月：《司勋格》：加累勋，须其小勋摊衔送中书省及门下省勘会，并注毁小勋甲，然许累加（授武骑尉，每一转加一等。诸勋官犯除名，应叙者二品于骁骑尉叙）。

二、《唐会要》卷八一《勋》：太和四年五月十五日，司勋奏：《格》：应考少未合叙三品阶人，准格请回阶充勋者，每阶听回勋充一转。如申文解到省，检勘差错，其勋便请落下。

三、《唐会要》卷八一《勋》：神龙元年十月三日敕：赐爵勋阶与国公者，累至郡公外，余爵听回授子孙……即计阶至正六品上，及正四品上，准《格》例未合入五品、三品者，每一阶回赐勋一转。

四、《唐会要》卷八一《用荫》：天宝三载九月二十七日诏：顷叙功劳，累增勋级，上柱国外，许及周亲，是谓赏延，载荣宗族，回充赐物，匪厚朝恩。其准《格》上柱国外，有余勋无周亲，折给赐物宜停。仍永为常式。

考功式第四

（复原凡九条，附格文二条）

《唐六典》卷二考功郎中员外郎条："考功郎中、员外郎之职，掌内外文武官吏之考课。"其下记述之事，一为京官、外官之应考者之当年功、过、行、能的议定，报送省司后，考课的校定、监督；二为考课内容的四善、二十七最，及官员个人所得的善、最组合而成的九等考第；三为流外官四等考第；亲、勋、翊卫等卫官等的考第；四为死亡之官员的谥议之事。

在员外郎职下，《六典》又叙述了原由考功员外郎主掌而当时已归礼部侍郎之一专知的贡举之职。包括贡人的 6 个类别、各类别的策试内容与等第、斋郎及国子监大成的补充办法等。

《通典》卷二三《职官五·吏部尚书》注言及考功郎中的职掌为："掌考察内外百官及功臣家传、碑、颂、诔、谥等事。"与《六典》略同。

今所复原者，首先是依据《六典》较早地述及的校考之事，属于考课组织方面的事务，故先根据《五代会要》引式而复原之。《唐六典》虽不载校考期限，但《五代会要》所记凿凿，极为可信。论证请见该条按语。其次，基于同样理由，判考、校考之"准《式》"活动之事，当也属《考功式》内容，故也据以恢复其断文。再次为白居易《六帖》引《考功式》，可信度更高。《唐六典》叙述考功员外郎之掌贡举之职在后，因开元二十四年嫌其权轻，专令礼部侍郎一人知贡举。但因传统上贡举属考功掌理，故《六典》叙述贡举事仍在考功员外郎之下。但这也同时表明有关贡举的《式》文，很可能应在《考功式》，而不是在《礼部式》。其在《考功式》中的位置，也应属稍后。最后，有关进士、明经、明法、宏文生等准《式》冬集、授散问题，也可能是《考功式》，其复原文字均列于此后。

一 校京官考，限来年正月内；外官考，限二月内。

引据

《五代会要》卷一五《考功》：后唐天成元年十月三日，尚书考功条奏格例如后……一、准《式》："校京官考，限来年正月内；外官考，限二月内"者，所司至三月内申奏了毕。

参考

《唐六典》卷二考功郎中员外郎条：每年别敕定京官位望高者二人，其一人校京官考，一人校外官考。

按

《五代会要》卷一五《考功》条下，具引五条《考课令》、一条《式》、一条《格》。是令、格、式并称连引者，"准《式》"即"《律》、《令》、《格》、《式》"之"《式》"，非"准据法条"之泛指可知。该条《式》文既载在"考功"条下，应是《考功式》文。

后唐明宗天成元年十月三日奏上的这次梳理格例涉及的本条《式》文，应是唐《考功式》。按《唐六典》卷二考功郎中员外郎条："每年别敕定京官位望高者二人，其一人校京官考，一人校外官考。"本条即是校考官"校"定京外官考之程限之《式》文。又依下文"所司至三月内申奏了毕",则应是总校,恰当《六典》之"各以奏闻"之事。据《六典》,总校之前,"本司及本州长官"对所属官员考课,也称"校定"。"校定"之后的送省程限:"京师百僚,九月三十日以前校定,十月一日送省。外官去京一千五百里内,八月三十日;三千里内,七月三十日;五千里内,五月三十日;七千里内,三月三十日;万里内,正月三十日已前校定。"送省后,以京官而言,总校有三个月时间进行。

后唐该次梳理申明旧条,系因法定的"申送考簿"的"程期",得不到遵守:"近年已来,诸道州府及在京诸司所送考解,多是稽违"。因而,考功司提出通过责罚主事者的方式,以杜绝违慢现象发生,规则是:"自今后,所申考簿如违格限,二十日不到,其本判官并录事参军,伏请各罚一百直,本典勾官,请委本道科责。如违一月日已上不申到,本判官伏请罚二百直,录事参军量殿一选,本直勾官请委本道重加惩断。在京诸司如违格限不关牒到者,其本司人吏牒报御史台,请行追勘。"

二　其考课付所司准《式》校定。〇郎中判京官考。〇校考使。
　　每年别敕定京官位望高者二人,其一人校京官考,一人校外
　　官考。

引据

一、《唐会要》卷八一《考上》:(贞元)二年九月,考功奏:校京官外官考使,准旧例差定闻奏。敕:其校考使宜停。其考课付所司准《式》校定。

二、《唐会要》卷五八《尚书省诸司中·考功郎中》：至贞元二年九月二十日停考使，其考课付所司准《式》授（校）定。遂令员外校外官考。

三、《唐六典》卷二考功郎中员外郎条：每年别敕定京官位望高者二人，其一人校京官考，一人校外官考。

四、《唐会要》卷五八《尚书省诸司中·考功郎中》：旧，郎中知贡举，其外官考，贞观以后，每年定诸司长官一人判、校；京官即考功郎中自判。

附：《贞元格》

《唐会要》卷八〇《杂录》：（元和）五年二月，考功奏：当司三品以上，准《格》合请谥官，准贞元七年《格》文：奉宝应二年正月十八日敕节文，佐史录行状，陈请考功详覆讫，下太常定谥者。近日以来，撰录行状多非佐史，既乖事实，又违《格》文，伏请从今以（后）请谥行状，准敕文须是佐史。

按

此格为《贞元格》。但此《格》文与《令》、《式》有关。按唐考功郎中、员外郎之职，有为死亡官员拟谥之事。《唐六典》卷二考功郎中员外郎条注："诸职事官三品已上、散官二品已上身亡者，其佐史录行状申考功，考功责历任勘校，下太常寺拟谥讫，覆申考功，于都堂集省内官议定，然后奏闻。"与此段格文略同。仁井田陞据宋代人引述及宋令情况，曾将其复原为唐令，见《唐令拾遗·考课令第十四》复原第四十八条。[1]

---

① 〔日〕新美宽撰、铃木隆一补：《本邦残存典籍による辑佚资料集成（正续）》，京都大学人文科学研究所，1968，第53页；再，参见〔日〕仁井田陞著、栗劲等编译：《唐令拾遗·附录·序论》，长春出版社，1989，第879页。

三 〔考功〕　　诸州及国子监贡举人试官，须对长官、判官共加
　　　考试。至省，及第不成分数者，其罪以长官为从；虽未成
　　　分，落第人内有帖、试俱不通一者，亦依不成分例。

引据

《白氏六帖事类集》卷一二《举选五七》：未成分数（《考
功式》：诸州及国子监贡举人试官〔以下与本文同〕）。

参考

《唐律疏议》卷九《职制》贡举非其人条：诸贡举非其
人……者，一人徒一年，二人加一等，罪止徒三年（非其人，
谓……若试不及第，减二等。率五分得三分及第者，不坐）。疏
议曰：依令："诸州岁别贡人。"若别敕令举及国子诸馆年常送
省者，为举人。……如其德行无亏，唯试策不及第，减乖僻者罪
二等。"率五分得三分及第者，不坐"，谓试五得三，试十得六
之类，所贡官人，皆得免罪。若贡五得二，科三人之罪；贡十得
三，科七人之罪。

按

"及第不成分数"，分数指及第人数达到 3/5 及以上者。按
律规定，达到 3/5 的及第率，贡举官可免罪或不坐罪。"及第不
成分数"即未达到此比率。依律，达不到 3/5，如只达到 2/5 或
更少，将按未及第人数的多寡科罪，因为该项罪行是依人数多寡
科罪的。

"以长官为从"，与律的精神相同或相近，律中虽未明言必
须以长官为从，但根据《唐律疏议·名例》同职犯公坐条：四
等官中之长官、通判官、判官、主典，如有人犯罪应连坐者，
"各以所由为首"，余皆为从（分别为第二从、第三从、第四

从）。此《式》则固定要求长官为从。按贡举由主持官吏（判官）掌管，似应常为首。《式》要求长官为从，是为加强其责任感，使其负起监督责任。

《式》文又要求：虽未成分数，但落第人内若有"帖、试俱不通一者"，亦"依不成分例"处罚长官。依《六典》卷二，贡举生员须帖经、试策（进士试杂文）。帖、试"俱不通一"，不言"俱不通"，故只限于其中一项（即一经及一策）不通。这个规定也是要求长官负起责任的规定。

四　弘文馆学生，考试经业，准《式》贡举，兼学法书。

引据

一、《唐六典》卷八门下省弘文馆学士条注：贞观二年，（王）珪又奏请为学生置讲经博士，考试经业，准《式》贡举，兼学法书。

二、《唐会要》卷六四《宏文馆》：贞观二年，王珪又奏请为学生置讲经博士，考试经业，准《式》贡举，兼学书法。

按

从引述时间看，本条当是唐《武德式》的内容。

五　进士、明经、明法、宏文生及崇贤〔文〕生、道举等，准《式》，据书判、资荫，量定冬集、授散。

引据

《唐会要》卷七五《选部下·冬集》：大历十一年五月敕：

礼部送进士、明经、明法、宏文生及崇贤生、① 道举等，准《式》，据书判、资荫，量定冬集、授散。其《春秋·公羊》、《谷梁》、《周礼》、《仪礼》业②人，比缘习者校〔较〕少，开元中敕，一例冬集，其礼业每年授散。自今以后，礼人③及道举、明法等，有试书、判稍优，并荫高及身是勋官、三卫者，准往例，注冬集，余并授散。

　　按

　　本条可能是《考功式》。

　　附：《格》

《五代会要》卷二三《科目杂录》：后唐……天成……三年二月十日，礼部贡院奏："当司据乡贡九经刘英甫经中书陈状，请对经义九十道，以代旧《格》帖经，奉堂判令详状处分者。当司伏准《格》文，九经只帖九经书各一十帖，并对《春秋》、《礼记》口义各一十道。今准往例，并不曾有应排科讲义，九经若便据送到引试排科讲义，即恐有违格例者。"④

　　按

　　上引《格》内容与《唐六典》注略同。按《唐六典》卷二考功郎中员外郎条注："诸明经试两经，进士一经，每经十帖。"正"准《格》文，九经只帖九经书各一十帖"之义。如此则《六典》注不仅有《令》、《式》文字，也有《格》文。

---

① 王勋成以为"崇贤生"当为"崇文生"或"崇玄生"之误。见氏著：《唐代铨选与文学》，中华书局，2001，第58页。

② 王勋成以为"礼业"，当是"《礼记》"之讹，见同上。

③ 王勋成以为"礼"下，当有"记"字。"礼人"，当为"《礼记》人"，见同上。

④ 后周之格与此类似。《五代会要》卷二三《科目杂录》："周广顺……三年正月，户部侍郎、权知贡举赵上交奏：'九经举人只帖经一百二十道，墨义二十道，今欲罢帖经，于诸经墨义对一百五十道。五经元帖经八十帖，墨义二十道，今欲罢帖经，令对墨义一百道。……'至其年八月，刑部侍郎、权知贡举徐台符又奏：'九经请都对墨义六十道，其帖经、对策，依元《格》。五经亦请对墨义六十道，帖经、对策依元《格》。'从之。"

六甲 〔神龙、太极〕　　昭文、崇文两馆学生，取三品已上子孙，不选凡流。

引据

《本朝文粹》卷二《官符》：案唐《式》：昭文、崇文两馆学生，取三品已上子孙，不选凡流。[①]

按

日本古文献记载本条为"唐式"，固已无疑，唯应确定其具体年代。按《唐六典》卷八门下省弘文馆学士条注云："武德初，置修文馆；武德末，改为弘文馆。神龙元年，避孝敬皇帝讳，改为昭文。神龙二年又改为修文，景云二年改为昭文。开元七年又改为弘文，隶门下省。"弘文馆改称昭文的时段有两个：一是中宗神龙元年至二年的一段，为时最长不过 1 年；二是睿宗景云二年至玄宗开元七年，为时 8 年。在这两个时段中间，先有《神龙式（删垂拱式）》、后有《太极式》存在过。《神龙式（删垂拱式）》的初命删定时间为"神龙元年六月二十七日"，《太极式》则是于"太极三年春二月己巳，颁新《格》、《式》于天下"的，二《式》均有可能为本条《式》文所从出。

下引《旧唐书》及《唐会要》均言"《令》、《式》不许"，当是指《令》、《式》不允许未达到规格要求者进入两馆为学生。按《唐六典》卷二司封郎中员外郎条："皇女封公主，皆视正一品。"或因其为"视品"，不同正品，故许孟容以为"《令》、《式》不许"。此式当是《考功式》。《唐六典》卷二考功郎中员

---

① 〔日〕宫城栄昌著：《延喜式の研究（论述篇）》，第 4 篇第 2 章《延喜式の性格》，大修馆书店，1957，第 677 页。

外郎条："员外郎掌天下贡举之职"，注云："开元二十四年，敕以为权轻，专令礼部侍郎一人知贡举。然以旧职故，复叙于此云。"《六典》贡举之事仍叙述于考功员外郎条，则有关贡举之《式》文也仍应在《考功式》，而不在《礼部式》。故虽礼部侍郎主管贡举，职应属之，但原来之《式》文规定既在《考功式》，未必改换名称至《礼部式》。

参见下条引据《唐六典》卷八门下省弘文馆学士条。

参考一

一、《唐六典》卷二考功郎中员外郎条：弘、崇生虽同明经、进士，以其资荫全高，试亦不拘常例。

二、《唐六典》卷四礼部尚书侍郎条：其弘文、崇文馆学生虽同明经、进士，以其资荫全高，试取粗通文义。

参考二

一、《旧唐书》卷一五四《许孟容传》：（德宗时），有公主之子请补弘文、崇文馆诸生，孟容举《令》、《式》不许。主诉于上，命中使问状，孟容执奏竟得。迁本曹郎中。

二、《唐会要》卷五九《尚书省诸司下·礼部员外郎》：贞元十二年二月，授许孟容礼部员外郎，有公主之子请补两馆生，孟容举《令》、《式》不许。主诉于上，命中使问状，孟容执奏，竟不可夺。迁本曹郎中。

六乙　〔开元〕　补弘文、崇文学生例：皇宗缌麻已上亲，皇太后、皇后大功已上亲，散官一品、中书门下三品、同中书门下平章事、六尚书、功臣身食实封者，京官职事正三品、供奉官三品子孙，京官职事从三品、中书、黄门侍郎子，并听预简，选性识聪敏者充。

引据

《唐六典》卷八门下省弘文馆学士条：弘文馆……学生三十人（补弘文、崇文学生例：皇宗缌麻已上亲，皇太后、皇后大功已上亲，散官一品、中书门下三品、同中书门下平章事、六尚书、功臣身食实封者，京官职事正三品、供奉官三品子孙，京官职事从三品、中书、黄门侍郎子，并听预简，选性识聪敏者充。……）

按

本条内容与前条类似，当是《式》文。又，本条记在门下省，因门下省无式，故当是《考功式》或《礼部式》。按前条考证，应属《考功式》。

参考

一、《唐六典》卷四礼部尚书侍郎条注：其试弘文、崇文生，自依常《式》。

二、《唐会要》卷七七《贡举下·宏文崇文生举》：开元二十六年正月八日敕文：宏文、崇文生，缘是贵胄子孙，多有不专经业，便与及第，深谓不然。自今已后，一依《令》、《式》考试。

三、《唐会要》卷五九《尚书省诸司下·礼部尚书》：太和七年八月敕：每年试帖经官，以国子监学官充，礼部不得别更奏请。其宏文、崇文两馆生、斋郎，并依《令》试经毕，仍差都省郎官两人复试。

七　准《式》，《孝经》郑注，与孔《传》依旧俱行。

引据

《唐会要》卷七七《论经义》：（开元七年）其年四月七

曰……国子祭酒司马贞议曰……今议者欲取近儒诡说，残经缺传，而废郑注，理实未可。望请准《式》：《孝经》郑注，与孔《传》依旧俱行。

按

按"准式"字样，本条当是《式》文。

八 诸明经习《左氏》及通《周礼》等四经①者，出身免任散官。

引据

《旧唐书》卷一八五《良吏传下》：开元十六年，杨玚奏曰："臣望请自今已后，考试者尽帖平文，以存大典。又《周礼》、《仪礼》及《公羊》、《谷梁》殆将废绝，若无甄异，恐后代便弃。望请能通《周（礼）》、《仪礼》、《公羊》、《谷梁》者，亦量加优奖。"于是下制："明经习《左氏》及通《周礼》等四经者，出身免任散官。"遂著于《式》。

按

依"遂著于《式》"，本条当是式文。

九 太庙斋郎，准《式》礼部补。

引据

《唐会要》卷五九《尚书省诸司下·太庙斋郎》：开元二十四年三月十二日敕：斋郎简试，并于礼部集。至二十五年正月七

---

① 此处"四经"，指《周礼》、《仪礼》、《春秋公羊传》、《春秋谷梁传》。

日敕：诸陵庙并宜隶宗正寺，其斋郎遂司封补奏。至天宝十二载五月十一日：陵庙依旧隶太常寺，斋郎遂属礼部。至大历二年八月二十五日敕：陵庙宜令宗正寺检校，其斋郎又司封收补闻奏。至贞元三年九月二十六日，礼部尚书萧昕奏：太庙斋郎，准《式》礼部补。大历三年后，被司封官称管陵庙，便补奏斋郎，亦无格敕文。准建中元年正月五日制：每事并归有司。其前件斋郎，合于礼部补奏。敕旨：依。付所司准《格》、《式》处分。至今礼部员外郎补。

按

《唐六典》卷二考功郎中员外郎条云："应简斋郎，准贡举例帖试（太常解甲礼部勘责，十月内送考功，帖《论语》及一大经，及第者，奏闻）。"是原来归太常管理时，是由礼部补官的。但所谓礼部补官，仍是由考功来做的。《六典》注文至为明显。

户部式第五

（复原凡二十六条，附《户部格》二十二条）

　　《唐六典》卷三户部尚书侍郎条："户部尚书、侍郎之职，掌天下户口、井田之政令。凡徭赋职贡之方，经费赒给之算，藏货赢储之准，悉以咨之。其属有四：一曰户部，二曰度支，三曰金部，四曰仓部；尚书、侍郎总其职务而奉行其制命。凡中外百司之事，由于所属，皆质正焉。"其中，"经费赒给之算"，为度支郎中员外郎职掌；"藏货赢储之准"为金部郎中员外郎和仓部郎中员外郎之职掌；其"徭赋职贡之方"，为户部之头司即户部郎中员外郎所掌。其职掌，依同上卷户部郎中员外郎条的叙述为："（户部）郎中、员外郎掌领天下州县户口之事。"其所述首要之事，就是"天下十道"之贡赋。

　　按，唐代之贡赋，也即租庸调，其相应的法律为租庸调法。《唐会要》卷八三《租税上》云："（建中元年）其年八月，宰相杨炎上疏奏曰：国家初定《令》、《式》，有租赋庸调之法。"可见，人们所谓"租赋庸调之法"是在《令》、《式》中规定的。① 证之以日本《倭名类聚抄》所抄录的唐《开元式》，确实有租赋庸调方面的内容。再者，唐令中的租赋庸调内容应规定于

---

① 《唐会要》卷八三《租税上》："（建中元年）至二月十一日起请条……其丁租庸调，并入两税，州县常存丁额，准《式》申报。"是丁额、租庸调，与《式》相关。

《赋役令》，而唐式中的租赋庸调应是规定于《户部式》中的。

今以《唐六典》卷三户部郎中员外郎条的叙事顺序，作为复原条文之次序。

其一，《六典》卷三首云天下十道贡赋，故据日本古史资料所引《唐式》及《开元式》断文，将复原的 8 条《式》文首列于此。其中所涉及的有关赋贡内容，多为《开元式》。仁井田陞《唐军防令と烽燧制度——泷川博士の批评に答えて》（《法制史研究》第四号）也曾指出："《唐六典》与式的关系，《六典》卷三户部郎中员外郎条的全国贡物，是《户部式》文。"另，参见复原第一条按语。

按《六典》本条注谓："旧额贡献，多非土物。或本处不产，而外处市供；或当土所宜，缘无额遂止。开元二十五年敕令中书门下对朝集使随便条革，以为定准，故备存焉。"① 是《六典》所录为该年调整后的内容，比较符合实际。其内容当是在《开元七年式》的基础上进行的，是《开元二十五式》的遵循。②

《新唐书》卷三三下《地理七下》云："羁縻州。唐兴，初未暇于四夷，自太宗平突厥，西北诸蕃及蛮夷稍稍内属，即其部落列置州县。其大者为都督府，以其首领为都督、刺史，皆得世袭。虽贡、赋、版籍，多不上户部，然声教所暨，皆边州都督、

---

① 《通典》卷六《食货六·赋税下》则说："天下诸郡每年常贡（按《令》文，诸郡贡献皆尽当土所出，准绢为价，不得过五十匹，并以官物充市。所贡至薄，其物易供，圣朝恒制，在于斯矣。其有加于此数者，盖修令后续配，亦折租赋，不别征科）。"

② 广池本《〈大唐六典〉考订·凡例》云："户部条十道贡赋物产，白氏诗曰：'城云臣按《六典》书，任土贡有不贡无'者是也。除《唐书·地理志》及《通典·州郡》贡税资其参照外，唯《通志·地理略》全举《六典》之文。"按《白居易集》卷三《道州民》："道州民，多侏儒，长者不过三尺余。市作矮奴年进送，号为道州任土贡。任土贡，宁若斯，不闻使人生别离，老翁哭孙母哭儿。一自阳城来守郡，不进矮奴频诏问。城云臣按《六典》书，任土贡有不贡无，道州水土所生者，只有矮民无矮奴。吾君感悟玺书下，岁贡矮奴宜悉罢。"可以参看。

都护所领，著于《令》、《式》。"按，欧阳修谓羁縻"府州八百五十六"，虽"贡赋版籍，多不上户部"，是《令》、《式》中未必有其有关贡赋名目及数量规定，但"多不上户部"，似仍有一小部分"上"于户部。再者，贡赋、版籍即使不上于户部，但隶属关系——为"边州都督、都护所领"，却是"著于《令》、《式》"的。

其二，《六典》其次叙述天下州、府及诸县的数量与等次，与之相应的《式》文为有关边州的规定；再次为天下户口数量、乡里村坊邻保、丁中老小、户等户籍等，与之相应《式》文为有关户口中的中丁黄小、宽乡狭乡的乐住及附籍问题等；复次为田制，包括百姓均给田亩之制，官人永业田、诸州公廨田、诸州及都护府等官人职分田等，与之相应的《式》文为职田、公廨田的造籍、申报及征收、给付，及荒地开垦纳税事宜；又次为赋役之制，包括租调徭役及其免除、敛纳，蕃胡内附者户等及税赋，岭南诸州税米、诸州税钱，遇灾害免课役、新附丁免课役、丁户优复蠲免之制，与之相应的《式》文为正丁及中男充夫免课役，孝义人、授官之人同籍免课役、新附籍免课役、防阁等色役免课役事宜；又次为诸陵户、庙户数量，无相应《式》文；又次为官员配给防阁、庶仆、邑士、白直等诸色杂任数量、番上，功臣实封租调收法、食封传子孙，庶人老疾给侍丁，亲王入朝给车牛，官员家口应递送给人力车牛，与之相关《式》文为食封传于子孙规定；最后为朝集使进京事宜，无相关《式》文。这些问题，构成复原《式》文的第二个类别。

《通典》卷二三《职官五·户部尚书》注言及户部郎中的职掌为："掌户口、籍帐、赋役、孝义、优复蠲免、婚姻、继嗣、百官众庶园宅、口分、永业等。"所述与《六典》略同，唯其次序有不同。《六典》为十道贡赋、州府县等次、户口籍帐、田制、赋役（包括孝义、优复蠲免）。另外，《六典》中也无"婚姻、继嗣"事，但复原条文中有"食封传于子孙"《式》文，属于"继嗣"事务，可证《通典》所言户部郎中职掌非虚。

一甲〔开元〕 赀布。○河南道，泗州贡赀布（细赀布）；莱州赋，赀布。○淮南道赋，庸、调赀布；贡，滁州、沔州、黄州赀布。○江南道，黄州贡，纻、赀布十匹。

引据

一、《倭名类聚抄》卷三《布帛》：《唐式》云：赀布。[①]

二、《唐六典》卷三户部郎中员外郎条：凡天下十道，任土所出而为贡、赋之差。……二曰河南道……厥贡……（……泗州赀布……）……七曰淮南道……厥赋……布（淮南道庸、调，杂有纻、赀、火麻等布……）厥贡……（……滁、沔二州……赀布……黄州……赀布……）

三、《唐六典》卷二〇太府寺卿条：凡绢、布出有方土，类有精粗。绢分为八等，布分为九等，所以迁有无，和利用也（……黄州之赀，并第一等。……庐、和、晋、泗之赀，并第二等。……绛、楚、滁之赀，并第三等。……泽、潞、沁之赀，并第四等。……京兆、太原、汾之赀，并第五等。……襄、洋、同、岐之赀，并第六等。……唐、慈、坊、宁之赀，并第七等。……登、莱、邓之赀，并第八等。金、均、合之赀，并第九等）。

---

① 〔日〕新美宽撰、铃木隆一补：《本邦残存典籍による辑佚资料集成（正续）》，京都大学人文科学研究所，1968，第52页。

四、《元和郡县图志》卷九《河南道五》：泗州……贡、赋（开元贡……细䌷布……）

又，卷一一《河南道七》：莱州……贡、赋（开元……赋……䌷布）。

又，卷二七《江南道三》：黄州……贡、赋（开元贡：纻、䌷布十匹……）

按

按新美宽撰、铃木隆一补之《本邦残存典籍による辑佚资料集成（正续）》，将本条定为《开元式》，今据之。又，仁井田陞《唐令拾遗·序论》云："《倭名抄》所引的唐式有唐《开元式》，而不见有其他年度的式，也可以把所引的唐式都看成《开元式》。"也可从。①

《元和郡县图志》卷九、卷一一、卷二七都提到了"开元贡"、"开元赋"，因其书不仅述及唐玄宗之开元制度，更涉及唐宪宗之元和制度。但一般来说，讲开元制度者居多。又，该书卷二七提到了"黄州……开元贡：纻、䌷布十匹"，以及"元和贡：麻、䌷布一端"，这种数量的描述，与《倭名类聚抄》所抄录的带有数字的贡赋（如复原第四条之"纻布三端"）相一致，据此将其同类记载复原为《户部式》。

又，若依据《唐六典》卷二〇太府寺卿条正文与注文所载绢分为八等、布分为九等之制，可以复原更多的唐《开元式》。

一乙〔开元至元和〕 䌷布。〇河南道土贡，泗州、登州、莱

---

① 〔日〕新美宽撰、铃木隆一补：《本邦残存典籍による辑佚资料集成（正续）》，京都大学人文科学研究所，1968，第52页。〔日〕仁井田陞著、栗劲等编译：《唐令拾遗·附录·序论》，长春出版社，1989，第879页。

州、密州赀布。〇河东道土贡，潞州上党郡赀布。〇山南道土贡，江陵府、巴州赀布。〇淮南道土贡，楚州、滁州、黄州、申州赀布。〇江南道贡，鄂州赀布；沔州麻、赀布一端。

引据

一、《新唐书》卷三八《地理志二》：泗州……土贡……赀布。登州……土贡：赀布……莱州……土贡：赀布……密州……土贡：赀布……

又，卷三九《地理志三》：河东道……潞州上党郡……土贡：赀布……

又，卷四〇《地理志四》：山南道……江陵府……土贡……赀布……巴州……土贡……赀布……

又，卷四一《地理志五》：淮南道……厥贡……楚州……土贡：赀布……滁州……土贡：赀布……黄州……土贡……赀布……申州……土贡……赀布……江南道……鄂州……土贡……赀布。

二、《元和郡县图志》卷二七《江南道三》：沔州……贡、赋（……元和贡：麻赀布一端）。

二 〔武德至开七〕　　　并州每年造粉五十石，以官驴驮送所司。

引据

《倭名类聚抄》卷四：并州每年造粉五十石，以官驴驮送所司（粉，方吻反）。[①]

---

① 〔日〕新美宽撰、铃木隆一补：《本邦残存典籍による辑佚资料集成（正续）》，京都大学人文科学研究所，1968，第52页。

参考

一、《唐六典》卷三户部郎中员外郎条：凡天下十道，任土所出而为贡、赋之差。……三曰河东道，古冀州之境，今太原……凡十有九州焉。……厥贡……

二、《新唐书》卷三九《地理三》：太原府太原郡，本并州……土贡……煎玉粉屑……

按

唐并州，按《通典》卷一七九《州郡九》："隋初废郡，置并州，又改为太原郡。大唐为并州。高祖匡隋室，起义兵，于长寿元年，置北都，后复为并州。开元十一年，改为太原府；天宝元年，加号为北京。"是自唐高祖武德至玄宗开元十一年，均称并州（惟不知武德何年称并州，当不晚于贞观）。故本条为开元七年以前《式》，即《武德式》、《贞观式》或《永徽式》等，至晚为开元七年式。

再者，《唐六典》卷三记太原府贡赋，无"粉"一项。或已撤废，或《六典》只取大要，不及细目。

又"造粉五十石"，未知何粉。《新唐书》云有"煎玉粉屑"，也不知为植物粉抑或石粉。

三甲 〔开元〕　白丝布。〇河北道贡，邢州丝布。〇山南道贡，邓州、利州、果州丝布。〇淮南道贡，庐州熟丝布。〇江南道贡，湖州丝布。〇剑南道贡，邛州开元贡丝布一十匹；巂州、梓州丝布。〇岭南道贡，广州丝布。

引据

一、《倭名类聚抄》卷三《布帛》：《唐式》云：白丝布。[①]

二、《唐六典》卷三户部郎中员外郎条：凡天下十道，任土
所出而为贡、赋之差。……四曰河北道……厥贡……丝布……
（……邢州丝布……）。五曰山南道……厥贡……布……（……
邓、利、果等州丝布……）。七曰淮南道……厥贡……熟丝
布……（……庐州贡熟丝布）。九曰剑南道……厥贡……丝……
（……邛、剑、嶲等州丝布……）。

三、《元和郡县图志》卷一五《河东道四》：邢州……贡、
赋（开元贡……丝布……）。

又，卷二一《山南道二》：邓州……贡、赋：（开元贡……
丝布……）。

又，卷二二《山南道三》：利州……贡、赋（开元贡……丝
布……）。

又，卷二五《江南道一》：湖州……贡、赋（开元贡：丝
布……）。

又，卷三一《剑南道上》：邛州……贡、赋（开元贡：丝布
一十匹……）。

又，卷三二《剑南道中》：嶲州……贡、赋（开元贡：丝
布）。

又，卷三三《剑南道下》：梓州……贡、赋（开元贡……丝
布……）。

又，卷三四《岭南道一》：广州……贡赋（开元贡：丝
布……）。

① 〔日〕新美宽撰、铃木隆一补：《本邦残存典籍による辑佚资料集成（正续）》，京都大
学人文科学研究所，1968，第 52 页。

三乙　〔开元至元和〕　白丝布。○河南道贡，濠州丝布。○河北道贡，邢州、沧州丝布。○山南道贡，邓州、利州、果州丝布。○淮南道贡，滁州、寿州丝布，庐州交梭丝布。○江南道贡，洪州、虔州、抚州、潭州、郴州丝布。○剑南道，巂州、梓州、遂州、剑州丝布，邛州开元贡丝布一十匹，元和贡丝布一十匹。

引据

一、《新唐书》卷三八《地理志二》：河南道……厥贡：丝布……濠州……土贡……丝布……

又，卷三九《地理志三》：河北道……邢州……土贡：丝布……沧州……土贡：丝布……

又，卷四〇《地理志四》：山南道……厥贡……邓州……土贡：丝布……利州……土贡……丝布……果州……土贡……丝布。

又，卷四一《地理志五》：淮南道……厥贡……滁州……土贡……丝布……寿州……土贡：丝布……庐州……土贡……交梭丝布……江南道……洪州……土贡……丝布……虔州……土贡：丝布……抚州……土贡：丝布……潭州……土贡……丝布……郴州……土贡……丝布。

又，卷四二《地理志六》：剑南道……厥贡……邛州……土贡……丝布……巂州……土贡……丝布……梓州……土贡……丝布……遂州……土贡……丝布……剑州……土贡……丝布……

二、《元和郡县图志》卷三一《剑南道上》：邛州……贡、赋（开元贡：丝布一十匹。元和贡：丝布一十匹）。

按

贡丝布的州，《元和郡县图志》的剑南道有梓州而无剑州，与《六典》也合，因《六典》云"等州"。剑南道开元贡丝布有广州。

丝布，一为丝织品与布；布，原用麻、葛等纤维纺织而成。二为蚕丝与麻、葛等纱混织的布。《周书·武帝纪下》，建德六年："初令民庶以上，唯听衣绸、绵绸、丝布、圆绫、纱、绢、绡、葛、布等九种，余悉停断。"

《尚书·禹贡》："济、河惟兖州，厥贡漆、丝。海、岱惟青州，厥篚檿、丝。"

四　〔开元〕　纻布三端。○山南道贡细纻：复州贡，白纻布一十匹；郢州贡，白纻布二十匹；开州、邓州白纻，归州纻布，房州纻，洋州野纻布。○淮南道赋，庸、调纻布；贡，扬州细纻，申州、光州纻，和州纻练，蕲、舒州白纻布，黄州纻布，安州青纻布。○江南道赋纻，润州外之余州（常州、苏州、杭州、湖州、婺州、衢州、鄂州、泉州、黔州等）并以纻布；贡，常、湖、歙、宣、虔、吉、郴、袁、岳、道等州白纻布；沔州贡，白纻布一端；安州贡，纻布一十八匹；黄州贡，纻赀布十匹；蕲州贡，白纻细布；洪州、饶州、溱州、处州、温州贡，纻布。○剑南道赋纻，泸州调纻布，余州皆用绵、绢及纻布；贡，汉州纻布。○岭南道赋纻，广州等调纻布；贵州贡，纻布；连州贡，白纻细布。
〔元和〕　○江南道，处州贡，纻布；安州贡，纻布一十匹；蕲州贡，白纻布一十五匹；岳州贡，白纻练布七匹；虔州贡，白纻布；郴州贡，细白纻；道州贡，细纻布；黔州贡，纻麻布。

引据

一、《倭名类聚抄》卷三：纻布三端。[①]

二、《唐六典》卷三户部郎中员外郎条：凡天下十道，任土所出而为贡、赋之差。……五曰山南道……厥贡……细纻……（……复、郢、开等州白纻……归州纻、麻布……房州纻……）。

七曰淮南道……厥赋……布（淮南道庸、调，杂有纻等布……）。厥贡……纻……布……（杨州贡……细纻……申、光二州贡……纻……和州纻练，蕲、舒二州白纻布，黄州纻……布，安州青纻布……）。

八曰江南道……厥赋……纻（润州调火麻，余州并以纻布）。厥贡……（……朗州纻练……常、湖、歙、宣、虔、吉、郴、袁、岳、道等州白纻布……）。

九曰剑南道……厥赋……纻（泸州调以葛、纻等布，余州皆用绵、绢及纻布）。厥贡……（……汉州纻布……）。

十曰岭南道……厥赋……纻……（广州等调以纻布……）。

三、《唐六典》卷二〇太府寺卿条：凡绢、布出有方土，类有精粗。绢分为八等，布分为九等，所以迁有无，和利用也（……复州之纻……并第一等。……常州之纻……并第二等。杨、湖、沔之纻……并第三等。苏、越、杭、蕲、庐之纻……并第四等。衢、饶、洪、婺之纻……并第五等。郢、江之纻……并第六等。台、括、抚、睦、歙、虔、吉、温之纻……并第七等。泉、建、闽、袁之纻……并第八等……）。

① 〔日〕新美宽撰、铃木隆一补：《本邦残存典籍による辑佚资料集成（正续）》，京都大学人文科学研究所，1968，第52页。

四、《元和郡县图志》卷二一《山南道二》：邓州……贡、赋（开元贡：白纻、丝布……）复州……贡、赋（开元贡：白纻布一十匹……）。郢州……贡、赋（开元贡：白纻布二十匹……）。

卷二二《山南道三》：洋州……贡、赋（开元贡：野纻布……）。

卷二五《江南道一》：常州……贡、赋（开元贡：野纻……。赋：纻布。）苏州……贡、赋（开元……赋：纻布。）杭州……贡、赋（开元……赋：纻布。）湖州……贡、赋（开元……赋……纻布……）。

卷二六《江南道二》：婺州……贡、赋（开元……赋：纻布。……）衢州……贡、赋（开元……赋：纻布。……）处州……贡、赋（开元……贡……纻布……元和贡……纻布……）。温州……贡、赋（开元……贡……纻布……）。

卷二七《江南道三》：鄂州……贡、赋（开元……赋：纻布……）。沔州……贡、赋（开元……贡：白纻布一端……）。安州……贡、赋（开元贡：纻布一十八匹。赋：棉、纻。元和贡：纻布一十四。）黄州……贡、赋（开元贡：纻赀布十匹……）。蕲州……贡、赋（开元贡：白纻细布。元和贡：白纻布一十五匹）。岳州……贡、赋（开元贡：细纻布。……元和贡：白纻练布七匹）。

卷二八《江南道四》：洪州……贡、赋（开元贡：纻布……）。饶州……贡、赋（开元贡……纻布……）。虔州……贡、赋（开元贡：白纻布……元和贡：白纻布……）。吉州……贡、赋（开元贡：白纻布……）。袁州……贡、赋（开元贡：白纻布……）。宣州……贡、赋（开元贡：白纻布。自贞元后，常贡之外，别进五色线毯及绫绮等珍物，与淮南、两浙相比）。

卷二九《江南道五》：郴州……贡、赋（开元贡：细白纻。元和贡：细白纻）。道州……贡、赋（开元贡：细纻布。元和贡：细纻布）。泉州……贡、赋（开元……赋：纻布、纻麻……）。

卷三〇《江南道六》：黔州……贡、赋（开元……赋：纻布。元和贡：纻麻布）。溱州……贡、赋（开元贡：纻布……）。

卷三一《剑南道上》：戎州……贡、赋（开元贡……纻布……）。

卷三三《剑南道下》：普州……贡、赋（开元……赋：绢、纻布……）。

卷三八《岭南道五》：贵州……贡、赋（开元贡：纻布）。

五、《新唐书》卷四〇《地理志四》：山南道……厥贡：金、丝、纻、漆。峡州……土贡：纻葛……归州……土贡：纻葛……夔州……土贡：纻锡布……沣州……土贡：纻练缚巾……朗州……土贡：纻练簟……复州……土贡：白纻……郢州……土贡：纻布……开州……土贡：白纻布……

又，卷四一《地理志五》：淮南道……厥贡……纻……楚州……土贡：纻布。滁州……土贡……纻……和州……土贡：纻布。舒州……土贡：纻布……蕲州……土贡：白纻……安州……土贡：青纻布……黄州……土贡：白纻布……申州……土贡……纻布……江南道……厥赋：麻、纻。常州……土贡……纻……湖州……土贡……纻……婺州……土贡……纻布……宣州……土贡……白纻……歙州……土贡：白纻……岳州……土贡：纻布……虔州……土贡：纻布……吉州……土贡：纻布……袁州……土贡：白纻。道州……土贡：白纻……郴州……土贡……

绰布……

又，卷四二《地理志六》：剑南道……厥赋……绰。汉州……土贡……绰布……

又，卷四三上《地理志七上》：岭南道……厥赋……绰……贵州……土贡……绰布。连州……土贡……竹绰练、白绰细布……

按

绰，苎麻，纤维细长，韧性强，可作衣着材料。简称麻。《本草纲目》一五《草四·苎麻》："苎麻作绰，可以绩绰，故谓之绰。凡麻丝之细者为绖，粗者为绰。"《尚书·禹贡》："荆、河惟豫州，厥贡漆、枲、缔、绰。"也指用苎麻为原料织成的粗布。《礼·丧服大记》："凡陈衣不诎，非列采不入，缔、绤、绰不入。"又用作夏服，《淮南子·人间》："冬日被裘罽，夏日服缔绰。"

又，按照《唐六典》卷二〇太府寺卿条正文和注文关于"绢分为八等，布分为九等"的说法，可以复原更多的唐《开元式》文。

五　〔开元〕　　杨州庸调布。〇淮南道赋，庸调杂有绰、赀、火麻等布。

引据

一、《倭名类聚抄》卷三《布帛》：《唐式》云：杨州庸调布。[1]

二、《唐六典》卷三户部郎中员外郎条：凡天下十道，任土所出而为贡、赋之差……七曰淮南道，古杨州之境，今杨、

---

① 〔日〕新美宽撰、铃木隆一补：《本邦残存典籍による辑佚资料集成（正续）》，京都大学人文科学研究所，1968，第52页。

楚……凡一十有四州焉……厥赋：绝、绢、绵、布（淮南道庸、调，杂有纻、赀、火麻等布……）。

参考

《新唐书》卷四一《地理五》：扬州……土贡……绵、蕃客袍锦、被锦、半臂锦、独窠绫……

按

《元和郡县图志》卷二四淮南道一卷，恰好亡佚，无法考见其中所载杨州开元贡赋内容。

六　〔开元〕　台州有金漆树。○江南道贡，台州金漆。

引据

一、《倭名类聚抄》卷六（仁井田陞引作那波本卷十五）：《开元式》云：台州有金漆树。①

二、《唐六典》卷三户部郎中员外郎条：凡天下十道，任土所出而为贡、赋之差……八曰江南道……今……台……凡五十有一州焉……厥贡……（……台州金漆……）。

三、《新唐书》卷四一《地理志五》：江南道……台州……土贡：金漆……

按

《元和郡县图志》卷二六《江南道二》台州贡赋，开元贡有

---

① 〔日〕新美宽撰、铃木隆一补：《本邦残存典籍による辑佚资料集成（正续）》，京都大学人文科学研究所，1968，第52页。〔日〕仁井田陞著、栗劲等编译：《唐令拾遗·附录·序论》，长春出版社，1989，第879页。仁井田陞引文除标明"《开元式》云"外，又标明该条处在《倭名类聚抄》的"那波本卷十五"。在《唐军防令と烽燧制度——泷川博士の批评に答えて》（载《法制史研究》第四号）中，仁井田陞说，狩谷棭斋以为"金漆树"之"树"为衍文，并说该条《开元式》逸文出自笺注本卷五《调度部》。

二项，不言金漆；元和贡二项也无。

日本《倭名类聚抄》所引《开元式》，为我们提供了一条十分重要的线索，即：规定于《唐六典》卷三户部郎中员外郎条正文注文中的所有十道中各州的贡赋名目物色，都宜视为《开元式》，且《式》名当是《户部式》。这样将复原几十条式文。又据《六典》本条注："旧额贡献，多非土物。或本处不产，而外处市供；或当土所宜，缘无额遂止。"故开元二十五年敕令中书门下对朝集使条革定准。《六典》所录，当是经过复核者，且应是《式》文所规定者。

七　〔开元〕　白粉卅斤。○河北道贡，相州、卫州、澶州胡粉。

引据

一、《倭名类聚抄》卷五《服玩部》（仁井田陞引作那波本卷十四、狩谷本卷六）：《开元式》云：白粉卅斤。[①]

二、《唐六典》卷三户部郎中员外郎条：凡天下十道，任土所出而为贡、赋之差。……四曰河北道……厥贡……（……相州……胡粉……）。

三、《唐六典》卷二〇太府寺右藏署令条：右藏署令掌邦国宝货之事……（杂物州土……相州之白粉……）。

四、《元和郡县图志》卷一六《河北道一》：相州……贡赋

---

① 〔日〕新美宽撰、铃木隆一补：《本邦残存典籍による辑佚资料集成（正续）》，京都大学人文科学研究所，1968，第52页。〔日〕仁井田陞著、栗劲等编译：《唐令拾遗·附录·序论》，长春出版社，1989，第879页。仁井田陞引文除标明"《开元式》云"外，又标明该条处在《倭名类聚抄》的那波本卷十四、狩谷本卷六，与此处作卷五不同。

（开元贡……胡粉……）。

五、《新唐书》卷三九《地理志三》：相州……土贡……胡粉。……卫州……土贡……胡粉。……澶州……土贡……胡粉。

按

《〈延喜式〉附录·和名考异》："白粉，诸本不注和名。顺抄（《服玩部》引《开元式》）辅仁和名，医心方（阴疮门），波布尔。医心方（诸药和名），康赖和名，己布尔。案波布尔者，白粉之略也；己布尔即胡粉也，共铅粉而非米粉也。……此所谓白粉者，《急就篇》曰：脂粉，小颜注：粉谓铅粉及米粉，皆以傅面，取光洁也。韵会，古傅面亦用米粉，是也。"[1] 白粉即用来化妆之粉，至于其究竟是铅粉还是米粉，则不能确定。

宋高承《事物纪原》卷三《冠冕首饰部·铅粉》云："《墨子》曰：'禹作粉。'张华《博物志》曰：'纣烧铅作粉，谓之胡粉。'《续事始》曰：'铅粉即纣所造也。'"又，《妆》曰："周文王时，女人始傅铅粉。"又《抱朴子》曰："愚民不信，黄丹及胡粉是化铅所作。"则胡粉即铅粉。

按，《后汉书》卷六三《李固传》："虚诬……（李）固胡粉饰貌。"《李太白诗》卷二五《代美人愁镜》诗之一："铅粉坐相误，照来空凄然。"五代后唐马缟《中华古今注》中"粉"："自三代以铅为粉。秦穆公女弄玉，有容德，感仙人肖史，为烧水银作粉与涂，亦名飞雪丹。"是其使用历史颇为悠久。

对较《唐六典》卷二〇太府寺右藏署令条注之"相州之白粉"与《唐六典》卷三户部郎中员外郎条注之"相州胡粉"、《元和郡县图志》卷一六《河北道一》"相州开元贡胡粉"、《新

---

[1] 《新订增补国史大系·延喜式（后篇）》，吉川弘文馆平成2年11月版，第1031页。

唐书》卷三九《地理三》"相州土贡胡粉"，可知白粉即胡粉。

八　〔开元〕　河南道贡，豫州鸡鹇绫。○淮南道贡，光州生石斛六十斤。○江南道贡，江州生石斛。○岭南道贡，广州、贺州石斛。○〔元和〕河南道贡，蔡州四窠云绫。○淮南道贡，寿州、庐州生石斛，舒州、光州石斛。○江南道贡，江州生石斛。○岭南道贡，广州、韶州、泷州、封州、春州、勤州石斛。

引据

一、《唐会要》卷五八《尚书省诸司中·户部侍郎》：（元和）十二年十二月，户部奏："淮西夷……历年贡赋不入……今则化被齐民，便为善地。其申、光、蔡等州，令所供㶉𪄠绫、生石斛等，并同日到。其诸道贡物，旧例，至今月十五日已进纳讫，臣今便欲取申、光、蔡贡物，以元日陈于乐悬之南，示中外。礼毕，请准《式》送纳。"从之。

二、《唐六典》卷三户部郎中员外郎条：凡天下十道，任土所出而为贡、赋之差……二曰河南道……今……蔡……豫……凡二十有八州焉……厥贡……（……豫州鸡鹇绫……）。

七曰淮南道……今……申、光，凡一十有四州焉……厥贡……（……光等州生石斛……）。

三、《元和郡县图志》卷九《河南道五》：蔡州……贡、赋（开元贡：龟甲、双㶉𪄠绫，长安四年改为四窠云绫……）……光州……贡、赋（开元贡：葛十匹，生石斛六十斤……）。

又，卷二八《江南道四》：江州……贡、赋（开元贡……生石斛……）。

又，卷三四《岭南道一》：广州……贡、赋（开元贡……石斛……元和贡……石斛……）。韶州……贡、赋（……元和贡……石斛）。

又，卷三七《岭南道四》：贺州……贡、赋（开元贡……石斛……）。

四、《新唐书》卷三八《地理志二》：蔡州……本豫州，宝应元年更名。土贡：珉玉棋子，四窠、云花、龟甲、双距、溪鹅等绫。

又，卷四一《地理志五》：淮南道……寿州……土贡……生石斛。庐州……土贡：生石斛。舒州……土贡……石斛……光州……土贡……石斛。江南道……江州……土贡……生石斛。

又，卷四三上《地理志七上》：岭南道……广州……土贡……石斛……韶州……土贡……石斛。泷州……土贡……石斛。封州……土贡……石斛。春州……土贡……石斛。勤州……土贡……石斛。

按

《唐会要》提及"申州"，唯《六典》及《元和郡县图志》均未言及"瀄鹅绫"及"生石斛"二项，则申州应贡者是此二项之外的他物。

申、光二州，本属淮南道，德宗贞元以后隶属蔡州节度使，属河南道。又，豫州改称蔡州之事；隋称豫州，大业时改为蔡州；唐武德四年复设置豫州，宝应元年为避代宗庙讳，复改为蔡州（见《元和郡县图志》卷九《河南道五·蔡州》）。故宪宗时所谓的元和郡县图志中惟有蔡州而无豫州。依《旧唐书》卷三八《地理一》，蔡州在武德时为豫州总管府或都督府，贞观时为豫州，至开元时未变名称。天宝元年改为汝南郡。肃宗乾元元年，复为豫州。宝应元年，改为蔡州。不知为何《六典》中蔡、豫二州重出并列？按，注文出现若干州名，豫州两次出现，而无蔡州。似蔡州之名，颇成问题。开元时唯称豫州，正与注文此情相合。

李吉甫《元和郡县图志》所记贡赋，是他熟悉当时制度基础上作出的。在此前，他曾撰《元和国计簿》十卷，录当时户、赋、兵籍之事。我以为其中相当一部分是当时《式》文。

《新唐书》卷三八载蔡州土贡，"四窠、云花"、"溪𬭁"等绫，似较其他三书区分更细。但互相重合者也多。《容斋随笔·五笔》卷二《谏缭绫戏龙罗》：李德裕为浙西观察使，穆宗诏索盘绦缭绫千匹，德裕奏言："立鹅、天马、盘绦、掬豹，文彩怪丽，惟乘舆当御，今广用千匹，臣所未谕。"优诏为停。

开元间贡或赋"石斛"的州尚有：岭南道广州（贡、赋兼有）、韶州（唯元和贡）、贺州。《元和郡县图志》卷一八《河北道三》定州开元贡又有"两窠细绫十四匹"。

石斛，植物名。生于高山岩石地或附生树干上，细若小草，长三四寸，夏日开花。以叶形如钗，故又名金钗石斛。又经久耐干，得水即活，又名千年竹。供观赏，花叶入药。《太平御览》卷九九二《药部九·石斛》引诸书，开列部分石斛产地及药用价值及药性。云："盛弘之《荆州记》曰：'隋郡永阳县有龙石山，山上多石斛，精好如金环也。'《庐山记》曰：'石门山，石间多生石斛。'《范子计然》曰：'石斛出陆安。'《本草经》曰：'石斛，一名林兰，一名禁生。味甘平。生山谷。治伤中、下气、虚劳，补五藏羸瘦。久服除痹，厚肠胃，强阴。出陆安。'《吴氏本草》曰：'石斛，神农甘平，扁鹊酸，李氏寒。'"

九甲　〔开七〕　　安东、平、营、檀、妫、蔚、朔、忻、安北、
单于、代、岚、云、胜、丰、盐、灵、会、凉、肃、甘、
瓜、沙、伊、西、北庭、安西、河、兰、鄯、廓、叠、
洮、岷、扶、柘、维、静、悉、翼、松、当、戎、茂、
嶲、姚、播、黔、欢、容为边州。

引据

《唐六典》卷三户部郎中员外郎条：安东、平（以下与本文
同）。

参考

《通典》卷三二《职官一四·州郡上·都护》：大唐永徽中，
始于边方置安东、安西、安南、安北四大都护府，后又加单于、
北庭都护府（麟德元年，改云中都护为单于都护）。

按

《六典》所谓50个边州，主要集中在陇右道、剑南道、河
东道、河北道、关内道，江南道、岭南道也各有2州，其中尤以
陇右道、剑南道为多，反映当时国防的重心所在。关于陇右道，
《六典》言其"南连蜀及吐蕃，北界朔漠"，而"其秦、凉、鄯、
洮、北庭、安西、甘、岷又管羁縻州"，故其边州较多；关于剑
南道，《六典》云其位置特殊："西界吐蕃，南接群蛮"，"其黎、
戎、泸、茂、松、嶲、姚又管羁縻州，静、柘、翼、悉、维五州
并管羌、夷"，这也就是剑南道之所以多边州的原因了。

其7道及其所涉及的50边州（府）的排列顺序是：

一为河北道州、府，包括安东、平、营、檀、妫等5
州、府；

二为河东道州，包括蔚、朔、忻等3州；

三为关内道府，安北、单于 2 都护府；

四为河东道州，代、岚、云等 3 州；

五为关内道州，胜、丰、盐、灵、会等 5 州；

六为陇右道州、府，河西地区有：凉、肃、甘、瓜、沙、伊、西、北庭、安西等 9 州、府，陇右地区有：河、兰、鄯、廓、叠、洮、岷 7 州，共有 16 州（府）；

七为剑南道州，包括扶、柘、维、静、悉、翼、松、当、戎、茂、嶲、姚等 12 州；

八为江南道州，有播、黔 2 州；

九为岭南道州，有欢、容 2 州。

这样，各道总的统计情况如下：河北道，安东、平、营、檀、妫 5 州、府；河东道，蔚、朔、忻、代、岚、云等 6 州；关内道，安北、单于、胜、丰、盐、灵、会等 7 州、府；陇右道，河西地区有：凉、肃、甘、瓜、沙、伊、西、北庭、安西等 9 州、府，陇右地区有：河、兰、鄯、廓、叠、洮、岷 7 州，共 16 州府；剑南道，扶、柘、维、静、悉、翼、松、当、戎、茂、嶲、姚等 12 州；江南道，播、黔 2 州；岭南道，欢、容 2 州。

如果我们留意一下《六典》关于 50 个边州的叙述顺序，就会注意到这种叙述方式等于在唐朝的周边地区，从陆路由东到西、再从北到南画了一条大大的倒"7"字。即由东北向西，划一条大致的直线（个别地区偏北，如安北都护府及伊州、西州、北庭都护府等），到达西北地区；从西北向东南、再向正南、而后再向偏西南，沿吐蕃边界向南划一曲线。这两条线之后，才是跳跃着的最后 4 个边州，已经很难说是有何规律了。

唐代边防在于陆路，而不在海疆。故没有在临近大海的诸州设置以海防为目的的边州。个别邻海州之成为边州，也是因为其陆路防御的需要，如河北道的安东、平、营诸州、府（以及后来的蓟州），岭南道的欢州等。余如河北道的沧州、棣州，河南道的青州、莱州、登州等数量众多的沿海州，均未成为边州。

《六典》所谓边州只是开元七年制度。理由是：此式中，蓟州尚不是边州，因蓟州是开元十八年时分幽州之三县而设置的。而本条乙中却有蓟州为边州，时间应晚出。

在《唐六典》卷三户部郎中员外郎条中，"诸四万户以上为上州"的内容，属于唐《户令》，而本条"边州"却属于《户部式》。以此可知《唐六典》本条中，"上州"之上的大部分文字属《式》，其下大部分属于《令》。也即：边州、望州、雄州、四辅州、羁縻州（包括三都及都督、都护府）等，以地理冲要等为划分标准者，均在《式》中规定；而以户数计其等级者，如上、中、下州县则规定在《令》中。依此，可复原更多唐式。

九乙　〔开元·户部〕　灵、胜、凉、相、代、黔、嶲、丰、洮、朔、蔚、妫、檀、安东、叠、廓、兰、鄯、甘、肃、瓜、沙、岚、盐、翼、戎、慎、威、西、牢、当、郎、茂、欢、安北、庭、单于、会、河、岷、扶、拓、安西、静、悉、姚、雅、播、容、燕、顺、忻、平、灵（云）、①临、蓟等五十九州，为边州。

引据

一、《唐律疏议》卷二八《捕亡》在官无故亡条疏："边要之官"，《户部式》："灵、胜等五十九州为边州。"此乃居边

① 此"灵"字当为"云"字，因繁体字"靈"与"雲"字形相近而误。《唐六典》卷三户部郎中员外郎条言及河东道的边州，即有"代、岚、云"3州，也可为证明。

为要。

二、《唐会要》卷二四《诸侯入朝》：（开元?）十八年十一月敕：灵、胜、凉、相、代、黔、嶲、丰、洮、朔、蔚、妫、檀、安东、叠、廓、兰、鄯、甘、肃、瓜、沙、岚、盐、翼、戎、慎、威、西、牢、当、郎、茂、欢、安北、庭、单于、会、河、岷、扶、拓、安西、静、悉、姚、雅、播、容、燕、顺、忻、平、灵（云）、临、蓟等五十九州，为边州。扬、益、幽、潞、荆、秦、夏、汴、沣、广、桂、安十二州，为要州。都督、刺史，并不在朝集之例。

参考

《通典》卷三二《职官一四·州郡上·都护》：大唐永徽中，始于边方置安东、安西、安南、安北四大都护府，后又加单于、北庭都护府（麟德元年，改云中都护为单于都护）。

按

《唐会要》所载与《唐律疏议》所云有二同：一为灵、胜等州顺序，二为数字皆为 59 州。可知该敕文与《式》文是相同的。可能是敕文变成了《式》。

韩国磐《传世文献中所见唐式辑存》〔《厦门大学学报》（哲社版）1994 年第 1 期〕云："案《唐会要》卷 24《诸侯入朝》条，载开元十八年（公元 730 年）十一月敕：'灵、胜、凉、相、代、黔、嶲、丰、洮、朔、蔚、妫、檀、安东、叠、廓、兰、鄯、甘、肃、瓜、沙、岚、盐、翼、戎、慎、威、西、牢、当、郎、茂、欢、安北、庭、单于、会、河、岷、扶、拓、安西、静、悉、姚、雅、播、容、燕、顺、忻、平、灵、临、蓟等五十九州，为边州。'这里只列举了五十六州，且灵州再出，实五十五州。然较《户部式》的只举两州，已详尽得多。故式文恐亦为省略之文。"

韩先生谓"式文恐亦为省略之文"的说法，是正确的。但轻信其为"开元十八年（公元730年）十一月敕"，则有难以解决的疑问。

首先，要解决式文的时间问题。从安东、安北、安西及单于都护府共同使用的情况，可以确定本条式文的时间。

安西都护府为贞观十四年（公元640年）平高昌后设置，安东都护府为高宗总章元年（公元668年）十二月设置；安北都护府，初为太宗贞观二十一年（公元647年）平薛延陀而于西受降城设置燕然都护府，高宗龙朔三年（公元663年）改称瀚海都护府，总章二年（公元669年）更名安北都护府。是安东、安北、安西的一同出现，不早于高宗总章二年（公元669年）前，故《贞观式》、《永徽式》中未必有此59州为边州的内容。单于都护府，据《通典》为系高宗麟德元年（公元664年）由云中都护改称为单于都护；在武周圣历八年（公元698年）曾并入安北都护府，开元八年（公元720年）复置。则安东、安北、安西及单于都护府并列一处，只能是《仪凤式》、《垂拱式》及后来的《开元七年式》，中间的《神龙式》不应有此内容。自然，《通典》所谓"大唐永徽中，始于边方置安东、安西、安南、安北四大都护府"之说，只是大概的说法。关于"蓟州"。按《旧唐书》卷三九《地理志二》："蓟州，开元十八年，分幽州之三县置蓟州。"是本式文之出现，只能是开元十八年（公元730年）之后的事。

关于"临州"。按《元和郡县图志》卷三九《陇右道上》云："临州（狄道。下府），天宝初，割兰州狄道县，又别置安乐县，置临州"；其所"管县二，狄道，长乐"。该书之殿本在

"临州狄道"下有按语云："是州置自天宝三年，故不载开元户、乡。"

这就有了一个极大的矛盾。"置自天宝三年"的临州，却在《唐会要》卷二四《诸侯入朝》的开元十八年（公元730年）敕中被宣布为"边州"之一，在情理上不通。查《唐会要》排列上引敕文，位置在开元八年（公元720年）十月敕、其年十一月十二日敕、十四年（公元726年）二月敕之后；其后又是二十二年（公元734年）十一月敕，再后为代宗永泰元年（公元765年）正月记事。在这样的环境中，一般不会出现理解错误问题。或许，该敕文是天宝八年（公元749年）敕。这样，临州出现而为边州的问题，就容易讲清楚了。

又按《旧唐书》卷一一《代宗纪》："宝应元年……是岁……吐蕃陷我临、洮、秦、成、渭等州。"《元和郡县图志》卷三九《陇右道上》："临州……宝应元年陷于西蕃。"则自天宝三年（公元744年）至宝应元年（公元762年），共18年时间，上述所谓式文应当是反映此期间的边州情况。

按《元和郡县图志》卷三九《陇右道上》，同时被陷的有兰州、河州、鄯州，宝应二年（公元763年）陷的有渭州、秦州；而廓州早在肃宗乾元元年（公元758年）就陷落，岷州（因羌叛）也在肃宗上元二年（公元761年）陷落。洮州于代宗广德元年（公元763年）陷落，凉州广德二年（公元764年）陷落，甘州永泰二年（公元766年）陷落，肃州大历元年（公元766年）陷落，沙州较晚，于德宗建中二年（公元781年）陷落，瓜州大历十一年（公元776年）陷落，西州德宗贞元七年（公元791年）陷落。未陷落者为庭州、伊州。

按《旧唐书》卷一一《代宗纪》二年秋七月，"吐蕃大寇河、陇，陷我秦、成、渭三州，入大震关，陷兰、廓、河、鄯、洮、岷等州，盗有陇右之地。"是年冬，一度占领京城。十二月"吐蕃陷松州、维州、云山城、笼城"。

《唐会要》（也包括《唐律疏议》）所云的边州及其所属道的顺序，依次是：一关内道，灵、胜州，二陇右道，凉州，三河北道，相州，四河东道，代州，五江南道，黔州，六剑南道，嶲州，七关内道，丰州，八陇右道，洮州，九河东道，朔、蔚州，十河北道，妫、檀州、安东府，十一陇右道，叠、廓、兰、鄯、甘、肃、瓜、沙州，十二河东道，岚州，十三关内道，盐州，十四剑南道，翼、戎州，十五河北道，慎、威州，十六陇右道，西州，十七岭南道，牢州，十八剑南道，当、郎、茂州，十九岭南道，欢州，二十关内道，安北府，二十一陇右道，庭州（即北庭府），二十二关内道，单于府，二十三关内道，会州，二十四陇右道，河、岷州，二十五剑南道，扶、柘州，二十六陇右道，安西府，二十七剑南道，静、悉、姚、雅州，二十八江南道，播州，二十九岭南道，容州，三十河北道，燕、顺州，三十一河东道，忻州，三十二河北道，平州，三十三河东道，云（原作灵，误。繁体字的"灵"，容易误为"云"）州，三十四陇右道，临州，三十五河北道，蓟州。

这其中，涉及到关内道（灵、胜、丰、盐、会、安北、单于7州府），陇右道（凉、洮、叠、廓、兰、鄯、甘、肃、瓜、沙、西、庭、河、岷、安西、临16州府），河北道（相、妫、檀、安东、慎、威、燕、顺、平、蓟10州府），河东道（代、朔、蔚、岚、忻、云6州府），江南道（黔、播2州），剑南道（嶲、翼、戎、当、郎、茂、扶、柘、静、悉、姚、雅12州），岭南道（牢、欢、容3州）等共7个道，但整个来说，没有一定秩序，各道交叉叠出，没有规律。

　　与《唐六典》所载边州情况相比，关内道仍然是 7 州、府，只是顺序由原来的安北、单于、胜、丰、盐、灵、会变成灵、胜、丰、盐、会、安北、单于；陇右道由原来的凉、肃、甘、瓜、沙、伊、西、北庭、安西、河、兰、鄯、廓、叠、洮、岷共 16 州、府，变而为凉、洮、叠、廓、兰、鄯、甘、肃、瓜、沙、西、庭、河、岷、安西、临 16 州、府，数量虽同，但少一伊州，多一个临州；河北道原有 5 个州、府（安东、平、营、檀、妫），现增加到了 10 州、府（相、妫、檀、安东、慎、威、燕、顺、平、蓟），其中，妫、檀、安东、平州照旧，少了营州，却多了相、慎、威、燕、顺、蓟 6 州，蓟州此时从幽州中分出，而成为边州；河东道原有 6 州，现仍是，只是顺序由蔚、朔、忻、代、岚、云变为代、朔、蔚、岚、忻、云；江南道仍然是黔、播 2 州；剑南道仍是 12 州，但无松州而有郎州，无维州而有雅州，其余未变，顺序也由扶、柘、维、静、悉、翼、松、当、戎、茂、嶲、姚变而为嶲、翼、戎、当、郎、茂、扶、柘、静、悉、姚、雅；岭南道在欢、容之外，又增加了牢州。

　　将《唐会要》（也包括《唐律疏议》）所载的"五十九边州"，与《六典》所云开元初期 50 个边州对比来看，有 46 个边州是相同的。如下（其中带黑框的是相符合者）：

灵、胜、凉、相、代、黔、嶲、丰、洮、朔、蔚、妫、檀、安东、叠、廓、兰、鄯、甘、肃、瓜、沙、岚、盐、翼、戎、慎、威、西、牢、当、郎、茂、欢、安北、庭、单于、会、河、岷、扶、柘、安西、静、悉、姚、雅、播、容、燕、顺、忻、平、云、临、蓟。

　　新增的有：相、慎、威、牢、郎、雅、燕、顺、临、蓟等10 州，它们分属于河北道（相、慎、威、燕、顺、蓟州）、岭南道（牢州）、剑南道（郎、雅州）、陇右道（临州）；删除的有：营、伊、维、松 4 州，它们分属于河北道（营州）、陇右道（伊州）、剑南道（维州、松州）。

　　关于边州的增删问题，须作一点讨论。先是关于删的问题。营、伊、维、松 4 州被从边州中删掉，颇难理解。营州邻近契丹、突厥、靺鞨，伊州与突厥接壤，维州、松州皆与吐蕃接壤，都有理由成为边州。再是关于增的问题。慎州（领靺鞨某部落，寄治幽州，靠近妫州）、威州（领契丹某部落，寄治幽州，靠近妫州）、雅州（与吐蕃接壤）、燕州（领靺鞨某部落，寄治幽州，靠近檀州）、顺州（寄治营州南五柳城）、临州（从兰州分出，邻近吐蕃）、蓟州（从幽州分出，邻近奚、契丹）成为边州，自无问题；相州在河北道南部，南邻河南道，西接河东道，不与边疆接壤；牢州在岭南道中部，也非边州，不知二者为何是边州。或许，这与江南道的播、黔州（二州曾先后为都督府）、岭南道的欢、容州成为边州，是一个道理。郎州属剑南道，邻近吐蕃，按《旧唐书·地理志四》，武德元年（公元 618 年）置南宁州，四年（公元 621 年）置总管府，五年（公元 622 年）罢而复置，寄治益州，七年（公元 624 年）改为都督，八年（公元 625 年）自益州移治味县；贞观六年（公元 632 年）罢都督，置刺史，八年（公元 634 年）改南宁州为郎州。这样，它只是唐初设置的一个州。《六典》户部郎中员外郎条剑南道所属 33 州中，已无郎州，其地域应属戎州、姚州。但郎州与戎州、姚州并列，姚州在天宝十三载（公元 754 年）没蕃，临州天宝三载（公元 744 年）始置，本条式文应是天宝年间之文。

　　再者，《唐律疏议》关于"边要"的说法，"乃居边为要"，就是说"边"即为"要"，不是"边"为"边"、"要"为"要"，这与《唐会要》所引的十一月敕中"某某为边州，某某为要州"的"边"、"要"并列是不同的。这一方面可能是在高宗永徽间制作疏议时，尚没有区分"边州"与"要州"，只是到了后来才有了区别；另一方面，边州与要州之分，在永徽时就有了，只是作疏议时的疏忽，而只解释了"边"，未解释"要"。

　　下附《户部格》，因其有缘边州之内容，且与赋税（给复）有关，故附于此处，供参考。

　　附一：《户部格》

　　《白氏六帖事类集》卷第二二《迁徙四》：《户部格》（《格》云：非缘边州及侧户千里内军府百姓，欲于缘边州府附户居住，并听，与本管计会，具申所由司，准丁授田给复十年。有事于本州防御，不须差外征镇。自此为《格》）。

　　附二：《开元户部格》

　　敦煌出土《开元户部格》残卷（S. 1344）：

　　敕：左厢桑乾、定襄两都督府管内八州降户及党项等，至春听向夏州南界营田，秋收后勒还。

景龙二年六月九日

　　敕：诸蕃商胡，若有驰逐，任于内地兴易，不得入蕃。仍令边州关、津、镇、戍，严加捉搦。其贯属西、庭、伊等州府者，验有公文，听于本贯已东来往。

垂拱元年八月廿八日

　　敕：诸蕃部落见在诸州者，宜取州司进止。首领等如（如）有灼然要事须奏者，委州司录状奏闻。非有别敕追入朝，不得辄发遣。

垂拱元年九月十五日

敕：化外人及贼须招慰者，并委当州及所管都督府审勘当奏闻，不得辄即招慰及擅发文牒，所在官司亦不得辄相承受。如因此浪用官物者，并依监主自盗法。若别敕令招慰得降附者，挟名奏听处分。

长安元年十二月廿日①

按

刘俊文云，降户、诸蕃商胡、诸蕃部落"亦涉及户口管理事"。按《新唐书》卷一九四《突厥传》云："突厥诸部来降附者，多处之丰、胜、灵、夏、朔、代六州，谓之降户"，太宗、高宗时先后设置定襄都督府、桑乾都督府；党项又与松州接壤；诸蕃商胡涉及边州，尤其西、庭、伊等州府，因其多与边州有关，故附于此。刘氏又云，化外人及贼"涉及优复蠲免事"，但因可能也多发生于边州，故也附于此。刘氏以为，此卷所载，疑为开元三年（公元 715 年）姚崇等奉敕修定之《开元格》（有时也称《开元前格》）。

十　诸男女三岁已下为黄，十五已下为小，二十已下为中男，二十一成丁。

引据

一、《白氏六帖事类集》卷二二《征役七》：充夫式（《户部式》……又谓男女三岁已下为黄〔以下与本文同〕，二十一成丁也）。

---

① 敦煌《开元户部格》残卷，编号 S. 1344，现藏英国伦敦大英图书馆。转引自刘俊文著：《敦煌吐鲁番唐代法制文书考释》，中华书局，1989，第 278 ~ 279 页。

二、《白孔六帖》卷七八《征役》：充夫式（《户部式》……又谓男女三岁已下为黄〔以下与本文同〕，二十一成丁也）。

按

《白氏六帖事类集》在引述"正丁充夫四十日免调"之《户部式》之后接云："又谓男女三岁已下为黄，十五已下为小，二十已下为中男，二十一成丁也。"同样为双行小字注"充夫式"。仁井田陞《唐令拾遗·户令第九》复原第八条参考一，将此列为武德户令和开元户令的参考资料，并改"谓"字为"诸"。理由很简单，即唐令中有此类规定，故潜意识中否认在唐式中也存在类似规定，即令、式不可能两存同一内容的规定。但此事很值得考究。

一方面，《白氏六帖事类集》所引《户部式》与仁井田陞《唐令拾遗·赋役令第二十三》复原第四条后部内容相近，惟所云时间长短不同。这证明令、式并非不能有同类规定。《户部式》既可与《赋役令》有同类内容，则《户部式》也可与《户令》有同种内容规定。《武德户令》、《开元七年户令》规定："诸男女始生为黄，四岁为小，十六为中，二十一为丁，六十为老。"《开元二十五年户令》规定："诸男女三岁以下为黄，十五以下为小，二十以下为中，其男年二十一为丁，六十为老，无夫者为寡妻妾。"①

另一方面，《白氏六帖事类集》将"男女三岁已下为黄"等附列于《户部式》之后，并云"又谓"，其下内容显系另一条《户部式》文。故本条应属《户部式》。

---

① 〔日〕仁井田陞著、栗劲等编译：《唐令拾遗》，长春出版社，1989，第133~134页。

参考

一、《唐令拾遗·户令第九》复原第八条甲：〔武德〕〔开七〕诸男女始生为黄，四岁为小，十六为中，二十一为丁，六十为老。

二、《唐令拾遗·户令第九》复原第八条乙：〔开二五〕诸男女三岁以下为黄，十五以下为小，二十以下为中，其男年二十一为丁，六十为老，无夫者为寡妻妾。[①]

十一　其狭乡无剩地，客户多者，虽此法未该，准《式》许移窄就宽，不必要须留住。

引据

《唐会要》卷八五《逃户》：（开元）十八年，宣州刺史裴耀卿论时政上疏曰……其狭乡（以下与本文同）。

十二　如有浮客，情愿编附，请射逃人物业者，便准《式》据丁口给授。

引据

《唐会要》卷八五《逃户》：广德二年四月敕：如有（以下与本文同）。如二年以上，种植家业成者，虽本主到，不在却还限，任别给授。

---

① 以上两项系仁井田陞根据《通典》、《旧唐书》、《册府元龟》、《令集解》、《唐六典》、《大唐传载》、《文献通考》、《宋刑统》、《朱文公校昌黎先生集》诸书复原而成，详见各该书，此处不备举。

附：《开元户部格》

敦煌出土《开元户部格》残卷（S. 1344）：

敕：畿内逃绝户宅地，王公百官等及外州人不得辄请射。

景龙二年三月廿日

敕：逃人田宅，不得辄容卖买，其地任依乡原价租充课役，有剩官收。若逃人三年内归者，还其剩物。其无田宅，逃经三年以上不还者，不得更令邻保代出租课。

唐〔隆〕元年七月十九日①

按

上述二条格文为逃户田宅事，与式文相关，姑且附于此。刘俊文以为，后格的原敕在今《文苑英华》卷四六五《诫励风俗》有载，原文为："诸州百姓多有逃亡，良由州县长官抚字失所，或住居侧近虚作破除，或逃在他州横征邻保，逃人田宅因被贱卖。宜令州县招携复业，其逃人田宅，不得辄容卖买，其地任依乡原例租纳州县仓，不得令租地人代出租课。"二相比较，格文有所删略，也有改动。

十三　亦既编户，见在课役如法，准《式》仍征赋役。附处复有课输于官，课役无违。

引据

一、《唐律疏议》卷二八《捕亡》丁夫杂匠亡条问答：亦既编户，见在课役如法，准《式》仍征赋役。附处复有课输于官，

---

① 敦煌《开元户部格》残卷，编号 S. 1344，现藏英国伦敦大英图书馆。转引自刘俊文著：《敦煌吐鲁番唐代法制文书考释》，中华书局，1989，第 280 页；同氏著：《唐代法制研究》，台北文津出版社，1999，第 138 页。

课役无违。

二、《册府元龟》卷六三《帝王部·发号令二》：开元九年二月乙酉诏曰：四海清晏，百年于兹，虽户口至多，而逃亡未息。……丁亥制曰：诸州背军逃亡人，限制到百日内，各容自首，准《令》、《式》合所在编户，情愿住者，即附入簿籍，差科赋敛，于附入《令》、《式》，仍与本贯计会停征。若情愿归贯，及据《令》、《式》不合附者，首讫明立案记……

按

此处准《式》，当指式文，且当是《户部式》。

附：《开元户部格》

敦煌出土《开元户部格》残卷（S. 1344）：

敕：长发等，宜令州县严加禁断。其女妇识文解书堪理务者，并预送比校内职。

咸亨五年七月十九日

敕：诸山隐逸人，非规避等色，不须禁断。仍令所由觉察，勿使广聚徒众。

长安二年七月廿八日

敕：如闻诸州百姓结构朋党，作"排山社"，宜令州县严加禁断。

景龙元年十月廿日①

按

刘俊文云，禁长发、诸山隐逸人、排山社"均涉及户口逃亡及规避赋役事"。按长发指北魏至唐流行之弥勒教派，入教可能是逃避户役；至隐逸人，如果不是为了"规避"户役，则可

---

① 敦煌《开元户部格》残卷，编号 S. 1344，现藏英国伦敦大英图书馆。转引自刘俊文著：《敦煌吐鲁番唐代法制文书考释》，中华书局，1989，第 277～278 页。

以不禁。因都与户役有关，姑附于此。

十四   准《式》，职田黄籍，每三年一造。

引据

《唐会要》卷九二《内外官职田》：（大历）十四年八月
敕……又准《式》：职田黄籍，每三年一造。自天宝九载以后，
更不造籍。宜各委州县，每年差专知官巡覆，仍造簿依限申交所
司，不得隐漏，及妄破蒿荒。如有违犯，专知官及本典准法
科罚。

十五   内外文武官职田及公廨田，州县每年六月三十日勘造白簿 申省，与诸司文解勘会，至十月三十日征收，给付本官。

引据

《唐会要》卷九二《内外官职田》：（大历）十四年八月敕：
内外文武官职田及公廨田，准《式》（以下与本文同）。近来不
守常规，多不申报。给付之际，先付清望要官；其闲慢卑官，即
被延引不付。自今以后，准《式》各令送付本官。

按

本条与上条当是《户部式》。参见《屯田式》按语。

十六 〔开元〕   其开荒地，经二年收熟，然后准例。

引据

《令集解》卷一二《田令·荒废条》：《古记》云：替解日

还官收授。谓百姓垦者待正身亡，即收授。唯初垦六年内亡者，三班收授也。公给熟田，尚须六年之后收授，况加私功未得实哉？举轻明重义。其租者，初耕明年始输也。《开元式》第二卷云：其开荒地（以下与本文同）。养老七年《格》云：其依旧沟垦者，给其一身也；新作堤防垦者，给传三世也。①

参考

《唐会要》卷九七《吐蕃》：大中三年……八月敕曰……原州、秦州、威州并七关侧近，访闻土地肥沃，水草丰美，如有百姓要垦辟耕种，五年不加赋税。五年已后，量定户籍，使任为产业。

按

本条是日本古籍中明确引述《开元式》具体卷数两例中的一例。本条当是《户部式》，详见《论说篇》，并参见复原《祠部式》第一条按语。根据本条所在位置，可以确定《户部式》在唐式中所在的准确卷数。

十七 〔户部〕　诸荒田有桑枣之处，皆不得放火。

引据

《宋刑统》卷二七《杂律》失火门非时烧田野条附：〔准〕《户部式》：诸荒田有桑、枣之处，皆不得放火。

参考

《全唐文》卷七七二《李商隐·为濮阳公奏临泾平凉等镇准

---

① 〔日〕新美宽撰、铃木隆一补：《本邦残存典籍による辑佚资料集成（正续）》，京都大学人文科学研究所，1968，第52页。《新订增补国史大系·令集解》第2册，吉川弘文馆，昭和63年4月版，第372页。

〈式〉十月一日起烧贼路野草状》：右，臣当道最近寇戎，实多蹊隧，每当寒冻，须有堤防。今才毕秋收，未甚霜降，井泉不合，草木犹滋，虽已及时，未宜纵火。臣已散帖诸镇讫，候皆黄落，即议焚除。稍越旧规，不敢不奏。谨录状奏。

按

本条为放火烧荒的限制规定。唐《田令》有烧荒时节（二月一日以后、十月三十日以前。参见编译本《唐令拾遗》第586页），律有惩治"非时烧田野"之法（见《杂律》）。《令》、《律》均为火耨生文，荒田放火之目的是为种植，亦火耨也。

又，《唐会要》卷九四《吐谷浑》："贞观……九年五月，李靖悉烧野草，轻兵走入碛……败吐谷浑于牛心堆。"是参考中此"准式"可能是根据实战经验而制定的。

十八 〔户部〕　诸正丁充夫，四十日免〔调〕，① 七十日并免租，百日已上课役俱免。中男充夫，满四十日已上，免户内地租；无他（地）税，折户内一丁；② 无丁，听傍折近亲户内丁。

引据

一、《白氏六帖事类集》〔卷二二〕《征役七》：充夫式（《户部式》：诸正丁充夫四十日免〔调?〕〔以下与本文同〕）。

二、《白孔六帖》卷七八《征役》：充夫式（《户部式》：诸

---

① 王永兴以为："'免'后应脱一'调'字。"见氏著：《隋唐五代经济史料汇编校注》第1编下册，中华书局，1987，第554页。

② 王永兴云："'他'误，应作'地'，即'地税'，由此可知，前一句内的'地租'，应作'地税'。'折户内一丁'，折'一丁'的什么？'一丁'后有脱文。"见氏著：《隋唐五代经济史料汇编校注》第1编下册，中华书局，1987，第555页。

正丁充夫四十日免〔调?〕，七十日并免租，百日以上课役俱免。中男充夫，满四十日以上，免户内地租；无他税，折户内一丁；无丁，听傍折近亲户内丁。）

参考

《令义解》卷三《赋役令》岁役条：凡正丁岁役十日（谓于京役之，即不给公粮。若留役者，即官给也），若须收庸者，布二丈六尺（谓其收庸者，须随乡土所出，不可以布为一例也。一日二尺六寸），须留役（谓正役之外，更亦留役也）者，满卅日，祖（租）调俱免（役日少者，计见役日折免〔谓祖（租）调混合，捻作卅分，以卅分之一，当一日之分，计役日折免也〕）。通正役，并不得过卅日。次丁二人，同一正丁（谓次丁一人岁役五日，若收庸者，布一丈三尺，是为一常。其留役十五日者，租调俱免也）……①

按

本条与《赋役令》极类似。仁井田陞《唐令拾遗》根据唐日史籍复原的《赋役令》第四条云："诸丁岁役二十日……须留役者，满十五日免调，三十日租调俱免（从日少者，见役日折免），通正役并不得过五十日"。② 依此折算，《户部式》40 日免调，较《赋役令》之 35 日多 5 日；70 日免租调，较后者之 50 日免租调多 20 日；百日已上免课役，又较 50 日租调及 20 日岁役俱免为峻。且《令》不许超过 50 日。

"充夫"与"岁役"不同。《唐六典》卷三户部郎中员外郎条云："凡赋役之制有四：一曰租，二曰调，三曰役，四曰杂徭。"役即岁役，杂徭包括充夫。依《唐律疏议》卷二八《捕

---

① 《新订增补国史大系·令义解》，吉川弘文馆，昭和 63 年 11 月印行，第 117 页。
② 〔日〕仁井田陞著、栗劲等编译：《唐令拾遗》，长春出版社，1989，第 597 页。

亡》丁夫杂匠亡条疏解释丁夫："丁谓正役，夫谓杂徭"，二者在叫法上就不同。《唐律疏议》卷一二《户婚》又云："其小徭役，谓充夫及杂使。"小徭役也与正役相对，包含了充夫及杂使。按王永兴先生的意见，唐代徭役名称中带"夫"字的，大多属于这种徭役，如守当夫、营墓夫、排门夫等。[1]

在唐代，《赋役令》所规定"丁岁役"即"正役"，而此处《户部式》所云者则是"杂徭"；前者即使"留役"，所服者也是"正役"的延长，故合计35日即免调，合计50日免调与租；后者是各类人"充夫"即服"杂徭"，包括正丁充夫和中男充夫。杂徭无固定期限，但因占用居民时间和劳动力，故正丁服杂徭40日免调，较成丁服正役而留役免调时间多5日，70日免调并免租，较正役留役免租调多20日，且课役俱免（包括调、租及正役或岁役）须得百日以上，实际是以30日夫役折合20日正役。此与正役不同，正役即使留役也不得过50日，杂役却无此限制。中男不服"丁役"（即正役、岁役），临时被差发杂徭，优惠较正丁服杂徭更大，满40日以上即可免户内地租（因中男未授田，本人无地租。当然应理解为免一人之地租，而不能理解为免去全部地租），若无地租或地税，可折合户内一成年丁口之丁役，且户内无丁时可折合近亲户内丁口之丁役，优遇可惠及他人。有关"中男充夫"的实物资料，是《敦煌掇琐》30：3418白话五言诗中的一句："十六作夫役"。[2]

按王永兴先生的意见，唐代最迟到天宝中，在全国范围内，20日役制不复存在。大体自唐朝初年起，大规模徭役常常采取和雇方式，一般徭役常用充夫制，而少用20日役制。见氏著

① 王永兴著：《隋唐五代经济史料汇编校注》第1编下册，中华书局，1987，第554页。
② 王永兴著：《隋唐五代经济史料汇编校注》第1编下册，中华书局，1987，第557页。

《隋唐五代经济史料汇编校注》（第 1 编下），中华书局，1987，第 406 页。

十九　〔户部〕其役功，则依《户部式》。

引据

《唐六典》卷七工部郎中员外郎条注：其役功，则依《户部式》。

按

《六典》同上云："其和雇铸匠，有名解铸者，则补正功。凡计功程者，夏三月与秋七月为长功，冬三月与春正月为短功，春之二月、三月、秋之八月、九月为中功。"此处之"役功"，当指非长功、中功、短功者，因语言环境即此。《唐六典》工部条、将作监丞条皆言及长短功。日本令对长短功有规定，长、中、短功皆以织布所需功数为定，分别需四、五、六功（以一布所需计算）。

此处"役功"之"役"，指"凡丁岁役二旬"。又，按下引参考，令式并列，乃令中有，式中也有。非虚言。此一强证。

参考一

《全唐文》卷二六九《张廷珪·请河北遭旱涝州准式折免表》：臣廷珪言：伏见景龙二年三月十一日敕："河南北桑蚕倍多，风土异宜，租庸须别。自今以后，河南、河北蚕熟，依限即输庸调。秋苗若损，唯令折租，乃为常式者。"……伏愿陛下……追复旧章，许河南、河北有水旱处，依贞观、永徽故事，一准《令》、《式》折免……谨因所部司法参军郑元亮奏涝损，谨附表以闻。

参考二

日本《弘仁主税式上》：诸国织成绫一匹，单功：一窠二窠卅日，杂绫罗卅四日，两面卅日。其织手给食，日米二升，盐二勺；手力米一升五合，盐一勺。[1]

二十 〔开元〕依令："孝义得表其门闾，同籍并免课役。"即孝义人身死，子孙不住，与得孝义人同籍，及义门分异者，并不在免限。

引据

《令集解》卷一三《赋役令·春季条》：又《古记》云：《开元式》云："一、依令：'孝义得表其门闾，同籍并免课役。'即孝义人身死，子孙不住，与得孝义人同籍，及义门分异者，并不在免限。"[2]

参考

一、《唐六典》卷三户部郎中员外郎条：凡丁户皆有优复蠲免之制。……若孝子、顺孙、义夫、节妇，志行闻于乡闾者，州县申省奏闻，表其门闾，同籍悉免课役；有精诚致应者，则加优赏焉。

二、《通典》卷六《食货六·赋税下》：诸孝子顺孙、义夫节妇，志行闻于乡闾者，申尚书省奏闻，表其门闾，同籍悉免课役。

三、《令义解》卷三《赋役令》孝子顺孙条：凡孝子顺孙

---

[1] 〔日〕虎尾俊哉著：《弘仁式贞观式逸文集成·附录·弘仁主税式上断简》，国书刊行会平成4年12月版，第210页。

[2] 《新订增补国史大系·令集解》第2册，吉川弘文馆，昭和63年版，第406~407页。

（谓高柴泣血三年，顾悌绝浆五日之类，孝子也；原穀喻父迎祖，刘殷冒雪获芹之类，顺孙也）、义夫节妇（谓辛威五代同爨，郭儁七世共居之类，义夫也；卫共姜、楚白姬之类，节妇也），志行闻于国郡者，申太政官奏闻，表其门闾（谓假如于其门及里门，筑堆立榜，题云："孝子门"若"里"也），同籍悉免课役。有精诚通感（谓孟宗泣生冬笋，梁妻哭崩城之类，通感也）者，别加优赏。①

按

《古记》所引《开元式》，以"一"为分隔号者，共五条。本条为其中之一。它们应当是《开元式》的原始状态，是式文的规定原样。

五条之中，后两条是纯粹的式文；前三条中，"即"字以前，是令文；"即"字以后，是式文对令文的补充规定。引用令文的原因，是式文为使某一规定细密化所针对的原先令中的粗略规定。从立法技术角度看，是令式联事规定的一种方式。关于此点，参见"论述篇"三之（二）1. 式与令的关系。

仁井田陞《唐军防令と烽燧制度——泷川博士の批评に答えて》也曾指出这一点。他指出，三个"即"字以下部分，是对"唐赋役令的补充细节规定"，是"令式相关联"的例证。同时他也指出，这也恰好是令式之间出现矛盾规定之所在。为此，他也提到了唐高宗时的祠令与吏部式（或礼部式）的矛盾情形。②

用日本《赋役令》孝子顺孙条与本条所引唐令比较，可见日本令沿袭了唐令制。但我们在此所注重者，是唐式在唐令的基础上作补充规定，其痕迹至为明显。因相应的唐令已佚失，故日

---

① 《新订增补国史大系·令义解》，吉川弘文馆，昭和63年11月印行，第121页。
② 载《法制史研究》第4号。

本令是理解唐令与唐式关系的重要资料。

新美宽撰、铃木隆一补《本邦残存典籍による辑佚资料集成（正续）》，在《史部第九刑法类》将本条复原成《开元式》，此种处理较妥当。但仅限于本条，实际上，其下的4条也应理解为《开元式》。[1]

附一：《开元格》

《令集解》卷一三《赋役令·孝子条》：释云……《开元格》云：其义必须累代同居，一门邕穆，尊卑有序，财食无私，远近钦承，州闾推伏，州县亲加按验，知状迹殊，充使覆问者，准《令》申奏；其得旌表者，孝门复终孝子之身也。[2]

附二：《开元户部格》

敦煌出土《开元户部格》残卷（S. 1344）：

敕：孝义之家，事须旌表。苟有虚滥，不可哀称。其孝必须生前纯至，色养过人；殁后孝思，哀毁逾礼。神明通感，贤愚共伤。其义必须累代同居，一门邕穆，尊卑有序，财食无私，远近钦永，州闾推伏。州县亲加案验，知状迹殊尤，使覆同者，准《令》申奏。其得旌表者，孝门复终孝子之身，义门复终旌表时同籍人身。仍令所管长官以下及乡村等，每加访察。其孝义人如中间有声实乖违，不依格文者，随事举正。若容隐不言，或检覆失实，并妄有申请者，里正、村正、坊正及同检人等各决杖六十，所由官与下考。

证圣元年四月九日[3]

---

① 〔日〕新美宽撰、铃木隆一补：《本邦残存典籍による辑佚资料集成（正续）》，京都大学人文科学研究所，1968，第52页。

② 《新订增补国史大系·令集解》第2册，吉川弘文馆，昭和63年版，第412页。

③ 敦煌《开元户部格》残卷，编号S.1344，现藏英国伦敦大英图书馆。转引自刘俊文著：《敦煌吐鲁番唐代法制文书考释》，中华书局，1989，第276～277页。

按

将二者比照，敦煌出土《开元户部格》显然是全文，而《令集解》所引《开元格》显系其节文。前半部关于"孝门"之条件未引述，而仅取其义门；后半部有关访察、举正之事也未引述。

二十一 〔开元〕 依令："授官应免课役，皆待蠲符至，然后注免。杂任解下应附者，皆依解时月日据征。"即杂补任人，合依补时月日蠲免。

引据

《令集解》卷一三《赋役令·春季条》：又《古记》云：《开元式》云："……一、依令：'授官应免课役，皆待蠲符至，然后注免。杂任解下应附者，皆依解时月日据征。'即杂补任人，合依补时月日蠲免。"①

参考一

一、《通典》卷六《食货六·赋税下》：诸任官应免课役者，皆待蠲符至，然后注免。符虽未至，验告身灼然实者，亦免。其杂任被解应附者，皆依本司解时日月据征。

二、《令义解》卷三《赋役令》蠲符条：凡应免课役者，皆待蠲苻（谓蠲除课役之符也）至，然后注免。苻虽未至，验位记灼然实者（谓若公验灼然者亦同也），亦免。其杂任被解应附者（谓舍人及兵卫、资人等被解却。其卫士、仕丁等解下者亦同也），皆依本司解时日月据征。②

---

① 《新订增补国史大系·令集解》第2册，吉川弘文馆，昭和63年版，第407页。
② 《新订增补国史大系·令义解》，吉川弘文馆，昭和63年11月印行，第120页。

参考二

《唐六典》卷三户部郎中员外郎条：凡丁户皆有优复蠲免之制（诸皇宗籍属宗正者及诸亲，五品已上父祖、兄弟、子孙，及诸色杂有职掌人。）

按

参看复原第二十条按语。

用日本《赋役令》与本条所引唐令比较，只是个别文字略有不同，表明日本令确实依据唐令制定的。但在此处，我们应注意的是，唐式是针对令文规定而作补充规定的，尽管这个补充规定只有一句话。另外，日本泷川政次郎曾讲过，《令集解》卷一三《赋役令·蠲符条》引用了《开元式》。[①]但细查原文，不见引文痕迹。可能是泷川氏将令文误以为式文了。

附《户部格》：

《唐会要》卷八一《用荫》：开元四年十二月敕……《户部格》：敕：应用五品以上官荫者，须相衔告身三道。若历任官少，据所历任勘。如申送人色有假滥者，州县长官、上佐、判官、录事参军，并与下考。仍听人纠告，每告一家，赏钱五十千，钱出荫人及与荫家。

按

此处“用五品以上官荫”，显然系《唐六典》卷三户部郎中员外郎条所谓的“五品已上父祖、兄弟、子孙”应享有的“优复蠲免”待遇，属授官应免课役范围，与本条有关，故附于此。

二十二　〔开元〕　依令：“春季附者，课役并征；夏季附者，

---

① 〔日〕泷川政次郎著：《支那法制史研究》，有斐阁，1940，第110页。

免课从役；秋季附者，课役俱免。"即春季破除者全
免，夏季破除者征课，秋季破除者全征。

引据

《令集解》卷一三《赋役令·春季条》：又《古记》云：
《开元式》云："……一、依令：'春季附者，课役并征；夏季附
者，免课从役；秋季附者，课役俱免。'即春季破除者全免，夏
季破除者征课，秋季破除者全征。"①

参考

一、《唐六典》卷三户部郎中员外郎条：凡丁新附于籍帐
者，春附则课、役并征，夏附则免课从役，秋附则课役俱免
（其诈冒、隐避以免课、役，不限附之早晚，皆征之）。

二、《通典》卷六《食货六·赋税下》：诸春季附者，课役
并征；夏季附者，免课从役；秋季附者，俱免。

三、《令义解》卷三《赋役令》春季条：凡春季附者，课役
并征（谓准上条"杂任被解应附者，皆依本司解时日月据征"，
即杂任春季被解附帐，谓之附也。又上条"应免课役者，待罢
符至，然后注免"，若春季符至者，课役并免。举春为言，余季
准此）；夏季附者，免课从役；秋季以后附者，课役俱免。其诈
冒隐避以免课役（谓诈复除，谓之诈也。相冒有荫之人，谓之
冒也。不附户贯，谓之隐也；诈疾病，谓之避也。皆言所诈以免
课役者也），不限附之早晚，皆征当发年课役（谓征事发年课役
也）。逃亡者附亦同。②

---

① 《新订增补国史大系·令集解》第 2 册，吉川弘文馆，昭和 63 年版，第 407 页。
② 《新订增补国史大系·令义解》，吉川弘文馆，昭和 63 年 11 月印行，第 120 页。

按

参看复原第二十条按语。

用日本《赋役令》春季条与本条所引唐令比较，前三句完全相同。证明唐式是以唐令为基础作补充规定的。又，与《唐六典》相比较，《通典》之文似源于原令文。

二十三甲 〔开元〕**防阁、疾（庶）**[①] **仆、邑士、白直等，诸色杂任等，合免课役，其中有解替，即合计日二人，共免一年。**

引据

《令集解》卷一三《赋役令·春季条》：又《古记》云：《开元式》云："……一、防阁、疾（庶）仆、邑士、白直等，诸色杂任等，合免课役，其中有解替，即合计日二人，共免一年。"[②]

参考

一、《唐六典》卷三户部郎中员外郎条：凡京司文武职事官皆有防阁，一品九十六人，二品七十二人，三品三十八人，四品三十二人，五品二十四人；六品给庶仆十二人，七品八人，八品三人，九品二人。公主邑士八十人，郡主六十人，县主四十人，特封县主三十四人（京官任两职者，从多给）。凡州县官僚皆有白直，二品四十人，三品三十二人，四品二十四人，五品十六人，六品十人，七品七人（七品佐官六人），八品五人，九品四人。凡州县官及在外监官皆有执衣，以为驱使，二品十八人，三品十五人，四品十二人，五品九人，六品、七品各六人，八品、

---

① "疾仆"，《唐六典》户部郎中员外郎条注作"庶仆"，当以"庶"为是。
② 《新订增补国史大系·令集解》第2册，吉川弘文馆，昭和63年版，第407页。

九品各三人（执衣并以中男充）。凡诸亲王府属并给士力，其品数如白直（其防阁、庶仆、白直、士力纳课者，每年不过二千五百，执衣不过一千文）。凡州县有公廨白直及杂职（其数见州县中），两番上下；执衣，三番上下。边州无白直、执衣者，取比州充。

二、《通典》卷三五《职官十七·禄秩（大唐）》：诸州县之官，流内九品以上，皆给白直：二品（四十人），三品（三十二人），四品（二十四人），五品（十六人），六品（十人），七品（七人。其七品佐官六人），八品（五人），九品（四人）。诸州县官，流内九品以上及在外监官五品以上，皆给执衣（随身驱使，典执笔砚，其监官于随近州县取充）：二品（十八人），三品（十五人），四品（十二人），五品（九人），六品、七品（各六人），八品、九品（各三人。关津岳渎官并不给）。分为三番，每周而代（不愿代者听之）。初以民丁、中男充，为之役使者不得逾境；后皆舍其身而收其课，课入所配之官，遂为恒制。

三、《通典》卷三五《职官十七·禄秩（大唐）》：开元十年正月，省王公以下视品官参佐及京官五品以上官仗身职员。

凡京司文武职事官，五品以上给防阁，一品（九十六人），二品（七十二人），三品（四十八人），四品（三十二人），五品（二十四人）；六品以下给庶仆：六品（五人），七品（四人），八品（三人），九品（二人）。公主，邑士（八十人），郡主（六十人），县主（四十人），特封县主（三十四人）。京官仕两职者，从多给。凡州县官皆有白直，二品（四十人），三品（三十二人），四品（二十人），五品（十六人），六品（十二人），七品（六人），八品（五人），九品（四人）。凡诸亲王府属并给士力，数如白直。其防阁、庶仆、白直、士力纳课者，每年不过二千五百，执衣元不过一千文。防阁、庶仆旧制季分，月俸食料杂用即月分。诸官应月给。

按

本文是防阁、庶仆、白直、士力免本身课役、杂徭的规定。

防阁、庶仆、白直、士力分别是为京司文武职事官、公主、州县官员、亲王府属等提供驱使的色役。参考中的执衣，也是唐代色役之一，配给州县九品以上官及在外的监官。按《六典》，供给文武职事官一品至五品的称防阁，供给六品至九品的称庶仆；而供给公主等的称邑士；供给州县官的称白直，供给亲王府属的称士力；供给州县官及在外监官的称执衣。各类色役根据官员等的品级不同而多寡不一。一品配防阁可达 96 人，九品配庶仆 2 人，如此等等。

防阁等皆从民户课丁中差科，轮番服役。但普遍不上番，而是纳资代役，即岁纳资课钱二千五百文，执衣的岁纳资课钱一千文。

参看本式复原第二十条按语。

附：《开元户部格》

敦煌出土唐《开元户部格》残卷（S. 1344）：

敕：官人执衣、白直，若不纳课，须役正身。采取及造物者，计所纳物，不得多于本课，亦不得追家人、车、牛、马、驴、杂畜等折功役使，及雇人代役。其市史、壁师之徒，听于当州县供官人市买。里正、佐史、坊正等随近驱使，不妨公事者亦听。诸司官驱使典吏亦准此。其州县杂职，缘公廨役使，情愿出课者，亦准白直例。

万岁通天元年五月六日①

按

此处的"市史壁师之徒"，即《唐会要》卷八六《市》所说的"市吏壁师之徒"："又准《户部格式》：'其市吏壁师之徒，听于当州县供官人市买。'"王永兴先生根据《会要》所引唐《州县职员令》之"市令"下有"史一人，师三人（掌分行检察州县市，各令准此）"，及《太平广记》卷一八《神仙类》引《仙传拾遗》杨伯丑条，以为市壁师是沿着市场的东西南北四壁而检查一壁的若干行的胥吏。从其被称做"师"来看，他们可能在商业上有技巧。见氏著《隋唐五代经济史料汇编校注（第一编下册）》，中华书局，1987，第625页。

二十三乙　诸色杂有职掌人，优复蠲免课役。

引据

一、《唐六典》卷三户部郎中员外郎条：凡丁户皆有优复蠲免之制（诸皇宗籍属宗正者及诸亲，五品已上父祖、兄弟、子孙，及诸色杂有职掌人。）

二、《唐会要》卷五八《尚书省诸司中·户部侍郎》：宝历二年正月，户部侍郎崔元略奏：准《赋役令》：内外六品以下官，及京司诸色职掌人，合免课役，请自今以后，应诸司见任官，及准《式》合蠲免职掌人等，并先于本司陈牒责保，待本

---

① 转引自王永兴编著：《隋唐五代经济史料汇编校注》第1编下册引斯坦因1344号卷，中华书局，1987，第675页；刘俊文著：《敦煌吐鲁番唐代法制文书考释》，中华书局，1989，第280页。

司牒到，然后与给符。

按

此处的"准《式》"当是式文，也当是《户部式》。"诸色杂有职掌人"，即"诸色杂任"，当是指防阁、庶仆、白直、士力、执衣等各色色役。

二十四　〔开元〕　诸色选人中间有替解，或有转选得官，征免依破除法，各与本司计会。

引据

《令集解》卷一三《赋役令·春季条》：又《古记》云：《开元式》云："……一、诸色选人中间有替解，或有转选得官，征免依破除法，各与本司计会。"①

按

参看复原第二十条按语。

二十五　〔开元·户部〕　诸②食封人，身殁③以后，所得④封物，随其男数为分，承嫡者加与⑤一分。若子亡者，即男承父分；寡妻无男承夫分。若非承嫡房，⑥至玄孙，即不在分限，其封物总入承嫡房，一依上法为分。其非承嫡房，每至玄⑦孙，准前停其应得分。房无男，有女在室

_____

① 《新订增补国史大系·令集解》第2册，吉川弘文馆，昭和63年版，第407页。
② "诸"，《唐六典》卷三无。
③ "殁"，同上作"没"。
④ "得"，《唐六典》卷三无。
⑤ "与"，《唐会要》卷九〇无。
⑥ "分"以上二十二字，同上无。
⑦ "玄"，同上作"元"。

者，准当房分得数与半；女虽多，更不加。虽有男，其姑、姊妹在室者，亦三分减男之二。若公主食实封，则公主薨乃停。①

引据

一、《唐六典》卷三户部郎中员外郎条：凡食封皆传于子孙（食封人，身没以后，所封物〔以下与本文同〕）。

二、《唐会要》卷九〇《缘封杂记》：天宝六载三月六日，户部奏……又准《户部式》节文："诸食封人，身殁以后，所得封物，随其男数为分，承嫡者加一分。至元孙，即不在分限，其封总入承嫡房，一依上法为分"者，若如此，则元孙诸物，比于嫡男，计数之间，多校数倍，举轻明重，理实未通。望请至元孙以下，准元孙直下一房，许依《令》、《式》，余并请停。

按

仁井田陞《唐令拾遗》将《唐会要》卷九〇《缘封杂记》所引《户部式》节文作为《附录》附列于《封爵令》之后。因《会要》节文后有"依《令》、《式》"字样，遂据《令集解》、《白氏六帖事类集》中令式混引的状况，结论说："在《令》中大概也有与此《户部式》同种的规定。"但本条应属《式》文，仁井田陞似未有异议。至于本条《式》文与《令》的关系，因本条《户部式》系对食实封者身亡后继承的特例规定，故与复原《户令》第二十七条（"分田宅及财物"条②）关于普通民人身亡后继承的通例规定有部分交叉。含义同者，《式》之"随其男数为分"，同《令》之"兄弟均分"；"若子亡者，即男承父

---

① "停"以上67字，同上无。
② 〔日〕仁井田陞著、栗劲等编译：《唐令拾遗》，长春出版社，1989，第155页。

分"，同"兄弟亡者，子承父分"；文、义均同者，"寡妻无男（者）承夫分"；意义相近者，《式》之"姑、姊妹在室者，亦三分减男之二"，约略相当于《令》之"姑、姊妹在室者，减男娉财之半"。依此可知，唐代文献中，"令式"、"式令"并称时，二者确有内容交叉情形（此处是通例和特例的交叉），原非虚言。

又，从参考项所列日本户令可知，唐《户部式》也参照了唐令规定的某些细节。

参考一

《令义解》卷二《户令》应分条：凡应分者，家人、奴婢（氏贱不在此限）、田宅、资财（其功田、功封，唯入男女），总计作法。嫡母、继母及嫡子，各二分（妾同女子之分），庶子一分。妻家所得，不在分限。兄弟亡者，子承父分（养子亦同）；兄弟俱亡，则诸子均分。其姑、姊妹在室者，各减男子之半（虽已出嫁，未经分财者亦同）。寡妻妾无男者，承夫分（女分同上。若夫兄弟皆亡，各同一子之分，有男无男等。谓在夫家守志者）。若欲同财共居，及亡人存日处分，证据灼然者，不用此令。①

参考二

一、《通典》卷一九《职官一·封爵》：大唐，国王、郡王、国公、郡公、开国郡公、县公、开国侯、伯、子，凡九等（并无其土，加实封者，乃给租庸。自武德至天宝，实封者百余家；自至德至大历三年，实封者二百六十五家）。

二、《通典》卷三一《职官一三·历代王侯封爵》：其加实封者，则食其封。分食诸郡，以租调给（自武德至天宝，实封

———————————

① 《新订增补国史大系·令义解》，吉川弘文馆，昭和63年11月印行，第98~99页。

者百余家；自至德二年至大历三年，食实封者二百六十五家，凡食四万四千八百六十户）。

三、《唐会要》卷九〇《缘封杂记》：大历十一年九月二十四日敕：诸公主封物，公主薨后，三年不须停。

按

《唐会要》卷四一《左降官及流人》云：“（建中三年）其年四月……京兆尹严郢驳奏曰……其徒罪条目至多……或立嫡违式……如此之类，不可悉数。”按《唐律疏议》卷一二《户婚》立嫡违法条，“立嫡违法”指立嫡违反令文，而不是违反式文。故上引“立嫡违式”，也是指令文。此点需要注意。

附：《开元户部格》

敦煌出土《开元户部格》残卷（S. 1344）：

敕：诸色应食实封家，封户一定已后，不得辄有移改。

景龙二年九月廿日[①]

按

《唐会要》卷九〇《缘封杂记》：“景龙二年九月敕：诸色应食实封，一定以后，不得辄有移改。”是该敕在史籍中也有保存。

二十六　实封准《式》减半，余以分袭。

引据

《唐会要》卷九〇《缘封杂记》：贞元二年五月，故尚父汾阳王子仪，实封二千户，宜准《式》减半，余以分袭。暧可袭

---

① 敦煌《开元户部格》残卷，编号 S. 1344，现藏英国伦敦大英图书馆。转引自刘俊文著：《敦煌吐鲁番唐代法制文书考释》，中华书局，1989，第 276 页。

代国公，通前袭三百户；晞可袭二百五十户，曙可袭二百五十户，暎可袭二百五十户。

按

《唐会要》卷九〇《缘封杂记》："（代宗）永泰二年正月十六日敕：自今已后，子孙袭实封，宜减半，永为常《式》。"此或本条所云"准《式》"者也。

按，唐代有减实封之制。《唐会要》卷九〇《缘封杂记》又载："开元二十二年九月敕：'诸王公以下食封薨，子孙应承袭者，除丧后十分减二，仍具所食户数奏闻。无后者，百日后除。'"是在此前就有此类制度。

附一：《户部格》

一、《宋刑统》卷二六《杂律》受寄财物辄费用门：准《户部格》：敕：天下私举质，宜四分收利，官本五分生利。

二、《宋刑统》卷二六《杂律》受寄财物辄费用门：准《户部格》……敕：州县官寄附部人兴易，及部内放债等，并宜禁断。

附二：《开元户部格》

敦煌出土唐《开元户部格》残卷（S. 1344）：

敕：诸州百姓，乃有将男女质卖，托称佣力，无钱可赎，遂入财主。宜严加禁断。

长安二年二月十二日[①]

按

上述三条，均为有关民事交往规则。包括禁制官员贸易、举

---

① 转引自王永兴编著：《隋唐五代经济史料汇编校注》第 1 编上册引斯坦因 1344 号卷，中华书局，1987，第 50 页；刘俊文著：《敦煌吐鲁番唐代法制文书考释》，中华书局，1989，第 279 页。

债，禁止民间质卖男女。关于出举财物取利之制，刘俊文以为，此处唐代《户部格》源于唐玄宗的敕，《册府元龟》卷一五九《帝王部·革弊一》："（开元）十六年二月癸未诏曰：养人施惠，患在不均，裒多益寡，务资适中。比来公私举放，取利颇深，有损贫下，事须厘革。自今以后，天下私举质宜四分收利，官本五分收利。"而这一敕条又是针对唐代《杂令》财物出举月息六分的过高规定的。《宋刑统》卷二六《杂律》受寄财物辄费用门："〔准〕《杂令》……诸公私以财物出举者，任依私契，官不为理。每月取利不得过六分，积日虽多，不得过一倍。"此可明了唐格直出于制敕的关系，以及格有时对于令的修改纠正关系。①

　　附三：《开元户部格》

　　敦煌出土唐《开元户部格》残卷（S. 1344）：

　　敕：牂牁土风，共行诖法，宜委所管都督府严加禁断。

天授二年正月十五日

　　敕：岭南土人任都督、刺史者，所有辞讼别立案判官，省司补人，竟无几案；百姓市易，俗既用银，村洞之中买卖无秤，乃将石大小，类银轻重；所有忿争，不经州县，结集朋党，假作刀排，以相攻击，名为打戾；并娶妇必先强缚，然后送财；若有身亡，其妻无子，即斥还本族，仍征聘财；或同族为婚，成后改姓；并委州县长官渐加劝导，令其变革。

天授二年七月廿七日

　　敕：诸州进物入京都，并令本州自雇脚送。如口味不堪久停

---

① 刘俊文著：《唐代法制研究》，台北文津出版社，1999，第 152 页。

及僻小州无脚处，□安西已来，依旧给传驿。

景云二年闰六月十日

敕：岭南及全僻远小州，官人既少，欲令参军、县官替充朝集者听。

圣历元年正月三日①

按

上述四条均无相应复原式文，故集中附于此。其中，前两条为牂柯、岭南风俗，包括官员判补、市易、纠纷解决、民族婚姻风俗等事。后两条有诸州进物之土贡管理事，及朝集使事。须指出的是，《唐六典》卷三户部郎中员外郎条所记的最后一件事就是朝集使由谁来充当之事。

① 敦煌《开元户部格》残卷，编号 S. 1344，现藏英国伦敦大英图书馆。转引自刘俊文著：《敦煌吐鲁番唐代法制文书考释》，中华书局，1989，第 278～281 页。

度支式第六

《唐六典》卷三度支郎中员外郎条："度支郎中、员外郎掌支度国用。租赋多少之数，物产丰约之宜，水陆道路之利，每岁计其所出而支其所用。"即主管租赋调配及收支出纳等财政事务。

《六典》卷三度支郎中员外郎条所述职掌也较简略。主要有：租赋供御与供军的既定规则，根据陆行之程、水行之程确定转运、征敛、送纳时节，和市、和籴政策，折庸调以造金银、宝货、绫罗，法定的水陆载运脚直（脚费），边军岁费的计算与申报。这当中，最可能是式文的是有关水陆载运脚直的规定，但无旁证。

《通典》卷二三《职官五·户部尚书》注言及度支郎中的职掌为："掌支使国用。"与《六典》所述相同，其细节竟不如《六典》详明。

今所复原者，一类为刘俊文考定为仪凤《度支式》的吐鲁番阿斯塔那出土的残卷二件（共八片），一为白居易《六帖》所引《度支式》有关供军的规定。

一 〔仪凤〕 〈前缺〉　　□▢▢▢▢▢▢▢正
义▢▢▢▢▢▢以折▢▢▢▢▢▢▢▢▢

破庸调⬚

诸州庸调，先是布乡兼有丝绵者，有□□情愿输绵绢绅者
听，不得官人、州县公廨典及富强之家僦勾代输。

拟报诸蕃等物，并依色数送□。其交州都督府报蕃物，于
当府折⬚用，所有破除、见在，每年申度
□、□部。其安北都护府诸驿赐物，于灵州都督府给。单
于大□护府诸驿赐物，于朔州给。并请准往例相知给付，
不得浪⬚。安北都护府⬚色
数于灵州⬚，如其□须，不得浪有请受。□
讫，具申比部及金部，比部勾讫，关⬚。
秦、凉二府者，其绢并令练⬚其州县官人
及亲识并公⬚令并不得僦勾受雇为□。

　　〈后缺〉

引据

72TAM230：46（1）《仪凤度支式》残卷（现藏新疆维吾尔
自治区博物馆）：

　　〈前缺〉□⬚正义⬚以折破庸
调⬚（以下与本文同）。[①]

按

本残卷 1972 年出于吐鲁番阿斯塔那，系第一片，共二纸十
九行。国家文物局古文献研究室曾录文介绍，刘俊文《敦煌吐

[①] 转引自刘俊文著：《敦煌吐鲁番唐代法制文书考释》，中华书局，1989，第 310～312 页。

鲁番唐代法制文书考释》据以收载，兹照录之。

本残卷之形式，刘俊文以为与 P. 4745《贞观吏部式断片》、P. 2507《开元水部式残卷》相同。此即复原为式文之形式依据。

本残卷内容，系庸调物之征输、折纳、分配等有关规定。刘俊文云："估计此件所载可能是《度支式》，也可能是《度支旨条》。姑定为《度支式》，以俟后考。"

本残卷年代，刘俊文考定为高宗仪凤间。下限当在唐高宗调露元年八月七日，上限当在唐高宗总章二年八月二十八日。按《唐会要》卷三九《定格令》："永徽二年闰九月十四日，上新删定律令格式。……式四十卷，颁于天下。……龙朔二年二月，改易官名，敕司刑太常伯源直心等重定格式，唯改曹局之名，而不易篇第，至麟德二年奏上之。至仪凤二年，官号复旧，又敕删辑。三月九日，删辑格式毕，上之。"高宗调露以前共有三种式，即《永徽式》、《麟德式》、《仪凤式》。再据《旧唐书》卷四二《职官志》："龙朔二年二月甲子，改百司及官名。……度支为司度……金部为司珍……比部为司计……"又云："咸亨元年十二月诏：龙朔二年新改尚书省百司及仆射已下官名，并依旧。"本残卷可能是仪凤二年删缉之式，而不当是永徽二年式或麟德二年式。

参考

一、《唐律疏议》卷一五《厩库》监临官僦运租税条：诸监临主守之官，皆不得于所部僦运租税、课物，违者计所利坐赃论。其在官非监临，减一等。主司知情，各减一等。疏议曰：凡是课税之物，监临主守皆不得于所部内僦勾客运，其有违者，计所利坐赃论。除人、畜粮外，并为利物。"在官非监临，减一等"，谓从坐赃减一等。"主司知情者，各减一等"，谓知监临僦运，坐赃上减一等；若非监临僦运，坐赃上减二等。所利之钱，一非彼此俱罪，二非乞索之赃，既用功程而得，不合没官、还主。

二　〔仪凤〕　　〈前缺〉交州 _____ 料，请委 交 府便配以南诸州 _____ 粮外受纳，递送入东都。其钦□、安海、□□非所管，路程稍近，遣与桂府及钦州相知，准防人须粮支配使充。其破用、见在数，与计帐同申所司。

诸州调麻，纳两京数内，六分取一 分 _____ 司 送者，不在折酬之限。

诸州庸调折纳米粟者， 若当州 应须 官物给 用，约准一年须数，先以庸物支留，然后折□米粟。无米粟处，任取□□以堪久贮之物。庸调送纳扬府转运， _____ 纲典部领，以 官 船□□ 船 _____ 还，并请递 _____ 扬 府库物。若□ 杂 用不足，请府司准一年应须用数，量留诸州折租市① 充，讫申所司。又准 _____ 各依常限贮 _____ ，宜候春水得通船之后，然 _____ 州长行 即须至东都 ， 水既涨
　　　　〈后缺〉

---

① 刘俊文《敦煌吐鲁番唐代法制文书考释》第 318 页云："按'折租市'不通，疑'市'为'布'之伪。《通典》卷六食货门赋税下云：'江南诸州租，并回造纳布。'"其说可从。

引据

72TAM230：46（2）《仪凤度支式》残卷（现藏新疆维吾尔自治区博物馆）：

〈前缺〉交州 ⬜⬜⬜⬜⬜⬜⬜⬜⬜⬜⬜⬜⬜ 料，请委 交 府便配以南诸州（以下与本文同）。[①]

按

本残卷 1972 年出于吐鲁番阿斯塔那，系第二片，共二纸十九行。国家文物局古文献研究室曾录文介绍，刘俊文《敦煌吐鲁番唐代法制文书考释》据以收载，兹照录之。

参见上条按语。

三 〔仪凤〕 （一）〈前缺〉官、入国等，各别为项帐。其轻税人具〈后缺〉

（二）〈前缺〉并应配两 京 ⬜⬜⬜⬜⬜⬜⬜ 申到支度、金部。

□□□申计帐，比 委 ⬜⬜⬜⬜⬜⬜ 〈后缺〉

（三）〈前缺〉⬜⬜⬜⬜⬜ 申度支。共 ⬜⬜⬜⬜ 了，三日内〈后缺〉

（四）〈前缺〉⬜⬜⬜⬜⬜ 到比部。⬜⬜⬜⬜⬜ 〈后缺〉

（五）⬜⬜⬜⬜⬜ 到，限五日内纳了。⬜⬜⬜⬜ 〈后缺〉

（六）〈前缺〉⬜⬜⬜⬜ 符，仰出物 ⬜⬜⬜⬜ 帐，申金部、度 ⬜⬜⬜⬜⬜ 在关来年 ⬜⬜⬜⬜ 〈后

---

① 转引自刘俊文著：《敦煌吐鲁番唐代法制文书考释》，中华书局，1989，第 312~313 页。

缺〉

引据

72TAM230：84（1）《仪凤度支式》断片（现藏新疆维吾尔自治区博物馆）：

（一）〈前缺〉官、入国等，各别为项帐。其轻税人具（以下与本文同）。①

按

刘俊文以该6个断片与前述72TAM230：46（1）（2）仪凤度支式残卷为同一墓葬出土，且件中有"轻税人"、"应配两京"、"申度支"、"限五日内纳了"等，推定其内容亦是与度支有关的课税物输纳、分配方面的规定。并怀疑二者乃同一卷子的分离物，所载亦可能是仪凤《度支式》。

四　〔度支〕　供军，道次州郡库无物者，每年支庸、调及租布脚，并纳本州。如当州不足，以余州应入京庸、调，便配重裘挟纩。

引据

《白氏六帖事类集》卷一六《军资粮一》：衣赐《式》（……又《度支式》：供军，道次州郡库无物者〔以下与本文同〕）。

参考

《唐六典》卷三度支郎中员外郎条：凡……物之固者与地之

---

① 转引自刘俊文著：《敦煌吐鲁番唐代法制文书考释》，中华书局，1989，第322～324页。

远者以供军（谓支纳边军及诸都督、都护府），皆料其远近、时月、众寡、好恶，而统其务焉。……凡天下边军皆有支度之使以计军资、粮仗之用，每岁所费，皆申度支而会计之，以《长行旨》为准（支度使及军州每年终各具破用、见在数申金部、度支、仓部勘会……）。

按

"纩"，绵也。"挟纩"作动词用，意为披着棉衣。此处当名词用。另请参见复原《兵部式》第四条，皆属于供军物力来源及办法等规定。

金部式第七

（复原凡三条，附《金部格》二条）

《唐六典》卷三金部郎中员外郎条："金部郎中、员外郎掌库藏出纳之节，金宝财货之用，权衡度量之制，皆总其文籍而颁其节制。"其下首先记述"权衡度量之制"，包括法定度、量、衡制最小单位的确定标准、以十进制为基本单位（有时则使用其他进制）的度量衡制度、度量衡制的规定用途、官用度量衡制的限定等；其次记述"库藏出纳之节"，包括库藏出纳以"文傍（榜）"（即符、牒与木契）为据，相应的复核制度，京官的月俸供给等；再次记述互市制度；又次记述缣、帛等织品的长短广狭等制造标准制度；最后记述赐物时所应给予绢、布等的固定种类与额定数量，供给出外使节"时服"的标准与时间，元正、冬至赐官员束帛制度等。

《通典》卷二三《职官五·户部尚书》注言及金部郎中的职掌为："掌库藏金宝货物、权衡度量等事。"与《六典》所述略同。

《六典》所述有《令》、有《式》。今所复原者，为外官兼京官、京官兼外官等的给料，以及远使绝域给料之式文。

古书记载当中，有时《令》、《式》并提，有时《格》、《式》并提，涉及到本式，需要辨析。前者如《唐会要》卷九二《内外官料钱下》：开成二年八月，户部侍郎李珏奏："京诸司六品以下官，请假往外府，违假不到，本官停给料钱。敕旨：违限停俸料，余依准《令》、《式》。"按上引金部郎中、员外郎职掌有"京官的月俸供给"，当是其事。唯不知属于《令》还是《式》。后者如《唐会要》卷五九《尚书省诸司下·仓部员外郎》："建中二年正月诏：天下钱谷，皆归金部、仓部，中书门下简两司郎官，准《格》、《式》条理。"按金部与太府寺之间有木契相验制度，而太府寺之左藏署"掌邦国库藏之事"，主要是收纳"天下赋调"；仓部与司农寺之间有木契相验制度，而司农寺"掌邦国仓储委积之政令"，其下属司农丞掌"天下租税及折造（糙）"，分工有别。建中诏书是德宗欲恢复旧有制度的努力。按旧制，其法度也应属于传统的《格》、《式》来规定。

一　其外官太守兼京官俸料，亲王带京官任外官副大将军、副大使知军及知使事，京官兼外官知使事，据文合兼给者，仍任逐稳便，余并从一处给。

引据

《唐会要》卷九一《内外官料钱上》：（开元）二十二年四月十四日敕：京官兼外州都督、刺史、大都督府长史俸料，并宜两给。至天宝二年十一月十六日敕：京官兼太守等官俸料两给者，宜停。其外官太守兼京官，准《式》：亲王带京官（以下与本文同）。

按

《唐六典》卷三户部郎中员外郎条："凡京司文武职事官皆有防阁……六品给庶仆十二人"，注云："京官任两职者，从多给。"这是待遇的就高处理。俸料或料钱的来源或过程，由防阁、庶仆等不服实役而纳课，即以课代役，是其一部分。同上注云："其防阁、庶仆、白直、士力纳课者，每年不过二千五百，执衣不过一千文。"

再按同书卷三金部郎中员外郎条："百司应请月俸，则符、牒到，所由皆递覆而行之"，注云："旧制，京官有防阁、庶仆、俸食、杂用等。开元二十四年，敕以为'名目虽多，料数先定，既烦案牍，因此生奸。自今已后，合为一色，都以月俸为名。其贮米亦合入禄数同申。'遂为恒《式》。"则所谓料钱，应属金部之事。

二　官员准《式》例合支给料钱：检校官同中书门下平章事（每月一百一十贯文，准大历十二年六月七日敕，检校官同中书门下平章事并同正官例，就一高处给）、殿中省进马（准开元十七年五月十四日敕置。每人准一月纳料钱一千九百一十七文）、仆寺进马（与殿中进马同）、内侍省（每月四十五贯文）、省监（与诸少监同）。

引据

《唐会要》卷九一《内外官料钱上》：大历十二年四月二十八日，度支奏：加给京百司文武官及京兆府县官每月料钱等，具件如后……应给百司正员文武官月料钱外，官员准《式》例合支给料钱（以下与本文同）。

按

《全唐文》附《唐文拾遗》卷二《元宗皇帝·诸郡员外官依〈式〉给料敕》："诸郡员外官无阙职处，均取正官料给，钱数不定，颇为劳费。自今已后，阙料官及员外官，依《式》取官钱准给。"是依式给料，已不只是兼官、检校官之事。

参见上条按语。

三　东至高丽国，南至真腊国，西至波斯、吐蕃，及坚昆都督府，北至契丹、突厥、靺鞨，并为入番，以外为绝域。其使应给料，各依《式》。

引据

《唐会要》卷一〇〇《杂录》：圣历三年三月六日敕：东至高丽国（以下与本文同）。

参考

一、《唐律疏议》卷一《名例》八议条：七曰议勤（谓有大勤劳）。疏议曰……若远使绝域，经涉险难者。

二、《唐六典》卷三金部郎中员外郎条注：诸□人出使覆囚者，并典，各给时服一具。春、夏遣者给春衣，秋、冬去者给冬衣。其出使外蕃及佣人并随身杂使、杂色人有职掌者，量经一府已上，亦准此。

按

本条文字用"依式"字样，当为式文。又，引据二《唐六典》文字有"出使外蕃"者给予"时服"的规定，当是式文。本条之"依式"，当即此类式文。

《全唐文》附《唐文拾遗》卷八《高宗武皇后》引《唐会要》卷一〇〇《杂录》同上条，作"《使绝域依〈式〉给料敕》"，是将"其使"视为唐朝派往国外者，而非外来使节。

附一：《金部格》

《敦煌掇琐》中辑六六（P. 3348）：

准《金部格》：给副使录直破用并尽。壹仟柒佰匹郡绝，壹仟陆佰匹大绵，肆仟参佰陆拾壹匹参丈伍尺肆寸大□，捌拾参匹壹丈玖尺壹寸大练。[①]

附二：《金部格》

《白氏六帖事类集》卷二四《市第二（互市附）》：羌互市《格》（《金部格》云：敕：松、当、悉、维、翼等州熟羌，每年十月已后，即来彭州互市易时，差上佐一人，于蚕崖关外，依市法至市场交易，勿令百姓与往还）。

按

《唐六典》卷三金部郎中员外郎条云："凡有互市，皆为之节制。"其注文为互市物品的限制条款。从"节制"二字看，金部司是有关互市的出令机关。唐代法律佚文中有《金部格》，姑附于此。

---

①　转引自刘俊文著：《唐代法制研究》，台北文津出版社，1999，第143页。

仓部式第八

（复原凡二条，附《仓部格》三条）

　　《唐六典》卷三仓部郎中员外郎条："仓部郎中、员外郎掌国之仓庾，受纳租税，出给禄廪之事。"其下一是记述"出给禄廪之事"，包括京官、外官每年俸禄（禄米）之石数标准，给付俸禄时间（季节），仓部与司农寺及各仓监之间的木契相合制度，京官等给仓食以贮米；流外长上者、牧尉、牧长等供给两口以上口粮，牧监兽医、卫士、防人、在外诸监及关津番官由土人出任者及尉、史等供给身粮，致仕之官五品以上等给半禄，迁升官员俸禄给法等；二是记述"掌国之仓庾"问题，包括东都洛阳以东之租受纳于东都之含嘉仓，再转运至京师长安之太仓之转运事项；义仓粮储来源，义仓粮储用途；常平仓功能及制度等。至于其"受纳租税"的职掌，基本未涉及。

　　《通典》卷二三《职官五·户部尚书》注言及仓部郎中的职掌为："掌诸仓廪之事。"与《六典》略同。但《通典》在它处有关于仓廪制度的式文记载。

　　今所复原者，为《通典》、《唐六典》所引述之义仓制度，包括义仓粮储来源、义仓粮储用途两项事务。

　　古书记载中，有的《令》、《式》并提，有的《格》、《式》并提，涉及到本式，需要辨析。前者如《唐会要》卷八八《盐铁》："（开元）十年八月十日敕：诸州所造盐铁，每年合有官课。比令使人勾当，除此更无别求，在外不细委知，如闻稍有侵克，宜令本州刺史、上佐一人检校，依《令》、《式》收税。如有落帐欺没，仍委按察纠觉奏闻。"后者如《唐会要》卷八七《转运盐铁总叙》："……建中元年诏曰：朕以征税多门……思有变更……其江淮米，准旨转运入京者，及诸军粮储，宜令库部郎中崔河图权领之。今年夏税以前，诸道财赋多输京师者，及盐铁财货，委江州刺史包佶权领之。天下钱谷皆归金部、仓部，委中书门下简两司郎官，准《格》、《式》条理。寻贬（刘）晏为忠州刺史。晏既罢黜，天下钱谷，归尚书省。既而出纳无所统，乃复置使领之。"惟不知上述为令、格，还是为式，甚或二者均有。

一甲　〔开二五〕　　王公以下，每年户别据所种田，亩别税粟二升，以为义仓。其商贾户，若无田及不足者，上上户税五石，上中以下递减各有差。诸出给杂种准粟者，稻谷一斗五升当粟一斗。其折纳糙米者，稻三石折纳糙米一石四斗。

引据

《通典》卷一二《食货一二·轻重（义仓）》：大唐……开元二十五年定《式》：王公以下（以下与本文同）。

按

本条既标明"开元二十五年定《式》"，故为《式》已无疑。《通典》字例，"定令"为制定《令》（如"武德七年定令"、"开元二十五年定令"等），"定式"也应作制定《式》来理解。

　　将本条确定为《仓部式》的理由，本条复原一乙在《六典》中载在仓部郎中员外郎条。详见下。

　　开元式义仓税粟特点，农户基本以田亩计，商贾户（无田及田不足者）以户为计，并考虑了户等之别。此前《永徽格》以据地征收劳烦，改为一律依户出纳；再前推贞观之法也唯据地亩。可见，开元式是对贞观之法与《永徽格》的综合。

　　据《通典》卷一二《食货一二·轻重（义仓）》、《旧唐书》卷四九《食货下》及《唐会要》卷八八《仓及常平仓》，贞观初（旧志云贞观二年四月，《会要》云四月三日），因尚书左丞戴胄请立义仓建议，太宗下令有司议其条制。户部尚书韩仲良奏："王公以下垦田，亩纳二升。其粟麦粳稻之属，各依土地。贮之州县，以备凶年。"制从之。据说，"自是天下州县始置义仓"。

　　户部拟议基本是依照戴胄建议进行的。戴胄建议："请自王公以下，爰及众庶，计所垦田稼穑顷亩，每至秋熟，准其见亩，以理劝课，尽令出粟。稻麦之乡，亦同此税。各纳所在，为立义仓。"征税方法为履亩而税。至于区分粟与稻麦，也略依其意。

一乙〔开二五〕　　凡王公已下，每年户别据已受田及借荒等，具所种苗顷亩，造青苗簿，诸州以七月已前申尚书省；至征收时，亩别纳粟二升，以为义仓（宽乡据见营田，狭乡据籍征。若遭损四已上，免半；七已上，全免。其商贾户无田及不足者，上上户税五石，上中已下递减一石，中中户一石五斗，中下户一石，下上七斗，下中五斗，下下户及全户逃并夷獠薄税，并不在取限，半输者准下户之半。乡土无粟，听纳杂种充）。

引据

《唐六典》卷三仓部郎中员外郎条：凡王公已下，每年户别（以下与本文同）。

按

据前引《通典》卷一二《轻重（义仓）》王公以下税粟为义仓，故将本条《六典》之文复原为式文。又，本条列在"仓部郎中员外郎"条下，应属《仓部式》，前条理应属《仓部式》。

将本条与前条比勘，可知《六典》所引大部分（前半）为原文，《通典》所引大部（前半）为节文；而后半则相反，《六典》所引为节文，《通典》所引为原文。故若将两条合一，可形成该条的全文。

二书所引原文与节文的表征是：《通典》唯云"所种田"，而《六典》原已区分了"已受田及借荒"两种，并进一步限定为"所种苗顷亩"，未种者自然不在此范围内（注文又重申"所种苗顷亩"唯适用于宽乡，所谓"见营田"是也；狭乡唯据籍帐征收，不论"见营"与否）；此外，尚有造籍申省、遭遇灾害时的免除比例之法。《通典》对商贾户纳粟，唯言及"上上户税五石"，上中以下的八个等级仅云"递减各有差"，这显然不是法令原文，而只是概略文字；《六典》则详列上中以下户（应包括上中、上下、中上三者）、中中户、中下户、下上户、下中户的征粟额，下下户与全户逃及夷獠薄税者并不征，"半输者"征收准下户之半等，区划甚细且有逻辑，应是原文。再，《六典》对无粟之乡，唯云"听纳杂种充"，显然只概括了《式》文大意；《通典》反而细列"杂种准粟"的比例折算，稻谷如何折纳，糙米如何折纳，故应是本文。

另，《六典》自"其商贾户"以下均作注，或为减少篇幅之技术处理。表明《六典》多将连贯的《令》、《式》条文分作正文和注文两部分处理。

附：《永徽格》

《通典》卷一二《食货一二·轻重（义仓）》：大唐……高宗永徽二年九月，颁新《格》："义仓据地取税，实是劳烦，宜令率户出粟，上上户五石，余各有差。"①

按

刘俊文以为，《通典》卷一二同上所记载之事为《贞观格》。其文曰："贞观初……户部尚书韩仲良奏：'王公以下垦田，亩纳二升。其粟麦粳稻之属，各依土地。贮之州县，以备凶年。'制从之。自是天下州县始置义仓，每有饥谨，则开仓振给。"旧格的特征为"据地取税"，而新格的特征是"率户出粟"。②

二　〔开二五〕　凡义仓之粟唯荒年给粮，不得杂用（若有不熟之处，随须给贷及种子，皆申尚书省奏闻）。

引据

《唐六典》卷三仓部郎中员外郎条：凡义仓之粟唯荒年给粮（以下与本文同）。

按

本条在《六典》中位居前条（一乙）之下，当是开元二十

---

① 《旧唐书》卷四九《食货下》、《唐会要》卷八八《仓及常平仓》略同。唯旧书作"二年六月"，《唐会要》作"上下户五石"。又，二书"取税"作"收税"。
② 见刘俊文著：《唐代法制研究》，台北文津出版社，1999，第125～126页。

五年《仓部式》的另一条，据其句首"凡"字可知。

　　义仓在此前被滥支用的情况很严重。据《通典》卷一二《食货一二·轻重（义仓）》云："高宗、武太后数十年间，义仓不许杂用，其后公私窘迫，贷义仓支用。自中宗神龙之后，天下义仓，费用向尽。"则开元二十五年《式》，一则是重申义仓之粟的专门用途，要求不得杂用，这应当是高宗永徽、武周垂拱诸《仓部式》的内容旧条之一，再则也是对中宗、睿宗间义仓被贷空情形而发。

附一：《开二五仓部格》

　　《通典》卷一〇《食货一〇·盐铁》：大唐开元……二十五年《仓部格》：蒲州盐池，令州司监当租分与有力之家营种之，课收盐。每年上中下畦通融收一万石，仍差官人检校。若陂渠穿穴，所须功力，先以营种之家人丁充。若破坏过多、量力不济者，听役随近人夫。

附二：《仓部格》

　　《白氏六帖事类集》卷一六《军资粮第一》：军粮《格》（《仓部格》：诸处不得擅用兵赐及军粮。纵令要用，亦须递表奏闻）。

礼部式第九

（复原凡十五条，附格一条）

《唐六典》卷四礼部尚书侍郎条："礼部尚书、侍郎之职，掌天下礼仪、祠祭、燕飨、贡举之政令。其属有四：一曰礼部，二曰祠部，三曰膳部，四曰主客；尚书、侍郎总其职务而奉行其制命。凡中外百司之事，由于所属，皆质正焉。"其下叙述者，为礼部所掌之科举考试制度，包括秀才、明经、进士、明法、书、算等六种科名之名称，各自的考试内容、方式、通否之等第；弘文、崇文生考试内容及方式；太庙斋郎考试内容、方法，国子监大成的取用标准、考试方式及内容等。其实，这些内容，在《六典》卷二吏部之考功郎中员外郎条就已记述的较清楚了，且文字也相差无几。

《六典》在此之后叙述的是礼部郎中、员外郎的职掌："礼部郎中、员外郎掌贰尚书、侍郎，举其仪制而辨其名数"。其下依次述及者是：吉礼、宾礼、军礼、嘉礼、凶礼等五礼之仪式150余种，君臣上下称呼及文书平阙之式，元日、冬至大会陈设礼仪，册命皇后等陈设，奉表疏贺之制，祥瑞物色及申上程序，百官互拜之礼，音律女乐制度、门戟制度，铜印、鱼符之制，乘舆、皇后、皇太子及妃之服，王公及百官服，百僚冠、笏，外命妇之服，五品已上官薨卒祭礼，百官葬礼及碑碣之制等。其中，一部分是《令》文，另一部分当是《式》文。

《通典》卷二三《职官五·礼部尚书》注言及礼部郎中的职掌为："掌礼乐、学校、仪式、制度、衣冠、符印、表疏、册命、祥瑞、铺设、丧葬、赠赙及宫人等。"其中，"学校"之事，已在尚书侍郎条叙述，其余诸项，"礼乐"即"吉礼、宾礼、军礼、嘉礼、凶礼等五礼之仪式150余种"及"音律女乐制度"；"衣冠"即"乘舆、皇后、皇太子及妃之服，王公及百官服，百僚冠、笏，外命妇之服"，"符印"即"铜印、鱼符之制"，"表疏、册命、祥瑞、铺设"即"元日、冬至大会陈设礼仪，册命皇后等陈设，奉表疏贺之制，祥瑞物色及申上程序"，"丧葬、赠赙"即"五品已上官薨卒祭礼，百官葬礼"；至于"仪式、制度"，或即"君臣上下称呼及文书平阙之式"、"百官互拜之礼"、"门戟制度"可以当之。惟有"宫人"一项，不见有对应者。

今所复原者，为有关祭祀、朝觐、祥瑞、百官服色服饰、庶人帽子、公主等丧葬仪制规格、官员导从等级等内容。

就唐代《令》、《式》关系看，《礼部式》之服色、服饰规定与《衣服令》，祥瑞、导从仪制规定与《仪制令》，祭坛禁止葬埋规定与《丧葬令》等关联较大。

应附带说明的是，唐代有关礼仪的资料中，有相当一部分均记载为"《令》、《式》"或"《式》、《令》"，分不清是"《令》"还是"《式》"，有必要就其主要表现列举指出。如《唐会要》卷六二《杂录》载："会昌二年九月，御史中丞李回奏：文武常参，据品秩《令》、《式》，合置引马"，这应与上述的导从制度有关；《五代会要》卷六："唐又有摇鼓、金钲、大鼓、长鸣、歌箫、笳笛，合为鼓吹十二按。大享会则设于悬外，此乃是设二舞及鼓吹十二按之由也。今议一从《令》、《式》，排列教习。文舞郎六十四人，分为八佾"，此上述唐代大会陈设礼仪者也；
《全唐文》卷八五六《赵延义·嫂丧宜依〈令〉、〈式〉服大功
议》："太宗文皇帝引彼至仁，推其大义，因览同爨有缌之义，
遂制嫂叔小功之服。列圣尊行，已为故事，传于《令》、《式》，
加于大功。……请依《令》、《式》，永作彝伦"，此凶礼之仪式
者也。此外，在实践中，又有将某些大体成熟的制度编入
《令》、《式》者。如《唐会要》卷二五《辍朝》载会昌三年八
月中书门下奏："又二王后为国宾，又是一品，前年方与辍朝，
请编入《令》、《式》。"《旧唐书》卷二一《礼仪志一》："其方
丘祭地之外，别有神州，谓之北郊，分地为二，既无典据，理又
不通，亦请合为一祀，以符古义。仍并条附《式》、《令》，永垂
后则。"

一　祭祀，行事官明衣、绢布等，祭前给讫。

引据

《续通典》卷四五《礼一·郊天》：行事官明衣、绢布等，
准《式》既祭前给讫，合充吉（洁）服；既已经用，请便收破。

参考

一、《大唐郊祀录》卷一《凡例上·斋戒》：凡诸大祀、中
祀接神斋官，祀前一日皆沐浴，流内九品已上皆官给明衣，各习
礼于斋所（案……皇帝（朝）① 《令》、《式》，以绢一匹为明衣，
白布一丈四尺为浴巾者也）。

二、《弘仁式贞观式逸文集成·弘仁主税式上断简》：凡诸

---

① 按"帝"字疑误，当为"朝"字。

国春秋释奠,先圣、先师二座……国司以下学生以上,人别米、酒各一升……明衣布衫四领(别二丈一尺),布袴四腰(别五尺五寸),食单十一枚(十枚别三尺八寸三分,一枚三尺八寸),其明衣以下破秽乃换。[①]

按

本条当是唐代《式》文,《大唐郊祀录》云"皇朝《令》、《式》"可为旁证。本条为《礼部式》的可能性较大。

又,日本《弘仁式》、《延喜式》之中,给予官员的"明衣"为"中臣细布,宫主已下调布"。[②] 所谓"细布"、"调布",当即为明衣的质料,应约略相当于唐代的绢、白布。

二 〔唐·礼部〕 天地五郊等坛,三百步内,不得葬埋。

引据

《太常因革礼》卷五《总例五》:《礼院例册》,皇祐二年十月六日,同知礼院邵必奏……诏令礼院差官再行定夺,奏曰:检详唐《礼部式》:郊(天)[③]地五郊等坛,三百步内,不得葬埋……及详《礼部式》,天地五郊等坛,三百步内,不得葬埋……今乞天地五郊坛,依《礼部式》,三百步内,止绝不得埋葬外,其诸大中小祠神坛……更依《令》文,壝外三十步,不得耕种及有葬埋。如此则于《礼》、《令》皆合,事可经久。

---

① 〔日〕虎尾俊哉著:《弘仁式贞観式逸文集成》,国书刊行会,平成4年12月版,第209页引。
② 见〔日〕虎尾俊哉著:《弘仁式贞観式逸文集成·神祇一·四时祭上》引《弘仁神式》逸文及《延喜式》相应文字。国书刊行会,平成4年12月版,第5页。
③ "郊",当为"天"。《太常因革礼》卷五下引作"天"可证。

参考一

一、《太常因革礼》卷五《总例五》：淳化四年……五月，太常寺奏……又据《令》文：天地五郊三百步内，不得葬埋；壝外三十步，不得耕种。壝内断行往及樵牧。

二、《太常因革礼》卷五《总例五》：《礼院例册》，皇祐二年十月六日，同知礼院邵必奏……及本朝《祠令》：诸郊坛神坛，皆不能樵采刍牧，壝外三十步，不得耕种。壝内常断人行。

参考二

《延喜式》卷三《神祇三·临时祭·社四至》：凡神社四至之内，不得伐树木及埋藏死人。①

按

本条是唐《礼部式》节文，引述已明确指出，唯全文不详。顺序当居《礼部式》之首。

淳化四年（公元994年）奏依据的是宋朝《令》文。过了57年，皇祐二年（1050年）邵必奏章，却到唐《礼部式》中去寻找根据，可能是为加强说理之依据的。从淳化四年（公元994年）奏章谈到宋《令》，内容已包含了上述唐《礼部式》的某些文句看，宋朝《令》文似吸收了唐《式》规定。从目前资料看，唐《礼部式》中规定了"三百步内"不能葬埋的问题；至于"壝外三十步"不得耕种之事，则尚不能确定是否也有禁制。或可能也是唐《令》内容，宋朝合《令》、《式》为一，统而规定于《令》中。

参见仁井田陞《唐令拾遗》复原《祠令第八》附录。

---

① 《新订增补国史大系·交替式·弘仁式·延喜式（前篇）》，吉川弘文馆平成元年4月，第69页。

三　车驾行幸，三百里内刺史合朝觐。

引据

一、《开元升平源》：初，（姚）元崇闻上讲武于骊山，谓所亲曰："准《式》，车驾行幸，三百里内刺史合朝觐。（姚）元崇必为权臣所挤，若何？"……即诏中官追赴行在。

二、《唐六典》卷四礼部郎中员外郎条：凡车驾巡幸及还京……三百里内刺史朝见。

三、《大唐开元礼》卷三《序例下·杂制》：凡车驾巡幸……州界去行在所，三百里内者，刺史遣使参起居。若车驾从比州及州境过，刺史朝见。巡幸还，去京三百里内，刺史遣使参起居。

按

仁井田陞《唐令拾遗·仪制令第十八》复原第四条，以日本养老《仪制令》有相应条文，遂根据《唐六典》卷四礼部郎中员外郎条将其复原成《令》文。但复原为《式》文，似更合适。

《六典》所载，可为《令》，也可为《式》。证以《开元升平源》所云"准《式》"，则《六典》所载应理解为《式》文。《开元礼》记载可作同样理解。同时，古代法律条文之编著《礼》、《式》，此条可以证明其两存情形。

四　〔开元·礼部〕　景星、庆云、黄星真人、河精、麟、凤、鸾、比翼鸟、同心鸟、永乐鸟、富贵、吉利、神龟、龙、驺虞、白泽、神马、龙马、泽马、白马赤髦、白马朱鬃之类，周匝、角端、獬豸、比肩兽、六足兽、兹白、腾黄、騊駼、白象、一角兽、天鹿、鳖封、酋耳、豹犬、露犬、玄珪、明珠、玉英、山称万岁、庆山、山车、象车、乌车、根车、金车、朱草、曲辖、蓂荚、平露、蓂莆、蒿柱、金牛、玉马、玉猛兽、玉瓮、神鼎、银瓮、丹甑、醴泉、浪井、河水清、江河水五色、海水不扬波之类，皆为大瑞。

三角兽、白狼、赤黑、赤熊、赤狄、赤兔、九尾狐、白狐、玄狐、白鹿、白獐、白兕、玄鹤、赤乌、青乌、三足乌、赤燕、赤雀、比目鱼、甘露、庙生祥木、福草、礼草、萍实、大贝、白玉赤文、紫玉、玉羊、玉龟、玉牟、玉英、玉璜、黄银、金藤、珊瑚钩、骇鸡犀、戴通璧、玉瑠璃、鸡趣璧之类，皆为上瑞。

白鸠、白乌、苍乌、白泽、白雉、雉白首、翠鸟、黄鹄、小鸟生大鸟、朱雁、五色雁、白雀、赤狐、黄黑、青燕、玄貉、赤豹、白兔、九真奇兽、流黄出谷、泽谷生白玉、琅玕景、碧石润色、地出珠、陵出黑丹、威绥、延喜、福并、紫脱常生、宾连阔达、善茅、草木常生之类，为中瑞。

秬秠、嘉禾、芝草、华苹、人参生、竹实满、椒桂合生、木连理、嘉木、戴角麠鹿、驳鹿、神雀、黑雉之类，为下瑞。

引据

一、《唐六典》卷四礼部郎中员外郎条：大瑞（大瑞谓景星、庆云、黄星真人、河精、麟、凤、鸾、比翼鸟、同心鸟、永乐鸟、富贵、吉利、神龟、龙、驺虞、白泽、神马、龙马、泽马、白马赤髦、白马朱鬣之类，周匝、角瑞、獬豸、比肩兽、六足兽、兹白、腾黄、駏駼、白象、一角兽、天鹿、鳖封、酋耳、豹犬、露犬、玄珪、明珠、玉英、山称万岁、庆山、山车、象车、乌车、根车、金车、朱草、屈轶、蓂荚、平露、莲莆、蒿柱、金牛、玉马、玉猛兽、玉瓮、神鼎、银瓮、丹甑、醴泉、浪井、河水清、江河水五色、海水不扬波之类，皆为大瑞）。

上瑞〔谓三角兽、白狼、赤罴、（赤熊、赤）狡、赤兔、九尾狐、白狐、玄狐、白鹿、白獐、白兕、玄鹤、赤乌、青乌、三足乌、赤燕、赤雀、比目鱼、甘露、庙生祥木、福草、礼草、萍实、大贝、白玉赤文、紫玉、玉羊、玉龟、玉牟、玉英、〔玉璜〕、黄银、金藤、珊瑚钩、骇鸡犀、戴通璧、玉瑠璃、鸡趣璧之类，皆为上瑞〕。

中瑞（谓白鸠、白乌、苍乌、白泽、白雉、雉白首、翠鸟、黄鹄、小鸟生大鸟、朱雁、五色雁、白雀、赤狐、黄罴、青燕、玄貉、赤豹、白兔、九真奇兽、充黄出谷、泽谷生白玉、琅玕景、碧石润色、地出珠、陵出黑丹、威绥、延喜、福并、紫脱常生、宾连阔达、善茅、草木长生，如此之类，并为中瑞）。

下瑞〔谓秬秠、嘉禾、芝草、华苹、人参生、竹实满、椒桂合生、木连理、嘉木、戴角麢鹿、驳鹿、神雀、（冠雀）、黑雉之类，为下瑞〕。

二、《白氏六帖事类集》卷一一《祥瑞二》：《式》〔云：麟、凤、鸾、龙、驺虞、白泽、神马为大瑞，随即奏之，应奏不奏，杖八十。又或（式）云：玄珠、明珠、玉英、白玉赤文、紫玉、黄铁、金藤，并为上瑞；又云：秬黍、嘉禾、芝草、华木，并为下瑞〕。

三、《白孔六帖》卷三六《祥瑞》：《式》（云：麟、凤、鸾、龙、驺虞、白泽、神马为大瑞，随即奏之；应奏不奏，杖八十。又《式》云：玄珠、明珠、玉英曰、白玉赤文、紫玉、黄铁、金藤，并为上瑞；又云：秬黍、嘉木、芝草、华木，并为下瑞）。

　　四、《延喜式》卷二一《治部省·祥瑞》：景星（德星也。或如半月，或如大星而中空）、庆云（状若烟非烟，若云非云）、黄·真人（金人也。又曰玉女也）、河精（人头鱼身）、麟（仁兽也。麕身羊头牛尾，一角，端有肉）、凤（状如鹤。五彩以文，鸡冠燕喙，蛇头龙形）、鸾（状如翟，五彩以文）、比翼鸟（状如凫，一翼一目，不比不飞）、同心鸟、永乐鸟（五色成文，丹喙赤头，头上有冠，鸣云天下太平）、富贵（鸟形兽头）、吉利（鸟形兽头）、神龟（黑神之精也。五色鲜明，知存亡、明吉凶也）、龙（被五色以游，能幽能明，能小能大）、驺虞（义兽也。状如虎，白色黑文，尾长于身，不食生物也）、白泽（一名泽兽。能言语，知万物情）、神马（龙马，长颈，额上有翼，踏水不没。腾黄，其色黄，状如狐，背上有两角，飞兔日行三万里。驳𪓔，亦喙黑身，日行三万里。泽马，白马赤鬣，白马赤髦，青马白髦，驹騡，状如马，出于北海。駃騠，自能言语）、周匝（神兽也。知星宿之变化也）、角端（日行万八千里，能言语，晓四夷言）、解廌（如牛，一角，或状如羊。有青色，知性曲直，有罪则触）、比肩兽（前足鼠，后足兔，不比不行）、六足兽（瑞兽也）、兹白（形似白马，锯牙，食虎豹）、白象（其形，皎身，六牙）、一角兽（麟首鹿形，龙鸾共色）、天鹿（纯灵之兽也，五色光耀洞明，一角长尾）、鳖封（若彘，前后有首）、酋耳（身若虎豹，尾长于身，食虎豹）、豹犬（钜口赤身，四足三目）、露犬（能飞，食虎豹）、玄珪明珠（夜有光，如月之照。及珠镜、珠英，并同）、玉英（不琢自成，光若明月。玉璧同）、山称万岁、庆山、山车（自然之车，山藏之精也）、象车（山精也）、鸟车（山精也）、根车（山木根连，象车也。应载养万物）、金车、朱草（如小桑，裁长三四尺，枝叶皆丹，茎如珊瑚）、屈轶（生帝之庭若阶，佞人入朝，则草屈而指之）、蓂荚（夹阶而生，随月生死）、平露（树名也。其形如盖，生于庭，以候四方之正也。一方不正，则应一方，而转倾也）、蓍甫（树名也。其形似蓬，枝多叶少，叶如扇，不摇，自动转而风生）、蒿柱（蒿茂大，可为宫柱）、金牛（瑞器也）、玉马（瑞器也）、玉猛兽（大如六十日犬子，食气饮露也）、玉瓮（不汲自满）、神鼎（不汲自满也。一云不爨自沸）、银瓮（不汲自满）、瓶瓮（不汲自满）、丹甑（不炊自熟）、醴泉（美泉也。其味美甘，状如醴酒）、浪井（不凿自成之井，而腾波浪者也）、河水清、河水五色、江水五色、海水不扬波。

右大瑞。

三角兽（瑞兽也）、白狼（金精也）、赤罴（神兽也）、赤熊、赤狻（其角如牛，音如犬吠）、赤兔、九尾狐（神兽也。其形赤色，或曰白色，音如婴儿）、白狐（岱宗之精也）、玄狐（神兽也）、白鹿（仁鹿也。色如霜雪）、白獐（白鹿之流）、兕（形如牛，苍黑色或青色，有一角，重二千斤）、玄鹤、青乌（南海输之）、赤乌、三足乌（日之精也）、赤燕、赤雀、比目鱼（出于东海，不比不行）、甘露（美露也。神灵之精也，凝如脂，其甘如饴。一名膏露）、庙生祥木（生木赤木，亦同）、福草（瑞草也。朱草别名也。生宗庙中）、礼草、萍实（萍，水草也。大如斗，圆而赤，可割而食之，吉祥也）、大贝（贝自海出，其大盈车）、白玉赤文、紫玉、玉羊（瑞器也）、玉龟、玉牟、玉典（瑞器也）、玉璜（瑞器也）、黄银、金胜（仁宝也。不斫自成，光如月明。一名金称）、珊瑚钩（瑞宝也）、骇鸡犀及戴通（有一白理如线。又其角有光通天，鸡见之惊骇，故一名通天犀）、璧琉璃（不琢自成，质有光耀）、鸡趣。

右上瑞。

白鸠、白乌（大阳之精也）、苍乌（乌而苍色。江海不扬洪波，东海输之）、白羍、白雉（岱宗之精也）、雉白首、翠乌（羽有光耀也）、黄鹄、小鸟生大鸟、朱雁、五色雁、白雀、赤狐、黄罴、青熊、玄貉、赤豹、白兔（月之精也，其寿千岁）、九真奇兽（驹形，麟色牛角，仁而爱人）、流黄出谷（土精也）、泽谷生白玉、琅玕景（玉有光景者）、碧石润色、地出珠、陵出黑丹、威委（瑞木也。可以为琴瑟也）、威绥、延喜（瑞草也）、福并（瑞草也）、紫脱常生（瑞草也）、宾连达（树名也。一名宾连阔达。其状连累相承，生房户，象继嗣也）、善茅（其头若雄鸡，佩之不昧，一茅三脊）、草木长生（草木有益于人者，长生以养人）。

右中瑞。

秬秠（秬者，黑黍也；秠者，一稃二米者）、嘉禾（或异亩同颖，或挐连数穗，或一稃二米也）、芝草（形似珊瑚，枝叶连结，或丹或紫，或黑或金色，或随四时变色。一云一年三华，食之令眉寿）、华平（其枝正平，王者德强则仰，弱则低也）、人参生（是处皆生）、竹实满（满，成也）、椒桂合生、木连理（仁木也。异本同枝；或枝旁出，上更还合）、嘉木、戴角麚鹿（牝鹿而有角也）、驳麈（如鹿疾走）、神雀（五色者也。又大如鹦雀，黄喉白颈，黑背腹班文也）、冠雀（戴冠者也）、黑鸡、白鹊。

右下瑞。

五、《唐律疏议》卷二五《诈伪》诈为瑞应条疏：其"瑞应"条流，具在礼部之《式》，有大瑞，有上、中、下瑞。……今云"诈为瑞应"，即明不限大小……若诈言麟、凤、龟、龙，无可案验者……

六、《旧唐书》卷一一九《崔祐甫传》：时朱泚上言，陇州将赵贵家猫鼠同乳，不相为害，以为祯祥。诏遣中使以示于朝，（常）衮率百僚庆贺，祐甫独否……上奏言："……又按《礼部式》具列三瑞，无猫不食鼠之目，以兹称庆，臣所未详……"代宗深嘉之。

七、《唐会要》卷四四《杂灾变》：大历三年六月二十四日，陇右节度使奏：陇右汧源县赵贵家，猫鼠同乳，献以为瑞。中书舍人崔祐甫上议曰："中使吴承倩宣进止，以猫鼠示百寮者。臣闻礼曰：迎猫为其食田鼠也。……今此猫对鼠而不食，仁则仁矣，无乃失其性乎！……又按《礼部式》，具列三瑞，无猫不食鼠之目。以兹称庆，臣所未详。"

参考

一、《资治通鉴》卷一九三《唐纪九》：贞观二年九月……丁未诏："自今大瑞，听表闻（按《仪制令》：凡景星、庆云为大瑞，其名物六十有四；白狼、赤兔为上瑞，其名物三十有八；苍乌、朱雁为中瑞，其名物三十有二；嘉禾、芝草、木连理为下瑞，其名物十四）。自外诸瑞，申所司而已。"（《唐六典》：礼部郎中，凡祥瑞应见，皆辩其物名）

二、《杜阳杂编》：郑注……镇凤翔日，有草如茵，生于紫金带上。注既心有所图，乃喜，谓芝瑞。识者以物反其所。夫草生于土，常也；今生于金，是反常也。郑氏之祸将至，其不久矣。

按

仁井田陞《唐令拾遗》仅据《通鉴》胡三省注，将本条拟定为《仪制令》，著者曾撰文辨其误。[①] 本条应为《式》文，而非《令》文，现集中说明其理由。

首先，唐代资料显示，本条应属《式》文。《白氏六帖事类集》明确记曰："《式》（云……）"，至少是将它与《令》区分开来了。且《唐律疏议》、《旧唐书》卷一一九《崔祐甫传》更说它是《礼部式》，尤为直接证据。故无论《唐律疏议》究竟是《永徽律疏》抑或是《开元律疏》，唐初、中期的《礼部式》就已经有了瑞应物色的规定，而且至少在崔祐甫生活的代宗时期、白居易作《六帖》的德宗、宪宗时期，也仍是如此规定。

其次，《六典》之文，本来就有是《令》或《式》两种可能，故仁井田陞《唐令拾遗》将本条复原为唐《令》，实际上就剩下了《资治通鉴》胡三省注一条孤证。这需要辨析。

《资治通鉴》及胡三省注有关唐代祥瑞的所谓《令》制有三条。其一是《唐纪五十二》永贞元年宪宗之语："自今凡有嘉瑞，但准《令》申有司，勿复奏闻。"其二是《唐纪六十二》开成三年胡注所引唐令："《仪制令》：大瑞即随表奏闻，中瑞、下瑞申报有司，元日奏闻。"其三即本条，是贞观二年九月丁未诏"自今大瑞，听表闻"下，胡注所引唐《令》。将前二项复原为唐《令》，是对的；但将第三条复原为唐《令》，在无任何唐宋史籍可以证明的情况下，就难让人信服了。我以为，胡注的"《仪制令》"三字，很可能是误记，即错将唐代有关瑞目物色规定划入《令》，误认为《仪制令》中既有诸瑞的申报程序，也应

---

① 霍存福：《令式分辨与唐令的复原——〈唐令拾遗〉编译墨余录》，《当代法学》（长春）1990 年第 3 期。

有瑞目物色的具体规定。至少，胡注所据不是唐制。

最后，沿袭了唐《式》的日本《延喜式》，详细规定了四种瑞目及 146 种物色，明显源于唐《式》。其详细和准确程度，竟可以校补阙脱的中国古籍。[①] 此又本条为《礼部式》之间接证据也。故《唐六典》卷四注文中关于诸瑞瑞目及物色规定，应理解为《式》，而不应理解为《令》。

我国学者在此问题上，一般将其确定为唐《礼部式》。韩国磐《传世文献中所见唐式辑存》〔《厦门大学学报》（哲社版）1994 年第 1 期〕引《白氏六帖事类集》上引文字后说：

> 案此处所言《式》当为《礼部式》。检《唐六典》卷 4《尚书礼部》郎中员外郎下说到各类祥瑞云："凡祥瑞应见，皆辨其物名，若大瑞（大瑞谓景星、庆云、黄星真人、河精、麟、凤、鸾、比翼鸟……）、上瑞（谓三角兽、白狼、赤……）、中瑞（谓白鸠、白乌……）、下瑞（谓秬秠、嘉禾、芝草……），皆有等差。若大瑞随即表奏，文武百僚诣阙奉贺……"
>
> 奏报祥瑞之事，《六典》系于礼部，足证上《式》当为《礼部式》。再参以仁井田陞《唐令拾遗·仪制令》所附供参考的《延喜式》所列大、上、中、下诸瑞略同于《唐六典》及此处的《式》，益足证明此《式》为《礼部式》。

---

① 〔日〕广池本《〈大唐六典〉考订·凡例》云："礼部条祥瑞名物，《通鉴》注引《仪制令》及《唐书》、《玉海》所载，皆仅十二三，唯《延喜治部式》之文，与《六典》大同，盖即唐旧文，今删补厘正，并一从之。凡……四瑞名物，炳如丹青，庶见大全。"见〔日〕广池千九郎训点、内田智雄补订：《大唐六典》，广池学园事业部，昭和 48 年 12 月刊行，第 5 页。

韩国磐先生的意见是对的。

按，祥瑞，古人以为"鸟兽之祥，乃应人事"，道理在于"人虽至灵，而禀性含气，同于万类，故吉凶兆于彼，而祸福应于此。圣人受命，龙凤为嘉瑞者，和气同也。"①

当时人见到物有异常率皆奏上，献媚也。《唐会要》卷四四《杂灾变》载："长寿三年三月，大雪，凤阁侍郎苏味道以为瑞，修表将贺。"左拾遗王求礼以为三月降雪乃灾也，止之。贞元时牛犊生六足、小猪长两头，皆有人欲上闻，实际则物之畸形也。又，猫鼠同乳也曾经被看作异事而载入史册。《唐会要》卷四四《杂灾变》："天宝元年十一月一日，魏郡上言：猫鼠同乳，经二十六日，望编入史册。诏从之。"又此前，"龙朔元年十二月二十八日，洛州言：猫鼠同居。"则也物之失其本性也。

关于诸瑞之数目与物色，诸书记载不同。大略《延喜式》、《唐六典》所载最详，但《六典》讹脱较多，《延喜式》较全，加之其有注释，对于瑞目之数目、物色的理解均有帮助。陈仲夫在点校《唐六典》时，也多用《延喜式》之文，可见其保存较好。

《延喜式》大瑞60种（《新订增补国史大系本》将"玄珪明珠"作为1项，应作为2项。中国学者一般将二者区分为二），《通鉴》胡注云唐代大瑞64种。二者数量之差，原因在《唐六典》之"龙马、泽马、白马赤髦、白马朱鬣"4种作正文，而《延喜式》作注，少了4种；又，《唐六典》之"腾黄、驺牒"作正文，而《延喜式》作注，又少2种；《延喜式》较《唐六典》多1个"瓶瓮"，《延喜式》又分《唐六典》之"江

---

① 见《唐会要》卷四四《杂灾变》右史苗神客对裴行俭语。

河水五色"为"河水五色"、"江水五色" 2 项，则多了 2 种，总数较《六典》少 4 种。

《延喜式》上瑞 38 种（但"骇鸡犀及戴通"二者为一），38 之数与《通鉴》胡注合；《唐六典》若依据《延喜式》补上"赤熊"，则有 39 种。以致陈仲夫在点校《六典》时，又怀疑是否应当补上这一条。不过，在《六典》中，"骇鸡犀、戴通璧"是作为两项的，而不是像《延喜式》"骇鸡犀及戴通"二者为一。

《延喜式》中瑞 33 种，《通鉴》胡注为 32 种；《唐六典》不增"威委"，也恰好 32 种。但《六典》"白泽"已见于大瑞，此处又出现，不知为何。

《延喜式》下瑞 15 种，《通鉴》胡注为 14 种，《唐六典》若不补"冠雀"，则为数 13。

其他不同，上瑞中，《六典》之"白兕"，《延喜式》则为"兕（苍黑色或青色）"，二者颜色不同；中瑞，《延喜式》"青熊"，《唐六典》作"青燕"。其具体的孰是孰非，已难断定。

五 〔永徽·礼部〕 五品以上服紫，六品以下服朱。

引据

《唐律疏议》卷二七《杂律》违令条疏：别《式》减一等，谓《礼部式》："五品以上服紫，六品以下服朱"之类，违《式》文而著服色者。

参考一

一、《旧唐书》卷四五《舆服志》：贞观四年又制：三品已上服紫，五品已下服绯，六品、七品服绿，八品、九品服以青，带以鍮石。

二、《隋唐嘉话》卷中：旧官人所服，惟黄、紫二色而已。贞观中，始令三品以上服紫，四品以上朱，六品、七品绿，八品、九品以青焉。

三、《旧唐书》卷四五《舆服志》：上元元年八月又制：文武三品已上服紫，金玉带；四品服深绯，五品服浅绯，并金带；六品服深绿，七品服浅绿，并银带；八品服深青，九品服浅青，并鍮石带。庶人并铜铁带。

参考二

一、《旧唐书》卷一七《文宗纪下》：大和六年……六月……戊寅，右仆射王涯奉敕，准《令》、《式》条疏士庶衣服、车马、第舍之制度。敕下后，浮议沸腾。杜悰于敕内条件易施行者宽其限，事竟不行。公议惜之。

二、《续通典》卷四五《礼一·郊天》：昭宗龙纪元年，将有事于圆丘……礼院先准大礼使牒称：得内侍省牒，要知内臣朝服品秩。……若内官及诸卫将军必须制冠服，即各依所兼正官随资品依《令》、《式》服本官之服。

按

韩国磐《传世文献中所见唐式辑存》〔《厦门大学学报》（哲社版）1994 年第 1 期〕引唐律上条云：

案此系节录式文。《唐会要》卷 31 《舆服上杂录》所引式文较详如下：《礼部式》：亲王及三品已上，若二王后，服色用紫，饰以玉。五品已上，服色用朱，饰以金。七品已上，服色用绿，饰以银。九品已上，服色用青，饰以鍮石。应服绿及青人，谓经职事官成及食禄者。其用勋官及爵，直司依出身品，仍听配刀、砺、纷、帨。流外官及庶人，服色用黄，饰以铜铁。

以《唐会要》式文与《唐律疏议》式文相比，后者不仅文字简略，且'六品以下'的'下'当为'上'字之误，因《唐六典》卷4《尚书礼部》所载，正略同于《唐会要》的式文，其文云：

亲王、三品已上、二王后，服用紫，饰以玉。五品已上，服用朱，饰以金。七品已上，服用绿，饰以银。九品已上，服用青，饰以鍮石。流外庶人，服用黄，饰以铜铁。可见《唐律疏议》节录式文有误，再证之以《旧唐书》卷四五《舆服志》等，亦均言三品以上服紫，四品五品服绯，六品七品服绿，八品九品服青，可相印证。

韩先生的说法，有一定道理。《唐律疏议》只是大体分类。大致分类是无法准确概括的。因划线只涉及三品已上、五品已上、七品已上、九品已上等四个级别。不分五品已上、六品以下。且后世有无变化，尚不清楚。

唐代《令》、《式》均规定衣服服色、服式制度，请参见《衣服令》。另外，关于衣服之事，笔记小说似可提供一些印证。

《朝野佥载》卷三："（张）鷟初举进士……其年对策，考功员外骞味道以为天下第一。又初为岐王属，夜梦着绯乘驴，睡中自怪：我绿衣当乘马，何为衣绯却乘驴？其年应举及第，授鸿胪丞。未经考而授五品，此其应也。"

按，张鷟调露初进士及第后，任岐王府参军（傅），后迁鸿胪丞。李范于景云元年睿宗践祚时被封为岐王，张鷟任岐王府属当在景云元年至二年初。① 王府参军从六品，衣绿，故云"我绿衣当乘马"。梦"着绯乘驴"，着绯，按五品著绯衣，指其鸿胪丞加阶赐绯。《旧唐书》卷七《睿宗纪》：景云二年四月壬寅大赦天下，京官四品以上加一阶，三品以下赐爵一级。张鷟于此年登贤良方正科，授鸿胪寺丞，依《新唐书》卷四八《百官志三》，此职为从六品上。四月份会大赦加五品阶，故有鼠啮绿袍之梦，因六品是著绿衣的。② 至于其乘驴，当是应验其任鸿胪丞，"胪"字或与"驴"形近、音近。

六甲 〔神龙至太极·礼部〕　　三品以上饰以玉，四品以上饰以金，五品以上饰以银。

引据

《通典》卷六三《礼二三·天子诸侯玉佩剑绶玺印》：大唐……开元二年……七月敕：珠玉锦绣，既令禁断，准《式》："三品以上饰以玉，四品以上饰以金，五品以上饰以银"者，宜于腰带及马镫、酒杯杓依《式》，自外悉禁断。

按

本条当是《礼部式》。依《刑部式》："用'准式'者，《格》、《敕》、《律》、《令》皆是。"《通典》有"准式"、"依式"字样，而《唐会要》更明确为《礼部式》，可以由此作较大胆推断：唐史籍中所谓"准式"，引用《式》文的比率

---

① 参见李剑国著：《唐五代志怪传奇叙录》上册，南开大学出版社，1993，第129~130页。

② 《太平广记》卷一三七《征应三》：文成景云二年为鸿胪寺丞，帽带及绿袍并被鼠啮，有蜘蛛大如栗，当寝门悬丝上。经数日，大赦，加阶授五品。男不宰，鼠亦啮腰带欲断，寻选授博野尉。

较高。

本条内容，"三品以上饰以玉"，与下文《六典》所引开元制度及文宗时《礼部式》同；"四品以上饰以金"，与之不同，《开元式》等为"五品以上饰以金"，无"五品以上饰以银"。"饰以银"者，为"七品已上"。本条为玄宗初年重申旧《式》，所谓的《式》当是《神龙式》或《太极式》，《六典》所记为后来之变化情形。

参考

《旧唐书》卷一七《文宗纪下》：大和六年……六月……戊寅，右仆射王涯奉敕，准《令》、《式》条疏士庶衣服、车马、第舍之制度。敕下后，浮议沸腾。杜悰于敕内条件易施行者宽其限，事竟不行。公议惜之。

六乙 〔开七至太和·礼部〕 亲王及三品已上，若二王后，服色用紫，饰以玉。五品已上，服色用朱，饰以金。七品已上，服色用绿，饰以银。九品已上，服色用青，饰以输石。应服绿及青人，谓经职事官成及食禄者。其用勋官及爵，直司依出身品，仍听配刀、砺、纷、帨。流外官及庶人，服色用黄，饰以铜、铁。其诸亲朝贺宴会服饰，各依所准品。

引据

一、《唐会要》卷三一《杂录》：（文宗太和）六年六月敕：详度诸司制度条件等，《礼部式》：亲王及三品已上（以下与本文同）。

二、《唐六典》卷四礼部郎中员外郎条：凡常服亦如之（亲王、三品已上、二王后，服用紫，饰以玉；五品已上，服用朱，饰以金；七品已上，服用绿，饰以银；九品已上，服用青，饰以输石；流外、庶人，服用黄，饰以铜、铁）。

参考一

一、《旧唐书》卷四五《舆服志》：武德……四年八月敕：三品已上，大科绸绫及罗，其色紫，饰用玉。五品已上，小科绸绫及罗，其色朱，饰用金。六品已上，服丝布，杂小绫，交梭，双纠，其色黄。六品、七品饰银。八品、九品输石。流外及庶人，服绸、绝、布，其色通用黄，饰用铜、铁。

二、《旧唐书》卷四五《舆服志》：上元元年八月又制：文武三品已上服紫，金玉带；四品服深绯，五品服浅绯，并金带；六品服深绿，七品服浅绿，并银带；八品服深青，九品服浅青，并输石带。庶人并铜铁带。

参考二

《旧唐书》卷四五《舆服志》：上元元年八月又制：一品已下带手巾、算袋，仍佩刀子、砺石，武官欲带者听之。……景云中又制，令依上元故事，一品已下带手巾、算袋，其刀子、砺石等许不佩。武官五品已上佩钻鞢七事，七谓佩刀、刀子、砺石、契苾真、哕厥针筒、火石袋等也。至开元初复罢之。

按

《会要》标明是《礼部式》者，恰是《六典》之注文，唯较前者为简略耳。且文宗时改革，并未越出此制。这也说明《六典》之排比令、式之情形，正文中有，注文中也有。

从《旧唐书》卷四五《舆服志》载武德四年敕看，开元直至太和间的这一制度，其滥觞却是武德敕文。应当是在稍后就将其纳入到《式》文中了。此亦制敕向令式转化之一证据。至高宗上元制度，又有所变化，如衣服颜色变化较大。另外，饰品在带饰上明确了制度。

所配"刀、砺、纷、帨"，按旧书《舆服志》即指刀子、砺石等，可参看。

文宗时改革，《唐会要》卷三一《杂录》在引用了《礼部式》之后，新的补充或修改是："又请一品、二品许服玉及通犀，三品许服花犀、斑犀及玉。又服青碧者，许通服绿。余依《礼部式》"，这是惟有的不同。

六丙　朝官皆是绫袍袄，[①] 五品已上金玉带。

引据

一、《旧唐书》卷一四五《董晋传》：德宗……五年……又问（董）晋冠冕之制，对曰："……在《式》：朝官皆是绫袍袄，五品已上金玉带，取其文彩画饰，以奉上也。……服绝缦，非制也。"上深然之，遂诏曰……又令服本品绫袍、金玉带。

二、《文献通考》卷一〇七《王礼考二·朝仪》：（董晋）又曰："在《式》：朝官皆以绫为袍，五品以上服金玉带，取其文采华饰，以奉上也。昔尚书郎含香此意也。"

三、《唐六典》卷四礼部郎中员外郎条：裤褶之服，朔望朝会则服之（五品已上通用绸绫及罗，六品已下用小绫。应著裤褶，并起十月一日，至二月三十日已前）。……凡常服亦如之（亲王、三品已上、二王后，服用紫，饰以玉；五品已上，服用朱，饰以金……）。

---

① "皆"以下五字，《文献通考》作"皆以绫为袍"。

参考一

《旧唐书》卷四五《舆服志》：上元元年八月又制：文武三品已上服紫，金玉带；四品服深绯，五品服浅绯，并金带；六品服深绿，七品服浅绿，并银带；八品服深青，九品服浅青，并鍮石带。庶人并铜铁带。

参考二

一、《高力士外传》：及驾出剑门到巴蜀，气候都变，不异两京。九月十九日，霜风振厉，朝见之时，皆有寒色，诏即令著袍。至二十一日，百官尽衣袍立朝，不依旧《式》。

二、《因话录》卷一《宫部》：德宗尝暮秋猎于苑中。是日天色微寒，上谓近臣曰："九月衣衫，二月衣袍，与时候不相称，欲递迁一月，何如？"左右皆拜谢。翌日，命翰林议之，而后下诏。李赵公吉甫，时为承旨，以圣人能上顺天时，下尽物理，表请宣示万方，编之于《令》。李相程初为学士，独不署名。具状奏曰："臣谨按《月令》，十月始裘。《月令》是玄宗皇帝删定，不可改易。"上乃止。

按

《唐六典》中"五品已上，服用朱，饰以金"，及《唐会要》卷三一《杂录》所引《礼部式》"五品已上，服色用朱，饰以金"，正如《通典》卷六三《礼二三》所云，所谓的"三品以上饰以玉，四品以上饰以金，五品以上饰以银"者，只是"于腰带及马镫、酒杯杓依《式》"。即主要是在上述三个物件上加以装饰的。本处之"金玉带"，即其一也。

又按参考一，所谓"饰以玉，饰以金，饰以银"者，包含了带饰。本条言"五品已上金玉带"，大体也不差。盖"三品已上服紫，金玉带；四品服深绯，五品服浅绯，并金带"，或"金

带"，或"金玉带"，都在此范围内。

参考二中之事为反例。说明原《式》中不存在著袍规定，以节候未到也。又，《令》中似有著衣规范，依时节不同而规定。参见《旧唐书》卷一七《文宗纪下》。

七甲　〔永徽至神龙〕　三品以上紫衣，金鱼袋；五品以上绯衣，银鱼袋，皆执象笏；七品以上绿衣，九品以上青衣，皆木笏。

引据

《通典》卷四〇《职官二二·秩品五（大唐）》注：三品以上紫衣，金鱼袋；五品以上绯衣，银鱼袋，皆执象笏；七品以上绿衣，九品以上青衣，皆木笏。光宅元年，青衣为碧。武太后时，改五品以上铜鱼袋。中宗反正，从旧。

参考

《旧唐书》卷四五《舆服志》：武德初……五品已上执象笏。三品已下前挫后直，五品已上前挫后屈。自有唐已来，一例上圆下方，曾不分别。六品已下，执竹木为笏，上挫下方。

按

杜佑所录，既云"武太后时，改五品以上铜鱼袋。中宗反正，从旧"，则该录文与中宗神龙制度同，自无问题。"从旧"也意味着返回到武则天以前制度，其最典型者为永徽制度。又，按复原七乙，该制度为《式》文。

七乙　〔神龙至开七〕　京文武官五品已上，依旧《式》佩鱼袋。〇京文官五品已上，依旧《式》佩银鱼袋。

引据

一、《唐会要》卷三一《鱼袋》：至神龙二年二月四日，京文武官（以下与本文同）。

二、《唐会要》卷三一《鱼袋》：（神龙）二年八月制：京文官（以下与本文同）。

三、《唐六典》卷四礼部郎中员外郎条：凡内外百官有鱼符之制（并出于门下省）。

四、《唐六典》卷八门下省符宝郎条：三曰随身鱼符，所以明贵贱，应征召（亲王及二品已上散官、京官文武职事五品已上、都督、刺史、大都督府长史、司马、诸都护、副都护，并给随身鱼符）。……随身鱼符之制，左二右一，太子以玉，亲王以金，庶官以铜（随身鱼符皆题云"某位姓名"。其官只有一员者，不须著姓名；即官名共曹司同者，虽一员，亦著姓名。随身者，仍著姓名，并以袋盛。其袋三品已上饰以金，五品以上饰以银……）。

按

《唐会要》卷三一两处引神龙制，或言"京文武官"，或言"京文官"，当以前者为是。又，后者言"银鱼袋"，当更准确。

八甲　朝官有周年①已下丧者，诸②绝缦不合衣浅色。

引据

一、《旧唐书》卷一四五《董晋传》：德宗……五年……金吾将军沈房有弟丧，公除，衣惨服入阁，上问宰相，对曰："准

---

① "周年"，《文献通考》作"司"。
② "诸"，同上作"许服"。

《式》：朝官有周年已下丧者，诸绖缝，不合衣浅色。"……上深然之，遂诏曰："常参官入阁……周期已下丧者，禁惨服朝会。"

二、《文献通考》卷一〇七《王礼考二·朝仪》：初，金吾将军沈房有弟丧，公服不衣，惨服入门。上问宰臣董晋，对曰："准《式》：朝官有司以下丧者，许服绖缝，衣不合浅色。"

三、《唐会要》卷二四《朔望朝参（常朝日附）》：（贞元）七年十一月诏：常参官入阁，不得奔走。其有周以下丧者，禁惨服。朝会服，衣绫袍金玉带。初，金吾将军沈房有弟丧，公服不衣，惨服入门。上问宰臣，董晋对曰："准《式》：朝官有周以下丧者，许服绖缝，衣不合浅色。"上曰："南班何得有之？"对曰："因循而然。"又曰："在《式》，朝官皆以绫为袍，五品以上服金玉带。取其文采华饰，以奉上也。昔尚书郎含香此意也。"

四、《唐六典》卷四礼部郎中员外郎条：凡凶服不入公门（遭丧被起在朝者，各依本品著浅色绖缝；周已下惨者，朝参起居亦依品色，无金玉之饰。起复者，朝会不预。周丧未练，大功未葬，则亦准此例）。

参考

《旧唐书》卷一一七《文宗纪下》：六年……六月……戊寅，右仆射王涯奉敕，准《令》、《式》条疏士庶衣服、车马、第舍之制度。敕下后，浮议沸腾。杜悰于敕内条件易施行者宽其限，事竟不行。公议惜之。

八乙　朝官惨故，不合著朱衣裤褶。

引据

一、《全唐文》卷三〇四《李适之·禁朝官称惨改乘服式奏》：臣伏以朝服，准《式》皆合备具。比来有称惨故，式致乖疏。臣望自今已后，每当正、至，及缘大礼，应朝官并六品清官，并服朱衣；余六品以下，望许通著裤褶，朔望日请依旧。文武官朝集使并服裤褶。如有惨故，准《式》不合著朱衣裤褶者，其日听不入朝。自余应合著不著者，请夺一俸，以惩不恪。其蕃官望不在此限。如情愿著者请听。余望依今《式》。

二、《唐会要》卷二四《朔望朝参》：开元二十五年，御史大夫李通奏：每至冬至，及缘大礼，应朝参官并六品清官，并服朱衣；余六品以下，许通著裤褶。如有裖故，准《式》不合著朱衣裤褶者，其日听不入朝。自余应合著而不著者，请夺一月俸，以惩不恪。（《全唐文》附《唐文拾遗》卷二一《李通》与此同。）

参考

一、《大唐新语》卷七《识量》：王方庆为凤阁侍郎知政事，患风俗偷薄，人多苟且，乃奏曰："准《令》、《式》，齐缞、大功未葬，并不得朝会。仍终丧，不得参燕乐。比来朝官不依礼法，身有哀惨，陪厕朝贺，手舞足蹈，公违宪章，名教既亏，实玷皇化。请申明程式，更令禁止。"则天从之……

二、《旧唐书》卷八九《王方庆传》：方庆又举："《令》文'期丧、大功未葬，不预朝贺；未终丧，不预宴会。'比来朝官不遵礼法，身有哀容，陪预朝会，手舞足蹈，公违宪章，名教既亏，实玷皇化。伏望申明《令》、《式》，更禁断。"从之。

三、《新唐书》卷一一六《王綝传》：方庆尝以"《令》，期及大功丧，未葬，不听朝贺；未除，弗豫享宴。比群臣不遵用，颓綮教谊，不可长。"有诏申责，内外畏之。

四、《唐会要》卷三八《杂记》：圣历元年十月，凤阁侍郎王方庆奏言："准《令》：'期丧、大功未葬，并不得参朝贺，仍终丧不参宴会。'比来朝官，不依礼法，身有哀惨，陪列朝贺，手舞足蹈，公违宪章，名教既亏，实玷皇化。请申明更令禁断。"诏曰："可。"

按

《大唐新语》以为《令》、《式》者，《旧唐书》直云《令》。当以旧书为确，《新语》仅是泛指语。此事与朝官遭丧服饰有关，故列出供参考。相关礼制、令文，可见《会要》卷三八《服纪下》所载德宗贞元六年正月诏："百官有私丧公除者，听赴宗庙之祭。"

九　〔开元〕　庶人帽子皆宽大、露面，不得有掩蔽。

引据

《倭名类聚抄》卷四：庶人帽子皆宽大、露面，不得有掩蔽。[1]

按

新美宽撰、铃木隆一补之《本邦残存典籍による辑佚资料集成（正续）》，将《倭名类聚抄》所引唐式都确定为《开元式》；又仁井田陞《唐令拾遗·附录·序论》云："《倭名抄》所引的唐式有《开元式》，而不见有其他年度的式，也可以把所引的唐式都看成《开元式》"，二说均可从。[2]

---

[1] 〔日〕新美宽撰、铃木隆一补：《本邦残存典籍による辑佚资料集成（正续）》，京都大学人文科学研究所，1968，第53页。

[2] 〔日〕新美宽撰、铃木隆一补：《本邦残存典籍による辑佚资料集成（正续）》，京都大学人文科学研究所，1968，第53页；再，参见〔日〕仁井田陞著、栗劲等编译：《唐令拾遗·附录·序论》，长春出版社，1989，第879页。

十　诸公主、王妃已下葬礼，惟有团扇、方扇、采帷、锦障之色。

引据

一、《旧唐书》卷八五《唐临传附绍传》：景龙二年……绍上疏谏曰："……准《式》：公主、王妃已下葬礼，惟有团扇、方扇、采帷、锦障之色。"

二、《旧唐书》卷二八《音乐志一》：景龙二年……唐绍上谏曰："……准《式》：公主、王妃已下葬礼，惟有团扇、方扇、采帷、锦障之色。"

三、《唐会要》卷三八《葬》：至景龙三年十二月……左台侍御史唐绍上疏谏曰："……准《式》：公主、王妃以下葬，唯有团扇、方扇、采帏、锦帐之色。"

四、《册府元龟》卷五四五《谏诤部·直谏》：神龙二年……绍上疏曰："……唯《式》：公主、妃已下葬礼，惟有团扇、方扇、采纬、锦障之色。"

按

唐绍疏谏，本因皇后之上言。据《旧唐书》卷二八《音乐志》和《会要》，景龙三年十二月（旧传作"二年"，无月份），是月，皇后韦氏建言："自妃、主及五品已上母、妻，并不因夫、子封者，请自今婚（《音乐志》作"迁"）葬之日，特给鼓吹，宫官亦准此。"旧传云："中宗特诏许之。"唐绍以为，"鼓吹之作，本为军容"，"自昔功臣备礼，适得用之"，原因在"丈夫有四方之功，所以恩加宠锡"。即如"郊祀天地"之"重仪"，不过只有"宫悬，而无案架"，可见"军乐所备，尚不洽于神祗；钲鼓之音，岂得接于闺阃"？故引《式》文证之。唐绍以为，不仅《式》文，而且《令》制也无可比类者："准《令》：主官（旧传'主'作'五品'）婚葬，先无鼓吹，京官五品，得借四品鼓吹为仪"，不过是借用。若特给五品以上母妻鼓吹仪，则会造成五品官不当给，而其母妻却可以得，事既不伦，难为定制，因而要求"停前敕"。旧传云"疏奏不纳"，旧志云"上不纳"，是未采其议。

据《唐会要》卷三八《葬》载："至元年建卯月三日，婚葬卤簿，据散官封至一品，事职官正员三品，并驸马都尉，许随事量给，余一切权停。"

附：《垂拱格》

《唐会要》卷三七《服纪上》：上元元年十二月二十七日，天后上表曰："……今请父在为母终三年之服。"遂下诏依行焉。当时亦未行用，至垂拱年中，始编入《格》。至开元五年……刑部郎中田再思建议曰："……而父在为母三年，行之已逾四纪，编之于格，服之已久……"……（卢）履冰又上表曰："……原夫上元肇年，则天已潜秉政，将图僭篡，预自崇先，请升慈爱之丧，以抗尊严之礼。虽齐衰之仪不改，而几筵之制遂同。数年之间，尚未通用。天皇晏驾，中宗蒙尘，垂拱之初，始编入《格》……"至七年八月二十六日，诏曰："……《格》、《令》之内，有父在为母齐衰三年，此而有为，为非重厌之义；与其改作，不如师古。诸服纪宜一依丧服文。"至二十年，萧嵩与学士改修五礼，又议请依上元元年敕，父在为母齐衰三年为定。及颁礼，乃一切依行焉。

按

《会要》述该条格文始末甚详。实已不止《垂拱格》。开元以后因争议颇大，至七年而废，二十年又行用之，且编入《开元礼》。

十一　〔开元·礼部〕　　诸道士、女道士、僧、尼，行道、散斋，皆给香油、炭料。若官设斋，道、佛各施物三十五段，供修理道佛、写一切经。道士、女道士、僧、尼，各施钱十二文。五品以上女及孙女出家者，官斋、行道皆听不预。若私家设斋，道士、女道士、僧、尼兼请不得过四十九人。

　　引据

　　一、《唐六典》卷四祠部郎中员外郎条注：其道士、女道士、僧、尼，行道、散斋，皆给香油、炭料。若官设斋，道、佛各施物三十五段，供修理道佛、写一切经。道士、女道士、僧、尼，各施钱十二文。五品已上女及孙女出家者，官斋、行道皆听不预。若私家设斋，道士、女道士、僧、尼兼请不得过四十九人。

　　二、《宋刑统》卷一二《户婚》僧道私入道门私入道条附：〔准〕《礼部式》：诸五品以上女及孙女出家者，官斋、行道皆听不预。

　　按

　　本条在《唐六典》中记在“祠部郎中员外郎”条，然《宋刑统》所引作“〔准〕《礼部式》”，则知《唐六典》记事亦非严格按照《式》名系于相应官职之下的。又，《宋刑统》引《式》，显系节文，据文意，应与上文“官斋、行道”相连。盖《式》文为优待起见，免其在公众场合抛头露面。据此，又将《六典》

"五品已上女"前后的两段注文复原为《礼部式》。

十二 〔开元〕　三品以上若遇雨，听着雨衣、毡帽至殿门前。

引据

一、《倭名类聚抄》卷五：三品以上若遇雨，听着雨衣、毡帽至殿门前。①

二、《唐会要》卷二五《杂录》：开元元年十二月敕：诸文武官三品以上及中书黄门侍郎，若遇雨，听著雨衣、毡帽至殿门外，并听著出入。

按

本条为开元式。新美宽撰、铃木隆一补之《本邦残存典籍による辑佚资料集成（正续）》，将《倭名类聚抄》所引唐式都确定为《开元式》；又仁井田陞《唐令拾遗·附录·序论》云："《倭名抄》所引的唐式有《开元式》，而不见有其他年度的式，也可以把所引的唐式都看成《开元式》"，二说均可从。②

又，本条当是《礼部式》，在导从之前。按《会要》，此《式》源自开元初敕，故应是开元式。其下之"又诸云云"，也可能为式文。

参考

《唐会要》卷二五《杂录》：开元元年十二月敕：诸文武官三品以上及中书黄门侍郎，若遇雨，听著雨衣、毡帽至殿门外，

① 〔日〕新美宽撰、铃木隆一补：《本邦残存典籍による辑佚资料集成（正续）》，京都大学人文科学研究所，1968，第52页。

② 见同上，并参见〔日〕仁井田陞著、栗劲等编译：《唐令拾遗·附录·序论》，长春出版社，1989，第879页。

并听著出入。又诸文武三品以上带职事者，欲向田庄，不出四面关者，不须辞见。致仕朝朔望者，准此。

十三　〔开元·礼部〕　**诸文武官赴朝，诸府导从，职事一品，及开府仪同三司，听七骑；二品及特进，听五骑；三品及散官，三骑；四品、五品，二骑；六品已下，一骑。其散官及以理去官五品已上，将从不得过两骑。若京城外，不在此限。**

引据

一、《唐会要》卷三一《杂录》：（太和）六年六月敕：详度诸司制度条件等……又，《六典》及《礼部式》：诸文武官赴朝，诸府道从（以下与本文同）。

二、《旧唐书》卷四三《职官志二》：凡文武官赴朝、诣府，导从各有差。

三、《册府元龟》卷六一《帝王部·立制度二》：唐文宗太和……六年六月……又准《六典》及《礼部式》：诸文武赴朝，诸府导从。职事一品，及开府仪同三司、骠骑大将军，听七骑；二品及特进，五骑；三品及散官，三骑；四品、五品，两骑；六品已下，一骑。其散官及以礼（理）去官五品已上，将从不得过两骑。若京城外，将从不在此限。

按

本条属《礼部式》，既载在《六典》，也可能是开元式。日本近卫家熙本《〈大唐六典〉考订·凡例》云："尝记《册府元龟》有'准《六典》及《礼部式》：'诸文武赴朝，诸府道从'之文，今检《六典》，不见其文。而《旧唐志》礼部郎中员外郎条载'诸府道从'之文。据所谓'准《六典》'者，似是《旧唐志》者，《六典》本文；《册府元龟》者，《六典》注文，疑'礼部郎中员外郎'条中脱之。今载二书之文于'礼部'卷末，并署曰'补考'。"

所云本文、注文之分别，尚待确证。近卫本校订者未见《唐会要》此文，故仅据《册府元龟》补《六典》。《册府元龟》有"骠骑大将军"，与此不同。

《唐会要》所录引《六典》及《礼部式》敕文，下发于太和六年六月，此敕曾引起普遍非议。《旧唐书》卷一七《文宗纪下》曰："六年元月，右仆射王涯奉敕，准《令》、《式》条疏士庶衣服、车马、第舍之制度。敕下后，浮议沸腾。杜悰于敕内条件易施行者宽其限，事竟不行。公议惜之。"至于敕文对《礼部式》所作的修改，见下引参考。

参考

《唐会要》卷三一《杂录》……又，《六典》及《礼部式》……今约品秩，职事官一品职，七骑；二品及中书门下三品，五骑；三品及中书门下、御史台五品，尚书省四品，三骑；四品、五品，两骑。鞍通用银装。六品一骑，通用鍮石装。其散官及以理去官者，五品已上，不得过一骑。其若在京城外，及勋绩显著，职事繁重者，不在此限。七品已下，非常参官，并不得以马从。未任者听乘蜀马，鞍用乌漆装。又请一品二品九骑，三品七骑，四品五骑，五品两骑，六品一骑。其京城内应职事繁重者，不在此限。六品以下，非常参官，不得马从。其六品已上，非常参官，周亲未任者，听乘马；余未任者，听乘蜀马、小马，鞍用乌漆装。其胥吏杂色人，不在此限。

十四　近侍导驾官自三引车，从本县令州府。御史大夫即朝服，各乘辂车前导。其引驾官员不总备车辂。自中书令、侍中已下则公服。内诸司使并常服。

引据

《五代会要》卷二《杂录》：梁开平二年十一月，南郊礼仪使奏："今检详礼文，皇帝赴南郊，服通天冠……自清游队以下，诸卫将军平巾帻……准《式》：近侍导驾官自三引车（以下与本文同）。内人服色，礼文不载。"其年，自东京赴洛都行郊天礼，自石桥备前件仪仗至郊坛。

十五　〔唐〕　三长月不许敕命。

引据

《入唐求法巡礼行记》卷四：会昌四年，宰相李绅、李德裕奏停三长月，作道士教新定三元月：正月上元，六月中元，十月下元。唐国恒《式》：三长月不许敕命，今上则不然也。

按

本条当为《礼部式》。

祠部式第十

（复原凡七条，附《祠部格》三条）

《唐六典》卷四祠部郎中员外郎条："祠部郎中、员外郎掌祠祀、享祭、天文、漏刻、国忌、庙讳、卜筮、医药、道佛之事。"其下正文与注文，比较详细地列述了国家及地方之祭祀名称、大中小祀的分类、各类祭祀时间及配祭、祈雨等，以及天下观、寺的数量，观主及寺主等的设置，修行（或持行）名号、斋名等，道士、僧尼簿籍、衣服颜色，道观设斋给料，国忌日两京散斋、行香及地方诸州设斋之事。叙述涉及者，前一部分属于"祠祀、享祭"，后一部分属于"国忌"、"道佛"之事。至于"天文、漏刻、庙讳、卜筮、医药"等事，却并无只字提到。但相比之下，祠部郎中条是记述内容较多的条目，仅次于礼部司。这或许是因为其职掌的祠祀、享祭及国忌、庙讳等类事，属于国家典礼，是大事，故其所记也详。

《通典》卷二三《职官五·礼部尚书》注言及祠部郎中的职掌为："掌祠祀、天文、漏刻、国忌、庙讳、卜祝、医药等及僧尼簿籍。"与《六典》略同，少了"享祭"，但"祠祀"可以代表；用"僧尼簿籍"代替"道佛之事"，在理论上也较《六典》准确。因为道士、女冠已归宗正寺管理，其上的对口主管机构是司封司，与祠部无关，只有僧尼是归鸿胪寺的，其上级对口管理机构是祠部。① 但《六典》在这里却叙述了天下道观数量、观主等的设置，修行名号、斋名等，道士簿籍制造、道士衣服颜色，道观节日及国忌设斋等，应当理解为：这是为了叙述的方便。要介绍僧尼，就应介绍道士、女冠，因为他们的活动（国家需要其出面时）基本是同时进行的。

今存一系列《祠部式》遗文，主要集中于祠祀与享祭、国忌及庙讳、卜筮、道佛、休假等方面。兹据《六典》所言祠部职掌顺序，逐一列述。

一 〔开元〕　　诸祠祀，若临时遇雨，沾服失容，则以常服从事。若已行事遇雨者，则不脱祭服。

引据

一、《令集解》卷一五《学令·释奠条》：《古记》云……《开元式》四卷云："诸祠祀，若临时遇雨，沾服失容，则以常服从事。若已行事遇雨者，则不脱参（祭）服。"②

二、《大唐开元礼》卷三《序例下·杂制》：凡王公以下郊庙预祭，若临时遇雨者，沾服失容，则以常服从事。若已行事遇雨，即不脱祭服。

按

唐代祭祀之名，在字义上本有分别。依《唐律疏议》卷九

---

① 《唐六典》同条"道士、女道士、僧、尼之簿籍亦三年一造"注云："其籍一本送祠部，一本送鸿胪，一本留于州县。"是僧尼归鸿胪寺管理，道士等原也属于鸿胪寺管理。《六典》卷一八鸿胪寺卿条云："凡天下寺、观三纲及京都大德，皆取其道德高妙为众所推者补充，上尚书祠部。"此亦可为证明。关于僧尼隶属关系，唐代曾一改再改，见《唐会要》卷四九《僧尼所隶》。

② 《新订增补国史大系·令集解》第2册，吉川弘文馆，昭和63年4月，第445页。

《职制》疏议引《祠令》："在天称祀，在地为祭，宗庙名享。"故一般分称祀天神、祭地祇、享人鬼，再加上释奠于先圣先师，共有四种。[①] 但在祭享祠祀分成等级时，又统称为"祀"。比如大祀中除了祀天神，还有皇地祇、宗庙，祀又并包了祭与享；中祀中又有释奠于先圣孔宣父，祀又兼容了释奠。本文将祠祀享祭划作一类，并大体依祠祀、享祭顺序排列式文，而不依时代先后顺次。

《古记》所云"开元式"，在《开元礼》卷三《序例下》也有叙列，仁井田陞先生曾指出过《开元礼·序例》编列了大量开元令，同时也有少量的式文。[②] 唯该处"开元式"应属何式？是《礼部式》抑或是《祠部式》？笔者曾根据《令集解》卷一二《田令·荒废条》所引"《开元式》第二卷"及前述所引"《开元式》四卷"两例，推定所谓第二卷者极有可能即《户部式》，第四卷者极有可能为《祠部式》，以为唐代六部二十四司式是以三篇合为一卷的。

即：卷一，吏部式，司封式，司勋式；

　　卷二，考功式，户部式，度支式；

　　卷三，金部式，仓部式，礼部式；

　　卷四，祠部式，膳部式，主客式……

与本论题相关的前三部十二式大抵如此。[③] 现在的问题是，即使将"《开元式》第二卷"所谓"其开荒地，经二年收熟，然后准例"的规定推定为仓部式（因《六典》卷三仓部郎中员外郎条

---

① 见《唐六典》卷四祠部郎中员外郎条。

② 见〔日〕仁井田陞著、栗劲等编译：《唐令拾遗》，长春出版社，1989，第860页。

③ 见拙文《唐式与日本式的比较研究》，载《中外法律史新探》，陕西人民出版社，1994，第250~252页。

有王公已下借荒纳粟文字），呈前二部均以本部四司式单独成卷形势，但上引"《开元式》第四卷"的内容，也非《祠部式》莫属，而不会是《膳部式》或《主客式》。倘属《礼部式》的话，除非《礼部式》份量特大，不仅整个第三卷，而且也占据了第四卷的一部或全部，但这种可能性不大。所以，唐《开元式》前四卷的分布或可能是：

卷一，吏部式，司封式，司勋式，考功式：

卷二，户部式，度支式，金部式，仓部式；

卷三，礼部式；

卷四，祠部式，膳部式，主客式。

《祠部式》仍应在卷四。

又按，《令集解》卷一五所引之《开元式》首句称"诸祠祀"，应泛指所有祀、祭、享。《唐律疏议》卷九《职制律》"大祀不预申期及不如法"条注云："凡言祀者，祭、享同。"是律中有概括泛言之立法例，式中也会仿此精神。《开元礼·序例下》称"郊庙预祭"，"郊"包括南郊、东郊、西郊、北郊，是祭祀各类天神及传说中人类始祖之所在；"庙"即宗庙或太庙，朝廷用以祭祖；甚至孔宣父庙之设于州县者，也可属此范围，也囊括了各类祀、祭、享及释典。在道理上，都应包含大、中、小祀在内。

《令集解》引式称"诸"，《开元礼》称"凡"，二者虽均含有众多之义，但唐代令式皆以"诸"字发端，故《令集解》所引应是式文原型，《开元礼》所述系经过加工的文字。又，本条证明，《开元礼·序例》中不仅摘有令文，也摘有式文。

在内容上，本条开元《祠部式》是对遇雨情况下祭服的穿着与否的规定。未行祭时遇雨，祭服被雨浇湿，则换用常服行祭。祭祀礼仪进行过程中遇雨，即使浇湿祭服，也不必更换。

二　〔开元·祠部〕　献、昭、乾、定、桥、恭陵，并朔望上食。岁及冬至、寒食，各设一祭。唯桥陵除此日外，每日供半口羊充荐。

引据

一、《唐会要》卷二一《缘陵礼物》：（德宗）大历十四年九月，礼仪使颜真卿奏曰："……又《祠部式》：献、昭、乾、定、桥、恭陵，并朔望上食。岁及冬至、寒食，各设一祭。唯桥陵除此日外，每日供半口羊充荐……"

二、《唐六典》卷一四太常寺诸陵署条：献陵、昭陵、乾陵、定陵、桥陵、恭陵署，令各一人，从五品上（皇朝……开元二十五年，诸陵、庙隶宗正寺）；丞一人，从七品下；录事一人；陵户（乾陵、桥陵、昭陵各四百人，献陵、定陵、恭陵各三百人）。陵令掌先帝山陵，率户守卫之事，丞为之贰。凡朔望、元正、冬至、寒食，皆修享于诸陵。若桥陵，则日献羞焉。

按

献、昭、乾、定、桥五陵，分别为高祖李渊、太宗李世民、高宗李治、中宗李显、睿宗李旦陵墓。恭陵系孝敬皇帝李弘陵墓。李弘本是高宗李治之太子，早死，追谥为孝敬皇帝。从诸陵最晚者为睿宗李旦桥陵看，上述《祠部式》文不应早于玄宗开元间，当是《开元祠部式》。颜真卿奏章中特别提到："是则玄宗之于亲陵，与诸陵且有异矣"，可证他所引《祠部式》是玄宗朝所定。《六典》卷一四诸陵署条，也首设献陵以下至恭陵六陵署，与前述六陵合；且其述诸陵令职掌云："凡朔望、元正、冬至、寒食，皆修享于诸陵。若桥陵，则日献羞焉。"正与颜真卿所引式文相当，估计是撮取式文大意而成的概略文字。故前述《祠部式》为开元《祠部式》无疑。而该玄宗朝之式，当是开元七年式。它虽也可以是开元二十五年式，因其在注文中，有"开元二十五年，诸陵、庙隶宗正寺"的追改。但一般情况下，追改只是隶属关系改变，职掌却未改，故其原来写于太常寺职掌下，此次也未改动。

真卿此奏，缘大历间于诸陵"每日上饭"，对亲陵与其余诸陵不加区别。在德宗甫即位四月时，请求对"元陵（德宗父代宗李豫陵墓）除朔望及节祭外，每日更供半口羊充荐，准《祠部式》供拟"，也即仿玄宗供奉其父睿宗陵墓之法。相应地，对于"泰陵（玄宗陵墓）、建陵（肃宗陵墓），则但朔望及岁冬至、寒食、伏腊、社日，各设一祭，每日更不合上食"，仿玄宗供高祖以下诸帝之例。颜真卿更详述东汉以来祠祭之法，推春秋之义以证之，以为开元《祠部式》较近古制，终获德宗采纳。这是前朝式文被新制打断后的一种恢复，于此可见唐式在施行过程中不断发生变化的细节。

三 〔贞观〕 春秋仲月，命使巡陵。

引据

《唐会要》卷二〇《公卿巡陵》：（中宗）景龙二年三月，左台御史唐绍，以旧制元无诸陵起居之礼，惟《贞观式》文，但以春秋仲月，命使巡陵。太后遂行每年四季之月，及忌日、降诞日，遣使往诸陵起居。准诸故事，元无此礼。遂上表曰："……望停四季及忌日、降诞日并节日起居陵使，但准二时巡陵。"

参考

《唐会要》卷二〇《公卿巡陵》：开元十五年二月二十四日敕：每年春秋二时，公卿巡陵，初发准《式》，其仪仗出城，欲至陵所十里内，还具仪仗，所须马以当界府驿马充。其路次供递车两（辆）来载仪仗，推辂三十人，余差遣并停。所司别供，须依常《式》。

按

太宗贞观时唯有高祖李渊献陵（贞观九年葬）及远祖诸陵，制简事亦简。中宗景龙二年唐绍上表，要求依《贞观式》旧制行事，纠正武则天期间"每年四季之月及忌日、降诞日遣使往诸陵起居"之制。中宗有保留地依从了唐绍的建议，手敕要求："乾陵每岁正旦、冬至、寒食遣外使去，二忌日遣内使去，其诸陵并依来表。"

《贞观式》每年春秋仲月（即二月、八月）遣使巡诸陵制度，经中宗首肯，继续推行；夏、冬二季巡陵之法自然废止。但高宗乾陵因是中宗亲父母陵，故礼数特加，忌日遣使制保留了下来，虽取消降诞日遣使巡陵制，但增加了正旦、冬至、寒食三节遣使制。这后一项或许是玄宗时对诸陵节祭之滥用，即优礼生父陵制之所从来。

《贞观式》之春秋二仲月遣使巡陵制度，在高宗显庆间似曾编入令中（可能是《祠令》）。《唐会要》卷二〇《公卿巡陵》云："显庆五年二月二十四日，上以每年二月太常卿、少卿分行二陵，事重人轻，文又不备，卤簿威仪有缺。乃诏三公行事，太常卿、少卿为副。太常造卤簿事毕，则纳于本司，仍著于

《令》。"可知贞观间巡陵皆以太常卿少卿为之，高宗特为之升了规格，才有了三公巡陵、太常二卿为副的名副其实的公卿巡陵之制。但虽然如此，旧的式文仍在（高宗时可能因此事著令而削除了相应式文），故中宗时唐绍不得不远征《贞观式》文，要求恢复旧制。中宗允准，意味着春秋二仲月公卿巡陵可能被重新编入式中。《唐会要》卷二〇《公卿巡陵》载开元十五年二月二十四日敕："每年春秋二时，公卿巡陵，初发准《式》，云云"，天宝六载八月一日敕："每年春秋二时，巡谒诸陵"，贞元四年二月包佶奏："每年二月、八月（原作日，似误），差公卿等朝拜诸陵"，都表明此制不仅被后世沿续了下来，而且也编入了式中。由于这类式与礼制关系密切，按惯例也被收入礼典。《唐会要》卷二〇《公卿巡陵》云："按《开元礼》，春秋二仲月，司徒、司空巡陵。"

前述贞观式文应是《祠部式》。这一点，似不应因贞观间巡陵唯由太常二卿分行受到影响；也不应因巡陵仪注由太常寺修撰等而将该种式文归入《太常式》。《六典》卷一四太常卿条虽有"三公行园陵"、奉礼郎条又有为公卿巡陵相礼记载，但不表明它们应属《太常式》。前条有关诸陵上食、节祭的《祠部式》文，同样在《六典》卷一四诸陵署条有所记载，故不应单以《六典》记事系篇方式确定旧式遗文归属。按《唐会要》卷二〇《公卿巡陵》，巡陵本意，后人推测为"春则埽除枯朽，秋则芟薙繁芜"，前者目的在"欲使（草木）茂盛"，后者欲"除去拥蔽，且虑火灾也"，虽非祠祀享祭本身，却与祠祀享祭最接近。

四甲 〔开元〕　高祖神尧皇帝（五月六日），文①穆皇后（五月一日）；②太宗文武圣皇帝（五月二十六日），文德圣皇后（六月二十一日）；③高宗天皇大帝（十二月四日），大圣天后（十一月二十六日）；中宗孝和皇帝（六月二日），和思皇后（四月七日）；睿宗大圣真皇帝（六月十日），昭成皇后（正月二日），皆废务（凡废务之忌，若中宗已上，京城七日行道，外州三日行道；睿宗及昭成皇后之忌，京城二七日行道，外州七日行道）。八代祖献祖宣皇帝（十二月二十三日），宣庄皇后（六月三日），七代祖懿祖光皇帝（九月八日），光懿皇后（八月九日），皆不废务。六代祖太祖景皇帝（九月十八日），景烈皇后（五月六日），五代祖代祖元皇帝（四月二十四日），元真皇后（三月六日），孝敬皇帝（四月二十五日），哀皇后（十二月二十日），皆不废务，京城一日设斋。

引据

《唐六典》卷四祠部郎中员外郎条：高祖神尧皇帝（五月六日）〔以下与本文同〕。

参考

一、《唐会要》卷一《帝号上》：高祖神尧大圣大光孝皇帝讳渊〔元皇帝第四子，母曰元贞皇后独孤氏〕，隋义宁二年五月二十日，受禅于太极殿（年五十三）。武德九年八月八日，传

---

① "文"，《唐会要》、《旧唐书》、《新唐书》及下引郑余庆《祠部新式》皆作"太"，似以"太"为是。详见附表1。
② "五月一日"，下引天宝《祠部式》作"五月廿一日"，《祠部新式》作"五月廿三日"。
③ "六月二十一日"，下引《祠部新式》作"六月廿二日"。《唐会要》记载又不同，详见附表。

位，称太上皇。贞观九年五月六日崩于大安宫垂拱前殿（年七十）……谥曰大武皇帝，庙号高祖……咸亨五年八月十五日，追尊高祖神尧皇帝；天宝八载六月十五日，加尊高祖神尧大圣皇帝；十三载二月九日，加尊高祖神尧大圣大光孝皇帝……

太宗文武大圣大广孝皇帝讳世民（高祖第二子，母曰太穆顺圣皇后窦氏）……贞观二十三年五月二十六日，崩于翠微宫含风殿（年五十二）……谥曰文皇帝，庙号太宗……咸亨五年八月十五日，追尊太宗文武圣皇帝；天宝八载六月十五日，加尊太宗文武大圣皇帝；十三载二月九日，加尊太宗文武大圣大广孝皇帝……。

高宗天皇大圣大宏孝皇帝讳治（太宗第九子，母曰文德顺圣皇后长孙氏）……宏道元年十二月四日，崩于东都贞观殿（年五十六）……谥曰天皇大帝，庙号高宗……天宝八载六月十五日，追尊高宗天皇大圣皇帝；十三载二月六日，加尊高宗天皇大圣大宏孝皇帝……

中宗孝和大圣大昭孝皇帝讳显（高宗第七子，母曰则天顺圣皇后武氏）……景龙四年六月二十二日，崩于神龙殿（年五十五）……谥曰孝和皇帝，庙号中宗……天宝八载六月，追尊中宗孝和大圣皇帝；十三载二月，加尊中宗孝和大圣大昭孝皇帝……

睿宗元真大圣大兴孝皇帝讳旦（高宗第八子，母曰则天顺圣皇后武氏）……开元四年五月二十日，崩于百福殿（年五十五）……谥曰大圣元真皇帝，庙号睿宗……天宝八载六月，追尊睿宗元真大圣皇帝；十三载二月，加尊睿宗元真大圣大兴孝皇帝……

二、《唐会要》卷一《帝号上》：献祖宣皇帝讳熙（凉武昭王皓曾孙，嗣凉王歆孙，宏农太守重耳之子也），武德元年六月二十二日，追尊为宣简公；咸亨五年八月十五日，追尊宣皇帝，庙号献祖……

懿祖光皇帝讳天赐（宣皇帝长子），武德元年六月二十二日，追尊懿王；咸亨五年八月十五日，追尊光皇帝，庙号懿祖……

太祖景皇帝讳虎（光皇帝第二子），武德元年六月二十二日，追尊景皇帝，庙号太祖……

世祖元皇帝讳昺（景皇帝第二子），武德元年六月二十二日，追尊元皇帝，庙号世祖……

三、《唐会要》卷三《皇后》：高祖皇后窦氏，武德元年六月二十二日，追谥穆皇后；贞观九年五月九日，追尊太穆神皇后；天宝八载六月十五日，追尊太穆顺圣皇后。

太宗皇后长孙氏……贞观十年五月二十六日，崩于立政殿（年三十六），谥曰文德皇后；咸亨五年八月，追谥文德圣皇后；天宝八载六月，加尊文德顺圣皇后。

天后武氏……神龙元年正月二十三日，传位于中宗……十二月二十六日，崩于洛阳仙居殿（年八十一），谥曰大圣则天皇后……唐隆元年七月七日，依旧为天后；景云元年十月十八日，改为大圣天后；延和元年六月十七日，又改为天后圣帝；八月五日，改为圣后；开元四年十二月，改为则天后；天宝八载六月十五日，追尊则天顺圣皇后……

中宗皇后赵氏，天宝八载六月十五日，追尊和思皇后。皇后初为英王妃，母常乐公主得罪，妃坐废，幽死于内侍省……。

睿宗……皇后窦氏，唐隆元年赠皇后；景云二年，追谥昭成皇后；天宝八载，追尊昭成顺圣皇后。赠、谥日月，并与肃明皇后同。

四、《唐会要》卷三《皇后》：宣皇帝皇后张氏，谥宣献（《六典》作宣庄），咸亨五年八月十五日追谥。

光皇帝皇后贾氏，谥光懿，咸亨五年八月十五日追谥。

景皇帝皇后梁氏，谥景烈，咸亨五年八月十五日追谥。

元皇帝皇后独孤氏，谥元贞，武德元年六月二十二日追谥。

五、《唐会要》卷二《追谥皇帝》：孝敬皇帝讳宏（高宗第五子，永徽四年正月封代王；显庆元年册为皇太子；上元二年四月二十五日，薨于合璧宫倚云殿。五月五日，赠谥曰孝敬皇帝。

按

本条为开元《祠部式》中有关国忌日废务、设斋规定。

国忌日，指本朝各代曾在位皇帝、皇后死日，也溯及异朝远祖，及被认为值得纪念的未曾在位而被追谥为帝、后及皇太子者之死日。是与"私忌"相对的概念。开元时，自开国之李渊帝后直至玄宗父母睿宗帝后死日，均依例为国忌日；开国前则追溯至八代祖李熙夫妇死日；孝敬皇帝系高宗显庆间册为皇太子，早亡而被追谥为帝，哀皇后同。

国忌日的确定与远祖追谥及庙制有密切联系。按《唐会要》卷一《帝号上》，高祖李渊建唐之初的武德元年六月二十二日，追尊其祖李虎为景皇帝，庙号太祖；追尊其父李昺为元皇帝，庙号世祖；同时尊曾祖李天赐为懿王，高祖李熙为宣简公（至高宗咸亨五年八月十五日，复追尊李天赐为光皇帝、庙号懿祖，李熙为宣皇帝、庙号献祖）。又，按《唐会要》卷一二《庙制度》，唐代太庙之立，在武德元年六月六日，先于追谥十数日。太庙四室，供奉了上述追谥祖先的神主。故武德式的相应式文中应有建唐以前四代祖先死日为国忌的规定。

　　按《唐会要》卷一二《庙制度》，太宗贞观时又有新的追谥，因有司建议，"天子立高祖已上，并太祖七庙"，或"立亲庙六"。于是增修七庙，增祔了宏农府君。远祖五庙加上高祖李渊，形成六庙或六室。但追尊凉武昭王为始祖的动议被反对掉了。贞观式中自然应增加宏农府君及高祖死日为国忌日的内容。

　　太宗崩，产生了迁祧问题。按《唐会要》卷一二《庙制度》，先是宗祖宏农府君庙依制应毁，但最终还是"迁奉神主于夹室"，作了变通。接着，在太宗神主祔庙时，又"迁宣皇帝神主于夹室"。不过，庙虽被迁，但永徽式中可能仍有宏农府君与宣皇帝死日为国忌的条款。开元式保留宣皇帝国忌日似可为佐证。

　　中宗复辟，复唐宗庙。《唐会要》卷一二《庙制度》载，一派礼官以为，景皇帝始封唐公，应为太祖。至宏农府君、宣帝、光帝，"亲尽则迁"。建议增祔已被迁祧的宣皇帝，"以备七世"。另一些礼官以为，亲尽既迁，庙不合重立。最后结果，折衷了两派意见：以景皇帝为太祖，太庙则依旧六室，祔光皇帝、太祖景皇帝、世祖元皇帝、高祖神尧皇帝、太宗文武圣皇帝、皇考高宗天皇大帝、皇兄义宗孝敬皇帝神主于太庙。神龙式中规定上述诸帝国忌，自不成问题。

　　玄宗开元四年，因睿宗神主须祔庙，礼官上言，迁中宗神主于别庙。至十一年又迁中宗神主祔于太庙夹室，不久又令将其祧室改为正室。建立九室，形成九庙制。[①] 大略在增庙的同时，恢复了献祖宣皇帝庙室，以成九之数。

　　《六典》所载上述国忌日，应是开元之制。与九庙制相应，

---

① 《唐会要》卷一二《庙制度》。但《唐大诏令集》卷七五《典礼·宗庙·增置太庙九室诏》系年为"开元十年六月"，与《会要》不同。

五代祖至八代祖共四庙，高祖至睿宗四代共五庙，中间插入玄宗伯父中宗之庙。诸忌日基本上是以九庙制为基础和依据的。但由于亲疏等次等的不同，诸忌日被分成三个层次予以不同对待，包括废务、不废务、不废务却设斋。

废务限于开国高祖、太宗至睿宗共四代五帝后忌日。[①] 废务必"行道"。行道是在道观、僧寺设置道场。依前述式文，睿宗及昭成皇后因系玄宗父母，故二忌日于京城行道二七日，外州七日，较中宗以上忌日行道时间多一倍，礼数特加宠遇。

不废务限于八代祖、七代祖，自然也不必设斋行道。但六代祖、五代祖及孝敬帝后，虽不废务，也于京城设斋行道一日。

又，废务是个宽泛概念。不仅有司"不合厘务"，[②] 皇帝也不理朝政，除非军务急切。如太宗贞观十九年亲征高丽，至辽阳刚好遇上高祖忌日（五月六日）。有司以"庶务繁拥，伏待剖决"，建议"所有军机要切，百司依式闻奏"，太宗依从了。[③] 对于皇帝来说，为表达哀思，在国忌临近时，可以只吃蔬菜，[④] 也可以增加忌辰设斋斋人数量以示礼数有加，[⑤] 但这些都不是式文常制，而是临时措置。对于有司及官吏，比如太常寺及教坊，要在忌日停止教习音乐，[⑥]《唐律疏议》

---

① 废务在太宗时就已出现，见下文。但初制似仅限于生父，高宗时常礼竟于高祖忌日也不废务。故永徽四年五月二十一日敕："高祖大武皇帝既开洪业，不可限以常礼，忌日特宜废务。"（见《唐会要》卷八二《休假》）此当是《六典》所载诸忌日废务之滥觞。

② 《唐会要》卷二三《忌日》。

③ 《唐会要》卷二三《忌日》。

④ 《唐大诏令集》卷七八《典礼·国忌》。

⑤ 《唐大诏令集》卷七八《典礼·国忌》。

⑥ 《唐会要》卷二三《忌日》。

卷二六《杂律》也有"国忌废务日作乐"处杖刑的规定，唐令中则有国忌日"禁饮洒举乐"的正面规定。[①] 这些都是与国忌及国忌废务密切相关的。

　　前述《六典》所录国忌日及废务、设斋文字，应系开元式，且是《祠部式》。第一，《唐会要》卷二三《忌日》引德宗贞元五年八月敕云："天下诸上州，并宜国忌日准《式》行香。"第二，下文录自《大唐新定吉凶书仪》的《祠部新式》，与此段文字相当。虽然《唐律疏议》卷二六《杂律》忌日作乐条疏云："国忌，谓在《令》废务日"，似乎国忌废务是在令中作规定的，但似可理解为：此或是永徽律疏的残留，当时令中规定国忌废务问题，后来此类规定被移入式。

四乙〔天宝〕　　国忌。皇八代祖宣皇帝　　，　　　皇七代祖光皇帝，讳天赐，　　　。右件忌日不设斋，不废务。皇六代祖景皇帝，讳□，九月十九日忌；皇后梁氏，五月九日忌。皇五代祖元皇帝，讳丙，四月廿四日忌；皇后独孤氏，三月六日忌；右件忌日设斋、不废务。皇高祖神尧皇帝，讳渊，五月六日忌；皇后窦氏，五月廿一日忌。皇曾祖玄（太）宗文武圣皇帝，讳世，五月廿六日忌；皇后长孙氏，六月廿一日忌。皇（高）祖太（高）宗天皇大帝，讳治，十二月四日忌；皇后武氏，十一月廿六日忌。皇伯考中宗孝和皇帝，讳显，六月二日忌；皇后赵氏，四月七日忌。皇考大圣真皇帝，讳旦，六月廿一日忌；昭成皇后窦氏，正月二日忌；右件

①　《唐会要》卷二三《忌日》。

忌日，京城七日行道，外一七日，并废务。章怀皇太子，二月廿七日忌。让帝，十一月廿三日忌。孝敬皇帝，四月廿五日忌；哀皇后裴氏，十二月廿一日忌；右件忌设斋、废务。

引据

敦煌文书 P. 2504 残卷（敦煌发现《天宝令式表》残卷）：国忌。皇八代祖宣（以下与本文同）。①

参考

一、《唐会要》卷四《储君》：章怀太子贤，高宗第六子。……上元二年六月三日，改名贤，册为皇太子。调露二年八月二十日，废为庶人。唐隆元年七月七日，追赠太子，谥曰章怀。……

二、《唐会要》卷二《追谥皇帝》：孝敬皇帝讳宏（高宗第五子，永徽四年正月封代王；显庆元年册为皇太子；上元二年四月二十五日，薨于合璧宫倚云殿。五月五日，赠谥曰孝敬皇帝）。

让皇帝宪（睿宗长子，本名成器。文明元年，立为皇太子。及睿宗立，降为皇嗣，改为皇孙。后为蔡王，又为宋王，复为宁王。开元二十九年薨，追册让皇帝，葬惠陵）。

按

敦煌文书残卷被伯希和掠去者，有国忌庙讳之表格式抄卷，

---

① 该残卷现藏法国巴黎国立图书馆。本处采用了刘俊文《敦煌吐鲁番唐代法制文书考释》中录文，见氏著中华书局，1989，第 355～356 页。

现藏法国巴黎国立图书馆，编号 P. 2504。刘俊文据北京大学图书馆所藏缩徽胶卷整理，考定为天宝《祠部式》文。

刘俊文据本残卷诸帝止于睿宗李旦及皇后窦氏，让帝薨于开元二十九年及其他佐证，考定本卷写于天宝时，系天宝祠部式文，甚是。开元二十五年所修开元式与《唐六典》大抵同时修成，故不能包括开元二十九年薨而追谥的让帝。玄宗开元年号，尽二十九年即改元天宝，故上引国忌庙讳文字，只能是天宝式。

正如刘俊文所云，本残卷可能是"官吏个人为便携带查阅，而据以抄存之手卷"，[①] 故在抄录时笔误较多。"皇曾祖太宗"却写成了"玄宗"，"皇祖高宗"反写作"皇高祖太宗"，"皇考大圣真皇帝"又缺"睿宗"庙号。诸忌日多有与他书记载不符者，如六代祖景皇帝"九月十九日忌"，《唐六典》卷四祠部郎中员外郎条注作"九月十八日"；皇后梁氏"五月九日忌"，《六典》注作"五月六日"；高祖皇后窦氏"五月廿一日忌"，《六典》注作"五月一日"；哀皇后裴氏"十二月廿一日忌"，《六典》注作"十二月二十日"，或可能皆与抄写不审慎有关，未必皆是《六典》有误。再者，"京城七日行道，外一七日"，刘俊文据《六典》开元制以为"七日"之上脱"二"字，甚是。此也手卷抄录不审之又一例。

又，"昭成皇后窦氏，正月二日忌"，按《唐会要》卷二三《忌日》："永贞元年十二月，中书门下奏：'昭成皇后窦氏，按国史，长寿二年正月二日崩，其时缘则天临御，用十一月建子为岁首。至中宗复旧用夏正，即正月行香废务日须改正，以十一月

---

① 刘俊文著：《敦煌吐鲁番唐代法制文书考释》，中华书局，1989，第372页。

二日为忌。'"此则后来的变化之事，即在唐宪宗即位数年后的一个变化。但此时尚不是元和之制。元和之制不仅已去掉了睿宗及昭成皇后窦氏等国忌，甚至连肃宗以前、高宗以下诸帝后之忌日均已排除掉。参见复原四丙正文。

睿宗及昭成皇后窦氏的国忌是何时被废的呢？这涉及到唐朝宗庙迁祔制度。《唐会要》卷二三《忌日》："太和……十五年五月，太常礼院奏：'睿宗神主祧迁，其六月二十日（《六典》作六月十日）忌，并昭成皇后十二月二日（前引《会要》另条作十一月二日）忌，准礼合废。'从之。"故我们在郑余庆《大唐新定吉凶书仪》中的《祠部新式》中已看不到睿宗及昭成皇后窦氏等的国忌日了。

对较本残卷与《六典》所载开元式，二者在内容上的差别主要有：

第一，天宝之制在谥庙号与忌日之间插入名讳，睿宗以上诸帝皆有（皇后照例无，追谥帝后及皇太子也无）。如"丙"、"湉"、"治"、"顯"，一名者皆以缺最末一笔的方法书写之（睿宗李旦之"旦"字，忘缺末笔）；二名者如"世民"，依"二名不偏讳"，缺"民"字而避之。开元式中无皇帝名讳。联系下文的《祠部新式》也无皇帝名讳，一种可能是，名讳在前后式文中均无，是天宝式新增；另一种可能是抄录者所加。

第二，天宝式国忌范围较开元式为大。虽庙制未变，但增加了追谥的章怀皇太子与让帝（无妃及后）。而另一值得注意的是国忌范围的缩小。开元式中八代祖妣宣庄皇后、七代祖妣光懿皇后忌日，天宝式中均无，似不可解释为缺漏。

第三，排列顺次及相应礼仪或规格的变化。开元式以废务、不废务、不废务却设斋的重、轻、稍重的次序排列，分别为开国以来诸帝后、远祖帝后、稍近祖妣及追谥帝后；天宝式却以不设斋不废务、设斋不废务、行道废务、设斋废务的轻、稍重、最重、次重次序排列，分别为远祖帝、稍近祖妣（帝后）、开国以来诸帝后、追谥皇太子及帝后。开元式的三个等次变成了四等次。在礼仪上，七、八代祖基本无变化，仍是不废务（天宝式增不设斋）；五、六代祖妣也基本未变，仍是设斋不废务（开元式唯京城设斋，天宝式当同）；高祖以下诸帝仍废务，但行道时间有些变化，中宗以上诸帝的京七日、外三日行道时间皆提升为京二七日、外一七日，与睿宗帝后无差别；孝敬帝后及新增的章怀皇太子、让帝，礼仪加重，由不废务、京城一日设斋变成设斋、废务。不过，总的来说，天宝式于开元式的修改并不很大，因为此时不存在庙制迁祧情事，故变化不甚剧烈。

将本条推定为祠部式的理由见前条，此处不赘。

除本条所列参考外，相应部分可参看复原本式四甲、四丙的参考项。

四丙　〔元和至太和·祠部〕　高祖神尧大圣大光孝皇帝，忌五月六日。太穆顺圣皇后窦氏，忌五月廿三日。高（太）宗文武大圣大广孝皇帝，忌五月廿六日。文德顺圣〔皇〕后长孙氏，忌六月廿三日。肃宗文明武德大圣大广孝皇帝，忌四月廿八日。章敬皇后吴氏，忌廿（七？）月廿二日。代宗睿文孝武皇帝，忌五月廿二日。睿真皇后沈氏，（忌）十一月二日。德宗神武孝文皇帝，忌正月廿三日。昭德皇后王氏，〔忌〕十一月〔廿〕一日。顺宗至德大圣大安孝皇帝，忌二月九日。庄宪皇后王氏，忌三月四日。宪宗元和圣文神武法天应道皇帝，忌正月廿七日。穆宗睿圣文惠〔孝〕皇帝，忌正月廿二日。右件国忌日并废务、行香。自大和元年今上（帝）登九五，复令京城七日行香，外州府百〔姓〕行香、行道。

引据

敦煌文书 S.6537 背 14 分号录文（郑余庆《大唐新定吉凶书仪》）……〔《祠部新式第四》〕：高祖神尧大圣大光孝皇帝忌五月六日（以下与本文同）。①

参考

一、《唐会要》卷一《帝号上》：肃宗文明武德大圣大宣孝皇帝讳亨（元宗第三子，母曰元献皇后杨氏）……宝应元年四月十八日，崩于长生殿（年五十二）……谥文明武德大圣大宣孝皇帝，庙号肃宗……

代宗睿文孝武皇帝讳豫（肃宗长子，母曰章敬皇后吴氏）……大历十四年五月二十日，崩于紫宸之内殿（年五十四）……谥曰睿文孝武皇帝，庙号代宗……

德宗神武孝文皇帝讳适（代宗长子，母曰睿真皇后沈氏）……贞元二十一年正月，崩于会宁殿（年六十四）……谥曰神武孝文皇帝，庙号德宗……

顺宗至德宏道大圣大安孝皇帝讳诵（德宗长子，母曰昭德皇后王氏）……元和元年正月……十九日，崩于兴庆宫之咸宁殿（年四十六）……谥曰至德大圣大安孝皇帝，庙号顺

---

① 黄永武主编：《敦煌宝藏》，台湾新文丰出版公司印行，第 48 册，第 195~197 页。

宗……大中三年十二月，追崇尊谥曰至德宏道大圣大安孝皇帝……

宪宗昭文章武大圣至神孝皇帝讳纯（顺宗长子，母曰庄宪皇后王氏）……元和……十五年正月二十七日，崩于大明宫之中和殿（年四十三）……谥曰圣神章武孝皇帝，庙号宪宗……大中三年十二月，追崇尊谥曰昭文章武大圣至神孝皇帝……

穆宗睿圣文惠孝皇帝讳恒（宪宗第三子，母曰懿安皇后郭氏）……长庆……四年正月二十二日，崩于寝殿（年三十）……谥曰睿圣文惠孝皇帝，庙号穆宗……

二、《唐会要》卷三《皇后》：肃宗皇后吴氏，宝应元年五月十九日，追尊皇后，谥曰章敬。

代宗……皇后沈氏……天宝末，以胡寇犯阙，元宗西狩弃妃……及史思明再犯河洛，遂失所在……至贞元元年九月，礼仪使奏……以今年十一月二日发哀为忌，追册曰睿真皇后。从之德宗皇后王氏，贞元二年十一月，册为皇后，其月二十一日忌。三年正月，上尊谥曰昭德皇后……

顺宗皇后王氏，贞元元年八月，册为太上皇后；元和元年五月，册为皇太后；十一年三月四日忌。

按

敦煌文书被斯坦因掠去者，有《大唐新定吉凶书仪》，书于编号 S. 6537 背面（该卷现藏英国伦敦大英图书馆），其第四节称《祠部新式》。今据黄永武博士主编之《敦煌宝藏》第48册第195～197页所收影印原件照片录于下，并参考了周一良、赵和平著《唐五代书仪研究》中《敦煌写本郑余庆〈大唐新定吉凶书仪〉残卷研究》一文所附的录文。①

　　写本郑余庆《大唐新定吉凶书仪》序文之中第三十篇的篇名为"《祠部新式》第四"，但正文中没有，估计是漏抄。应在"高祖神尧大圣大光孝皇帝忌五月六日"上有"《祠部新式》第四"数字。

　　关于《大唐新定吉凶书仪》一书的撰述者及其撰著年代问题。案，该书撰者郑余庆，于德宗、宪宗时两度为相，历事德、顺、宪、穆四朝，卒于元和十五年十一月，即穆宗登基之当年。《旧唐书》本传称其"有文集、表疏、碑志、诗赋共五十卷"，作本书时，系衔"银青光禄大夫、吏部尚书兼太常卿"。考《新唐书》卷一六五《郑余庆传》，余庆于宪宗时为相，怒斥主书滑涣后罢相为太子宾客。后滑涣以赃败，余庆"改国子祭酒，累迁吏部尚书"。后因执奏医工除授黄州司马事，当权者不悦，又被"改太子少傅，兼制太常卿事"。其书之作，当系此时。《旧唐书》卷一五八本传所记，太子宾客、国子祭酒、太子少傅兼判太常卿皆同，唯"吏部尚书"作"检校兵部尚书"、"正拜兵部尚书"，无"累迁吏部尚书"之事。参以本书系衔，余庆似在元和六年四月正拜兵部尚书后，又迁官转为吏部尚书。至九年，出为外官。其兼太常卿及吏部尚书职，皆在六年至九年的三年之中，此书完成应在是时。

　　郑余庆晚年（元和十三年）受宪宗钦命为礼乐制度详定使，对"朝廷仪制、吉凶五礼，咸有损益"。宪宗专委余庆的原因，是因他"谙练典章"。②《大唐新定吉凶书仪》之作，应是他谙练典章的证明，是他受委任的基础。当然，该书绝非详定使任内所

　　① 周一良、赵和平著：《唐五代书仪研究》，中国社会科学出版社，1995，第184～185页。
　　② 《旧唐书》卷一五八《郑余庆传》。

作，因他此时的官职是尚书左仆射，远高于吏部尚书及兼太常卿了。

自然，前文所引《祠部新式》已非郑余庆所作原貌。因其中有宪宗、顺宗、穆宗忌日及谥庙号等，下文又云"自大和元年今上帝登九五"字样，显系文宗时后人增入者。但宪宗以前的内容，当有元和祠部式文大部分残留，包括元和式文变动天宝以来旧制的结果在内。

先说开国前远祖诸庙与式文变化问题。开元、天宝式皆有宣、光、景、元四帝国忌，此时因其庙制尚存。迁故祔新制度要求亲尽则迁，代宗宝应二年升祔玄宗、肃宗神主，献祖宣皇帝、懿祖光皇帝神主被迁祧；德宗大历十四年十月，代宗神主将祔庙，有司以代祖元皇帝代数已远合迁祧，遂又迁元皇神主于夹室。而太祖景皇帝因始封于唐，庙在不毁之典。① 或在此时，式文中同时也除去了宣、光、元三帝忌日。

再说"不迁之宗"。德宗大历十四年十月，礼官以太宗属七代之祖，高祖处开国首祚，太祖景皇帝始封于唐，"皆在不毁之典"。宪宗永贞元年十一月，礼官再度肯定上述三帝处在"不迁之典"；敬宗长庆四年，礼官仍是同样说法。② 可见直至敬宗时，景皇帝、高祖、太宗皆被认为是"有功百世而不迁"者。③ 但今存郑余庆《祠部新式》唯有高祖、太宗（原卷作"高宗"，误）二帝后忌日，似与惯例不符。庙制既在，国忌也当存在。故太祖景皇帝忌日，在郑余庆撰是书时，应在《祠部新式》中，今残卷所缺，应是敬宗以后抄卷人所删。考文宗时确有称高祖、太宗

---

① 《旧唐书》卷二五《礼仪志五》。
② 《旧唐书》卷二五《礼仪志五》。
③ 《唐会要》卷一二《庙制度》。

为"不迁之宗"，而不及太祖景皇帝者，似在文宗时取消了景帝庙制及国忌。太和九年四月敕特别下令对高祖五月六日、太宗五月二十六日两忌日设斋人数予以增加，两皇后忌辰设斋人数也加倍，原因即在"不迁之宗"，应有"异数之礼"。① 若果然是文宗时取消太祖庙制及国忌，则文宗时人抄录《祠部新式》，自有可能取太和新制而弃元和旧制。

今存《祠部新式》国忌日缺高宗、中宗、睿宗、玄宗四帝后，恰好是宗庙迁祧的结果。宪宗永贞元年十一月，德宗神主祔庙，迁出高宗神主；元和元年七月，顺宗神主祔庙，迁出中宗神主；穆宗元和十五年四月，宪宗神主祔庙，迁出睿宗神主；敬宗长庆四年五月，穆宗神主祔庙，迁出玄宗神主。② 庙室不存，忌日则废，这一点是有明证的。以睿宗事为例，穆宗元和十五年五月，礼官以睿宗神主祧迁，建议睿宗六月二十日忌及昭成皇后十二月二日忌，准礼合废，制从之。③

《祠部新式》反映敬宗时庙制，肃宗、代宗、德宗、顺宗、宪宗、穆宗六帝刚好在三昭三穆之列。所不可解者，此卷既抄于文宗时，应有敬宗忌日。相应地，敬宗入太庙，即应迁祧肃宗。今肃宗未迁祧，忌日仍在，又无敬宗忌日，似抄录者所据者为敬宗宝历间式文。但缺乏太祖景皇帝忌日，又与敬宗即位初承认景皇帝为"不迁之宗"相矛盾。敬宗与文宗虽是兄弟，但敬宗忌日，在文宗前后期都是国忌。④ 敬宗以太和元年七月葬庄陵，依

---

① （宋）宋敏求编：《唐大诏令集》卷七八《典礼·国忌·增忌辰设斋人数敕》。
② 《旧唐书》卷二五《礼仪志五》。
③ 《唐会要》卷二三《忌日》。按该奏章所云二忌日有误，请参见本文附表。
④ 参见《唐会要》卷二三《忌日》之开成四年五月太常奏文。《唐大诏令集》卷七八《典礼·国忌·增忌辰设斋人数敕》有敬宗忌日。日僧圆仁《入唐求法巡礼行记》卷一和卷三分别记载了文宗开成三年十二月八日和武宗开成五年十二月八日于敬宗忌日僧寺设斋行香之事。

唐制，山陵事毕，即论祔庙，则敬宗祔庙不会晚于元年末，至迟也在二年初。再依唐制，祔庙之后，迁祧皇帝、皇后忌日取消，新祔帝后崩日定为国忌日。或《祠部新式》的抄录即在此前？敬宗之曾祔庙，也不成问题。从开成五年文宗神主入太庙迁祧代宗神主看，[①] 敬宗确曾祔入太庙而迁祧了肃宗神主。

关于《祠部新式》所列诸帝后，自高祖、太宗、肃宗、代宗、德宗、顺宗六帝皆有皇后忌日，宪、穆二宗却无皇后。缘在生穆宗的宪宗皇后郭氏，至宣宗大中时方死；生敬宗的穆宗皇后王氏，至武宗会昌四年方死；生文宗的穆宗皇后萧氏，也至宣宗大中时方死，故而无论穆宗还是敬宗、文宗，都无法列其皇后忌日，此亦理之自然。

至于国忌日废务、行香问题，《祠部新式》云："右件国忌日，并废务、行香"，开元、天宝式中的不废务之类皆不存在了。后述太和元年新制："京城七日行香，外州府一日行香、行道。"较之天宝制之京城二七日、外州府一七日各减一半。

值得注意的是文宗后期的关于行香问题争论及变制之事。为此曾一度废除国忌日行香，提出"礼文令式，曾不该明"，[②] 怀疑到它是否是确曾存在过的法制问题。兹事将在下文详述之。

---

① 见《旧唐书》卷二五《礼仪志五》。
② 《旧唐书》卷一一七《崔蠡传》、《唐大诏令集》卷七八《典礼·国忌·废国忌日行香敕》。

表1　《六典》、《职官表》、《祠部新式》所载开元、

天宝、元和至太和三式忌日对照表

帝后名讳	式　次	帝后谥庙号及亲属称谓	忌　日	他书记载帝后崩日及追谥情况
李熙	开元式、天宝式	八代祖献祖宣皇帝 皇八代祖宣皇帝	十二月二十三日 （残缺）	1. 《旧唐书》卷一《高祖纪》："（李渊），其先陇西狄道人，凉武昭王皓七代孙也。皓生歆。歆生重耳，仕魏为弘农太守。重耳生熙，为金门镇将，领豪杰镇武川，因家焉。仪凤中，追尊宣皇帝。" 2. 《唐会要》卷一《帝号上》："献祖宣皇帝讳熙（凉武昭王皓曾孙，嗣凉王歆孙，宏农太守重耳之子也）。武德元年六月二十二日，追尊为宣简公；咸亨五年八月十五日，追尊宣皇帝，庙号献祖。" 3. 《新唐书》卷一《高祖纪》："（李渊）陇西成纪人也。其七世祖皓，当晋末，据秦、凉以自王，是为凉武昭王。皓生歆，歆为沮渠蒙逊所灭。歆生重耳，魏宏农太守。重耳生熙，金门镇将，戍于武川，因留家焉。"
张氏	开元式	宣庄皇后	六月三日	《唐会要》卷三《皇后》："宣皇帝皇后张氏，谥宣献，咸亨五年八月十五日追谥。"
李天赐	开元式、天宝式	七代祖懿祖光皇帝 皇七代祖光皇帝	九月八日 （残缺）	1. 《旧唐书》卷一《高祖纪》："（李）熙生天锡，仕魏为幢主。大统中，赠司空。仪凤中，追尊光皇帝。" 2. 《唐会要》卷一《帝号上》："懿祖光皇帝讳天赐（宣皇帝长子）。武德元年六月二十二日，追尊懿王；咸亨五年八月十五日，追尊光皇帝，庙号懿祖。" 3. 《新唐书》卷一《高祖纪》："（李）熙生天赐，为幢主。"

帝后名讳	式次	帝后谥庙号及亲属称谓	忌日	他书记载帝后崩日及追谥情况
贾氏	开元式	光懿皇后	八月九日	《唐会要》卷三《皇后》："光皇帝皇后贾氏，谥光懿，咸亨五年八月十五日追谥。"
李虎	开元式、天宝式	六代祖太祖景皇帝 皇六代祖景皇帝	九月十八日 九月十九日	1.《旧唐书》卷一《高祖纪》："皇祖讳虎，后魏左仆射……周受禅，追封唐国公，谥曰襄……武德初，追尊景皇帝，庙号太祖。" 2.《唐会要》卷一《帝号上》："太祖景皇帝讳虎（光皇帝第二子）。武德元年六月二十二日，追尊景皇帝，庙号太祖。" 3.《新唐书》卷一《高祖纪》："（李）天赐生虎，西魏时……官至太尉……周闵帝受魏禅，虎已卒，乃追录其功，封唐国公，谥曰襄。"
梁氏	开元式、天宝式	景烈皇后 皇后梁氏	五月六日 五月九日	《唐会要》卷三《皇后》："景皇帝皇后梁氏，谥景烈，咸亨五年八月十五日追谥。"
李昞	开元式、天宝式	五代祖代祖元皇帝 皇五代祖元皇帝	四月二十四日 四月二十四日	1.《旧唐书》卷一《高祖纪》："皇考讳昞，周安州总管、柱国大将军，袭唐国公，谥曰仁。武德初，追尊元皇帝，庙号世祖。" 2.《唐会要》卷一《帝号上》："世祖元皇帝讳昞（景皇帝第二子）。武德元年六月二十二日，追尊元皇帝，庙号世祖。" 3.《新唐书》卷一《高祖纪》："襄公（李虎）生昞，袭封唐公，周安州总管、柱国大将军，卒，谥曰仁。"

帝后名讳	式　次	帝后谥庙号及亲属称谓	忌　日	他书记载帝后崩日及追谥情况
独孤氏	开元式、天宝式	元真皇后 皇后独孤氏	三月六日 三月六日	《唐会要》卷三《皇后》："元皇帝皇后独孤氏，谥元贞，武德元年六月二十二日追谥。"
李渊	开元式、天宝式、元和至太和式	高祖神尧皇帝 皇高祖神尧皇帝 高祖神尧大圣大光孝皇帝	五月六日 五月六日 五月六日	1.《旧唐书》卷一《高祖纪》："高祖神尧大圣大光孝皇帝姓李氏，讳渊。……贞观……九年五月庚子……崩于太安宫之垂拱前殿……群臣上谥曰大武皇帝，庙号高祖……高宗上元元年八月，改上尊号曰神尧皇帝。天宝十三载二月，上尊号神尧大圣大光孝皇帝。" 2.《唐会要》卷一《帝号上》："高祖神尧大圣大光孝皇帝讳渊（元皇帝第四子，母曰元贞皇后独孤氏）。……贞观九年五月六日崩于大安宫垂拱前殿。……谥曰大武皇帝，庙号高祖。……咸亨五年八月十五日，追尊高祖神尧皇帝；天宝八载六月十五日，加尊高祖神尧大圣皇帝；十三载二月九日，加尊高祖神尧大圣大光孝皇帝。" 3.《新唐书》卷一《高祖纪》："高祖神尧大圣大光孝皇帝讳渊，字叔德，姓李氏……贞观……九年五月，崩于垂拱前殿……谥曰太武，庙号高祖。上元元年，改谥神尧皇帝。天宝八载，谥神尧大圣皇帝；十三载，增谥神尧大圣大光孝皇帝。"
窦氏	开元式、天宝式、元和至太和式	文穆皇后 皇后窦氏 太穆顺圣皇后窦氏	五月一日 五月二十一日 五月二十三日	1.《旧唐书》卷五一《后妃传上》："高祖太穆皇后窦氏……大业中……崩于涿郡……上元元年八月，改上尊号曰太穆顺圣皇后。" 2.《唐会要》卷三《皇后》："高祖皇后窦氏，武德元年六月二十二日，追谥穆后；贞观九年五月九日，追尊太穆神皇后；天宝八载六月十五日，

帝后名讳	式次	帝后谥庙号及亲属称谓	忌　日	他书记载帝后崩日及追谥情况
同上	同上	同上	同上	追尊太穆顺圣皇后。" 3.《新唐书》卷七六《后妃传上》："高祖太穆顺圣皇后窦氏……崩于涿郡……帝有天下,谥曰穆,及祔献陵,尊为太穆皇后。……上元中,益谥太穆神皇后。"
李世民	开元式、天宝式、元和至太和式	太宗文武圣皇帝 皇曾祖〔太〕宗文武圣皇帝 太宗文武大圣大广孝皇帝	五月二十六日 五月二十六日 五月二十六日	1.《旧唐书》卷二至三《太宗纪》："太宗文武大圣大广孝皇帝讳世民,高祖第二子也。母曰太穆顺圣皇后窦氏。……(贞观)二十三年……五月……己巳,上崩于含风殿。……八月丙子,百僚上谥曰文皇帝,庙号太宗。……上元元年八月,改上尊号曰文武圣皇帝。天宝十三载二月,改上尊号为文武大圣大广孝皇帝。" 2.《唐会要》卷一《帝号上》："太宗文武大圣大广孝皇帝讳世民(高祖第二子,母曰太穆顺圣皇后窦氏)。……贞观二十三年五月二十六日,崩于翠微宫含风殿。……谥曰文皇帝,庙号太宗。……咸亨五年八月十五日,追尊太宗文武圣皇帝;天宝八载六月十五日,加尊太宗文武大圣皇帝;十三载二月九日,加尊太宗文武大圣大广孝皇帝。" 3.《新唐书》卷二《太宗纪》："太宗文武大圣大广孝皇帝讳世民,高祖次子也。母曰太穆皇后窦氏。……(贞观)二十三年……五月……己巳,皇帝崩于含风殿……谥曰文。上元元年,改谥文武圣皇帝;天宝八载,谥文武大圣皇帝;十三载,增谥文武大圣大广孝皇帝。"

帝后名讳	式次	帝后谥庙号及亲属称谓	忌日	他书记载帝后崩日及追谥情况
长孙氏	开元式、天宝式、元和至太和式	文德圣皇后 皇后长孙氏 文德顺圣后长孙氏	六月二十一日 六月二十一日 六月二十三日	1.《旧唐书》卷五一《后妃传上》："太宗文德顺圣皇后长孙氏……（贞观）十年六月己卯，崩于立政殿……上元元年八月，改上尊号曰文德顺圣皇后。" 2.《新唐书》卷七六《后妃传上》："太宗文德顺圣皇后长孙氏……崩……谥曰文德……上元中，益谥文德圣皇后。" 3.《唐会要》卷三《皇后》："太宗皇后长孙氏……贞观十年五月二十六日，崩于立政殿，谥曰文德皇后。咸亨五年八月，追谥文德圣皇后；天宝八载六月，加尊文德顺圣皇后。" 4.《旧唐书》卷三《太宗纪下》："（贞观）十年……夏六月……己卯，皇后长孙氏崩于立政殿，冬十一月庚寅，葬文德皇后于昭陵。"
李治	开元式、天宝式	高宗天皇大帝 皇祖〔高〕宗天皇大帝	十二月四日 十二月四日	1.《旧唐书》卷四至五《高宗纪》："高宗天皇大圣大弘孝皇帝，讳治，太宗第九子也。母曰文德顺圣长孙皇后。……永淳二年……十二月己酉……帝崩于真观殿……群臣上谥曰天皇大帝，庙号高宗。……天宝十三载，改谥曰天皇大弘孝皇帝。"又，卷六《则天皇后纪》："弘道元年十二月丁巳，大帝崩。" 2.《唐会要》卷一《帝号上》："高宗天皇大圣大宏孝皇帝讳治（太宗第九子，母曰文德顺圣皇后长孙氏）……宏道元年十二月四日，崩于东都贞观殿。……谥曰天皇大帝，庙号高宗。……天宝八载六月十五日，追尊高宗天皇大圣皇帝。十三载二月六日，加

帝后名讳	式次	帝后谥庙号及亲属称谓	忌日	他书记载帝后崩日及追谥情况
同上	同上	同上	同上	尊高宗天皇大圣大宏孝皇帝。" 3.《新唐书》卷三《高宗纪》："高宗天皇大圣大弘孝皇帝讳治，字为善，太宗第九子也。母曰文德皇后长孙氏。……弘道元年……十二月丁巳……皇帝崩于贞观殿……谥曰天皇大帝。天宝八载，改谥天皇大圣皇帝；十三载，增谥天皇大圣大弘孝皇帝。"
武曌	开元式、天宝式	大圣天后皇后武氏	十一月二十六日 十一月二十六日	1.《旧唐书》卷六《则天皇后纪》："则天皇后武氏讳曌……神龙元年……冬十一月壬寅……崩于上阳宫之仙居殿……谥曰则天大圣皇后。……睿宗即位……追尊为大圣天后，改号为则天皇太后。"又，卷七《中宗纪》："（神龙元年）十二月壬寅，则天皇太后崩。" 2.《唐会要》卷三《皇后》："高宗……天后武氏……神龙元年……十二月二十六日，崩于洛阳仙居殿，谥曰大圣则天皇后。……唐隆元年七月七日，依旧为天后；景云元年十月十八日，改为大圣天后……延和元年六月十七日，又改为天后圣帝；八月五日，改为圣后；开元四年十二月，改为则天后；天宝八载六月十五日，追尊则天顺圣皇后。" 3.《新唐书》卷七六《后妃传上》："高宗则天顺圣皇后武氏……神龙元年……是岁，后崩……谥曰则天大圣后。……及韦、武党诛，诏则天大圣皇后复号天后……景云元年，号大圣天后。太平公主奸政……又尊后曰天后圣帝，俄号圣后。……开元四年，追号则天皇后。"

帝后名讳	式次	帝后谥庙号及亲属称谓	忌日	他书记载帝后崩日及追谥情况
李显	开元式、天宝式	中宗孝和皇帝 皇伯考中宗孝和皇帝	六月二日 六月二日	1.《旧唐书》卷七《中宗纪》:"中宗大和圣昭孝皇帝讳显,高宗第七子,母曰则天顺圣皇后……景龙……四年……六月壬午,帝遇毒,崩于神龙殿……九月丁卯,百官上谥曰孝和皇帝,庙号中宗。……天宝十三载二月,改谥曰大和大圣大昭孝皇帝。" 2.《唐会要》卷一《帝号上》:"中宗孝和大圣大昭孝皇帝讳显(高宗第七子,母曰则天顺圣皇后武氏)。……景龙四年六月二十二日,崩于神龙殿。……谥曰孝和皇帝,庙号中宗……天宝八载六月,追尊中宗孝和大圣皇帝;十三载二月,加尊中宗孝和大圣大昭孝皇帝。" 3.《新唐书》卷四《中宗纪》:"中宗大和大圣大昭孝皇帝讳显,高宗第七子也,母曰则天顺圣皇后武氏。……景龙……四年……六月,皇后及安乐公主、散骑常侍马秦客反。壬午,皇帝崩……谥曰孝和皇帝。天宝十三载,加谥大和大圣大昭孝皇帝。"
赵氏	开元式、天宝式	和思皇后 皇后赵氏	四月七日 四月七日	1.《旧唐书》卷五一《后妃上》:"中宗和思皇后赵氏……中宗为英王时,纳后为妃。既而妃母公主得罪,妃亦坐废,幽死于内侍省……神龙元年,赠后谥为恭皇后。……及中宗崩……追谥后为和思。" 2.《唐会要》卷三《皇后》:"中宗皇后赵氏,天宝八载六月十五日,追尊和思皇后。皇后初为英王妃,母常乐公主得罪,妃坐废,幽死于内侍省。" 3.《新唐书》卷七六《后妃上》:"中

帝后名讳	式　次	帝后谥庙号及亲属称谓	忌　日	他书记载帝后崩日及追谥情况
同上	同上	同上	同上	宗和思顺圣皇后赵氏……帝为英王，聘后为妃……武后不喜，乃幽妃内待者。……神龙元年，追谥妃曰恭皇后……中宗崩，有司加上尊谥。"
李旦	开元式、天宝式	睿宗大圣真皇帝 皇考〔睿宗〕大圣真皇帝	六月十日 六月二十一日	1.《旧唐书》卷七《睿宗纪》："睿宗玄真大圣大兴孝皇帝讳旦，高宗第八子，中宗母弟……延和（元年）八月庚子，帝传位于皇太子，自称太上皇帝……开元四年夏六月甲子，太上皇帝崩于百福殿……上尊谥曰大圣贞皇帝，庙号睿宗。……天宝十三载二月，改谥曰玄真大圣大兴孝皇帝。" 2.《唐会要》卷一《帝号上》："睿宗元真大圣大兴孝皇帝讳旦（高宗第八子，母曰则天顺圣皇后武氏）。……延和元年八月二十五日，传位。开元四年五月二十日，崩于百福殿……谥曰大圣元真皇帝，庙号睿宗。……天宝八载六月，追尊睿宗元真大圣皇帝；十二载二月，加尊睿宗元真大圣大兴孝皇帝。" 3.《新唐书》卷五《睿宗纪》："睿宗玄真大圣大兴孝皇帝讳旦，高宗第八子也。……延和（元年）八月庚子，立皇太子为皇帝，以听小事；自尊为太上皇，以听大事。……开元四年六月，崩于百福殿……谥曰大圣真皇帝。天宝十三载，增谥玄真大圣大兴孝皇帝。"

帝后名讳	式次	帝后谥庙号及亲属称谓	忌日	他书记载帝后崩日及追谥情况
窦氏	开元式、天宝式	昭成皇后 昭成皇后窦氏	正月二日 正月二日	1.《旧唐书》卷五一《后妃上》：睿宗昭成顺圣皇后窦氏……生玄宗及金仙、玉真二公主。长寿二年，为户婢团儿诬潜与肃明皇后厌蛊咒诅。正月二日，朝则天皇后于嘉豫殿，既退而同时遇害。……睿宗即位，谥曰昭成皇后。……睿宗崩，后以帝母之重，追尊为皇太后，谥仍旧。" 2.《唐会要》卷三《皇后》："睿宗……皇后窦氏，唐隆元年赠皇后；景云二年，追谥昭成皇后；天宝八载，追尊昭成顺圣皇后。" 3.《新唐书》卷七六《后妃传上》："睿宗昭成顺圣皇后窦氏……生玄宗及金仙、玉真二公主。与肃明（皇后）同追谥……帝崩，追称皇太后。"
李弘	开元式、天宝式	孝敬皇帝 孝敬皇帝	四月二十五日 四月二十五日	1.《旧唐书》卷八六《高宗诸子传》："孝敬皇帝弘，高宗第五子也。……显庆元年，立为皇太子。……上元二年，太子从幸合璧宫，寻薨……中宗践祚，制祔于太庙，号曰义宗；又追赠妃裴氏为哀皇后。……开元六年……始停义宗之号。" 2.《唐会要》卷二《追谥皇帝》："孝敬皇帝讳宏（高宗第五子……显庆元年，册为皇太子。上元二年四月二十五日，薨于合璧宫倚云殿。五月五日，赠谥曰孝敬皇帝。" 3.《新唐书》卷八一《三宗诸子传》："孝敬皇帝弘……显庆元年，立为皇太子。……上元二年，从幸合璧宫，遇鸩薨……诏曰：'……谥为孝敬皇帝。'……妃薨，谥哀皇后。……中宗立，诏以主祔太庙，号义宗。开元中……罢义宗号。"

帝后名讳	式次	帝后谥庙号及亲属称谓	忌日	他书记载帝后崩日及追谥情况
裴氏	开元式、天宝式	哀皇后哀皇后裴氏	十二月二十日十二月二十一日	1.《旧唐书》卷八六《高宗诸子传》："召（李弘）诣东都，纳右卫将军裴居道女为妃……裴氏甚有妇礼……中宗践祚……又追赠妃裴氏为哀皇后。" 2.《新唐书》卷八一《三宗诸子传》："（李）弘……纳妃裴……妃薨，谥哀皇后。……妃即裴居道女，有妇德。"
李贤	天宝式	章怀皇太子	二月二十七日	1.《旧唐书》卷八六《高宗诸子传》："章怀太子贤，字明允，高宗第六子也。……上元二年，孝敬皇帝薨，其年六月，立为皇太子……调露二年……乃废贤为庶人……文明元年，则天临朝……逼令自杀。……睿宗践祚，又追赠皇太子，谥曰章怀。" 2.《唐会要》卷四《储君》："章怀太子贤，高宗第六子。……上元二年六月三日，改名贤，册为皇太子。调露二年八月二十日，废为庶人。唐隆元年七月七日，追赠太子，谥曰章怀。" 3.《新唐书》卷八一《三宗诸子传》："章怀太子贤，字明允。……上元年……皇太子薨，其六月，立贤为皇太子。……调露中……乃废为庶人……武后得政……迫令自杀……睿宗立，追赠皇太子及谥。"
李宪	天宝式	让帝	十一月二十三日	1.《旧唐书》卷九五《睿宗诸子传》："让皇帝宪，本名成器，睿宗长子也。……文明元年，立为皇太子……及睿宗降为皇嗣，则天册授成器为皇孙。……唐隆元年……睿宗践祚……成器……累日涕泣固让（太子之位）……（开元）二十九年冬……十一月薨……追谥曰让皇帝。"

帝后名讳	式次	帝后谥庙号及亲属称谓	忌日	他书记载帝后崩日及追谥情况
同上	同上	同上	同上	2.《唐会要》卷二《追谥皇帝》："让皇帝宪（睿宗长子，本名成器。文明元年，立为皇太子。及睿宗立，降为皇嗣，改为皇孙。后为蔡王，又为宋王，复为宁王。开元二十九年薨，追册让皇帝。" 3.《新唐书》卷八一《三宗诸子传》："让皇帝宪……文明元年，武后以睿宗为皇帝，故宪立为皇太子；睿宗降为皇嗣，更册为皇孙……睿宗将建东宫……宪……因涕泣固让。……开元……二十九年薨……乃追谥让皇帝。"
李亨	元和至太和式	肃宗文明武德大圣大广孝皇帝	四月十八日	1.《旧唐书》卷一〇《肃宗纪》："肃宗文明武德大圣大宣孝皇帝讳亨，玄宗第三子，母曰元献皇后杨氏……宝应（元年）四月……丁卯……上崩于长生殿。……群臣上谥曰文明武德大圣大宣孝皇帝，庙号肃宗。" 2.《唐会要》卷一《帝号上》："肃宗文明武德大圣大宣孝皇帝讳亨（元宗第三子，母曰元献皇后杨氏）。……宝应元年四月十八日，崩于长生殿……谥文明武德大圣大宣孝皇帝，庙号肃宗。" 3.《新唐书》卷六《肃宗纪》："肃宗文明武德大圣大宣孝皇帝讳亨，玄宗第三子也。母曰元献皇后杨氏。……宝应元年……四月……丙寅……皇帝崩于长生殿。"
吴氏	元和至太和式	章敬皇后吴氏	七月二十二日	1.《旧唐书》卷五二《后妃传下》："肃宗章敬皇后吴氏……生代宗皇帝。（开元）二十八年薨……代宗即位之年十二月，群臣……上尊谥曰章敬皇后。"

帝后名讳	式　次	帝后谥庙号及亲属称　谓	忌　日	他书记载帝后崩日及追谥情况
同上	同上	同上	同上	2.《唐会要》卷三《皇后》："肃宗皇后吴氏，宝应元年五月十九日，追尊皇后，谥曰章敬。" 3.《新唐书》卷七七《后妃传下》："肃宗章敬皇后吴氏……生代宗，为嫡皇孙。……后……年十八薨。代宗即位……乃追尊为皇后，上谥。"
李豫	元和至太和式	代宗睿文孝武皇帝	五月二十二日	1.《旧唐书》卷一一《代宗纪》："代宗睿文孝武皇帝讳豫，肃宗长子。母曰章敬太后吴氏……（大历）十四年……五月……辛酉……崩于紫宸之内殿。……八月庚申，群臣上尊谥曰睿文孝武皇帝，庙号代宗。" 2.《唐会要》卷一《帝号上》："代宗睿文孝武皇帝讳豫（肃宗长子，母曰章敬皇后吴氏）……大历十四年五月二十日，崩于紫宸之内殿……谥曰睿文孝武皇帝，庙号代宗。" 3.《新唐书》卷六《代宗纪》："代宗睿文孝武皇帝讳豫，肃宗长子也。母曰章敬皇后吴氏。……（大历）十四年……五月辛酉……崩于紫宸内殿。"
沈氏	元和至太和式	睿真皇后沈氏	十一月二日	1.《旧唐书》卷五二《后妃传下》："代宗睿真皇后沈氏……天宝元年，生德宗皇帝。禄山之乱……失后所在……德宗……建中元年十一月，遥尊圣母沈氏为皇太后。……宪宗即位之年九月……以发哀日为国忌。……其年十一月，册谥曰睿真皇后。" 2.《唐会要》卷三《皇后》："代宗……皇后沈氏……天宝末以胡寇犯阙……遂失所在。……至德宗即位，建中元年八月，追尊为皇太后……至

帝后名讳	式次	帝后谥庙号及亲属称谓	忌日	他书记载帝后崩日及追谥情况
同上	同上	同上	同上	贞元元年九月……以今年十一月二日发哀为忌，追册曰睿真皇后。" 3.《新唐书》卷七七《后妃传下》："代宗睿真皇后沈氏……生德宗。天宝乱……遂失后所在。……德宗……建中元年，乃具册前上皇太后尊号……宪宗即位……诏群臣为皇太后发哀肃章内殿……上太皇太后谥册。"
李适	元和至太和式	德宗神武孝文皇帝	正月二十三日	1.《旧唐书》卷一二、卷一三《德宗纪》：德宗神武孝文皇帝讳适，代宗长子，母曰睿真皇氏沈氏。……（贞元）二十一年春正月……癸巳……崩于会宁殿……永贞元年九月丁卯，群臣上谥曰神武孝文，庙号德宗。" 2.《唐会要》卷一《帝号上》："德宗神武孝文皇帝讳适（代宗长子，母曰睿真皇后沈氏）。……贞元二十一年正月，崩于会宁殿。……谥曰神武孝文皇帝，庙号德宗。" 3.《新唐书》卷七《德宗纪》："德宗神武圣文皇帝讳适，代宗长子也。母曰睿真皇太后沈氏。……（贞元）二十一年正月癸巳，皇帝崩于会宁殿。"
王氏	元和至太和式	昭德皇后王氏	十一月二十一日	1.《旧唐书》卷五二《后妃传下》："德宗昭德皇后王氏……上元二年，生顺宗皇帝。……贞元二年……十一月甲午，册为皇后，是日崩于两仪殿。……谥曰昭德。"又，卷十二《德宗纪上》："十一月甲午，册淑妃王氏为皇后。……丁酉，册皇后王氏；是日后崩，谥曰昭德。" 2.《唐会要》卷三《皇后》："德宗皇

帝后名讳	式次	帝后谥庙号及亲属称谓	忌日	他书记载帝后崩日及追谥情况
同上	同上	同上	同上	后王氏,贞元二年十一月册为皇后,其月二十一日忌。三年正月,上尊谥曰昭德皇后。" 3.《新唐书》卷七七《后妃传下》:"德宗昭德皇后王氏……生顺宗……贞元三年,妃久疾,帝念之,遂立为皇后。册礼方讫而后崩。"
李诵	元和至太和式	顺宗至德大圣大安孝皇帝	二月九日	1.《旧唐书》卷一四《顺宗纪》:"顺宗至德大圣大安孝皇帝讳诵,德宗长子,母昭德皇后王氏。……(贞元)二十一年……八月庚子诏……令皇太子即皇帝位……元和元年正月……甲申,太上皇崩于兴庆宫之咸宁殿……六月乙卯,皇帝率群臣上大行太上皇谥曰至德大圣大安孝皇帝,庙号顺宗。" 2.《唐会要》卷一《帝号上》:"顺宗至德宏道大圣大安孝皇帝讳诵(德宗长子,母曰昭德皇后王氏)。……贞元二十一年……七月,以疾未瘳,令皇太子监国;八月,传位。……元和元年正月……十九日,崩于兴庆宫之咸宁殿……谥曰至德大圣大安孝皇帝,庙号顺宗。……大中三年十二月,追崇尊谥曰至德宏道大圣大安孝皇帝。" 3.《新唐书》卷七《顺宗纪》:"顺宗至德弘道大圣大安孝皇帝讳诵,德宗长子也。母曰昭德皇后王氏。……永贞元年八月庚子,立皇太子为皇帝,自称曰太上皇。……元和元年正月……崩于咸宁殿……谥曰至德大圣大安孝皇帝。大中三年,增谥至德弘道大圣大安孝皇帝。"

帝后名讳	式 次	帝后谥庙号及亲属称谓	忌 日	他书记载帝后崩日及追谥情况
王氏	元和至太和式	庄宪皇后王氏	三月四日	1.《旧唐书》卷五二《后妃传下》："顺宗庄宪皇后王氏……大历十三年，生宪宗皇帝……及永贞内禅，册为太上皇后。元和元年正月，顺宗晏驾，五月，尊太上皇后为皇太后。……元和十一年三月，崩于南内之咸宁殿，谥曰庄宪皇后。" 2.《唐会要》卷三《皇后》："顺宗皇后王氏，贞元元年八月，册为太上皇后；元和元年五月，册为皇太后；十一年三月四日忌。" 3.《新唐书》卷七七《后妃传下》："顺宗庄宪皇后王氏……生宪宗。……宪宗内禅，尊为太上皇后。元和元年，乃上尊号曰皇太后。……十一年崩……有司上谥。"
李纯	长庆至太和式	宪宗元和圣文神武法天应道皇帝	正月二十七日	1.《旧唐书》卷一四、卷一五《宪宗纪》："宪宗圣神章武孝皇帝讳纯，顺宗长子也，母曰庄宪王太后。……顺宗即位之年……八月丁酉朔，受内禅。……（元和）十五年春正月……庚子……崩于大明宫之中和殿……五月丁酉，群臣上谥曰圣神章武孝皇帝，庙号宪宗。" 2.《唐会要》卷一《帝号上》："宪宗昭文章武大圣至神孝皇帝讳纯（顺宗长子，母曰庄宪皇后王氏）。……元和……十五年正月二十七日，崩于大明宫之中和殿。……谥曰圣神章武孝皇帝，庙号宪宗。大中三年十二月，追崇尊谥曰昭文章武大圣至神孝皇帝。" 3.《新唐书》卷七《宪宗纪》："宪宗昭文章武大圣至神孝皇帝讳纯，顺宗长子也。母曰庄宪皇太后王氏。……（元和）十五年正月，宦者陈弘志等反。庚子，皇帝崩……谥曰圣神章武孝皇帝。大中三年，加谥昭文章武大圣至神孝皇帝。"

帝后名讳	式 次	帝后谥庙号及亲属称谓	忌 日	他书记载帝后崩日及追谥情况
李恒	宝历至太和式	穆宗睿圣文惠皇帝	正月二十二日	1.《旧唐书》卷一六《穆宗纪》："穆宗睿圣文惠孝皇帝讳恒，宪宗第三子，母曰懿安皇后郭氏。……（长庆）四年正月……壬申，上崩于寝殿……群臣上谥曰睿圣文惠孝皇帝，庙号穆宗。" 2.《唐会要》卷一《帝号上》："穆宗睿圣文惠孝皇帝讳恒（宪宗第三子，母曰懿安皇后郭氏）。……长庆……四年正月二十二日，崩于寝殿。……谥曰睿圣文惠孝皇帝，庙号穆宗。" 3.《新唐书》卷八《穆宗纪》："穆宗睿圣文惠孝皇帝讳恒，宪宗第三子也。母曰懿安皇太后郭氏。……（长庆）四年正月……壬申，皇帝崩于清思殿。"
李湛	太和及其后式	敬宗睿武昭愍孝皇帝	十二月八日	1.《旧唐书》卷一七上《敬宗纪》："敬宗睿武昭愍孝皇帝讳湛，穆宗长子，母曰恭僖太后王氏。……（宝历）二年十二月……辛丑……刘克明等同谋害帝，即时殂于室内……群臣上谥曰睿武昭愍孝皇帝，庙号敬宗。" 2.《唐会要》卷一《帝号上》："敬宗睿武昭愍孝皇帝讳湛（穆宗长子，母曰恭僖皇后王氏）。……宝历……二年十二月八日，中官苏佐明等作难，帝遇害。……谥曰睿武昭愍孝皇帝，庙号敬宗。" 3.《新唐书》卷八《敬宗纪》："敬宗睿武昭愍孝皇帝讳湛，穆宗长子也。母曰恭僖皇太后王氏。……宝历……二年……十二月，中官刘克明反。辛丑，皇帝崩。"

四丁 〔太和〕　大唐国今帝讳"昂"（即云名），先祖讳"纯"
　　　　（淳）、"讼"（诵）、"括"、"誉"（豫、预）、"隆基"、
　　　　"恒"、"湛"、"渊"、"虎"（武）、"世民"，音同者尽
　　　　讳。此国讳诸字，于诸书状中惣不着也。

引据

《入唐求法巡礼行记》卷一：又大唐国今帝讳"昂"（即云
名），先祖讳"纯"（淳）、"讼"（诵）、"括"、"誉"（豫、
预）、"隆基"、"恒"、"湛"、"渊"、"虎"（武）、"世民"，音
同者尽讳。此国讳诸字，于诸书状中惣不着也。是西明寺僧宗睿
法师之所示也。[①]

按

宪宗李纯，初名淳，故纯、淳皆避；德宗李适，适音括
（kuò），故避括；至于讼与诵，誉与豫、预，虎与武，皆属音
同，均应避。恒、湛、渊，皆避单字；至于"隆基"、"世民"
之"二名不偏讳"，这里未涉及。

此当是文宗末年制度，与前期有别。我们可以由文宗李昂上
推，比较一下反映唐文宗太和年间制度的《祠部新式》所载国
忌日（省略后妃），与反映文宗开成三年制度的庙讳两者之间的
有与无的存没差别，及其前与后的顺序差别（参见表2）。

太和与开成相去不远，当时在庙讳与国忌日上未必实行统一
规则。《唐六典》卷四祠部郎中员外郎条讲祠部职掌，也是"国
忌庙讳"在一起，只是其下文仅叙及国忌而无庙讳。敦煌文书
P.2504《天宝令式表》残卷（现藏法国巴黎国立图书馆），虽标

---

① 本部分用〔日〕圆仁撰、白化文等校注：《〈入唐求法巡礼行记〉校注》，花山文艺出版
社，1992，第66页。

明"国忌",但却将庙讳与国忌抄录在了一起,应避庙讳与应举行的国忌日,一目可以了然。自然,庙讳只是对皇帝或者男性始祖的名讳的避忌,皇后及女性始祖就无所谓名讳了。

表 2　文宗太和年间国忌日与开成三年庙讳的差别

皇帝名、号	与本人关系	名讳避否及顺序 开成三年制度	国忌有无及顺序 太和年间制度
文宗李昂	本人		
敬宗李湛	兄	7	
穆宗李恒	父	6	一
宪宗李纯	祖	1	二
顺宗李诵	曾祖	2	三
德宗李适	高祖	3	四
代宗李豫	五代祖	4	五
肃宗李亨	六代祖		六
玄宗李隆基	七代祖	5	
睿宗李旦	八代祖		
高宗李治	九代祖		
太宗李世民	十代祖	10	七
高祖李渊	十一代祖	8	八
唐国公李昺	十二代祖		
唐国公李虎	十三代祖	9	

之所以将圆仁所记理解为当时制度,是因为文宗以前在位皇帝很多,但没有均为其避讳。不用说不能纳入其直系宗亲系统的中宗李显皇帝,即如在其直系宗亲系统内的肃宗李亨、睿宗李旦、高宗李治,也没有为其避讳。但有与没有之间,这种经过选择的情况,只能理解为是制度。更何况太和与开成制度有着一致性,高祖李渊、太宗李世民均被看作开国之君;唐国公李虎被认

为是始祖，有其特殊性；代宗李豫、德宗李适、顺宗李诵、宪宗
李纯、穆宗李恒 5 宗，在文宗的眼光里，是自五代祖至父亲，为
直系尊亲，最为重要；至于八代祖睿宗李旦、九代祖高宗李治，
因为迁祧的关系，已淡出了视线；甚至六代祖肃宗李亨、七代祖
玄宗李隆基，也是可有可无的，故前者不必避讳，后者不必国
忌。这种较高的一致性，是因有一种或存或去的规则在，不是随
意定下的。

五甲　〔开元〕　凡国忌日，两京定大观、寺各二，散斋。诸道
　　　士、女道士及僧、尼，皆集于斋所；京文武五品以上，与
　　　清官七品已上皆集，行香以退。若外州，亦各定一观、一
　　　寺以散斋，州、县官行香。

　　引据
　《唐六典》卷四祠部郎中员外郎条：凡国忌日（以下与本文
同）。应设斋者，盖八十有一州焉。

　　按
　见下文五丙按语。

五乙　天下诸上州，并宜国忌日准《式》行香。

　　引据
　《唐会要》卷二三《忌日》：贞元五年八月敕：天下诸上州，
并宜国忌日准《式》行香。

　　按
　《唐六典》卷四祠部郎中员外郎条云："凡国忌日……若外

州，亦各定一观、一寺以散斋，州、县官行香。应设斋者，盖八十有一州焉。"此81州，当即上州。

见下文五丙按语。

五丙　〔祠部式〕　国忌日云云。

引据

《白氏六帖事类集》卷一一《登遐二五》：明标邦《式》（《祠部式》：国忌日云云）。

按

白居易《白氏六帖事类集》引《祠部式》国忌日事项，应是本条五甲、五乙条文的相应文字，惜其省略未引。《六帖》撰作时间，史皆不载。若理解为白氏为自己科举考试作《六帖》，适当德宗贞元间，其引式文应是贞元时的《祠部式》。白氏云："二十已来，昼课赋，夜课书，间又课诗，不遑寝息矣。"似可将作《六帖》、应科举包容在内。本文暂以此说推定该条式文为贞元《祠部式》。

《六典》载本条于诸国忌日之下，内容也正是为诸帝后国忌日设斋、行香之事。本条应属式文，有《唐会要》卷五〇《杂记》所引开元二十七年五月二十八日敕文可证。文云："祠部奏：'诸州县行道、散斋观、寺，准《式》，以同、华等八十一州郭下僧尼、道士、女冠等，国忌日各就龙兴寺、观行道、散斋，复请改就开元观、寺。'"其中，"州县行道、散斋观、寺"，正是《六典》之文的后半部，即外州各定观寺散斋、行香之事；"八十一州"道冠僧尼行道、散斋，《六典》在上文后续云："应设斋者，盖八十有一州焉"，二者也合。故所谓"准式"者，依准的是式文。

另外，将本条认定为《祠部式》文的理由是，白居易《白氏六帖事类集》卷一一《登遐二五》云："明标邦《式》"，注云："《祠部式》：国忌日云云。"这里未具引的"国忌日云云"者，应当就是《六典》国忌日两京及外州于观寺设斋、行香规定。《六典》引唐式（也包括唐令），每条首字之"诸"皆改为"凡"，"凡国忌日"，在原文应是"诸国忌日"。《白氏六帖》虽未用"诸"或"凡"字，但无疑是引用了条文首句。关于条文内容，81 州设斋，皆为上州。唐制，州分上、中、下三等，州的等别以户口数为定。武德令以三万户以上为上州，其后屡有变更。按《通典》卷三三《职官一五·州郡下·郡太守》注，开元十八年八月敕文，以四万户以上为上州，二万五千户为中州，不满二万户为下州。《唐六典》卷三户部郎中员外郎条载，四万户以上为上州，三万户以上为中州，户不满三万者为下州，当是开元二十五年户令新制。

参较《六典》卷三户部郎中员外郎条与卷四祠部郎中员外郎条的记载，应设斋之 81 州是在当时全国 315 个州、府中选择出来的，都是因所处地理位置比较重要、人口众多等原因而确定的。比如四辅州（同、华、岐、蒲。四州皆近京畿）、五府（潞、扬、益、荆、幽五大都督府。其余中都督府、下都督府及大都护府、上都护府均不在此列）、六雄州（陕、怀、郑、汴、魏、绛）、十望州（虢、汝、汾、晋、宋、许、滑、卫、相、洺）以及曹州、冀州、德州等。其中，四辅、六雄、十望州是根据地理冲要确定的。与基本依据人口多少确定的上中下州等级分类，是一种交叉关系。例如，六雄州中的陕州，十望州中的汝州、虢州，户皆不满四万，也皆为上州。《通典》卷三三《职官一五·州郡下·郡太守》注，曾指出几种不依人口数而被确定为上州者的情形，一是"不约户口，以别敕为上州者"；二是近畿之州，"户虽不满四万，亦为上州"；三是"亲王任中、下州刺史者，亦为上州"。

设斋是上州的事，《六典》卷三户部郎中员外郎条注中所列11个不满四万户之上州，在《六典》卷四祠部郎中员外郎条注所开列的81州中就占了8个（包括仙、泽、陇、邠、泾、陕、汝、虢）。另外，《唐会要》卷二三《忌日》载贞元五年八月敕："天下诸上州，并宜国忌日准式行香。"《旧唐书》卷一八《武宗纪上》：会昌五年秋七月，"中书门下条疏闻奏：'据《令》、《式》，诸上州，国忌日官吏行香于寺。'"《唐会要》卷四八《议释教下》记此事更强调"上州以上"，并要求"合行香"的"上州已上"各留寺一所，"充国忌日行香"，"其下州寺并合废毁"。则所谓中下州是不设斋行香的，设斋行香唯限于上州。

不过，由于人口的变化，州的上、中、下等别也在变动。新从中、下州升为上州者，未必能立即按惯例享有设斋行香权力，所以就出现了申奏请准之事。《唐会要》卷五〇《杂记》载："贞元五年八月十三日，处州刺史齐黄奏：'当州不在行香之数，乞伏同衢、婺等州行香。'敕旨：'依。其天下诸上州，未有行香处，并宜准此，仍为恒式。'"可见，在特定的某个时期内，并非所有上州都设斋行香。在程序上，新升级的上州之设斋行香，须获得皇帝敕准。设斋行香与否，在当时是州的级别规格的反映。这虽然是发生于稍后的德宗贞元间的事，但开元间也可作如是观。《六典》之应设斋的81州是从315州中选出，81州是当时上州的总数。按《通典》卷三三《职官一五·州郡下·郡太守》注，至"天宝中，通计天下凡上州一百九"，在理论上，此 109 州都享有设斋行香权，它们在 327 个总州数中占 1/3。

关于观、寺之确定。设斋观寺之确定，按前述《六典》卷四祠部郎中员外郎条："凡国忌日，两京定大观、寺各二，散斋。……若外州，亦各定一观一寺，以散斋。"此处之"定"，一般来说是长期的，并非临时指定。不过，基于一定的理由，也可以重新确定设斋观、寺。

唐代国忌设斋观寺，依前引《唐会要》卷五〇《杂记》所言，主要是龙兴观、寺和开元观、寺。两京因须有二观、二寺，其中一观一寺为龙兴观、寺，另外一观一寺不详。① 而龙兴观、寺，至迟在开元初已被确定为设斋场所。中宗复辟，神龙元年二月改众香寺为中兴寺，同年又改金台观为中兴观，天下诸州也各置大唐中兴观、寺。后因右补阙张景源上疏请去中兴之号，改用龙兴为名，遂于神龙三年三月改中兴寺、观为龙兴寺、观。②

设斋观、寺，后又有开元观、寺。开元二十六年六月一日敕，要求"每州各以郭下定形胜观、寺，改以开元为额"。③ 这一要求，若从寺的建置历史来看，武则天建国之天授元年十月，令"两京及天下诸州，各置大云寺一所"，至此，"并改为开元寺"。④ 所谓"形胜观、寺"，即指原大云寺。这一更名命令发布后，祠部奏请国忌日原在龙兴寺、观行道散斋者，改为在开元观、寺行道散斋。事涉当时应设斋的 81 个州。对祠部这一请求，开元二十七年五月二十八日敕云："京兆、河南府，宜依旧观、寺

---

① 文宗末、武宗初，京城设斋、行香僧寺有资圣寺，见日本僧人圆仁撰：《入唐求法巡礼行记》卷三，详见下文。
② 《唐会要》卷四八《寺》、卷五〇《观》。
③ 《唐会要》卷五〇《杂记》。
④ 《唐会要》卷四八《寺》。

为定，唯千秋节及三元日行道、设斋，宜就开元观、寺。余依。"①据此，除京兆、河南二府仍在原定龙兴观、寺行道、散斋外，其余诸州一律改就开元观、寺行道、散斋。只是到武宗会昌毁寺灭佛，才要求"国忌日当州宫观内行香，不必定取寺名"。②

关于设斋与行道、行香。前引《六典》卷四祠部郎中员外郎条云，散斋时"诸道士、女道士及僧、尼，皆集于斋所"。集结的目的，是设道场，即行道；官吏行香也必得有僧道指引，有僧道诵经；至于设斋，是设斋食以供应僧道徒众，自然必得僧道徒众在场。日僧圆仁《入唐求法巡礼行记》曾四次记载了唐代国忌日设斋、行香、行道情况，其中一次为顺宗皇后王氏（《祠部新式》有此忌日），另外三次皆为敬宗皇帝（《祠部新式》不载此忌日）。这四次国忌设斋、行香、行道活动，皆圆仁所亲历，记述也较为生动。现撮取与式文有关数项说明如下。

国忌设斋一般皆用官物，故又称"官斋"。《入唐求法巡礼行记》卷三《开成五年十二月八日》条云"用官物设斋"，《会昌元年十二月八日》条径云"当寺官斋"。这两次敬宗忌日设斋皆是京城僧寺，用官物设斋见诸记载，自无疑问。但卷二《开成五年三月四日》顺宗皇后王氏忌日所记者，是在登州都督府城中僧寺进行的。地方未设官斋，至"斋时，赴张家请"，属私家设斋，且赴斋者只有三个日本僧人及该寺的典座僧。地方不设斋，可能与当时"比年虫灾"、财政紧张有关。另，卷一《开成三年十二月八日》扬州僧寺设斋，是日本僧人圆仁等施舍五十贯，供应城中诸寺五百僧人的。这次也不是地方设官斋。可见，当时京城及外州府，虽以官斋为主，但允许施主舍钱设斋。此

①　《唐会要》卷五〇《杂记》。
②　《唐会要》卷四八《寺》。

外，扬州国忌设斋行香后，地方大员李德裕曾"别出钱……浴诸寺众僧，三日为期"，即施钱负担众僧沐浴费用；会昌元年十二月八日敬宗忌日，京"城中诸寺有浴"，但可能是官物支持。设斋及浴僧，既是对参与佛事活动的众僧的报偿，同时也具有宗教意义。比如浴僧，据《佛说温室洗浴僧众经》说，澡浴可以除七病，施主施浴供养众僧能得七福。故无论施主为官为私，例皆设斋、浴僧。

行香本是个宽泛概念。《禅林象器笺·丛轨门》："有巡堂烧香，曰行香；有出班上香，曰行香；有官人来寺行香，曰行香；有施主自来寺行香，曰行香。"国忌日行香，仅指第三种。圆仁所记，有三次述及行香。其中两次属府州官，一次为中央官。开成三年十二月八日敬宗忌日，扬州大都督府到僧寺行香者，有大都督府长史李德裕、监军使杨钦义及州府诸司官员；开成五年三月四日顺宗皇后王氏忌日，登州都督府到僧寺行香者，有"使君、判官、录事、县司等"府、县官吏；至开成五年十二月八日敬宗忌日，京城于僧寺行香者，是已经调任中央的"李德裕宰相及敕使"。至行香程序，扬州事记述最详。大抵主官与众官皆执香炉或香盏，绕场随礼仪僧行走一圈，伴随着僧众梵声颂语、唱礼、读咒愿等，行礼佛礼而毕。中间夹杂着众僧行香。行香目的，正如颂语所云者，不外乎"语旨在严皇灵"，为驾崩的帝后祈福。

行香兼摄官吏、众僧（也包括道士），行道只指僧道。圆仁所记，唯一处言及行道。卷三《开成五年十二月八日》条云："当寺内道场，三教谈论大德知玄法师表赞"，是道场由德高望重之僧或道主持。设斋、行香或行道的寺观，从圆仁记述来看，主要是开元寺，这或许与圆仁投宿之地多是开元寺有关，但也正符合式文要求。圆仁在扬州寄住开元寺，故其舍钱设斋在开元寺，地方国忌行香也在开元寺；至登州也宿在开元寺，地方国忌行香在开元寺。至京城，长期宿在资圣寺，国忌日所遇设斋行香皆在此寺。资圣寺是当时闻名全国的名寺，故设斋、行香竟能有宰相参预。资圣寺或即"两京定大观、寺各二"以设斋、行香的大寺之一。

在此应说明的是行香、设斋是否曾在法令中明确规定的问题。《旧唐书》卷一一七《崔蠡传》载文宗开成四年诏：国忌设斋行香，"礼文《令》、《式》，曾不该明"，勒令"两京、天下州府，以国忌日为寺观设斋焚香，从今已后，并宜停罢。"《唐大诏令集》卷七八《典礼·国忌·废国忌日行香敕》与此略同。唯《唐会要》卷二三《忌日》作"经文《令》、《式》，曾不该载"。不管怎样，这是说式文中甚至礼令中缺乏国忌设斋行香的明文规定。但《唐会要》卷二三《忌日》载，德宗贞元五年八月敕明言"上州国忌日准式行香"；对较《六典》国忌散斋行香与《白氏六帖》所引《祠部式》断文，更可证明国忌设斋行香之事是规定在《祠部式》中的，有"明标邦《式》"之文现存。武宗会昌五年并省佛寺，臣僚也不得不承认"据《令》、《式》：诸上州，国忌日官吏行香于寺"，① 虽约令、式为言，指的仍是式文。细绎文宗诏书，显与提议者崔蠡的原意不甚相合。崔蠡上疏奏论"国忌日设僧斋，百官行香，事无经据"，② 或云"国忌行香，事不师古"，"史官寻讨，起置无文"，③ 强调的是"经据"和"师古"，是经学依据；而诏书却写成了"礼文《令》、

---

① 《旧唐书》卷一八《武宗纪上》。《唐会要》卷四八《议释教下》略同。
② 《旧唐书》卷一一七《崔蠡传》。
③ 《唐会要》卷四八《议释教下》。

《式》，曾不该明"，又牵涉进法令问题，给人造成法令中缺乏明文规定的印象。这不能不说是四六骈俪文强求对仗、难能准确达意的结果。实际上，唐代至迟在开元《祠部式》以来，就一直有国忌设斋行香的规定，这一点是无庸置疑的。

对国忌设斋行香之作为《祠部式》来理解，应当说是合适的。白居易于武宗会昌六年故去，主要活动于德、顺、宪、敬、文、武宗六朝。《白氏六帖》的写作时间虽不可详考，但其所谓《祠部式》云云者，应是德宗或宪宗时制度。即使在晚年废除国忌行香制的文宗，在太和元年即位之初，也还是"复令京城七日行香，外州府一日行香、行道"，① 可以看做是此一制度的延续。再者，文宗虽废国忌设斋行香，却不能长久。武宗会昌时并省佛寺，仍令"其合行香日，官吏宜于道、观"，② 表明这一制度实际已恢复，且有明敕。至宣宗即位之初，以前此帝后忌日行香之制既久，下令"京城及天下州府诸寺观，国忌行香，一切仍旧"，③ 全面恢复了国忌设斋行香之制。

应附带说明的是，类似开元《祠部式》的成形规定是逐渐累积起来的。太宗贞观二年五月十九日敕："章敬寺是先朝创造，从今已后，每至先朝忌日，常令设斋行香，仍永为恒式。"④这类措置，正是后世成制之滥觞。

六甲〔祠部〕 诸私家不得立杂神，及觋、巫、卜、相，并宜禁断。其龟易、五兆、六壬，不禁。

---

① 见前引郑余庆《祠部新式》。
② 《旧唐书》卷一八《武宗纪下》。
③ 《唐会要》卷二三《忌日》。
④ 《唐会要》卷四九《杂录》。

引据

《白氏六帖事类集》卷九《卜筮二一》:《祠部式》:诸私家不得立杂神,及觋、巫、卜、相,并宜禁断。其龟易、五兆、六壬,不禁。

按

见本条复原六丙按语。

六乙　〔祠部〕　卜、相禁断。

引据

《白氏六帖事类集》卷九《相二二》:《祠部式》:卜、相禁断,见上注。

按

见本条复原六丙按语。

六丙　〔祠部〕　私家不得立杂坐,及巫、觋、卜,并宜禁断。

引据

《白氏六帖事类集》卷二七《淫厉五》:立神式:《祠部式》:私家不得立杂坐,及巫、觋、卜,并宜禁断。

按

中国历来是个多神的国度,民间尤甚。"杂神"即未被政府承认、不入国家祀典的所谓"淫祀",与由国家举行一定祭祀仪式的天神(如上帝、赤帝等)、地祇、雷神、雨神等不同,"杂神"只是民间流行之神。故"私家"与"杂神"往往是联系在一起的。又,觋、巫,按《白氏六帖事类集》卷九《巫第三四》："在男曰觋，女曰巫"，此语出自《国语·楚语下》。本指该男或女能以舞降神者，若人有难，可请其降神，祓除不祥。至于卜、相，卜本指用火灼龟甲取兆，以预测吉凶，后泛指一切预测方法皆为卜；相指相术，是观测人的形貌以占测其命运的一种方术。觋、巫、卜、相皆荒诞不经，故皆被禁止。但龟易、五兆、六壬，大略是因所来有自，故皆不禁。如龟卜起于商朝，易卜是根据《周易》进行卜筮；五兆也称五卜，是占卜的五种兆形，正如《荀子·王制》所云："相阴阳，占祲兆，钻龟陈卦，主攘择五卜"，所依据的又是《尚书·洪范》的"曰雨、曰霁、曰蒙、曰驿、曰克"之五种兆形；六壬指六十甲子中的壬申、壬午、壬辰、壬寅、壬子、壬戌，利用刻有干支的天盘、地盘取得干支及晨辰部位以定吉凶，使用的仍是阴阳五行理论。

本条系德宗贞元时期《祠部式》，此点可由白居易著《六帖》年代推知。但其源头却颇远。太宗即位之次月，就有与本条极相近似之诏书发布。《旧唐书》卷二《太宗纪上》："（武德）九年……九月……壬子，诏私家不得辄立妖神，妄设淫祀。非礼祠祷，一皆禁绝。其龟易、五兆之外，诸杂占卜，亦皆停断。"由此可见，唐式作为较稳定的法律形式，也不断地将成诏收纳进来，变成长久通行的制度。

至于本条的执行情况，一般来说是徒为具文，觋、巫、卜、相深入民间，难于控制。[①] 相对来说，禁淫祠相对易做到。《唐会要》卷七七《巡察按察巡抚等使》载："（垂拱元年）四月六

---

① 唐朝有专门禁约僧尼、道士女冠等不得为人卜、相的敕条。《唐会要》卷五〇《杂记》载永徽四年四月敕："道士、女冠、僧尼等，不得为人疗疾及卜、相。"又，《唐大诏令集》卷一一三《政事·道释》有"禁僧道卜筮制"，云：僧道"托于卜筮，假说灾祥。岂直闾阎之内，恣其狂惑；兼亦衣冠之家，多有厌胜"，表明情况十分严重。

日，尚书左丞狄仁杰，充江南安抚使。吴楚多淫祠，仁杰一切焚之，凡除一千七百所。"不过，这仍只是一时的、因当政者而异的举措。禁毁完毕，又会如雨后春笋般冒出来。

七〔元和至太和·祠部〕　三元日，正月十五日，上元；廿（七）月十五日，中元；十月十五日，下元。右件上元、〔中元〕，准《令》、《格》，各休假日三；[①] 下元日，休假一日，并宫观行道、设斋、役金龙。

《假宁令》元正日、冬至日，右已上二大节，准《令》休假七日，前三、后四日。

降诞日，玄元皇帝降诞二月十五日，今上降诞日，右件降诞日并准敕休假一日，行香。

寒食通清明，休假七日。寒食禁火，为介子推投绵上山，怨晋文帝（公），[②] 公及（乃）禁（焚）山，子推抱树而烧死。文公乃于太原禁火七日，天下禁火一日。

腊日、夏至日，以上二节各休假三日，前、后各一日。

正月七日是人日也。立天浑伅（沌）以前，以一日为鸡，二日为狗，三日为猪，四日为牛，五日为马，六日为羊，七日为人；今以七为人日也。春秋二社，后稷神也。二月一日中和节也。二月八日佛道也。三月三日，昔成子安游洛川，会群贤稧（禊）饮于金谷园也。四月八日佛生日也。五月五日，昔屈原投汨罗水死之日，楚人怀之，以此日作筒粽，以五色线缠，投水中，祭之禳厄。六月三休

① "右件上元"下，似脱"中元"二字。从"皆各休假"之"皆"字，可推知。又"日三"，应是"三日"互倒。
② "帝"当作"公"，下文作"公"可证。

（伏）日，昔贾谊避三休（伏），三以其盛夏。六月三庚（伏？）日，南方有 鵬 （鹏）鸟至，以助太阳销烁万物，故损害于人，是以避忌之，此日也。七月七日牵牛织女以此日会于河汉之问（间）。九月九日，昔费长房携酒将家口鸡犬，登高山避火灾，佩茱萸、饮菊花酒，以禳其厄也。至晚还家，屋宅悉被火烧尽也。十月一日，昔春（秦）昭王时，以十月一日为元正日。立春、春分、立夏、夏至、〔立秋、秋分〕、立冬、冬至，已上八节各相去卅五日。每月十日为一旬，三旬为一月，每旬各休假一日。其配使、徒役，亦免一日。右从正月七日至立冬日以前，准《令》休假各一日，其夏至及冬〔至〕不在此限。

内外官给田衣假，内外官①月给田〔假〕，九月给授衣假，分为两蕃（番），各十五日。其田假，若田土宜种收不得，随通②便给之。

引据

一、敦煌文书 S.6537 背 14 分号录文（郑余庆《大唐新定吉凶书仪》）……〔《祠部新式第四》〕……三元日，正月十五日，上元（以下与本文同）。③

二、《唐六典》卷二吏部郎中员外郎条：内外官吏则有假宁之节（谓元正、冬至，各给假七日，寒食通清明四日，八月十五日、夏至、腊各三日，正月七日、十五日、晦日、春秋二社、二月八日、三月三日、四月八日、五月五日、三伏日、七月七

---

① "内外官"三字疑衍，下当有"五"。见《唐六唐》卷二吏部郎中条注。
② "随通"，《太平御览》卷六三四《治道部十五·急假》作"通随"，疑残卷互倒。
③ 黄永武主编：《敦煌宝藏》，台湾新文丰出版公司印行，第48册，第195~198页。

日、十五日、九月九日、十月一日、立春、春分、立秋、秋分、立夏、立冬，每旬并给休假一日。五月给田假，九月给授衣假，为两番，各十五日）。

三、《入唐求法巡礼行记》卷一：开成四年（己未），当本国承和六年（己未）。正月一日甲寅，是年日也。官俗三日休暇，当寺有三日斋。

四、《入唐求法巡礼行记》卷四：会昌五年……寒食，从前已来，准《式》赐七日暇。

按

关于官员休假方面的式文，今存者系元和至太和祠部式。

敦煌文书被斯坦因掠去者，有《大唐新定吉凶书仪》，书于编号 S.6537 残卷背面（该卷现藏英国伦敦大英图书馆），其第四节称《祠部新式》。今据黄永武博士主编之《敦煌宝藏》第48 册第195～198 页所收影印原件照片录于上，① 并参考了周一良、赵和平著《唐五代书仪研究》中《敦煌写本郑余庆〈大唐新定吉凶书仪〉残卷研究》一文所附的录文。②

该卷所录，依周一良、赵和平之说，为"记述元和、大和时据《假宁令》规定的年节假日，与《唐六典》所记间有不同"。关于二者的比较，元和、大和时，一年的休假日共 105天，其中节日 52 天，旬休 1 日共 36 天，授衣假 15 天（田假、探亲假、婚丧假在外）；与《唐六典》的不同处，开元时正月晦日，至德宗贞元中改为二月一日中和节，假一天；寒食通清明，开元时 4 天，元和时 7 天；开元时立秋、秋分二节各休假一日，写本《大唐新定吉凶书仪》无，疑其有漏；《大唐新定吉凶书

① 黄永武主编：《敦煌宝藏》，台湾新文丰出版公司印行，第48 册，第195～198 页。
② 周一良、赵和平著：《唐五代书仪研究》，中国社会科学出版社，1995，第185～187 页。

仪》多出玄元皇帝李耳（二月十五日）及文宗降诞日（即十月
十日庆成节）休假各一日，疑《唐六典》内《假宁令》没有加
入这两个节日，或许另有格敕。玄宗之八月五日降诞日，当时已
定为千秋节，玄元皇帝是李唐皇室的"名义"祖先，所以开元
时假日内应加入"八月五日"及"二月十五日"。① 其说可从。
惟玄元皇帝李耳降诞日，按《唐会要》卷八二《休假》，至天宝
五载方下敕休假，故《六典》不应有，详细说明见下；另，文
宗降诞日（即十月十日庆成节）休假之事，玄宗若不愿张扬自
己降诞日的话，也不应出现在《六典》之中，似应说明。再者，
《六典》有"八月十五日休假一日"而《大唐新定吉凶书仪》
无；《大唐新定吉凶书仪》有"其配使、徒役，亦免一日"而
《六典》无；《大唐新定吉凶书仪》有"十月十五日，下元，休
假一日"而《六典》无，估计是后来通过制敕增加者；冬至之
节无休假规定，《六典》如此，《大唐新定吉凶书仪》也同。另
外，像"宫观行道、设斋、役金龙"、"休假一日，行香"等活
动方式，《大唐新定吉凶书仪》有而《六典》无，也当是后来增
入者。

　　该卷确实引用了《假宁令》，如"《假宁令》元正日、冬至
日，右已上二大节，准《令》休假七日，前三、后四日"，已明
确标明为《假宁令》；从"正月七日至立冬日以前（即正月七
日、春秋二社、二月一日、二月八日、三月三日、四月八日、五
月五日、六月三伏日、七月七日、九月九日、十月一日、立春、
春分、立夏、〔立秋、秋分〕、立冬），准《令》休假各一日，其
夏至及冬〔至〕不在此限"，也是《假宁令》内容；"三元日"

---

① 周一良、赵和平著：《唐五代书仪研究》，中国社会科学出版社，1995，第168～169页。

中，"上元、中元，准《令》、《格》，各休假三日"，也已被标明不仅是《令》、且也是《格》中俱有的规定（下元日，似未被《令》、《格》所规定）。但该卷又未必全部是《假宁令》及格文。其未标明部分，即未必是。

再者，式文引用令文而作补充规定的情形，已见于唐式的《户部式》佚文（参见复原《户部式》第二十至第二十二条），其基本格式是在文中使用"依令"二字，后述补充规定。此处"准《令》、《格》"、"《假宁令》"、"准《令》"、"准敕"等字样，共出现 5 次，其中，"准《令》"出现两次。当也与前述《户部式》佚文有共同性。

南宋洪迈《容斋随笔·三笔》卷一六《敕令格式》曾云："今《假宁令》一门，实载于《格》，而公私文书行移，并名为'式假'，则非也。"这是宋代的情况，《假宁令》的内容，已完全被放置于《格》中了，让洪迈感觉名不副实。然而，"式假"之名，起于唐，洪迈未之深考其来历。唐人常说"准《式》给假"，《唐语林》卷八《补遗》："今俗，释服多用昏时，非礼也。……今之免服，准《式》给晦日假者……"，是其例。

关于上述诸假与节气的关系，其中有与农业生产紧密相关的自然节气，有的与节气相重叠，如清明、夏至、冬至等；有的与节气无关，如元日、上元、寒食、上巳、端午、七夕、中秋、重阳、岁除等；有的与农业生产或收获有显著的联系，如春秋两社；有的显然来自宗教的影响，如四月八日的浴佛节、七月十五日的中元节（又称盂兰盆节）；有的出自皇家的规定，如自唐玄宗起的每个皇帝诞辰规定为节，如玄宗八月五日为千秋节（后改为天长节）、肃宗的天平地成节，代宗的天兴节，文宗的庆成节，武宗的庆阳节，宣宗的寿昌节。①

以上《祠部新式》共分为 7 个大层次，并可分为 20 小类。现依顺序对各节及休假日数以及与令文关系逐一略述如下。

（1）三元日。三元，即三官：天官、地官、水官，为道教所奉之神。道教云天官赐福，地官赦罪，水官解厄。《唐六典》卷四祠部郎中员外郎条："（道士）斋有七名……其四曰三元斋（正月十五日天官，为上元；七月十五日地官，为中元；十月十五日水官，为下元，皆法身自忏愆罪焉。"按唐《假宁令》有正月十五日、七月十五日休假一日的规定，② 缺乏十月十五日休假规定。似在开元令甚至天宝令中不存在下元休假之事。③ 但这些制度陆续在变，《唐会要》卷八二《休假》载代宗大历四年七月十三日敕："七月十五日，前后各一日，宜准旧例休假。"则天宝后至代宗大历四年之前，曾有改变中元休假期限的事情发生过。否则，不会有"准旧例"的说法。

道教之中元，也是佛教节日。七月十五日，佛教称盂兰盆节。僧寺于该日举行盂兰盆会，该节与传说释迦弟子目连救母亲在地狱受苦有关。该日黄昏，又是僧自恣时节，佛教徒于每年安居期满之日举行检讨忏悔集会，故该日又称僧自恣日。

郑余庆《祠部新式》对开元以来《假宁令》的修改、补充，主要是如下几个方面：一是增加下元日休假一日的规定；二是加长了上元（中元前曾加至三日）休假日数，从一日增至三日；

---

① 参见程蔷、董乃斌著：《唐帝国的精神文明——民俗与文学》，中国社会科学出版社，1996，第 40 页。

② 见〔日〕仁井田陞著、栗劲等编译：《唐令拾遗·假宁令第二十九》复原第一条，长春出版社，1989，第 661 页。

③ 刘俊文著：《敦煌吐鲁番唐代法制文书考释》，中华书局，1989，第 359 页。按，《六典》祠部郎中员外郎条并列三元斋，开元二十二年十月十三日诏禁断三元日屠宰，不知为何《假宁令》不将下元日为节。诏见《唐会要》卷五〇《杂记》。

三是增加三元日皆于宫观行道、设斋的规定。三元行道、设斋，在唐朝是惯例，如《唐会要》卷五〇《杂记》载玄宗开元二十七年五月二十八日敕就明令："三元行道设斋，宜就开元观、寺"，但这类规定不存于《假宁令》中，很可能原来就是规定于《祠部式》中的。《祠部新式》极有可能是对旧式条文的再度申张。

（2）元正日、冬至日。《祠部新式》此段摘自《假宁令》，故直云"准《令》休假七日"，于旧令无所改。唯"前三后四"说法似不妥。《六典》卷二吏部郎中条注对七日在节前和节后的分配，未有明言。但敦煌发现的唐《职官表》云："元日、冬至并给七日（节前三日，节后三日）"，以本节当日算一天，前推三日并后推三日，通计七日。而"前三后四"的说法，"前三"明显以本节当日为单独一日，至"后四"却又将本节当日计算了进去，逻辑上不通，与下文的记日法也不类。又，日僧圆仁《入唐求法巡礼行记》卷一："开成四年（己未）当本国承和六年（己未）正月一日甲寅，是年日也。官俗三日休假，当寺有三日斋。"与此不同。

元日本义为吉日，从《东京赋》以来相沿以正月一日为元日。或称元正、元旦。法令中一般多称元日、元正。《祠部新式》用一定篇幅介绍正月一日为鸡日的来历，很明显，它们不是式文，是原著者或抄录者为说明节日来由附赘之语。类似的情形还有纪念介子推、成子安、屈原、贾谊、费长房等的节日来历说明。

（3）降诞日。玄元皇帝降诞日休假之事，开元《假宁令》尚无，故《六典》卷二吏部郎中条注不载，敦煌发现唐《职官表》引《假宁令》也无。按《唐会要》卷八二《休假》：天宝

"五载二月十三日，中书奏：'大圣祖以二月十五日降生，请同四月八日佛生之时，休假一日。'"①是李耳二月十五日降诞，至此始依佛生日例，得以休假日待之。既名为节，很可能被列入行香、设斋之列。四月八日佛生日为节，《唐六典》卷二吏部郎中条注中有之，休假一日。这属于国家祀典。道教一直尊李耳为始祖，在李唐王朝追奉老聃为祖、为帝尤其唐玄宗极度崇奉道教的政治气候下，李耳终得与佛陀并列，降诞日被承认为国家节日。②至于该日的正式节名，到了武宗会昌初才得命名。《唐会要》卷八二《休假》云："会昌元年二月敕：'二月十五日，元元皇帝降诞之日，宜为降圣节，休假一日'。"③

今上降诞日，即文宗李昂生日。前引《祠部新式》国忌日下附云："自大和元年今上帝登九五"，"大和"是文宗年号之一，表明该《祠部新式》抄录于文宗间。又，二降诞日准敕休假一日并行香，玄元皇帝降诞日休假及行香，可能沿自前朝制度，文宗降诞休假行香则非得有在位皇帝明敕。行香不同于行道，行香是官员参与的。

在位皇帝生日被立为节而休假、行香，在唐朝是渐渐发展起来的。据《唐会要》卷二九《节日》载，中宗神龙、睿宗景云间已有皇帝生日进奉之事出现，此见诸当时制敕者。至玄宗开元

① 《唐会要》卷五〇《杂记》略同，唯云："准《令》休假一日。"按李耳被追谥为帝较晚。高宗乾封元年三月二十日，追尊老君为太上元元皇帝；则天永昌元年，直称老君；中宗神龙元年二月四日，依旧号太上元元皇帝；玄宗天宝二年正月十五日，加太上元元皇帝号为大圣祖元元皇帝，天宝八载、十三载皆又加号。事俱见《唐会要》卷五〇《尊崇道教》。
② 不过，玄元皇帝庙于李耳降生日设斋，自开元二十五年十月二十七日敕后，即已连续进行。敕见《唐会要》卷五〇《杂记》。
③ 《册府元龟》卷五四《帝王部·尚黄老》："后唐明宗天成……三年正月，中书奏：《假宁令》：二月十五日，玄元皇帝降圣节，休假三日。准会昌元年二月敕，休假一日。伏请准近敕。"则此前该节曾著令，且休假日为三日。

十七年八月五日，左丞相源乾曜等上表，请以该日为千秋节，著于甲令，咸使休假，得到玄宗批准。天宝二年八月一日，刑部尚书萧炅等又请改千秋节为天长节，得到玄宗御准。该节休假日数，据《唐会要》卷八二《休假》载开元二十二年六月十七日禁约浪费敕要求"五日一（宴）会"、"余两日休假"，开元时休假达到七日，即节前三日、节后三日再加节日本日。后来才减降为三日休假，节日本日加节前、后各一日。

肃宗降诞日也有节名。乾元元年九月三日，以其生日为天平地成节，休假三日。此二节，到代宗即位初的宝应元年八月三日，将天长节的休假三日改为休假一日，节前一日、节后一日并停；九月一日，又将天平地成节同样改为休假一日。① 可见，在此前是二节并存的。

玄宗、肃宗之后，代宗、德宗、顺宗降诞日虽不立节名、未专置节，但皆休假。今存德宗贞元五年四月敕、宪宗永贞元年十二月制，可证当时降诞皆休假一日的情形。但代宗永泰元年，臣下曾奏请将代宗生日十月十二日定为天兴节，表奏不报，代宗未允其请。②

宪宗、穆宗、敬宗三帝生日也未立节名，但皆准故事休假一日。不过，宪宗时降诞休假有一大变化。元和二年二月，臣下以"元宗、肃宗、代宗、德宗、顺宗五圣，威灵在天已久，而当时庆诞犹存"，建议停废，得到允准。③ 至此，降诞休假唯及当朝皇帝而不溯及以往皇帝的制度，得以确立。这样才有文宗时《祠部新式》唯将玄元皇帝和今上降诞日作为节日规定的情形。

---

① 见《唐会要》卷二九《节日》、卷八二《休假》。
② 见《唐会要》卷二九《节日》、卷八二《休假》。
③ 见《唐会要》卷二九《节日》。

　　文宗降诞日（十月十日），经太和七年十月臣下奏准为庆成节、著于甲令之后，重开帝王生日专立节名风气。后来的武宗将其生日定为庆阳节（六月十一日），[①]"休假二日，著于《令》、《式》"；宣宗生日为寿昌节，"休假三日，永著《令》、《式》"；最后两个皇帝昭宗、哀帝生日也分别命名为嘉会节和乾和节。[②]大抵越往后，休假日数越多，"著令"也更变成"著于令、式"，设斋、行香、置宴，不唯京城，地方州府也得进行。文宗时《祠部新式》的适中，皆不存在了。

　　（4）寒食、清明。清明也称三月节，当公历的四月五日或六日，寒食在清明前一或二日，故寒食与清明多通计为假。开元《假宁令》与天宝制度，寒食通清明给假四日，见于《唐六典》卷二吏部郎中条注、敦煌发现唐《职官表》引《假宁令》。开元《假宁令》这一规定，似源于开元二十四年二月十一日敕，《唐会要》卷八二《休假》载该敕云："寒食、清明，四日为假"。至代宗大历十三年二月十五日，敕令"寒食通清明休假五日"；德宗贞元六年三月九日，又敕令"寒食、清明，宜准元日节，前后各给三日"，由四而五、由五而七，休假日数逐渐增多。文宗时《祠部新式》关于"寒食通清明，休假七日"，当是沿续了自德宗贞元六年以来通行的制度。单行敕被收纳入"式"这种法律形式当中。日本僧人圆仁《入唐求法巡礼行记》记录寒食假日云："寒食，从前已来，准《式》赐七日暇。"这表明自宪宗、文宗以来直至武宗，《祠部新式》之"寒食通清明休假七

----

① 武宗降诞日，据日僧圆仁《入唐求法巡礼行记》载，从会昌元年至四年，每年六月十一日皆于大内设降诞斋并行香，两街大德及道士御前论义；此前十五日，宫内诸司各赴诸寺，设斋献寿。见该书卷三、卷四各年度六月十一日条。
② 见《唐会要》卷二九《节日》。

日"规定，一直得到了奉行。

《祠部新式》对寒食禁火典故的追溯，也当为撰者郑余庆或抄录者所加，原式文未必有。此类源于小说家言的文公禁山、介子推抱树不出而烧死的演绎，也为最早记述子推事迹的《左传》、《吕氏春秋》、《史记》所不载。按《唐会要》卷二九《节日》载，唐代自玄宗天宝十载三月敕："自今以后，寒食并禁火三日"，此后禁火之令一直存在。

（5）腊日、夏至日。腊日为农历十二月初八，俗称腊八。《唐六典》卷二吏部郎中条注云："夏至及腊各三日。"敦煌发现唐《职官表》引《假宁令》："夏至、腊各三日（节前一日，节后一日）。"与本条《祠部新式》同。表明自开元以来的制度，一直没有变化。

（6）正月七日。《唐六典》卷二吏部郎中条注、敦煌发现唐《职官表》皆有"正月七日休假一日"内容，《祠部新式》盖沿自开元以来令制。《祠部新式》追述正月七日为人日，源自《初学记》卷四南朝梁宗懔《荆楚岁时记》及《北齐书》卷三十七《魏收传》所引用晋董勋《问礼俗》所云者，即从正月一日至七日分别为鸡、狗、猪、牛、马、羊、人日。

（7）春秋二社。即春社和秋社的合称。春社祭祀土地神以祈丰收，汉以后多于立春后第五个戊日举行；秋社于立秋后第五个戊日，农家收获已毕时，立社设祭，以酬土神。立社本为春日祈农之祭，汉以后因倡春祈秋报，故有秋社。春社、秋社的时间，适值春分、秋分前后。《唐六典》卷二吏部郎中条注："春秋二社，休假一日"，敦煌发现唐《职官表》同，说明这两个传统节日仍得到了国家祀典的认可。《祠部新式》明言春秋二社的休假日数为一日，表明仍沿续了开元令以来的制度。至其言

"春秋二社"为"后稷神也",按后稷为周之先祖,舜之农官,也有以后稷为农官名者。不论祭土神也好,祭农官神也罢,都反映传统农业社会祈求年丰仓足的愿望。

（8）二月一日。德宗时始立为节,故《六典》、敦煌《职官表》均无。《旧唐书》卷一三《德宗纪下》载贞元五年正月十一日敕:"自今宜以二月一日为中和节,以代正月晦日,备三令节数,内外官司休假一日。"《新唐书》卷一三九《李泌传》载其事"著令",也即著于法。按《唐六典》卷二吏部郎中条注、敦煌发现唐《职官表》引《假宁令》皆有"正月……晦日……休假一日"。晦日为农历每月的最后一日。开元以来皆以正月晦日为节。德宗以二月一日为节,以代正月晦日,实际是废除了正月晦日节,尽管二者只差一日。至文宗时《祠部新式》,仍沿用德宗之制。

（9）二月八日。《祠部新式》"二月八日,佛〔成〕道也",佛成道日,也有指农历腊月初八日者,与佛佗诞辰日（农历四月初八）、涅槃日（农历二月十五日）共为三大节。《祠部新式》当是依《长阿含经》之说。唐代二月八日各佛寺举行诵经法会,及供养佛牙、施舍僧侣等活动。其时休假一日,"举城赴来,礼拜供养"。

（10）三月三日。即上巳日。农历每月上旬的巳日皆为上巳,但三月上巳习为节日。三月三日风俗,水边执兰祓祭、水中洗濯,以驱除不祥。因于季春举行,故又称春禊。《唐六典》卷二吏部郎中条注、敦煌发现唐《职官表》引《假宁令》皆有"三月三日,休假一日"规定。《祠部新式》之三月三日休假一日,显系沿用旧令。唯其云三月三日来历,为成公绥游洛川会群贤、禊饮于金谷园之事。唐代上巳仍盛行春游禊饮。

（11）四月八日。《祠部新式》云:"四月八日,佛生日也。"按《唐六典》卷二吏部郎中条注有"四月八日，休假一日"记载，新式显然沿袭旧令。唯敦煌发现唐《职官表》引《假宁令》无此节，原因不详。佛诞日设斋并举行浴佛（灌顶）活动，唐时俗称浴佛节。佛诞日被列入祀典，表明佛教已在中国社会生活中扎下了根。斋会、休假，均表明其地位之高。

（12）五月五日。即端午节。《唐六典》卷二吏部郎中条注、敦煌发现唐《职官表》引《假宁令》皆有"五月五日，休假一日"规定，文宗时《祠部新式》显然沿用开元令制度。端午节来由及风俗，最广泛流传者为屈原投江事。《祠部新式》所录，即其大概。

（13）六月三伏日。《唐六典》卷二吏部郎中条："三伏日，休假一日"，敦煌发现唐《职官表》引《假宁令》："三伏，休假一日"，是《祠部新式》六月三伏日休假一日，系沿续开元令以来假休制度。

三伏也称伏天，是初伏（头伏）、中伏（二伏）、末伏（三伏）的总称。《初学记》卷四引《阴阳书》："从夏至后第三庚为初伏，第四庚为中伏，立秋后初庚为后伏，谓之三伏。"自入伏至出伏相当于阳历7月中旬至8月下旬。"六月三伏日"则专指阴历6月祭祀之日。

《祠部新式》所言三伏日来由，是民间流传最广之贾谊避三伏日的说法。至于所谓鸺鸟于六月三庚日飞来，销铄万物，损害于人，更是这一合理附会的神话解释。

（14）七月七日。即七夕节。宋高承《事物纪原》卷八《岁时风俗部·乞巧》云："吴均《续齐谐记》曰：桂阳成武丁有仙道，忽谓其弟曰：'七月七日，织女当渡河，暂诣牵牛。'至今云织女嫁牵牛。周处《风土记》曰：七夕洒扫于庭，施几筵，设酒果, 于河鼓、织女, 言二星神会, 乞富寿及子。《岁时记》曰: 七夕, 妇人以彩缕穿七孔针, 陈瓜花以乞巧。则七夕之乞巧, 自成武丁始也。"大抵汉以来就有乞巧及七夕相会之说。

《唐六典》卷二吏部郎中条、敦煌发现唐《职官表》引《假宁令》, 皆有"七月七日, 休假一日"规定, 《祠部新式》盖沿诸开元令之制, 而一切又皆源于民俗。

(15) 九月九日。即重阳节。古人以九为阳数, 九月而又九日, 故称重阳。重阳习俗, 据说先有佩茱萸、饮菊花酒, 另一习俗是登高。南朝梁吴均《续齐谐记》曰: "汉桓景随费长房学, 谓曰: '九月九日, 汝家当有灾厄, 急令家人作绢囊, 盛茱萸, 悬臂登高山, 饮菊花洒, 祸乃可消。'景率家人登山, 夕还, 鸡犬皆死。房曰: '此可以代人'"。① 《祠部新式》附述九月九日节来由, 大抵即《续齐谐记》之说。《唐六典》卷二吏部郎中条、敦煌发现唐《职官表》引《假宁令》, 皆载"九月九日, 休假一日"。《祠部新式》不过是沿用旧令制。

(16) 十月一日。《唐六典》卷二吏部郎中条、敦煌发现唐《职官表》所引《假宁令》皆有"十月一日, 休假一日"规定。《祠部新式》盖沿旧令。唯该节来由, 《祠部新式》云系秦昭王时, 以十月一日为元正日。按, 《史记》卷二六《历书第四》: "(秦) 自以为获水德之瑞, 更名河曰'德水', 而正以十月, 色上黑。"即以十月为岁首, 十月一日自然就是元正日了。而《史记》卷九六《张丞相传》、卷一二《孝武本纪》所载, 汉初张苍定律历, 以高祖十月至霸上, 仍沿袭秦之以十月为岁首之制。至汉武帝始改以正月为岁首。或可能正朔虽改, 其作为节日的资格

---

①　上引均见（宋）高承撰:《事物纪原》卷八《岁时风俗部第四二》。

却一直保留。在古代，改正朔、易服色，是较慎重的。

（17）立春、春分、立夏、夏至、立冬、冬至。即所谓"八节"中的六节。《唐六典》卷二吏部郎中条有"立春、春分、立秋、秋分、立夏、立冬，休假一日"规定，这是开元令制度。敦煌发现唐《职官表》引《假宁令》无此六节休假内容。《祠部新式》也无立秋、秋分休假之事。虽列六节，下文云："其夏至及冬至，不在此限"，实际只有立春、春分、立夏、立冬四节方允许休假各一日。与《六典》所载开元《假宁令》相比，缺少立秋、秋分二节休假，此不应解释为制度变化，记述错误的可能性很大。

按《祠部新式》在罗列立春、春分、立夏、夏至、立冬、冬至六节后云："各相去卅五日"。按农历诸节相隔日数计算，下列相邻诸节各相去 45 日，即：立春—春分—立夏—夏至—立秋—秋分—立冬—冬至。若缺少立秋与秋分，相互之间就难说"各相去卅五日"。我们以为，立秋、秋分二节休假各一日的规定，在《祠部新式》中很可能是存在的。

（18）旬假一日。《唐六典》卷二吏部郎中条："每旬并给休假一日"，敦煌发现唐《职官表》引《假宁令》："每月旬休假一日"，《祠部新式》沿此旧令，也规定："每旬各休假一日"。旬假无特别含义，只为调节紧张而设。故旬假在唐代往往是允许不视事的。《唐会要》卷八二《休假》载，高宗永徽三年二月十一日，帝以天下无虞、百司务简，下令"每至旬假，许不视事，以与百僚休沐"。玄宗开元二十五年正月七日敕："自今已后，百官每旬节休假，不入曹司。"天宝五载五月九日又敕："自今已后，每至旬假休假，中书门下及百官，并不须入朝，亦不须衙集。"则不唯皇帝不视事，百官也不入曹司，中枢官员也不必入朝及衙集。

（19）配使、徒役假。《祠部新式》云："其配使、徒役，亦免一日"，指免一日视事或入曹司，也即再给假一日。本假优给差出官吏，酬勤劳也。《唐六典》卷二吏部郎中条注、敦煌发现唐《职官表》引《假宁令》皆无此假，因属节假事，很可能规定于别条《假宁令》中，《祠部新式》不过是申明旧制。

（20）田假、授衣假。《唐六典》卷二吏部郎中条注云："五月给田假，九月给授衣假，为两番，各十五日"，敦煌发现唐《职官表》引《假宁令》曰："〔内〕外官五月、九月给假，田假、授衣假，分为两番，各十五日"，可见开元以来《假宁令》皆有官吏田假、授衣假制度。唯该令的初出时间，据《唐会要》卷八二《休假》载玄宗开元二十五年事："其年正月，内外官五月给田假，九月给授衣假，分为两番，各十五日。其田假，若风土异宜，种收不等，通随便给之"，似是新定初制，为此前所无。仁井田陞也以为，从《会要》文字可推断这些规定在开元二十四年、二十五年之前是不存在的。但由于日本《大宝令》、《养老令》皆有沿袭田假、授衣假的规定，故又将上述田衣假规定的存在年代按开元二十五年以前看待。[①]

《祠部新式》有关田衣假内容与开元以来《假宁令》相同。不论这些制度起于何时，新式袭用了旧令是不成问题的。

上述休假日反映了如下三个宏观性问题。

第一，唐代休假日的类别及其待征问题。二十类休假日大略可以分为节日假及事务假。除旬假、配使假、田衣假为事务假或至少是因事务而得之假外，其余均为节日假。节假之中，含有宗教甚至政治意义者，只有三元日、降诞日、二月八日、四月八日，其余皆因民俗。寒食、上巳、端午、重阳以及伏、腊，皆为

---

① 见〔日〕仁井田陞著、栗劲等编译：《唐令拾遗·假宁令第二十九》复原第一条，长春出版社，1989，第661页。

传统民风，以此休假，从民俗也；立春、春分等八节为二十四气中之大者，《周髀算经》下二注："二至者，寒暑之极；二分者，阴阳之和；四立者，生长收藏之始。"以此休假，顺时令也。故唐代休假日，是民风传统与农业社会重时令传统的混合产物。而民风之中，多包含着对各类先贤的纪念。

第二，《祠部新式》与《假宁令》关于诸节假日排列顺序及休假总日数问题。《祠部新式》沿《假宁令》体例，也将休假日分为两个组群。第一组群属重要节日，休假日多；第二组群属一般节日，休假日少。两个组群以正月七日为界限，正月七日前皆为一日以上休假，正月七日以后（包括七日）皆为休一日假，而且，两个组群大体皆按时间顺序排列诸节日。比如，正月七日前，《假宁令》有三组节假：元日与冬至，寒食并清明，八月十五日与夏至及腊日。第一组以元日为首，第二组以寒食为首，第三组以八月十五日或夏至（敦煌发现唐《职官表》无八月十五节假）为首，时间次序较明显。《祠部新式》正月七日前诸节假也遵循了这样的大致顺序：第一组三元日，以正月十五日为首；第二组元日、冬至，元日居先；第三组降诞日，以二月十五日居先；第四组寒食、清明，以寒食居先；第五组腊日、夏至，腊日居先，稍与《假宁令》有异。但各节除三元日外，均依时间顺序排列。三元日之被提到元日、冬至之前，是李唐王朝长期尊崇道教的结果。因为以时间顺次而言，三元日即使以最早的正月十五日而论，也在元日之后；以隆重而言，元正、冬至皆各休假七日，三元日则分别休假三日和一日。尊奉李耳为圣祖，终使道教三元日获得首要节日地位。

至于第二组群节假日顺序，正月十五、七月十五二节既被列入三元日，自应被提前，正月晦日既被取消，起而代之的是二月一日中和节；立春、春分等八节，按习惯一并叙列，排在其它节日之后。在这些方面，《祠部新式》对《假宁令》的改动不大，且均属自然、合理的改动。

关于开元《假宁令》的节假、旬假、事假总日数，日本著名学者池田温先生在其《东亚古代假宁制小考》一文中说："通观令条，每年假日，节假累计四六日，旬假一共三六日，田假及授衣假计二〔三〕○日，通计百十二日，已达全年三分之一弱，可见唐时假日之多。玄元降节及诸帝诞辰在其外。"① 此说甚是。唯春秋二社，应分为春社、秋社各一日，故应合计为 113 日。《祠部新式》休假总日数，共计 120 日。增加者有玄元皇帝降诞节、今上（即唐文宗）降诞节等。若抛除比较特殊的配使、徒役假二日，普通假日尚有 118 日，不仅比开元《假宁令》多，更比天宝《假宁令》的 103 日多。此间变化消息，各本条已详述，还可参见表3，此处不赘。

第三，关于《祠部新式》作为"式"这种法律形式及其与旧令的关系问题。《祠部新式》与旧令制联系至为密切，除明确标示"准令"者外，其余绝大部分皆可在开元以来《假宁令》中找到相同或类似规定。问题在于：令制既有规定，为何要在《新式》中重申一次？

无疑地，《祠部新式》是法律文件，它采用的是法律文体；除了其中追溯节日原委的附述故事及略嫌累赘的常识性解说外，标准的法律文书用语也颇多。如"右件某某，休假某日，""某某，不在此限"，"右从某某至某某，休假各一日"。而问题又在于：这样的《祠部新式》是律令格式之"式"？还是属于广义的

---

① O. Ikeda, Proceedings of the Conference on sino - korean Japanese Cultural Relations, April 24 ~ 30, 1983. TaiPei, Taiwan.

"新法"？唐《刑部式》规定："用'准式'者，格、敕、律、令皆是。"能否存在这样一种可能性：《新式》只是"新法"，而与狭义的法律形式之"式"无关？

这些问题的解决，涉及到唐代后期法制的频繁变化。变化的原因主要有二：一是在内容上必须经常变化者。如《祠部新式》前半部关于国忌日及相应的废务、行香、行道之事，因庙制迁袝须经常进行，故规定国忌日的《祠部式》不可能不变，须得经常删旧补新。这种随时变化，一般是通过发布制敕进行的。但不排除在适当时候通过大规模的集中立法全面解决或确认。《祠部新式》前半部关于国忌日的规定，应属于这种集中立法全面确认的例证，是对旧有的《祠部式》的大规模修改。二是在内容上不属须经常变动者，但需要将单行敕的内容在适当时期予以集中梳理确认，加入到保留下来的成法中去。《祠部新式》的后半部关于休假日规定，即属此类。

对单行制敕的确认，《祠部新式》中最明显的是对降诞日准敕休假的规定。二月一日中和节，是德宗贞元五年发敕定为节日的，也可理解为是对单行制敕的确认（目前尚看不到该敕文被著于令式的记载）。至于《祠部新式》对原有《假宁令》多项规定的确认，前已一一指出，此处不赘。

就这点而言，《祠部新式》是对旧令敕制所进行的集中梳理编排的产物。旧令被肯定，新敕被收纳，旧制新条，皆被收入《新式》范畴。而且，新式所采用的法源，有的也都标示的一清二楚。如"准令"，表明依据的是旧令；"准敕"，表明依据的是新敕。

问题当然还并不止此。休假日规定，以开元制度为例，是集中于《假宁令》的，属于令制。其后，陆续增补者，也都著于令。《旧唐书》卷一三二《王虔休传》："伏见开元中天长节，著于甲令。"表明确曾著令。《册府元龟》卷五四《帝王部·尚黄老》："后唐明宗天成……三年正月，中书奏：《假宁令》：二月十五日，玄元皇帝降圣节，休假三日"，说明始于玄宗天宝五载的这一节日，后来也被著令。但单纯著令制度，到了文宗时有了变化。《唐会要》卷二九《节日》载："太和……七年十月，中书门下奏：请以十月十日为庆成节，著于甲令"，而《册府元龟》卷二《帝王部·诞圣》记此事却云"著在令、式"。此后，武宗生日庆阳节"著于令、式"，宣宗生日寿昌节"永著令、式"；按《册府元龟》卷二《帝王部·诞圣》，甚至哀帝生日乾和节，也"依令、式，休假献贺"。由著令到著令式，表明节假或更广些的休假已不单纯载于令中，式中也有节假条文。故而，《祠部新式》载有旧有令文内容，就不是稀奇事了。

最后，关于《祠部新式》之类的专项立法能够存在的原因，在于它的方便、快捷和专门化。祠部司掌祠祀、国忌、道佛，皆与休假诸事有联系。以祠部司统一梳理旧令新条，既在其职掌范围内，操作起来也会方便、准确。因职掌所关，这种体制也影响到了宋朝。宋神宗元丰改制仿唐官制，当时的主客郎中庞元英《文昌杂录》卷一叙述其时节假、旬假时说："祠部休假"，表明当时休假的立法仍由祠部司主掌。①

又，节气与祭祀有较大关系。因本式在祭祀之式方面复原不够多，故附录与祭祀有关的节气资料于下，供参考。

参考

一、《唐会要》卷二三《缘祀裁制》：贞元十五年十二月一

---

① 池田温比较了唐宋休假制，以为："看由此等记事，比较唐制，可知已消失田假、授衣假（按：授衣假仍在，田假已不存），而颇增加皇帝诞辰节日。"此又时代及风俗变化使然。唐宋制差异，请参见《文昌杂录》卷一及池田上引文章。

日，太常卿齐抗等奏："每年大、中、小祀，都七十祭。其四立、二分、二至、腊、上辛、吉亥等日，盖为气节也；其后寅、后申、后亥、后丑等日，盖谓星次也。伏以气行有时刻，星位有次舍，或定用日，或定用辰，不可改移，请依旧制。"

二、《唐会要》卷二三《缘祀裁制》：正月一十二祭……二月十祭……四月十祭……五月四祭……六月四祭……七月八祭……八月八祭……九月二祭……十月十祭……十一月六祭……十二月六祭……。

三、《文昌杂录》卷一：祠部休假，岁凡七十有六日。元日、寒食、冬至各七日，是此三节最重。上元、夏至、中元、下元、腊各三日，是为次重节。立春、人日、中和节、春分、社、清明、上巳、立夏、端午、初伏、中伏、立秋、七夕、末伏、社、秋分、授衣、重阳、立冬各一日，是为再次重节。

附一：《祠部格》

一、《白氏六帖事类集》卷二六《僧》：度人格……又《祠部格》云：私家部曲、客、奴婢等，不得入道。如别敕许出家，后犯还俗者，追归旧主，各依本色也。

二、《白孔六帖》卷八九《僧》：《祠部格》：私家部曲、客、奴婢等，不得入道。如别敕许出家，后犯还俗者，追归旧主，各依本色。

附二：《格》

《唐律疏议》卷三《名例》除名比徒条疏议：依《格》：道士等辄著俗服者，还俗。

附三：《格》

《唐律疏议》卷三《名例》除名比徒条疏议：依《格》：道士等有历门教化者，百日苦使。

表 3　开元、天宝《假宁令》与《祠部新式》休假对照表

节假、旬假、事假名目		法源及休假日数		休假日分配			祠部新式原始法源及相应庆典	注
		假宁令	祠部新式	节前	节后	节本日		
元　日		7	7	3	3	1	令	
				3	4（包括节本日）			
冬　至		7	7	3	3	1	令	
				3	4（包括节本日）			
寒食、清明		4	7					
八月十五*		3		1	1	1		
夏　至		3	3	1	1	1		
腊		3	3	1	1	1		
正月七日		1	1					
正月十五日		1	3（上元）				令。行道、设斋	
晦日（正月三十日）		1						
春秋二社	春社	1	1					春社一日，秋社一日，共二日
	秋社	1	1					
二月一日*			1				敕（始于德宗）	代替晦日
二月八日		1	1					
二月十五日*			1				敕。行香	
三月三日		1	1					
四月八日*		1	1					
五月五日		1	1					
三伏日		1	1					
七月七日		1	1					
七月十五日		1	3（中元）				令。行道、设斋	

续表 3

节假、旬假、事假名目	法源及休假日数		休假日分配			祠部新式原始法源及相应庆典	注
	假宁令	祠部新式	节前	节后	节本日		
九月九日	1	1					
十月一日	1	1					
十月十日*		1				敕。行香	
十月十五日*		1（下元）				令。行道、设斋	
立 春*	1	1					
春 分*	1	1					
立 秋*	1						
秋 分*	1						
立 夏*	1	1					
立 冬*	1	1					
旬假（每旬一日）	36	36					
田 假	15	15					
授衣假	15	15					
配使假*		1					
徒役假*		1					
总 计	113	120					天宝《假宁令》休假共103日

注：*字号者，为天宝《假宁令》所无，下同。

膳部式第十一

（复原凡七条）

　　《唐六典》卷四膳部郎中员外郎条："膳部郎中、员外郎掌邦之牲豆、酒膳，辨其品数。"其下叙述其职掌与其他官署相连之事。其一，"凡郊祀天地、日月、星辰……在京、都者，用牛、羊、豕，涤养之数，省阅之仪，皆载于廪牺之职焉"；其二，"凡郊祀天地、日月、星辰……在京、都者，所用笾、豆……俎之数，鱼脯醢醯之味，石盐菜果之羞，并载于太官之职焉"；其三，"凡祀用尊、罍，所实之制，并载于良酝之职焉"；其四，"凡天下之珍异甘滋之物，多少之制，封检之宜，并载于尚食之职焉"；其五，"凡诸陵所有进献之馔，并载于陵令之职焉"。这是一种互见法式的记载，共涉及到五个官署。其中，廪牺署属于太常寺、太官署属于光禄寺、良酝署属于光禄寺、尚食局属于殿中省、陵令（诸陵署）属于太常寺，则所关涉到的官署主要是太常、光禄二寺与殿中省。《唐六典》卷四礼部尚书侍郎条所谓"礼部尚书、侍郎之职，掌天下礼仪、祠祭、燕飨、贡举之政令"之"燕飨"之事，就都包含在这里所述的膳部司事务中了。

　　这里，通过互见法所省略的，一是廪牺令掌荐牺牲及粢盛之事，包括祭祀牲、牢的分别，增加羊、豕数量，养护时间等；二是太官令掌供应膳食之事，包括各类祭祀的不同笾豆数量，以及笾充实石盐、鱼脯，豆充实俎醢等；三是良酝令掌国家祭祀五齐、三酒，包括祭祀时将五种齐、三种酒等分别倒入尊、罍等；四是尚食奉御的执掌天子之常膳、朝会大飨百官、赐王公以下及外国宾客食、诸陵月祭之事；五是诸陵的诸节日进馔及桥陵的每日进馔之事等。其中，所属太常、光禄者，可能是式文，因唐代有《太常式》、《光禄式》等专式。但属于殿中省的尚食职掌，就未必不是式文。比如，《全唐文》卷九七二《阙名·请准旧式赐食仪制奏》就云："唐朝《令》、《式》，南衙常参官文武百寮，每日朝退，于廊下赐食，谓之堂食"，此即尚食奉御所掌。殿中省无专式，如果这是式文的话，可以是《膳部式》文。

在此之后，《六典》又述及亲王以下及九品以上官员常食料（分三品以上、四品五品、六品以下和九品以上共三等）的供给，当是宴会时所用的标准。此外诸王以下并有小食料、午时粥料，又有设食料、设会料，以及节日食料。同时有"蕃客在馆设食料五等"，以及蕃客设食料、设会料等名目。

《通典》卷二三《职官五·礼部尚书》注言及膳部郎中的职掌为："掌饮膳、藏冰及食料。"按"饮膳"及"食料"，与《六典》同；惟"藏冰"之事不见载。《六典》藏冰之事在卷一九司农寺卿条（"季冬藏冰，祭司寒以黑牡黍"）及所属上林署令条（"凡季冬藏冰〔每岁藏一千段，方三尺，厚一尺五寸，所管州于山谷凿而取之〕，先立春三日纳之冰井"），并未言及与膳部郎中有何联系，待考。

复原诸条中的炊具、食具，当是《膳部式》。因为无论其是祭祀使用，还是用来供膳，抑或是由制造部门供给膳部司使用，都应当出现在膳部的职掌中。

一　〔开元〕　供奉酱一石，料：上豆黄五斗，曲米三斗，盐二斗
五升，黄蒸二斗五升，曲子米八合，木橦四分。上酱一石，料：
豆黄四斗，曲米、盐各二斗，黄蒸二斗，曲子米八合，木橦三
分九厘。（酱）次酱[①]一石，料：豆黄二斗八升，曲米、盐各一
斗八升，黄蒸一斗九升，木橦三分九厘。造官者。[②]

引据

《令集解》卷五《职员令·大膳职条》：主酱二人（掌造杂
酱〔伴云：《古记》云：问：杂字意。答：作酱有三等。案《开
元式》：供奉酱一石，料：上豆黄（以下与本文同）造官者（检
《古记》，无此文）〕、豉、未酱等事）。[③]

按

本条载在《令集解》卷五《大膳职》条下，当是引唐《膳
部式》。其引述方式，"主酱二人"为正文，"掌造杂酱、豉、未
酱等事"为其注；其"伴云：《古记》云：问：杂字意。答：作
酱有三等。案《开元式》：供奉酱一石云云"，又为"掌造杂酱"
四字之注。需要提及的一点是，日本同书校者在全文之"造官
者"下注云："检《古记》，无此文。"即校者所看到的《古记》，
无上引文字。特指出此内容，供读者参考。又本条明标《开元
式》，其年代又确定无疑。

又，《延喜式》卷三三《大膳下·造杂物法》条，显然是模
仿《开元式》的。见下引参考。

---

① "次酱"上之"酱"字，当衍。
② 《令集解》原书校者云："'造'，或当作'送'。"又，"'官者'，荻本作'宫内省'。"
③ 《新订增补国史大系·令集解》第1册，吉川弘文馆平成元年3月印本，第124页。参见
　〔日〕新美宽撰、铃木隆一补：《本邦残存典籍による辑佚资料集成（正续）》，京都大
　学人文科学研究所，1968，第52页。

参考

《延喜式》卷三三《大膳下·造杂物法》：供御酱，料：大豆三石，米一斗五升（糵料），糯米四升三合三勺二撮，小麦、酒各一斗五升，盐一石五斗，得一石五斗。用薪三百斤。但杂给料，除糯米、添酱料，酱滓一石，盐三斗五升，得六斗五升，用薪六十斤。未酱，料：酱大豆一石，米五升四合（糵料），小麦五升四合，酒八升，盐四斗，得一石。

二　〔开元〕　铁锅、食单各一。

引据

《倭名类聚抄》卷四、卷五：铁锅、食单各一（锅，音古禾反）。[1]

参考一

一、《唐六典》卷三户部郎中员外郎条：凡天下十道，任土所出而为贡、赋之差。……十曰岭南道……今……振……凡七十州焉。……厥贡……（……振州班布食单……）。

二、《元和郡县图志》卷三八《岭南道五》……武安州（武曲）……贡（朝霞布食单）。

三、《新唐书》卷四三上《地理七上》：振州……土贡……班布食单。……武安州……土贡：金、朝霞布。

参考二

《弘仁式贞観式逸文集成·弘仁主税式上断简》：凡诸国春秋释典，先圣、先师二座……国司以下学生以上，人别米、酒各

---

[1] 〔日〕新美宽撰、铃木隆一补：《本邦残存典籍による辑佚资料集成（正续）》，京都大学人文科学研究所，1968，第52页。

一升……明衣布衫四领（别二丈一尺），布裤四腰（别五尺五寸），食单十一枚（十枚别三尺八寸三分，一枚三尺八寸），其明衣以下破秽乃换。①

参考三

《唐六典》卷一六卫尉寺武库令条：器用之制有八……七曰铁盂（古谓之盂，盖今之铁锅也，为军中食器也），八曰水斗（今军中用斗以汲水）。

按

新美宽撰、铃木隆一补《本邦残存典籍による辑佚资料集成（正续）》，将本条确定为《开元式》；又，仁井田陞以为："《倭名抄》所引的唐式有唐《开元式》，而不见有其他年度的式，也可以把所引的唐式都看成《开元式》。"② 故将本条复原为《开元式》。

依据参考诸项所列之"食单"，可知其为地方所贡，因布料不同而有班布食单和朝霞布食单的不同。但在这里当是作为炊具、食具而使用的。应当是《膳部式》，无论其是祭祀，还是用来供膳。

自本条"铁锅、食单"开始，至下条"食刀、切机"、"大盘"、"饭碗、羹叠子"、"尚食局漆器，三年一换"等，似都属于尚食局供食之厨具范围；而尚食局属殿中省，殿中省无专式，故很可能它们应是《膳部式》内容。

在日本，食单在祭祀时被使用，参考二可为证明。

---

① 〔日〕虎尾俊哉著：《弘仁式贞观式逸文集成》，国书刊行会，平成4年12月版，第209页引。

② 〔日〕新美宽撰、铃木隆一补：《本邦残存典籍による辑佚资料集成（正续）》，京都大学人文科学研究所，1968，第53页；再，参见〔日〕仁井田陞著、栗劲等编译：《唐令拾遗·附录·序论》，长春出版社，1989，第879页。

再者，参考三可以为我们提供另一思路，即铁锅是供军的。有可能这些有关炊具、食具的规定，也是用来供军的。

三 〔开元〕 食刀、切机各一。

引据

《倭名类聚抄》卷五：《开元式》云：食刀、切机各一。[①]

按

新美宽撰、铃木隆一补《本邦残存典籍による辑佚资料集成（正续）》，言本条为“《倭名类聚抄》卷五有《开元式》”；又，仁井田陞以为：“《倭名抄》所引的唐式有唐《开元式》，而不见有其他年度的式，也可以把所引的唐式都看成《开元式》。”[②] 故将本条复原为《开元式》。

将本条拟定为《膳部式》的理由，参见上条按语。

四 〔开元〕 大盘。

引据

《倭名类聚抄》卷四：大盘。[③]

---

① 新美宽撰、铃木隆一补：《本邦残存典籍による辑佚资料集成（正续）》，京都大学人文科学研究所，1968，第52页。
② 〔日〕新美宽撰、铃木隆一补：《本邦残存典籍による辑佚资料集成（正续）》，京都大学人文科学研究所，1968，第53页；再，参见〔日〕仁井田陞著、栗劲等编译：《唐令拾遗·附录·序论》，长春出版社，1989，第879页。
③ 〔日〕新美宽撰、铃木隆一补：《本邦残存典籍による辑佚资料集成（正续）》，京都大学人文科学研究所，1968，第52页。

按

新美宽撰、铃木隆一补《本邦残存典籍による辑佚资料集成（正续）》，将本条确定为《开元式》；又，仁井田陞以为："《倭名抄》所引的唐式有唐《开元式》，而不见有其他年度的式，也可以把所引的唐式都看成《开元式》。"① 故将本条复原为《开元式》。

将本条拟定为《膳部式》的理由，参见第二条按语。

五　〔开元〕　饭碗、羹叠子各一。

引据

《倭名类聚抄》卷四：饭碗、羹叠子各一。②

按

新美宽撰、铃木隆一补《本邦残存典籍による辑佚资料集成（正续）》，将本条确定为《开元式》；又，仁井田陞以为："《倭名抄》所引的唐式有唐《开元式》，而不见有其他年度的式，也可以把所引的唐式都看成《开元式》。"③ 故将本条复原为《开元式》。

将本条拟定为《膳部式》的理由，参见第二条按语。

---

① 〔日〕新美宽撰、铃木隆一补：《本邦残存典籍による辑佚资料集成（正续）》，京都大学人文科学研究所，1968，第53页；再，参见〔日〕仁井田陞著、栗劲等编译：《唐令拾遗·附录·序论》，长春出版社，1989，第879页。

② 〔日〕新美宽撰、铃木隆一补：《本邦残存典籍による辑佚资料集成（正续）》，京都大学人文科学研究所，1968，第52页。

③ 〔日〕新美宽撰、铃木隆一补：《本邦残存典籍による辑佚资料集成（正续）》，京都大学人文科学研究所，1968，第53页；再，参见〔日〕仁井田陞著、栗劲等编译：《唐令拾遗·附录·序论》，长春出版社，1989，第879页。

六　〔开元〕　　尚食局漆器，三年一换；供每节料朱合等，五年
　　一换。

引据

《倭名类聚抄》卷四：尚食局漆器，三年一换；供每节料朱
合等，五年一换。[①]

按

新美宽撰、铃木隆一补《本邦残存典籍による辑佚资料集
成（正续）》，将本条确定为《开元式》；又，仁井田陞以为：
"《倭名抄》所引的唐式有唐《开元式》，而不见有其他年度的
式，也可以把所引的唐式都看成《开元式》。"[②]故将本条复原为
《开元式》。

将本条拟定为《膳部式》的理由，参见第二条按语。

七　凡亲王已下常食料各有差（每日细白米二升，粳米、粱米
　　各一斗五升，粉一升，油五升，盐一升半，醋二升，蜜三
　　合，粟一斗，梨七颗，苏一合，干枣一升，木橦十根，炭十
　　斤，葱韭豉蒜姜椒之类，各有差……）。
　　　三品已上常食料九盘：每日……
　　　四品五品常食料七盘：每日……
　　　六品已下九品已上常食料五盘：每日……

---

① 〔日〕新美宽撰、铃木隆一补：《本邦残存典籍による辑佚资料集成（正续）》，京都大
　学人文科学研究所，1968，第52页。
② 〔日〕新美宽撰、铃木隆一补：《本邦残存典籍による辑佚资料集成（正续）》，京都大
　学人文科学研究所，1968，第53页；再，参见〔日〕仁井田陞著、栗劲等编译：《唐令
　拾遗·附录·序论》，长春出版社，1989，第879页。

引据

一、《唐六典》卷四膳部郎中员外郎条：凡亲王已下常食料各有差（每日细白米二升，粳米粱米各一斗五升，粉一升，油五升，盐一升半，醋二升，蜜三合，粟一斗，梨七颗，苏一合，干枣一升，木橦十根，炭十斤，葱韭豉蒜姜椒之类，各有差……）。

三品已上常食料九盘：每日……

四品、五品常食料七盘：每日……

六品已下、九品已上常食料五盘：每日……

二、《延喜式》卷三二《大膳上·新嘗（祭）》：宴会杂给。亲王以下、三位已上并四位参议：人别饼料粳米、糯米各八合，糯糒三合……油一合……酱二合，盐四合，豉一勺……橘子十颗。

四位五位并命妇：人别……

按

《延喜式》卷三二所载为模仿《唐六典》卷四膳部郎中员外郎条的规定。《六典》在膳部郎中员外郎条下，用了较大篇幅，专门介绍了各种食料，其文当是《膳部式》。这也被日本所模仿。日本式与之所不同者，只是供料范围的宽窄、供料品种及数量的多寡而已。这些又都是模仿所允许的。

主客式第十二

（复原凡八条，附格文一条）

　　《唐六典》卷四主客郎中员外郎条："主客郎中、员外郎掌二王后及诸蕃朝聘之事。"其下记述"二王后"之隋室杨氏酅公、周室宇文氏介公，及与唐朝有往来的诸蕃七十余国之名（如日本、新罗、大食、波斯等）。并云："其朝贡之仪，享燕之数，高下之等，往来之命，皆载于鸿胪之职焉。"这后一项，也是一种互见法的记载方式。

　　《六典》该条记述甚为简略。《通典》卷二三《职官五·礼部尚书》注言及主客郎中的职掌为："掌二王后及诸蕃朝聘"，也没有超出《六典》。而《通典》卷二六《职官八·鸿胪卿》所载"大唐为典客署，置令、丞各一人，掌二王后、蕃客辞见、宴接、送迎及在国夷狄"，倒可以与《六典》鸿胪寺条相印证。在唐代，掌理二王后及诸蕃之事的机构，行政指导及政令发布在主客司，事务则在鸿胪寺，二者关系至为密切。因唐式中未为鸿胪寺专设篇章，故鸿胪寺职掌在理论上应规定于《主客式》中。

　　按《唐六典》卷一八鸿胪寺卿条："鸿胪卿之职，掌宾客及凶仪之事，领典客、司仪二署"。其中"典客"之事为"凡四方夷狄君长朝见者，辨其等位，以宾待之。凡二王之后及夷狄君长之子袭官爵者，皆辨其嫡庶，详其可否，以上尚书。"

又，同上典客署令条又云："典客令掌二王后介公、酅公之版籍，及东夷、西戎、南蛮、北狄归化在蕃者之名数，丞为之贰。凡朝贡、宴享、送迎预焉，皆辨其等位而供其职事。凡酋渠首领朝见者，则馆而以礼供之。若疾病，所司遣医人给以汤药。若身亡，使主、副及第三等已上官奏闻。其丧事所须，所司量给；欲还蕃者，则给辇递至境。诸蕃使主、副五品已上给帐、毡、席，六品已下给幕及食料。"

是鸿胪寺有照料二王后有关事务之责，又有全程接待诸蕃朝见、各种供给以及世袭官爵等事务。今所复原者，有二王后四时享庙之事，禁止唐朝官民与在入朝路途中的蕃客言谈规定，[①] 供给入朝诸蕃帐幕、鞍鞯、鞦辔等事，少府监制造鸿胪蕃客等器皿、油单及杂物规定，御史按察供给鸿胪诸蕃官客食事项，鸿胪寺酬答蕃夷进献物规定，商旅身死的财物纳官及识认酬还规定，蕃客及使蕃人宿卫子弟依乡法烧葬问题等。

一〔主客〕　　诸二王后，每年四时享庙。牲牢调度、祭服、祭器，一切并官给。其帷帐、几案阙，亦官给。主司四时省问。

引据

《白氏六帖事类集》卷二一《二王后九〇》：二王后祭《式》（《主客式》：二王后，每年四时享庙（以下与本文同）。

按

二王后，即唐以前北周、隋二朝帝室后裔封公者。《唐律疏议》卷一《名例》八议条"议宾"注："谓承先代之后为国宾者。"疏议曰："《书》云：'虞宾在位，群后德让。'《诗》曰：'有客有客，亦白其马。'《礼》云：'天子存二代之后，犹尊贤也。'昔武王克商，封夏后氏之后于杞，封殷氏之后于宋，若今周后介公、隋后酅公，并为国宾者。"《唐六典》卷四主客郎中员外郎条："主客郎中、员外郎掌二王后及诸蕃朝聘之事。二王之后：酅公（隋室杨氏），介公（周室宇文氏）。"

又，《唐六典》卷一八典客署令条，"二王后介公、酅公之版籍"，由典客署主掌；"二王之后……之子袭官爵者"，由鸿胪寺（实际是其下属机构典客署）"辨其嫡庶，详其可否，以上尚书"。此处之"尚书"即指尚书省之主客司。

参考

《唐语林》卷五《补遗》：天宝中，上书言事者，多为诡异，以冀进用。有崔昌采勃旧说，遂以上闻，上纳焉。下诏以唐承汉，自隋以前，历代帝王皆屏黜，更以周、汉为二王后。是岁，礼部试"土德惟新赋"，即其事也。及杨国忠秉政，自以为隋氏之宗，乃追贬崔昌并当时议者，而复酅、介二公焉。

二 〔主客〕 诸蕃客入朝，于在路不得与客交杂，亦不得令客与人言语。州、县官人若无事，亦不得与客相见。

引据

一、《唐律疏议》卷八《卫禁》越度缘边关塞条疏：又准《主客式》：蕃客入朝（以下与本文同）。

二、《延喜式》卷二一《玄蕃寮·诸蕃》：凡诸蕃使人，将国信物应入京者，待领客使到，其所须驮夫者，领客使委路次国、郡，量献物多少及客随身衣物，准给迎送。仍令国别国司一人，部领人夫防援过境。其在路不得与客交杂，亦不得令客与人言语。所经国、郡官人若无事，亦不须与客相见。停宿之处，勿听客浪出入。自余杂物不须入京者，便留当处库，还日出与。其往还在路所须驮夫等，不得令致非理劳苦。

按

日本《延喜式》明显沿用了唐式文字，此日本式吸收唐式之一证。

附《格》：

《唐律疏议》卷八《卫禁》越度缘边关塞条疏议：准别《格》：诸蕃人所娶得汉妇女为妻妾，并不得将还蕃内。

三 〔开元〕 诸蕃入朝，调度帐幕、鞍鞯、鞦辔，量事供给。

引据

一、《倭名类聚抄》卷六：诸蕃入朝，调度帐幕、鞍鞯、鞦辔，量事供给（鞦音秋）。[1]

二、《唐六典》卷一八鸿胪寺典客署令条：诸蕃使主、副五品已上给帐、毡、席，六品已下给幕及食料。

---

[1] 〔日〕新美宽撰、铃木隆一补：《本邦残存典籍による辑佚资料集成（正续）》，京都大学人文科学研究所，1968，第53页。

按

《唐六典》给帐、给幕，分别为二事；《倭名类聚抄》帐、幕为一事。或前者是唐式中更为具体化的规定。

四　〔开元〕　鸿胪蕃客等器皿、油单及杂物，并令少府监支造。

引据

《倭名类聚抄》卷五（仁井田陞引作那波本卷十四、狩谷本卷六）：《唐式》云：鸿胪蕃客等器皿（以下与本文同）。①

按

本条系"鸿胪蕃客"所需物规定，应是《主客式》。但因其职掌在少府监，或可能是《少府式》。

五　诸季支主宾格（客）② 鸿胪诸蕃官客食，宜令御史按察。有供给不如法，随事纠弹。

引据

《白氏六帖事类集》卷一一《聘八》：蕃客（准《式》：季支主宾格（客）鸿胪诸蕃官客食（以下与本文同）。

---

① 〔日〕新美宽撰、铃木隆一补：《本邦残存典籍による辑佚资料集成（正续）》，京都大学人文科学研究所，1968，第52~53页。〔日〕仁井田陞著、栗劲等编译：《唐令拾遗·附录·序论》，长春出版社，1989，第879页。但仁井田陞在标明"《唐式》云"的同时，将该条写为出自"那波本卷十四、狩谷本卷六"，与此处所标卷五不同。
② "宾"，疑衍；"格"，疑为"客"之误。实际上，"格"因"宾"之衍而误。原文应是"主客、鸿胪"。

参考

一、《唐六典》卷四膳部郎中员外郎条：蕃客在馆设食料五等。蕃客设食料，蕃客设会料，各有等差焉。

二、《唐六典》卷一八鸿胪寺典客署令条：凡酋渠首领朝见者，则馆而以礼供之（三品已上准第三等，四品、五品准第四等，六品已下准第五等。其无官品者，大酋渠首领准第四等，小酋渠首领准第五等。）

按

《六典》卷一八典客署令条之"馆而以礼供之"，即是"鸿胪诸蕃官客食"的供应标准问题。《六典》卷四膳部郎中员外郎条云："蕃客在馆设食料五等"，与卷一八之"准第三等"、"准第四等"、"准第五等"来看，当时确实是"馆设食料五等"，只是一般不给予第一等、第二等而已。又按式文，此类客食，是以季度来支给的。

另外，《六典》卷一八鸿胪寺典客署令条又有："诸蕃使主、副五品已上给帐、毡、席，六品已下给幕及食料。"知此"食料"为第五等者。

六〔主客〕　　诸蕃夷进献，若诸色无估价物，鸿胪寺量之酬答。

引据

一、《白氏六帖事类集》卷二二《蛮夷贡赋二六》：蕃夷进献《式》（《主客式》：诸蕃夷进献〔以下与本文同〕）。

二、《唐六典》卷一八鸿胪寺典客署令条注：若诸蕃献药物、滋味之属，入境州县与蕃使苞苴封印，付客及使，具其名数牒寺。寺司勘讫，牒少府监及市，各一官领识物人定价，量事奏送；仍牒中书，具客所将献物。应须引见、宴劳，别听进止。

按

《白氏六帖事类集》的"蕃夷进献"，"鸿胪寺量之酬答"，只是《六典》"量事奏送"的大意文字。但《白帖》所谓"若诸色无估价物"，又与《六典》之"领识物人定价"不同。一为无价，一为有价，未知二者何以区别。

七　〔主客〕　诸商旅身死，勘问无家人亲属者，所有财物，随便纳官，仍具状申省。在后有识认，勘当灼然是其父兄子弟等，依数却酬还。

引据

《宋刑统》卷一二《户婚》死商钱物门附：〔准〕《主客式》：诸商旅身死，勘问无家人亲属者（以下与本文同）。

按

此处之"商旅"，指蕃客之客商；"申省"，即申报到尚书省礼部之主客司。

八　〔主客〕　诸蕃客及使蕃人宿卫子弟，欲依乡法烧葬者，听。缘葬所须亦官给。

引据

《宋刑统》卷一八《贼盗》残害死尸门附：〔准〕《主客式》：诸蕃客及使蕃人宿卫子弟（以下与本文同）。

参考

《唐六典》卷一八鸿胪寺典客署令条：（蕃客）若身亡，使主、副及第三等已上官奏闻。其丧事所须，所司量给；欲还蕃者，则给辇递至境（首领第四等已下不奏闻，但差车、牛送至墓所）。

按

《六典》卷一八鸿胪寺典客署令条所载，与本条式文相关。

兵部式第十三

（复原凡五条，附《兵部格》十一条）

《唐六典》卷五兵部尚书侍郎条："兵部尚书、侍郎之职，掌天下军卫武官选授之政令。凡军师卒戍之籍，山川要害之图，厩牧甲仗之数，悉以咨之。其属有四：一曰兵部，二曰职方，三曰驾部，四曰库部，尚书、侍郎总其职务而奉行其制命。凡中外百司之事，由于所属，咸质正焉。"其中，"山川要害之图"属职方，"厩牧"属驾部，"甲仗"属库部，兵部头司之兵部司所管为"军师卒戍之籍"以及更重要的"天下军卫武官选授之政令"。

《六典》同上记载了兵部司二郎中、二员外郎的职掌。郎中之一"掌考武官之勋禄品命"，其中，武官之"品命"即武散官制度，自从一品的骠骑大将军至从九品下的陪戎副尉，"以二十有九阶承而叙焉"；各类宿卫人宿卫番上办法，勋官等数及番上办法，三卫简选及番上办法，王公以下配给侍从（亲事、帐内等色役）；卫士简点及番上办法，卫士征戍、镇防之法等。《六典》特别指出，有关天下之594个军府（分上中下三等），都记载于诸卫之职；勋官十二等制度，也记载于司勋之职，这两事都与兵部司有关，但未记载于兵部司职掌下。

另一郎中"掌判簿"，主要是"总军戎差遣之名数"。包括

8 个节度使所管辖之都督都护府、经略使、州、军等，诸军、镇官员及官曹设置，军镇大使、副使供给侍从（僚人、别奏等色役，如同防阁、庶仆、白直、士力分别是为京司文武职事官、公主、州县官员、亲王府属等提供驱使的色役），车驾在西京时，东都置使统南北屯营之事，大将出征及大捷告庙①等事。

员外郎两人，一人"掌贡举及诸杂请之事"，贡举即武举之应举与岁贡，员外郎掌其举试之"科第之优劣"；②"诸杂请"主要是"勋、获之等级"，即军士战功之等级。另一员外郎"掌选院（南曹）"，主要核实选人的解官状书、资历、考课情况等，为兵部铨选（尚书、侍郎主持）作准备。

《通典》卷二三《职官五·兵部尚书》注言及兵部郎中的职掌为"掌与侍郎同"，而侍郎的职掌，是"掌署武职、武勋官、三卫及兵士以上簿书，朝集、禄赐、假告、使差、发配，亲士（事）帐内考核，及给武职告身"，这当然也是兵部司的职掌。其中，"署武职"即"武散官制度，自从一品的骠骑大将军至从九品下的陪戎副尉之武官品命"，"武勋官"即"勋官等数及番上办法"，"三卫及兵士以上簿书"即"三卫简选及番上办法"，"发配"即"卫士征戍、镇防之法"，"亲士（事）帐内考核"即"王公以下配给侍从（亲事、帐内等色役）"，这些大抵属于第一个郎中所掌；至于"使差"，为另一郎中所掌的"总军戎差遣之名数"。其余诸项如"朝集"、"禄赐"等，虽《六典》未

---

① 按《唐会要》卷九六《契丹》载："开元……二十二年六月，幽州节度使张守珪大破之，遣使献捷。敕曰：'今具凯旋，敢不以献，宜择日告九庙，所司准《式》。'"似式中有告庙献捷制度。

② 按《唐会要》卷五九《尚书省诸司下·兵部侍郎》载："元和三年五月，兵部奏：'伏准贞元十四年九月敕：乡贡举人权停者。伏以取士之方，文武并用。举选之制，国朝旧章。……入仕者必先贡举……其乡贡举恐须准《式》却置。'敕旨：依奏。"似唐式中有武举之事。

列，但大体也属于兵部司职掌。

今所复原者，有关于军功之酬给勋官以及叙给职事官问题（并附录相应《兵部格》），有折冲、果毅、卫士等从行身死的赙物及灵榇递送还府、还家规定，有诸军每年给赐、兵赐来源等规定，有折冲府校阅的断文，有获得敌方及阑遗器仗等的申报及纳库规定等。

一　〔兵部〕　诸叙功，计杀获及输失数。若输多，除跳荡①及斩将外，自余并节级酬勋，不在与官放选限。

引据

《白氏六帖事类集》卷一四《功二七》：兵部叙录《格》（……《兵部式》：叙功，计杀获及输失数〔以下与本文同〕）。

参考

一、《唐会要》卷三九《定格令》：景龙三年八月九日敕：应酬功赏，须依《格》、《式》；《格》、《式》无文，然始比例。其制敕不言"自今以后，永为常式"者，不得攀引为例。

二、《唐会要》卷五四《省号上·中书省》：景龙三年八月九日敕：应酬功赏赐，须依《格》、《式》；《格》、《式》无文，然后比例。其制敕不言"自今已后"及"永为常式"者，不得攀引为例。

按

本条顺序当居《兵部式》稍后些。内容为概括叙功考虑因

---

① 跳荡，谓临战前以突袭破敌。《新唐书》卷四六《百官志一》吏部司勋郎中："矢石未交，陷坚突众，敌因而败者，曰跳荡。"又，卷一五五《浑瑊传》："瑊年十一，善骑射……立跳荡功。"

素，且重心在讲输失问题。参考项表明，唐代有关军功之赏赐，确实在《格》、《式》中规定。故将《白氏六帖事类集》、《全唐文》、《通典》中有关唐代《兵部格》及《开元格》诸条附列于后。《兵部格》中有与官放选诸规定，及酬勋方式，与上述式文相近。同时，《六典》注中也有类似格文的规定，"跳荡"、"降功"定义，《六典》注文曾释之，尤其"勋获之等级"项下注文，应全部是《兵部格》文。可知，《六典》中不仅有令、式，也有格。

附一：《兵部格》

一、《白氏六帖事类集》卷一四《功二七》：兵部叙录《格》（跳荡先锋、挺入陶坚者，为一等；陈（阵）万人、杀十人，土（上）资加两阶，优与处分。三品、五品不限官考、资次。[①]）

二、《通典》卷一四八《兵一·兵序》注：按《兵部格》：破敌战功，各有差等，其授官千才一二。[②]

附二：《开元格》

一、《全唐文》卷七〇三《李德裕·请准兵部依开元二年〈军功格〉置跳荡及第一第二功状》：《开元格》：临阵对寇，矢石未交，先锋挺入，陷坚突众，贼徒因而破败者，为跳荡。

右，开元中酬跳荡功，止于武官及勋，比今日流例，即事校簿，其立跳荡功与格文相当者，不问军将、官键、白身，便望授监察御史。如已是御史者，超两资授宪官；已至常侍、大夫者，临时别望优与处分。其先锋第一功，如有官者，便授检校将军卿监；累官至宾客者，即授御史。其第二功，无官者授（一作擢）检校少卿监及中郎将；累官至宾客者，即与御史。

---

① "资次"二字互倒，应为下文，疑误抄上接。
② 参见（清）沈家本撰：《历代刑法考》第2册，中华书局，1985，第946页。

《开元格》：跳荡功破贼阵不满万人，所叙不得过十人；若万人以上，每一千人听加一人。其先锋第一功，所叙不得过二十人；第二功，所叙不得过四十人。

右，三等立功人数，请依《开元格》收叙，如过此数，并望落下。

《开元格》：招得一万人已上，其头首一人准跳荡功例；一千人已上，准第一等例；贼数不满千人，量差等处分。

右，若依旧《格》，难有此例。今望招得一千人，便准跳荡例。五百人准第一等例；五百人以下节级处分。

《开元格》：每获一生，酬获人绢十匹。

右，缘并无军将、官键等第，稍似不备。今请获贼都头，赏绢三百匹；获正兵马使，赏绢一百五十匹；获副兵马使、都虞候，赏绢一百匹；都虞候以上，仍并别酬官爵。如是官键，仍优与职名。获贼十将，赏绢七十匹；获贼副将，赏绢三十匹；获贼赤头郎及刘稹新召宅内突将，赏绢十匹；获贼长行，赏绢三匹。如是土团练乡夫之类，不在此例。每获生口，便望令所获人对中使点勘上历，不得令有虚妄。其赏给时，亦望令中使自对面分付。

以前件《开元格》如前，臣等商量，缘比来大阵酬赏，只是十将以上得官，其副将已上至长行，并无甄录。今但与《格》文相当，即便酬官，所冀尽沾渥泽。又缘每阵获生，并有优赏，今据开元旧《格》等级加恩，如此则颁赏有名，人心知劝。如蒙允许，望各赐诏，仍封赏格，令榜示三军，未审可否。

二、《唐六典》卷五兵部员外郎条：员外郎一人掌贡举及诸杂请之事。……其科第之优劣，勋、获之等级（谓军士战功之等级。若牢城苦战，第一等酬勋三转，第二、第三等，差减一转。凡破城阵，以少击多为上阵，数略相当为中阵，以多击少为下阵，转倍以上为多少。常据贼数以十分率之，杀获四分已上为上获，二分已上为中获，一分已上为下获。凡上阵上获第一等，酬勋五转；上阵中获、中阵上获第一等，酬勋四转；上阵下获、中阵中获、下阵上获第一等，酬勋三转，其第二、第三等，各递降一转；中阵下获、下阵中获第一等，酬勋两转，第二、第三等并下阵下获，各酬勋一转。其虽破城阵，杀获不成分者，三等阵各酬勋一转。其跳荡、降功不在限。

凡临阵对寇，矢石未交，先锋挺入，贼徒因而破者，为跳荡；其次，先锋受降者，为降功。

凡酬功者，见任、前资常选为上资；文武散官、卫官、勋官五品已上，为次资；五品子孙、上柱国柱国子、勋官六品已下、诸色有番考人，为下资；白丁、卫士、杂色人，为无资。

凡跳荡人，上资加两阶，即优与处分，应入三品、五品，不限官考；次资即优与处分，下资优与处分；无资稍优与处分。其殊功第一等，上资加一阶，优与处分，应入三品、五品，减四考；次资优与处分；下资稍优与处分；无资放选。殊功第二等，上资优与处分；次资稍优与处分；下资放选；无资，常勋外加三转。殊功第三等，上资稍优与处分，次资放选，下资应简日放选，无资常勋外加两转。若破国王胜，事愈常格，或斩将搴旗，功效尤异，虽不合格，并委军将临时录奏）。

二〔兵部〕　诸从行身死，折冲赙物三十段，果毅二十段，别将十段，并造灵轝，递送还府。队副以上，各给绢两匹，卫士给绢一匹，充殓衣，仍并给棺，令递送还家。

引据

《唐律疏议》卷二六《杂律》从征从行身死不送还乡条疏议：准《兵部式》：从行身死，（以下与本文同）。

参考

一、《唐律疏议》卷二六《杂律》从征从行身死不送还乡条疏议：《军防令》："征行卫士以上，身死行军，具录随身资财及尸，付本府人将还。无本府人者，付随近州县递送。"

二、《令义解》卷五《军防令》行军兵士条：凡行军，兵士以上，若有身病及死者，行军具录随身资财，付本乡人将还（谓若病困薦，不能将还者，便付路次国、郡，准丁匠存养，其身死者，告本贯，若无便告，及资财有余者，申送兵部也）。其尸者，当处烧埋（谓若死亡者在路次，应得家人迎接者，亦须准丁匠也）。但副将军以上，将还本土（谓不付本乡人，而专使将还之）。①

按

"从行"，《唐律疏议》同上释作"谓从车驾行及从东宫行"，即扈从皇帝及皇太子出行，与"从征"之"从军征讨"有别。二事常被连用，如"征、行卫士"、"征、行人"等。

三　〔兵部〕　诸给赐者，用所在官库，丝、布相兼。其军每年得赐者，不在别给时服限。其赐，每年随庸调预支。

引据

《白氏六帖事类集》卷一六《军资粮一》：衣赐式（《兵部式》：给赐者〔以下与本文同〕）。

---

① 《新订增补国史大系·令义解》，吉川弘文馆，昭和63年11月印行，第193～194页。

按

参见复原《度支式第十》第一条。

又，本条与下条抄录在一处，在"衣赐式《兵部式》"下，先录本条，后接下条。因考虑下条首字为"诸"字，故中间断开，各作一条。

四〔兵部〕　**诸应有知发军处，所司与兵部计会，量支当年庸调及脚价，留本州，便充兵赐。**

引据

《白氏六帖事类集》卷一六《军资粮一》：衣赐式（《兵部式》：诸应有知发军处，〔以下与本文同〕）。

附《仓部格》：

《白氏六帖事类集》卷一六《军资粮一》：《军粮格》（《仓部格》：诸处不得擅用兵赐及军粮。纵令要用，亦须递表奏闻）。

按

参见复原《度支式第十》第一条。

又，本条与上条抄录在一处，考虑句首有"诸"字，故各作一条。

五　**折冲府校阅不到，准违《式》罪。〇若未从军，从违《式》法。**

引据

一、《唐律疏议》卷一六《擅兴》校阅违期条疏议：其折冲府校阅，在《式》有文，不到者，各准"违式"之罪。

二、《唐律疏议》卷一六《擅兴》乏军兴条疏议：若未从军，尚容求宽，即从"违《式》"法。

按

本条应系式之节文，并当是《兵部式》。

附《开元兵部选格》：

敦煌出土《开元兵部选格》断片（P. 4978）

〈前缺〉

节度管内诸军健儿，其中所有勋官☐诸色有资劳人及前资常选☐☐劳考，每年为申牒所田（由），并先在军经☐☐已上，有柱国、上柱国勋者，准勋官☐满☐听简试。十五年已上者，授武散官。两个上柱国已上者，放选。各于当色量减次上定留放。其中有先立战功，得上柱国勋，长征☐☐军由分明者，免简听选。余依本条。

一、准《兵部格后敕》：同、☐☐☐☐等州，简充结二万人数者，其中有得劳番考人☐免，并申所司，准式合承，选日任依常例。

一、准《兵部格》：诸色有番考资☐人，身供☐☐者，初至年及去军年，经三个月已上，折成一年劳。中间每年与一年，不得累折。

一、准开元七年十月廿六日敕：上柱国及柱国子年廿一已上，每年征资一千五百文，准本色宿卫人，至八年满听简。其及第者，随文武☐①

---

① 敦煌《开元兵部选格》断片，编号 P. 4978，现藏法国巴黎国立图书馆，转引自刘俊文著：《敦煌吐鲁番唐代法制文书考释》，中华书局，1989，第 301～302 页。

〈后缺〉

按

因在已复原式文中没有与此格文相近者，故将其附于此处。

刘俊文以为该断片内容既系兵部武举事（包括选人资格、选授年限及劳考进叙等），应为唐《兵部选格》，引《通典》卷一五《选举·历代制（大唐）》及《新唐书》卷四五《选举志》所载颁布选格事以证之。并据其中所具时间，将其确定为《开元兵部选格》。

唐代每年五月颁布选格、选人应格参选之制，每年选格内容不同，故有时也会引起当事者的争议。《唐会要》卷五九《尚书省诸司下·兵部侍郎》载："大中五年十月，中书门下两省奏：'应赴兵部武选门官、驱使官等，今年新《格》，令守选二年。得驱使官卢华等状，称各在省驱使，实缘长官辛苦，事力不济，所以假此武官。若废旧《格》，贫寒不逮。即须渐请停解，公事交见废阙。'敕旨：'两省、御史台人吏，前旧例不选数，许赴集。宜令依旧例放选。'"就此点而言，《兵部选格》与其他《格》尚有一定差异，尽管它也引述《兵部格》、《兵部格后敕》等现行《格》、《敕》，就像我们在上述《选格》中所看到的那样。

职方式第十四

(复原凡十四条，附《职方格》一条)

　　《唐六典》卷五职方郎中员外郎条："职方郎中、员外郎掌天下之地图及城隍、镇戍、烽候之数，辨其邦国、都鄙之远迩及四夷之归化者。"其下分述本土及外夷地图之制造，五方区域、都鄙废置、疆场争讼之由职方举正，全国镇戍等级与数量，烽候设置距离及烽帅、烽副设置数量（注文有随地形设置的灵活处置事宜、放烽数目与敌情关系、开元二十五年后撤废烽燧之事），最后述及州县城门、仓库守护及人员来源等，基本与所述的职掌顺序相同。①

　　按，城隍指城壕，凡有水称池，无水称隍，此处指城市设置，故其下又有"都鄙废置"。都鄙指京都和边邑，泛指各地城郭。

　　职方所掌皆直接或间接有关军事者。直接者如镇戍、烽候，甚至也可以包括城隍（因为城市也有设防问题，不单是个设置数目问题。尤其是边邑，军事目的更为明显。《六典》后来言及州县城门守当，自是情理中事）；间接者如地图。依《通典》卷二三《职官五·兵部尚书》："职方郎中一人（《周礼·夏官》

---

① 《旧唐书》卷四三《职官志二》职方郎中沿《六典》之文，且有删略。正文缺造地图；注文多有删节。较《六典》多者为令史等吏之设置，个别官品记载不同。

有职方氏，掌天下之图，辨九州之国。历代无闻。至后周，依《周官》。隋初有职方侍郎，炀帝除'侍'字。武德中，加'中'字。龙朔二年改为司城大夫，咸亨元年复旧。掌地图、城隍、镇戍、烽候，防人路程远近，归化首渠）。"其中，"归化首渠"相当于《六典》之掌"四夷之归化者"；至于"防人路程远近"，似难与《六典》之"辨其邦国、都鄙之远迩"一事完全等同。又按，欧阳修《新五代史》卷六〇《职方考三》有云："山川物俗，职方之掌也。"但因"五代短世，无所迁变，故亦不复录，而录其方镇军名，以与前史互见之云"。故其书中也无"山川物俗"之事。《唐会要》卷五九《尚书省诸司下·职方员外郎》云："建中元年十一月二十九日，请州图每二年一送职方，今改至五年一造送。如州县有创造，及山河改移，即不在五年之限。后复故。"依此，则州县对其地图有所改动，及因"山河改移"而须造图，自属与职方相关之"山川"之事。

今所复原者，主要是根据北宋曾公亮所著《武经总要前集》卷五所引唐《烽式》而复原的有关烽候之式，并以《唐律疏议》所引相关《职方式》文证实之；其次为日本古籍中所引唐式断文，可酌定为《职方式》者。日本《令义解》中所保存的《养老军防令》的全部 11 条，皆与《武经总要前集》卷五所引唐《烽式》有关，故以参考内容形式附列于相关条文之下。今按《六典》职掌顺序，列烽候之式于前，城守之式于后。

再者，仁井田陞与泷川政次郎曾就《武经总要前集》卷五所引唐《烽式》究竟与唐令是何种关系展开大论战，双方均著有大篇幅之文章。有关争论要点及我的看法情况，请参看相关按语，并请参看"论述篇"中的有关内容。

一　〔开元·职方〕　　凡[1]边城堠望，每三十里置一烽，须在山岭高峻处。若有山冈隔绝，地形不便，则不限里数，要在烽烽相望。若临边界，则烽火外周筑城障。

引据

一、《武经总要前集》卷五《烽火——》：烽燧，军中之耳目，豫备之道不可阙也。唐兵部有《烽式》，尤为详具。令（今）之边塞所置，则颇为简略而易从。唐李筌所记法制，适与今同。今以《唐式》录为前，而今法次之，庶参考用焉。

唐法：凡边城堠望（以下与本文同）。

二、《唐六典》卷五职方郎中员外郎条：凡烽候所置，大率相去三十里（若有山冈隔绝，须逐便安置，得相望见，不必要限三十里）。其逼边境者，筑城以置之。

三、《旧唐书》卷四三《职官志二》：凡烽堠所置，大率相去三十里。其逼边境者，筑城置之。

四、《神机制敌太白阴经》卷五《预备·烽燧台篇四六》：经曰：明烽燧。于高山四望险绝处置，无山亦于平地高迥处置。

五、《通典》卷一五二《兵五·守拒法附》：烽台，于高山四顾险绝处置之，无山亦于孤迥平地置。下筑羊马城，高下任便，常以三五为准。台高五丈，下阔二丈，上阔一丈，形圆。上建圆屋覆之。屋径阔一丈六尺，一面跳出三尺，以板为上覆下栈。

---

[1]　按《白氏六帖事类集》引唐式，句首大都有"诸"字；而《武经总要前集》所引唐式，则用"凡"字开头。又按《六典》，有时用"凡"，不知其是否为《开元式》与其后的式文的区别。

参考

一、《武经总要前集》卷五《烽火一一》：今法（与李筌法同）：明烽台，于高山四望险绝处置，无山亦于平地置。下筑年（羊）马城，高下任便，常以三五为准。台高五尺，下阔三尺，上阔一尺，形图（圆）。上建圆屋覆之。屋底径阔一丈六尺，一面跳出三尺，以版为上覆下栈。

二、《令义解》卷五《军防令》置烽条：凡置烽皆相去卅里，若有山冈隔绝，须遂便安置者，但使得相照见，不必要限卅里。①

按

本条当是唐《职方式》。《武经总要》明言："今以《唐式》录为前，而今法次之"，其下另行提格署"唐法"二字，下即本条，故当是唐人李筌所记唐式原样，应将其与下列诸条一并理解为唐式。按《唐律疏议》卷八《卫禁》烽候不警条疏云："依《职方式》：放烽讫而前烽不举者，即差脚力往告之。……疏议曰……及绕烽二里内，皆不得有烟火，谓昼放烟、夜放火者"，其所引《职方式》文"放烽讫而前烽不举者，即差脚力往告之"、"昼放烟、夜放火"等，正在《武经总要前集》所引《唐式》中间，其文作"后烽放讫，前烽不应，烟尽一时，火尽一炬，即差脚力人走问"，"若昼放烟，至夜即放火"。另外，《唐律疏议》卷八《卫禁》烽候不警条疏议云："放烽多少，具在别《式》。……依《式》：'望见烟尘，即举烽燧。'……放烽多少，具在《式》文，其事隐秘，不可具引。如有犯者，临时据《式》科断"，与《武经总要》中之"诸寇贼入境"之"放烽炬"数

---

① 《新订增补国史大系·令义解》，吉川弘文馆，昭和63年11月印行，第201页。

目的规定相应。故将《武经总要前集》所引十条唐式均复原为《职方式》（参见本篇复原第五条、第七条）。

仁井田陞《唐令拾遗》复原军防令第三十七条（烽候条）根据《唐六典》、《旧唐书》二书记载，将本条复原为唐令，其理由是："本条在《日本军防令》中有相当文字，故拟定为唐令。"此点遭到泷川政次郎的批评。仁井田陞反驳文章以为，《令集解》中的《赋役令·杂徭条》有"唐令烽条云：取中男配烽子"，与日本养老令烽条的烽子"若无丁处，通取次丁"相对应，表明唐令中确有有关烽燧制度的规定。因此，即使《武经总要》所引本段文字为唐式，也并不妨碍将与本段文字相类的条文复原为唐令。

将《六典》之注与本条对比，则知《六典》注文系撮取式文大意而成，且漏掉"若临边界，则烽火外周筑城障"一句。至于正文"烽候相去三十里"之事，可以是令文，令中可以有规定，唐代令式确有联事规定。日本令中有与本条相当的条文，似应别作解释。查勘日本令与《唐六典》文字，对照如下：

日本令	《唐六典》
凡置烽皆相去卌里，若有山冈隔绝，须逐便安置者，但使得相照见，不必要限卌里。	凡烽候所置，大率相去三十里（若有山冈隔绝，须逐便安置，得相望见，不必要限三十里）。

则日本制令时，实际是依照《六典》为据。然《六典》多取令式大意编定，文字未必同也。比如，"大率"二字就是《六典》

的叙述性文字，而非法典文字。又如，“不必要限三十里”，注文与正文重复，也是叙述性文字，在令中不能重复为句。

关于将本条（及另外一条）复原为唐令的问题，泷川政次郎批评仁井田陞将凡日本令有相应文字就将有关条文拟定为唐令的方法，认为日本制令时不仅依据了唐令，也模仿了唐式。他举本条为言，以为《唐六典》、《旧唐书》二书文字不是唐令逸文而是唐式逸文。只要注意读一下日本军防令条文，就能体会到这一点。日本军防令有“其贼众多少，烽数节级，并依别式”，“其放烽，有一炬二炬三炬四炬者”，刚好就相当于“别式”。①这一说法，有它的道理。

依《武经总要》，《六典》此段文字，或作正文，或作注文，则《六典》编纂时，正文为纲，注文为目，主要规定入于正文，细节入注，拆开了原《令》原《式》。此值得注意者。同时，诸条之间，也未必加“凡”字区别（参见下条引据二）。

又，关于式文的年代问题，日本令使用“得相照见”，《唐六典》用“得相望见”，仁井田陞以为较早的唐令定是用“照”字，故日本令原样照搬；《唐六典》所引述者则是为避则天武后之名讳时期的唐令。②这个说法很有道理。《武经总要》下引唐式“置烽之法”条中也有为避武则天讳而使用“应火分明”，而在日本令中则作“应照分明”。按，前述日本式的制定是使用了《永徽式》与《开元式》的，日本令的制定使用的也是《开元式》而不是《永徽式》。因为在《永徽式》中，没必要为武则天避讳。故此，可以将《武经总要》所引的本条及以下唐兵部烽

---

① 〔日〕泷川政次郎：《唐兵部式と日本军防令》，《法制史研究》第2号，第75页。
② 〔日〕仁井田陞：《唐军防令と烽燧制度——泷川博士の批评に答えて》，《法制史研究》第4号。

式都确定为《开元式》（尽管本条恰好缺乏"得相望见"四字）。余条同理。

唐人李筌的另一兵法著作《神机制敌太白阴经》，云"烽燧，于高山四望险绝处置"，正相当于式文的"须在山岭高峻处"设置之意。表明兵法著作与法律有相通处，或在写作时参考过法律条文，故可以作为复原的参证资料。曾公亮《武经总要前集》卷五云："唐李筌所记法制适与今同"，所言"李筌所记法制"当是指本书。按，李筌，天宝初年曾向皇帝进其所著《阃外春秋》，学者推测其人可能生于睿宗末年或玄宗初年。《新唐书·艺文志三》著录了他六种著作，《阃外春秋》十卷、《中台志》十卷、《孙子注》二卷、《骊山母传阴符玄义》一卷、《太白阴经》十卷、《六壬大玉帐歌》十卷。另外，《集注阴符经》一卷收录十一家注，其中也有李筌一家。学者以为，《集注阴符经》所收李筌注，可能就是他的《骊山母传阴符玄义》。①李筌著述当中，《太白阴经》十卷与他人所著的《李卫公对问》，是唐代的两大兵法著作。杜佑《通典》的兵类，在通论部分只取了《李卫公对问》和《太白阴经》。

又，清光绪时汪宗沂曾从杜佑《通典》、杜牧《孙子注》、《太平御览》、《武经总要》及明人唐顺之《武编》诸书中辑出《卫公兵法辑本》。并以为"唐人李筌私撰《太白阴经》，多取《卫公兵法》，不加判别，欲干没入己"，"观《通典》叙兵，但述卫公以下诸卿相率兵之功烈而不及李筌，所取筌书《攻守篇》中自为之语，皆分注于兵法下，不阑入正文。其取五火之具，不偕火杏并列。可知明烽燧、审斥候、立障塞、备不虞，皆大将开

---

① （唐）李筌著，盛冬铃译注：《神机制敌太白阴经》，河北人民出版社，1991，《前言》第1～5页。《新唐书·艺文志三》只录李筌二书，未见其他。

边之所有事，于卫公为宜有，不得谓闲出李筌也。"① 也可备一说。

又，《武经总要前集》卷五《烽火一一》所云"今法（与李筌法同）：明烽台，于高山四望险绝处置，无山亦于平地置"云云，与《通典》卷一五二《兵五·守拒法附》所谓的"烽台，于高山四顾险绝处置之，无山亦于孤迥平地置"，是相同的。所谓的"今法（与李筌法同）"，不见得是宋朝法制，而不过是当时还承认可行的兵法。《太平御览》卷三三五《兵部六六·烽燧》载"烽台"至"形圆"的一段文字，即标明为"《卫公兵法》"。

有关平安火问题，参见本篇复原第七条按语。

二　〔开元·职方〕　**凡掌烽火，置帅一人，副一人。每烽置烽子六人，并取谨信有家口者充。副、帅往来检校，烽子五人分更刻望视，一人掌送符牒。并二年一代，代日须教新人通解，始得代去。如边境用兵时，更加卫兵五人，兼守烽城；无卫兵，则选乡丁武健者，给仗充。**

引据

一、《武经总要前集》卷五《烽火一一》：唐兵部有《烽式》……今以《唐式》录为前，而今法次之……

凡掌烽火，置帅一人，（以下与本文同）。

二、《唐六典》卷五职方郎中员外郎条：每烽置帅一人，副一人。

---

① 邓泽宗著：《李靖兵法辑本注译》，解放军出版社，1990，第 207 页之"附录二，汪宗沂《卫公兵法辑本》原序"。

三、《神机制敌太白阴经》卷五《预备·烽燧台篇四六》：经曰：明烽燧。……一烽六人，五人烽子，递知更刻，观望动静；一人烽卒，知文书符牒传递。

四、《通典》卷一五二《兵五·守拒法附》：一烽六人，五人为烽子，递知更刻，观视动静；一人烽卒，知文书、符牒、转牒。

参考

一、《武经总要前集》卷五《烽火一一》：今法（与李筌法同）……一烽六人，五人烽子，递知更漏，观望动静；一人烽帅，知文书、符牒转递之事。

二、《令义解》卷五《军防令》烽长条：凡烽，置长二人（谓纵一国有一烽者，犹置长二人。若有二烽者，亦置四人也），捡挍三烽以下，唯不得越境。国司蔺所部人家口重大堪捡挍者死。若无者，通用散位、勋位（谓外六位，勋七等以下也），分番上下。三年一替，交替之日，令教新人通解，然后相代。其烽须修理，皆役烽子。自非公事（谓除烽事以外，皆为非公事也），不得辄离所守。①

三、《令义解》卷五《军防令》配烽子条：凡烽，各配烽子四人。若无丁处，通取次丁（谓虽是次丁，同正丁法，不可取八人也）。以近及远，均分配番（谓以二人为一番也），以次上下。②

按

《六典》同上注云："旧关内、京畿、河东、河北皆置烽。开元二十五年敕以边隅无事，寰宇乂安，内地置烽，诚为非要，

---

① 《新订增补国史大系·令义解》，吉川弘文馆，昭和 63 年 11 月印行，第 201 页。
② 《新订增补国史大系·令义解》，吉川弘文馆，昭和 63 年 11 月印行，第 202 页。

量停近甸烽二百六十所，计烽帅等一千三百八十八人。"此是唐玄宗好大喜功、粉饰太平之举。"近甸烽"被停"二百六十所"，按"烽帅等一千三百八十八人"被裁撤，平均每所烽被裁 5.3人，其中应包括烽帅 1 人、烽副 1 人，故当时每烽烽子有不足 6人者。

李筌《神机制敌太白阴经》云："一烽六人，五人烽子，递知更刻，观望动静；一人烽卒，知文书符牒传递"，与《职方式》"每烽置烽子六人"及"烽子五人分更刻望视"、"烽子……一人掌送符牒"略同。只不过李筌将第六个烽子称"烽卒"，其总数量是相合的。

三〔开元·职方〕 置烽之法，每烽别有土筒四口，筒间火台四具，台上插橛，拟安火炬，各相去二十五步。如山险地狭，下（不）及二十五步，但取应火①分明，不须限远近。其烟筒各高一丈五尺，自半已下，四面各阔一丈二尺，向上则渐锐狭。造筒先泥里，后泥表，使不漏烟。筒上著无底瓦盆盖之，勿令烟出。下有乌炉灶口，去地三尺，纵横各一尺五寸，著门开闭。其乌炉灶门，用木为骨，厚泥之，勿令火焰烧及。其锋（烽）筒之外，皆作深堑环绕。在烽贮备之物，要柴藁木材，每岁秋前，别采艾蒿茎叶、苇条草节，皆要相杂为放烟之薪，及置麻蕴、火钻、狼粪之属。所委②积③处，亦掘堑环之，防野烧延燎。近边者，亦量给弓弩。

---

① "应火"，接应前烽之火，以次传递。
② "委"，原有注"于伪反"。
③ "积"，原有注"子赐反"。

引据

一、《武经总要前集》卷五《烽火一一》：唐兵部有《烽式》……今以《唐式》录为前，而今法次之……

置烽之法，（以下与本文同）。

二、《倭名类聚抄》卷四《灯火部》：烽燧（火橛附）。《说文》云：烽燧（峯遂二音，度布比），边有警则举之。《唐式》云：诸置燧之处，置火台，台①上插橛（音厥。俗云，保久之）。②

三、《神机制敌太白阴经》卷五《预备·烽燧台篇四六》：屋上置突灶三所，台下亦置三所，并以石灰饰其表里。复置柴笼三所、流火绳三条在台侧。上下用软梯，上收下垂。四壁开孔望贼，及安置火筒。置旗一面、鼓一面、弩两张、炮石、礌木、停水瓮、干粮、生粮、麻缊、火钻、火箭、蒿艾、狼粪、牛粪。

四、《通典》卷一五二《兵五·守拒法附》：烽台……台高五丈，下阔二丈，上阔一丈，形圆。上建圆屋覆之，屋径阔一丈六尺，一面跳出三尺，以板为上覆下栈。屋上置突灶三所，台下亦置三所，并以石灰饰其表里。复置柴笼三所、流火绳三条，在台侧近。上下用屈膝梯，上收下乘。屋四壁开觇贼孔，及安视火筒。置旗一口、鼓一面、弩两张，抛石、礌木、停水瓮、干粮、麻缊、火钻、火箭、蒿艾、狼粪、牛粪。

参考

一、《武经总要前集》卷五《烽火一一》：今法（与李筌法

---

① “台”，原作重复号“ㄑ”，标点后径改。
② 〔日〕新美宽撰、铃木隆一补：《本邦残存典籍による辑佚资料集成（正续）》，京都大学人文科学研究所，1968，第52页；并见〔日〕泷川政次郎：《唐兵部式と日本军防令》，《法制史研究》第2号，第75页。

同）……屋上置突灶三所，台下亦置三所，并以石灰泥饰其表里。复置柴笼三所、流火绳三条，在台侧近。上下用屈膝梯，上讫，复收之。四壁开望贼孔，及安火筒。置水瓮（？）、干粮、麻蕴、火镇（钻）、蒿艾、狼粪、牛半（羊）粪。

二、《令义解》卷五《军防令》置烽处条：凡置烽之处，火炬各相去廿五步（谓烟相去亦同也。必令火炬相去者，欲多少之数，分明易见也），如有山崄地狭，不可得充廿五步之处，但得应照分明，不须要限相去远近。①

三、《令义解》卷五《军防令》放烟贮偹条：凡放烟贮偹者，须收艾藁、生柴等（谓艾者，蓬也；藁者，草惚名也），相和放烟。其贮藁柴等处，勿令浪人放火，及野火延烧（谓恐烧藁柴等，故立此条。其下条"绕烽二里不得浪放烟火"者，为疑误烟烽，不听其浪放）。②

按

新美宽撰、铃木隆一补《本邦残存典籍による辑佚资料集成（正续）》，将《倭名类聚抄》上引文字确定为《开元式》；又，仁井田陞以为："《倭名抄》所引的唐式有唐《开元式》，而不见有其他年度的式，也可以把所引的唐式都看成《开元式》。"③ 二说均可从。

将《武经总要前集》卷五《烽火第一一》之唐兵部《烽式》与《倭名类聚抄》所引文字对比，《倭名类聚抄》卷四所引唐式，显系原式节文。这可证《武经总要前集》卷五所引者为

---

① 《新订增补国史大系·令义解》，吉川弘文馆，昭和63年11月印行，第202页。
② 《新订增补国史大系·令义解》，吉川弘文馆，昭和63年11月印行，第202页。
③ 〔日〕新美宽撰、铃木隆一补：《本邦残存典籍による辑佚资料集成（正续）》，京都大学人文科学研究所，1968，第52页。〔日〕仁井田陞著、栗劲等编译：《唐令拾遗·附录·序论》，长春出版社，1989，第879页。

唐式，而不是唐令。仁井田陞与泷川政次郎的争论，显然应以后
者为是。

《神机制敌太白阴经》所云较《武经总要前集》更多更细。
"屋上置突灶三所，台下亦置三所"，较《武经总要前集》的
"土筒四口，筒间火台四具"为多；"以石灰饰其表里"，即"造
筒先泥里，后泥表"；"置柴笼三所"，即"柴藁木材"事；其余
"安置火筒"、备"麻缊、火钻、蒿艾、狼粪"等，与《武经总
要前集》同。

四　〔职方〕　　用烽火之法，应火炬长八尺，橛上火炬长五尺，
并二尺围。干苇作薪，苇上用干草节缚，缚处周回插肥木。
其次炬橛等。在烽每道当蓄二千（十）①具以上，于舍下作
架积贮，不得雨湿。其土筒里，常须预着羊粪，郁心火使
暖。

引据

《武经总要前集》卷五《烽火一一》：唐兵部有《烽
式》……今以《唐式》录为前，而今法次之……
　　用烽火之法，（以下与本文同）。

参考

《令义解》卷五《军防令》火炬条：凡火炬，干苇作心。苇
上用干草节缚。缚处周回，揉肥松明（谓松明是松之有脂者
也），并所须贮十具以上，于舍下作架积着（谓兼有烟贮，故云
"并"也。架犹棚也），不得雨湿。②

---

① 原作"千"。原注："或作'十'。"今从之。
② 《新订增补国史大系·令义解》，吉川弘文馆，昭和63年11月印行，第202页。

五　〔开元·职方〕　　凡应火土筒若向东应，筒口西开；若向西应，筒口东开，南北准此。诸烽烟相应时，于土筒旁级上，立开盆放烟，合盆灭烟。其烟看放时，若无事，尽一时；有事，尽一日。若昼放烟，至夜即放火，无事尽一夜。若夜放火，至天晓还续放烟。后烽放讫，前烽不应，烟尽一时，火尽一炬，即差脚力人走问，探知失埌或被贼掩捉。其脚力人问者，即亦须防虑，且至烽侧遥听，如无消息，唤烽帅姓名。若无人应接，先径过向前烽，依式放火。仍录被捉、失埌之状，告所在州、县勘当。

引据

一、《武经总要前集》卷五《烽火一一》：唐兵部有《烽式》……今以《唐式》录为前，而今法次之……

凡应火土筒若向应，（以下与本文同）。

二、《唐律疏议》卷八《卫禁》烽候不警条疏：依《职方式》：放烽讫而前烽不举者，即差脚力往告之。……疏议曰……及绕烽二里内，皆不得有烟火，谓昼放烟、夜放火者……

三、《神机制敌太白阴经》卷五《预备·烽燧台篇四六》：每夜平安举一火，闻警举二火。……如早夜平安火不举，即烽子为贼提（捉）。

四、《通典》卷一五二《兵五·守拒法附》：每晨及夜平安，举一火；闻警，固举二火；见烟尘，举三火；见贼，烧柴笼。如每晨及夜，平安火不来，即烽子为贼所捉。

参考

一、《武经总要前集》卷五《烽火一一》：今法（与李筌法同）……每旦夜平安举一火，闻警鼓举二火，见烟尘举三火，见贼烧笼柴。如每早夜平安火不来，则烽子为贼所捉。

二、《令义解》卷五《军防令》应火筒条：凡应火筒若向东应，筒口西开；若向西应，筒口东开，南北准此。①

三、《令义解》卷五《军防令》烽昼夜条：凡烽昼夜分时候望，若须放烽者，昼放烟，夜放火。其烟尽一刻，火尽一炬（谓刻者，漏克也；炬者，束薪也。文云"烟尽一刻，火尽一炬，前烽不应者"，即知此外亦不可更放也），前烽不应者，即差脚力往告前烽，问知失候所由，速申所在官司（谓前烽所隶之国司也）。②

四、《令义解》卷五《军防令》放烽条：凡放烽有参差者（谓应放多烽而放少烽，及误因人火野烧，遂乃放烽之类也），元放之处、失候之状，速告所在国司，勘当知实，发驿奏闻（谓上条"烟尽一刻，火尽一炬，前烽不应者"，此应应而不应，于害未重大，故往告前烽，不更发驿。此条"应放多烽而放少烽，及误因人火野烧，遂乃放烽"，既放之后，知其误举，机事一发，动害已深，故失候之所，发驿奏闻也）。③

按

本条是《职方式》全文。《武经总要前集》谓"唐兵部《烽式》"，"烽式"只就内容而言，"兵部"只就其所属而言。兵部之第二司为职方司，兵部诸式之第二式为《职方式》。北宋曾公亮《武经总要》引唐式，采自唐李筌所记唐法制。李筌全文记述，当是唐式原貌。《唐律疏议》所引《职方式》文，节取

---

① 《新订增补国史大系·令义解》，吉川弘文馆，昭和63年11月印行，第202页。
② 《新订增补国史大系·令义解》，吉川弘文馆，昭和63年11月印行，第201页。
③ 《新订增补国史大系·令义解》，吉川弘文馆，昭和63年11月印行，第203页。

本条式文句式、词语，虽非原文，显系源自本条。

又，参看复原第六条按语。

六〔开元·职方〕　凡白日放烟、夜放火，先须看筒里，至实不错，然后相应时，将火炬就乌炉灶口里焚热成焰，即出为应。一炬火，一人应；二炬火，二人应；三炬火，三人应；四炬火，四人应。若应、灭时，将应火炬插乌炉灶口里，不得火焰出外。应、灭讫，别捉五尺火炬，安著（着）土台橛上。烟相应时，一炉筒烟，一人开闭；二筒烟，二人开闭；三筒烟，三人开闭；四筒烟，四人开闭。若昼日阴晦雾起，望烟不见，元放之所，即差脚力人速告前烽。雾开之处，依式放烟。如有一烽承两道已上烽者，用骑一人拟告州、县发驿，报烽来之处。若烽与驿相连者，只差驿马。

引据

一、《武经总要前集》卷五《烽火一一》：唐兵部有《烽式》……今以《唐式》录为前，而今法次之……

凡白日放烟、夜放火，（以下与本文同）。

二、《唐律疏议》卷八《卫禁》烽候不警条疏：依《职方式》：放烽讫而前烽不举者，即差脚力往告之。……疏议曰……谓昼放烟、夜放火者……

按

本条也是《职方式》全文。《唐律疏议》所引《职方式》，系指一般情况下"前烽不举"，后烽须"差脚力往告"。本条有"若昼日阴晦雾起"的特殊情况下，也须"差脚力人速告前烽"。其"告"字与本条同。又"昼放烟、夜放火"与本条文首诸字相当，或许《疏议》引文系撮二条而合之。故本条也应定为《职方式》。参看上条按语。

参考

《令义解》卷五《军防令》白日放烟条：凡白日放烟、夜放火，先须看筒里，至实不错，然后相应。若白日天阴雾起，望烟不见，即驰脚力递告前烽；雾开之处，依式放烟。其置烽之所，绕烽二里不得浪放烟火（谓缘烽四面二里之内，不得浪放烟火也）。[①]

七　〔开元·职方〕　　凡寇贼入境，马步兵五十人以上、不满五百人，放烽一炬。得蕃界事宜，及有烟尘，知欲南入，放烽两炬。若余寇贼，则五百人以上、不满三千人，亦放两炬。蕃贼五百骑以上、不满千骑，审知南入，放烽三炬。若余贼寇三千骑以上，亦放三炬。若余蕃贼千人以上、不知头数，放烽四炬。若余寇贼一万人以上，亦放四炬。其放烽一炬者，至所管州、县、镇止；南（两）炬以上者，并至京。先放烟火处州、县、镇，即录状驰驿奏闻。若依式放烽，至京讫，贼回者，放烽一炬报平安。凡放烽告贼者，三应三灭；报平安者，两应两灭。

引据

一、《武经总要前集》卷五《烽火一一》：唐兵部有《烽式》……今以《唐式》录为前，而今法次之……

凡寇贼入境（以下与本文同）。

---

① 《新订增补国史大系·令义解》，吉川弘文馆，昭和63年11月印行，第202～203页。

二、《唐律疏议》卷八《卫禁》烽候不警条疏议：放烽多少，具在别《式》。……依《式》："望见烟尘，即举烽燧。"……放烽多少，具在《式》文，其事隐秘，不可具引。如有犯者，临时据《式》科断。

三、《唐六典》卷五职方郎中员外郎条注：其放烽，有一炬、二炬、三炬、四炬者，随贼多少而为差焉。

参考一

《令义解》卷五《军防令》有贼入境条：凡有贼入境，应须放烽者，其贼众多少，烽数节级，并依别《式》。[①]

参考二

一、《神机制敌太白阴经》卷五《预备·烽燧台篇四六》：每夜平安举一火，闻警举二火，见烟尘举三火，见贼烧柴笼。如早夜平安火不举，即烽子为贼提（捉）。

二、《通典》卷一五二《兵五·守拒法附》：每晨及夜平安，举一火；闻警，固举二火；见烟尘，举三火；见贼，烧柴笼。

按

本条当是《职方式》。《唐律疏议》以"其事隐秘"而未具引，实则律中也无必要具引。《唐律》引《式》中，"烟尘"二字，仅本条一见。又，放烽称"举"烽，"烽燧"二字连用，皆《唐律》之习用词汇。见于引据中的《唐律》引式，或可能是撮取本条式文大意而成。《六典》注文，也显系根据式文而概括者，为式文而非令文。

又，仁井田陞《唐令拾遗》将《六典》之文复原为《军防令》第三十八条（放烽条），其依据即日本令中有此条。《日本

---

① 《新订增补国史大系·令义解》，吉川弘文馆，昭和63年11月印行，第201页。

令》中"烽数节级，并依别《式》"，属唐、日令式之间提示性联事规定。今查日本《延喜式》确有放烽数量的节级规定，是日本式沿袭唐式之又一证也。《延喜式》卷二八《兵部省·放烽》条："凡太宰所部国放烽者，明知使船，不问客主，举烽一炬。若知贼者放两炬，二百艘已上放三炬。"其"烽数节级"，有两炬、三炬者；"贼众多少"，有一艘以上、二百艘以上之分。但《养老令》在前，《延喜式》在后，后与前关联，原因在依唐式而定，其事有必然也。唯日本四面环水，重在海防；唐边防重在西、北陆路，故只对骑、步兵生文。又，日本凡见外国使船也放烽，此皆不必与唐国同者。

《神机制敌太白阴经》卷五所云"每夜平安举一火"之"平安火"（《通典》显然沿袭自《太白阴经》），为《武经总要前集》所无，也为他书所无，并且也与《武经总要前集》等书的"平安火"含义不同。仁井田陞《唐军防令と烽燧制度——泷川博士の批评に答えて》（《法制史研究》第四号），曾探讨过传本《唐六典》卷五烽燧条文的文字脱落问题，与此相关。

仁井田陞云，按《渊鉴类函》卷三五九《火部》所引的《唐六典》云："凡烽候所致（置?），大率相去二三里。其放烽，有一炬、二炬、三炬、四炬者，随贼多少为差。开元二十五年敕，以边隅无事，内地置烽，量停近畿烽二百六十所，又镇戍每日初夜放烟一炬，谓之平安火。"明朝高青邱《送王丞巡寨诗》"前夜三烽照远山"一句，清朝金檀星轺辑注（雍正六年序刊）中所引《唐六典》云："凡烽候大率相去三十里，其放烽，有一炬、二炬、三炬、四炬者。每日初夜放烟，谓之平安火。余则随寇多少为差。"与今存《六典》卷五职方郎中员外郎条相比，多出了"镇戍每日初夜放烟一炬，谓之平安火。"《资治通鉴》卷二一八唐肃宗至德元载"及暮平安火不至"胡三省注也云："《六典》：唐镇戍烽候所至（至，当作置），大率相去三十里，每日初夜放烟一炬，谓之平安火。"至少在宋末元初是如此。《武经总要》所引兵部烽式"若依式放烽，至京讫，贼回者，放烽一炬报平安。……报平安者，两应两灭"，尚不是"镇戍每日初夜放烟一炬，谓之平安火。"但这个制度是唐法，是不能怀疑的。故《通鉴》卷二一八唐肃宗至德元记载"及暮平安火不至，上始惧"；杜甫五言律的夕烽之诗"夕烽来不近（一作止），每日报平安。塞上传光小，云边落（一作数）点残"。

八　〔开元·职方〕　凡告贼锋（烽）① 起处，即须传告随近州、镇、县、城堡、村坊等人，令当处警固，不得浪行递牒。

引据

《武经总要前集》卷五《烽火一一》：唐兵部有《烽式》……今以《唐式》录为前，而今法次之……

凡告贼烽起处（以下与本文同）。

附：《开元职方格》

敦煌出土《开元职方格》断片（周字51号。现藏北京图书馆）：

〈前缺〉

竟不来，遂使军州仁望消息。于今后，仰放火之处约述（束？）逗留，放火后续状递报，勿稽事意，致失权宜。辄违□刻，捉官别追决卅；所由知烽建（健）儿决六十棒。

法令滋彰，盗贼多矣。堤防不设，奸□□兴，欲存纪纲，

---
① "烽"，原作"锋"，据文意改。

须加捉搦。仰☐☐捉，相知捉搦，务令禁断。①

〈后缺〉

按

唐式只是要求"告贼烽起处，即须传告随近州、镇、县"
等。此处唐格要求"放火后续状递报"，否则要处罚"捉官"
（即烽帅）、"知烽健儿"（即烽子）。刘俊文认为《唐律》中原
只规定"诸烽候不警，令寇贼犯边，及应举烽燧而不举，应放
多烽而放少烽者，各徒三年"云云，而无此格文规定，是该格
文用以补律文之未备也。

九　〔开元·职方〕　　凡烽号隐密、不令人解者，惟烽帅、烽副
　　　自执，锋（烽）② 子亦不得知委。

引据

《武经总要前集》卷五《烽火一一》：唐兵部有《烽
式》……今以《唐式》录为前，而今法次之……

凡烽号隐密（以下与本文同）。

按

依《唐律疏议》卷八《卫禁》烽候不警条疏议："放烽多
少，具在别《式》。……放烽多少，具在《式》文，其事隐秘，
不可具引。"是其隐秘，竟连烽子也不能知悉，只能由烽帅、烽
副掌握。

---

① 刘俊文著：《敦煌吐鲁番唐代法制文书考释》，中华书局，1989，第295页。刘氏推定其
　为唐代《职方格》。
② "烽"，原作"锋"，据文意改。

十 〔开元·职方〕　　凡烽帅、烽副当番者，常须在烽台检视。
若将家口，听于堑内安泊。烽子则昼分为五番，夜分持五
更。昼候烟，夜望火。凡烟火，一昼夜须行二千里。

引据

一、《武经总要前集》卷五《烽火一一》：唐兵部有《烽
式》……今以《唐式》录为前，而今法次之……

凡烽帅、烽副当番者，（以下与本文同）。

二、《唐律疏议》卷八《卫禁》烽候不警条疏议……谓昼放
烟、夜放火者……

按

泷川政次郎以为，《武经总要前集》有题为"行烽"的一
条，与《通典》卷一五七所记略同，可能是唐《兵部式》条文。
只是在日本令中，无相应条文。[①] 因该部分涉及烽火的设置、放
烽数量等，大体包含了前述数条。故在有关烽燧事务之后，作为
总的参考项附列于此。

参考

一、《武经总要前集》卷五《行烽一二》：凡军马出行，拟
停三五日，即须去军一二（百？）里以来，权置燋烽。如有动
静，举烽相报。其烽并于贼来要路，每二十里置一烽，连接至军
所。其游奕马骑，昼日游奕候视，至暮即移十里外止宿。防贼徒
暮间见烟火，掩袭烽人。其贼路左右，仍伏人宿止，以听贼徒。
如觉贼来，即举烽递报军司。贼十骑已下，即举小炬火，前烽应
讫即灭火。若不及百骑至二百骑，即于（放）一炬。若三百骑至

四百骑，即放二炬；若五百骑至五千骑，即放三炬；准前应灭。前烽应讫即赴军。若虑走不到军，即且抵山谷藏伏。既置燋烽，军内即须置一都烽，应接四山诸烽。其都烽如见烟火忽举，即报大总管："某道烟火起"。大总管当须戒严，收敛畜产，遣人斥探。

　　二、《通典》卷一五七《兵十·下营斥候并防捍及分布阵附》：大唐……卫公李靖兵法曰……诸军马拟停三五日，即须去军一二百里以来，安置燋烽。如有动静，举烽相报。其烽并于贼路左侧逐要置，每二十里置一烽应接，令遣到军。其游奕马骑，昼日游奕候视，至暮速作食，吃讫，即移十里外止宿。虑防贼徒暮间见烟火，夜深掩袭捉将。其贼路左右草中，著人止宿，以听贼徒。如觉来，报烽烟家，举烽递报军司：如觉十骑以上，五十骑以下，即放一炬火，前烽应讫，即灭火；若一百骑以上、二百骑以下，即放两炬火，准前应灭；贼若五百骑以上、五千骑以下同，即放三炬火，准前应灭。前烽应讫，即赴军；若虑走不到军，即且投山谷，逐空方可赴军。如以次烽候视不觉，其举火之烽即须差人，急走告知。贼路既置燋烽，军内即须应接。又置一都烽，应接四山诸烽。其都烽如见烟火，急报大总管，云："某道烟火起"，大总管当须严备，收拾畜生，遣人远探。每烽令别奏一人押，一道烽令折冲、果毅一人都押。

　　三、《太平御览》卷三三五《兵部六六·烽燧》：《卫公兵法》……又曰：诸军马拟停三五日（其下与《通典》卷一五七《兵十·下营斥候并防捍及分布阵附》所引"大唐卫公李靖兵法"略同）。

十一〔开元〕　诸州、县不配防人处，城及仓库门各二人；须守护者，取年十八以上中男及残疾，据见在数，均为番第，勿得偏并。每番一旬。每城门各四人，仓库门各二人（其仓门每万石加一人；石数虽多，不得过五人）。其京兆、河南府及赤县大门各六人，库门各三人（其须修理官廨及只承官人，听量配驱使。若番上不到应须征课者，每番闲月不得过一百七十，忙月不得过二百文）。满五旬者，残疾免课调，中男免杂徭。其州城郭之下户数不登者，通取于他县。

引据

一、《唐六典》卷五职方郎中员外郎条：凡州、县城门及仓库门，须守当者，取中男及残疾人，均为番第以充，而免其徭赋焉（若修理廨宇及园厨，亦听量使）。

二、《通典》卷三五《职官一七·俸禄·禄秩（门夫附）》：诸州、县不配防人处（以下与本文同）……总谓之门夫。其后举其名而征其资，以给郡县之官。其门之多少，课之高下，任土作制，无有常数。

参考

《唐会要》卷八五《逃户》：（天宝）十四载八月制……比来应定门夫，殊非得所。每县中男多者，累岁方始一差；中男少者，一周遂役数遍。既缘偏并，岂可因循。自今已后，诸郡所差门夫，宜于当郡诸县通率，准《式》纳课分配，令得均平。

按

本条列在"职方郎中员外郎"职下。职方之职，本掌"城隍"一项，当属《职方式》，与《司门式》、《监门式》相关。依《会要》，要求"诸郡所差门夫，宜于当郡诸县通率，准《式》纳课分配"，应与本条式文相关，均是言"中男"被差门夫之事，且《六典》之文要求"均为番第"，《会要》所云恰恰是不均现象，故要求准《式》进行，"令得均平"。

《六典》文字，显系《通典》记述的节文，很显然后者也是开元制度。而后来的发展，《通典》也有记载，即其后是只征资而不役使其人，竟然成了郡县官的额定收入之一了。

又，《六典》卷六司门郎中员外郎条云："司门郎中、员外郎掌天下诸门及关出入往来之籍赋，而审其政。"其下唯叙"关"事而不及"门"事。又，卷二五左右监门卫大将军、将军条云其职："掌诸门禁卫门籍之法。"其下唯云京城宫殿门，不及其他。后者只属京城事，前者可能范围较广。

十二　〔开元〕　每城油一斤，松明十斤。

引据

《倭名类聚抄》卷四：每城油一斤，松明十斤。[1]

按

关于将本条复原为式文并将其拟定为《开元式》的理由，参见本篇复原第三条按语。

《六典》所云"州县城门守当"，此油与松明或即用于守当者。另据《神机制敌太白阴经》卷四，松明、脂油火炬则用于战时照明防备之用；《通典》卷一五二云松明用法，也为战时照明防备之用，均可参考。

参考

一、《神机制敌太白阴经》卷四《战具类·守城具篇三六》：

---

[1]〔日〕新美宽撰、铃木隆一补：《本邦残存典籍による辑佚资料集成（正续）》，京都大学人文科学研究所，1968，第52页。

松明炬：以松木烧之，铁索坠下，巡城点照，恐敌人乘城而上。
脂油烛炬：然灯秉烛于城中四冲要路门户，晨夜不得绝明，以备
非常。

二、《通典》卷一五二《兵五·守拒法附》：松明，以铁锁
缒下，巡城照，恐敌人夜中乘城而上。夜中城外每三十步县大灯
于城半腹，置警犬于城上，吠之处，即须加备。

十三　〔开元〕　灯笼。

引据

《倭名类聚抄》卷四：灯笼（见《开元式》）。①

按

关于将本条复原为式文并将其拟定为《开元式》的理由，
参见本篇复原第三条按语。

十四　〔开元〕　每城灯盏七枚。

引据

《倭名类聚抄》卷四：每城灯盏七枚。②

按

关于将本条复原为式文并将其拟定为《开元式》的理由，
参见本篇复原第三条按语。

---

① 〔日〕新美宽撰、铃木隆一补：《本邦残存典籍による辑佚资料集成（正续）》，京都大
学人文科学研究所，1968，第52页。
② 〔日〕新美宽撰、铃木隆一补：《本邦残存典籍による辑佚资料集成（正续）》，京都大
学人文科学研究所，1968，第52页。

驾部式第十五

（复原凡七条）

　　《唐六典》卷五驾部郎中员外郎条云："驾部郎中、员外郎掌邦国之舆辇、车乘，及天下之传驿、厩牧、官私马牛杂畜之簿籍，辨其出入、阑逸之政令，司其名数。"其下所述者，与此顺序略有不同。其一是"传驿"设置距离及其全国总数量，注文分别叙述水驿数量、陆驿数量、水陆相兼驿站数量、设置距离之确定、驿站置驿长、陆驿设置马匹数、水驿置船数、陆驿水驿配给驿丁数、驿站官给钱以资助及官为市买什物、乘驿由官署给券等。其二是"厩牧"之监牧数，及分使而统领问题，注文具体叙述东、西、南、北四使及盐州使、岚州使所属监数、厩牧及诸司马牛杂畜记籍帐报申驾部等；正文则提到监牧马牛杂畜之"畜养之宜，孳生之数，皆载于太仆之职"。其三是关于诸卫承直之马、诸司备运之车之事，由驾部审其制以定其数，注文具体叙述诸卫、诸卫官、诸州承直马之数量、诸司（司农、将作等十九个官署）置车牛递运等。

　　这里的"舆辇、车乘"，"车乘"可以理解为诸卫承直之马、诸司备运之车；"舆辇"则《六典》此处未涉及。关于监牧马牛杂畜之"畜养之宜，孳生之数，皆载于太仆之职"，这是记载上的互见法，表明驾部与太仆寺职掌有关系。考诸复原《太仆式》,《六典》所营非虚。在理论上,驾部有发令管理之权,太仆寺须执行,则《驾部式》与《太仆式》又有关联。

《通典》卷二三《职官五·兵部尚书》注言及驾部郎中职掌为:"掌舆辇、车乘、邮驿、厩牧,司牛马驴骡、阑遗杂畜。"与《六典》并无不同。

本式复原的第一条,为官吏被差使时乘用驿站马驴之规定,属于驾部的"天下之传驿"的职掌范围;另外6条是根据唐式规定惯例而复原的驿站设置距离,及每驿置驿长及陆驿马数、水驿船数、驿丁设置数量、驿站钱物来源、乘驿给券等,也属于"天下之传驿"的范围。

《六典》本条注中,包含的驿站方面的式文较多,这是比较特殊的。除了"每驿皆置驿长一人"及陆驿驿马设置数量外,注文中以"凡"字起始者,都当是单独的式文。如"凡水驿亦量事闲要以置船,事繁者每驿四只,闲者三只,更闲者二只","凡马三名给丁一人,船一给丁三人","凡驿皆给钱以资之,什物并皆为市","凡乘驿者,在京于门下给券,在外于留守及诸军、州给券。若乘驿经留守及五军都督府过者,长官押署;若不应给者,随即停之"等。这样就有连续的4条式文。

一　〔驾部〕　诸六品以下前官、散官、卫官,省司差使急速者,给马;使回及余使,并给驴。

引据

《唐律疏议》卷一〇《职制》增乘驿马条疏议:又准《驾部式》:六品以下前官、散官、卫官(以下与本文同)。

参考

《唐令拾遗·公式令》复原第二十一条（给驿并给铜龙传符）：诸给驿马，给铜龙传符，无传符处，为纸券。量事缓急，注驿数于符契上。职事三品以上若王，四匹；四品及国公以上，三匹；五品及爵三品以上，二匹；散官、前官各递减职事官一匹，余官爵及无品人，各一匹。皆数外别给驿子。此外须将典吏者，临时量给。其铜龙传符，使事未毕之间，便纳所在官司。[①]

按

本条在《疏议》中，是为原注文"应乘驿驴而乘马者减一等"的理解方便而引述的。似在令中无"应乘驴"或"应乘马"的规定。或许，原律注文只针对《式》的这类规定。马、驴之讲究，应在速度上。

又，按《唐六典》卷五驾部郎中员外郎条注："凡乘驿者，在京于门下给券，在外于留守及诸军、州给券。"本条既云"省司差使"，则应由门下给券。

二　凡三十里〔置〕一驿，若地势险阻及须依水草，不必〔限〕三十里。

引据

一、《唐六典》卷五驾部郎中员外郎条：凡三十里一驿（……若地势险阻及须依水草，不必三十里）。

二、《通典》卷三三《职官一五·州郡下·乡官》：三十里置一驿（其非通途大路则曰馆）。

---

① 〔日〕仁井田陞著、栗劲等编译：《唐令拾遗》，长春出版社，1989，第509页。并参见《唐律疏议》卷一〇《职制》增乘驿马条疏议引述《公式令》内容。

参考一

《通典》卷三三《职官一五·州郡下·乡官》：三十里置一驿（其非通途大路则曰馆），驿各有将，以州里富强之家主之，以待行李（自至德之后，民贫不堪命，遂以官司掌焉。凡天下水陆驿一千五百八十七）。

参考二

一、《武经总要前集》卷五《烽火一一》：烽燧，军中之耳目，豫备之道不可阙也。唐兵部有《烽式》，尤为详具。今之边塞所置，则颇为简略而易从。唐李筌所记法制适与今同。今以《唐式》录为前，而今法次之，庶参考用焉。

唐法：凡边城堠望，每三十里置一烽，须在山岭高峻处。若有山冈隔绝，地形不便，则不限里数，要在烽烽相望。若临边界，则烽火外周筑城障。

二、《唐六典》卷五职方郎中员外郎条：凡烽候所置，大率相去三十里（若有山冈隔绝，须逐便安置，得相望见，不必要限三十里）。其逼边境者，筑城以置之。

三、《旧唐书》卷四三《职官志》：凡烽堠所置，大率相去三十里。

四、《令义解》卷五《军防令》置烽条：凡置烽皆相去卅里，若有山冈隔绝，须遂便安置者，但使得相照见，不必要限卅里。[①]

按

从《职方式》"每三十里置一烽"，及"若有山冈隔绝，地形不便，则不限里数"的规定惯例看，《六典》此处之"凡三十

---

① 《新订增补国史大系·令义解》，吉川弘文馆，昭和63年11月印行，第201页。

里一驿”，及“若地势险阻及须依水草，不必三十里”，当也是
式文，即《驾部式》。

又，《通典》所记，除“三十里一驿”外，其余皆与《六
典》不同。详下条按语。

三　每驿皆置驿长一人，量驿之闲要以定其马数：都亭七十五
　　匹，诸道之第一等减都亭之十五，第二、第三皆以十五为
　　差，第四减十二，第五减六，第六减四，其马官给。有山阪
　　险峻之处及江南、岭南暑湿不宜大马处，兼置蜀马。

引据

《唐六典》卷五驾部郎中员外郎条注：每驿皆置驿长一人，
量驿之闲要以定其马数（以下与本文同）。

参考一

《通典》卷三三《职官一五·州郡下·乡官》：三十里置一
驿（其非通途大路则曰馆），驿各有将，以州里富强之家主之，
以待行李（自至德之后，民贫不堪命，遂以官司掌焉。凡天下
水陆驿一千五百八十七）。

参考二

一、《武经总要前集》卷五《烽火一一》：唐兵部有《烽
式》……今以《唐式》录为前，而今法次之……凡掌烽火，置
帅一人。

二、《唐六典》卷五职方郎中员外郎条：每烽置帅一人，副
一人。

三、《神机制敌太白阴经》卷五《预备·烽燧台篇四六》：
经曰：明烽燧。……一烽六人，五人烽子，递知更刻，观望动

静；一人烽卒，知文书符牒传递。

四、《通典》卷一五二《兵五·守拒法附》：一烽六人，五人为烽子，递知更刻，观视动静；一人烽卒，知文书、符牒、转牒。

五、《令义解》卷五《军防令》烽长条：凡烽，置长二人（谓纵一国有一烽者，犹置长二人。若有二烽者，亦置四人也），捡挍三烽以下，唯不得越境。国司蔺所部人家口重大堪捡挍者死。若无者，通用散位、勋位（谓外六位，勋七等以下也），分番上下。三年一替，交替之日，令教新人通解，然后相代。其烽须修理，皆役烽子。自非公事（谓除烽事以外，皆为非公事也），不得辄离所守。[①]

按

依《唐六典》卷五职方郎中员外郎条"每烽置帅一人"的规定惯例看，此处的"每驿皆置驿长一人"，也当是唐式，即《驾部式》。

实际上，《六典》驾部郎中员外郎条注中，包含的式文很多。除本条外，注文以"凡"字起始者，就可能是单独的一条式文。下述 4 条皆如此。

《通典》所记与《六典》之不同，第一，驿站之管理者（或经营者）不同，《六典》为官设之"驿长"，且其驿"马官给"，并有确定数目；而《通典》为官府指定之"驿将"，并由官府选择"州里富强之家主之"。第二，馆驿之名不同，《六典》无称"馆"者，《通典》称在"非通途大路则曰馆"。第三，全国驿站总数不同，《六典》为 1639 所，且陆驿、水驿分别统计，可信程

---

① 《新订增补国史大系·令义解》，吉川弘文馆，昭和 63 年 11 月印行，第 201 页。

度较高；《通典》为1587所，较之为少。第四，二者所反映的制度在时间上是冲突的，《六典》反映的是开元之制，一切均由官府掌握；《通典》所言似也是开元以前制度，因其所云"（肃宗）至德之后，民贫不堪命，遂以官司掌焉"，这表明肃宗之后才由官府掌理，又与《六典》记载有矛盾。《六典》记述的是成型的较有系统的制度，其制度化（或法典化）的程度较高，余如水驿置船、驿马给丁、驿船给丁、驿站官府资给以钱及为其市买什物等，均非民户承担迹象。未知杜佑《通典》之说本于何处。

四　凡水驿亦量事闲要以置船，事繁者每驿四只，闲者三只，更闲者二只。

引据

《唐六典》卷五驾部郎中员外郎条注：凡水驿亦量事闲要以置船，事繁者每驿四只，闲者三只，更闲者二只。

按

参见复原第三条按语。

五　凡马三名给丁一人；船一给丁三人。

引据

《唐六典》卷五驾部郎中员外郎条注：凡马三名给丁一人，船一给丁三人。

参考

一、《武经总要前集》卷五《烽火一一》：唐兵部有《烽式》……今以《唐式》录为前，而今法次之……

凡掌烽火……每烽置烽子六人，并取谨信有家口者充。……
烽子五人分更刻望视，一人掌送符牒。并二年一代，代日须教新
人通解，始得代去。如边境用兵时，更加卫兵五人，兼守烽城。
无卫兵则选乡丁武健者给仗充。

二、《神机制敌太白阴经》卷五《预备·烽燧台篇四六》：
经曰：明烽燧。……一烽六人，五人烽子，递知更刻，观望动
静；一人烽卒，知文书符牒传递。

三、《通典》卷一五二《兵五·守拒法附》：一烽六人，五
人为烽子，递知更刻，观视动静；一人烽卒，知文书、符牒、
转牒。

四、《令义解》卷五《军防令》配烽子条：凡烽，各配烽子
四人。若无丁处，通取次丁（谓虽是次丁，同正丁法，不可取
八人也）。以近及远，均分配番（谓以二人为一番也），以次
上下。①

按

《六典》卷五驾部郎中员外郎条注有"每驿皆置驿长一
人……凡马三名给丁一人，船一给丁三人"，按唐《职方式》
"凡掌烽火，置帅一人，副一人。每烽置烽子六人，并取谨信有
家口者充"规定之惯例，置帅、置副、置烽子数量皆规定于式
文中（唯《六典》卷五职方郎中员外郎条"每烽置帅一人，副
一人"作正文，而非注文），该驾部条注释所引文字，也当是
《驾部式》。参见《职方式第十四》复原第二条。并参见本篇复
原第三条按语。

---

① 《新订增补国史大系·令义解》，吉川弘文馆，昭和63年11月印行，第202页。

六　凡驿皆给钱以资之，什物并皆为市。

引据

《唐六典》卷五驾部郎中员外郎条注：凡驿皆给钱以资之，什物并皆为市。

按

参见复原第三条按语。

七　凡乘驿者，在京于门下给券，在外于留守及诸军、州给券。若乘驿经留守及五军都督府过者，长官押署；若不应给者，随即停之。

引据

《唐六典》卷五驾部郎中员外郎条注：凡乘驿者，在京于门下给券，在外于留守及诸军、州给券。若乘驿经留守及五军都督府过者，长官押署；若不应给者，随即停之。

按

参见复原第三条按语。

库部式第十六

（复原凡二条）

　　《唐六典》卷五库部郎中员外郎条："库部郎中、员外郎掌邦国军州之戎器、仪仗，及冬至、元正之陈设，并祠祭、丧葬之羽仪。"其下唯记述了其职掌中的"诸军州之甲仗，皆辨其出入之数，量其缮造之功，以分给焉。"

　　《六典》记库部司事至为简略，只有如上的寥寥数语。同卷记兵部尚书侍郎之职，也只略云有关库部司事为"甲仗之数，悉以咨之"。是库部司所掌为有关各军州之兵器出入之数量统计，以及重大节日仪仗陈设、祭祀及丧葬羽仪等事。《通典》卷二三《职官五·兵部尚书》注言及库部郎中职掌为："掌军器、仪仗、卤簿法式及乘舆等。"前三项均与《六典》等合，惟"乘舆"不见于《六典》。

　　《六典》注提到了"宋、齐、梁、陈并都官尚书领库部，后魏、北齐度支尚书领，隋则兵部尚书领焉"；并提到了《周礼·夏官·司甲下大夫》"为司戈盾、弓矢之长，各辨其物以待军事"，就其"辨其物以待军事"而言，隋之库部归兵部尚书掌领，较之宋、齐、梁、陈之由都官尚书掌领，后魏、北齐之由度支尚书掌领，似更为顺理成章。唐之因袭隋制，也更为顺畅。

　　今所复原的第一条，为根据《唐律疏议》引述《库部式》式文大意而复原的唐式断文；另有一条是有关"收获破贼及阑遗器仗"者，也属于"邦国军州之戎器"的职掌范围。

一 〔库部〕 诸甲非皮、铁者，私家听畜。

引据
《唐律疏议》卷一六《擅兴》私有禁兵器条疏议：其甲非皮、铁者，依《库部式》，亦有听畜之处。

参考一
《唐六典》卷一六卫尉寺武库令条：甲之制十有三：一曰明光甲，二曰光要甲，三曰细鳞甲，四曰山文甲，五曰乌锤甲，六曰白布甲，七曰皂绢甲，八曰布背甲，九曰步兵甲，十曰皮甲，十有一曰木甲，十有二曰锁子甲，十有三曰马甲（……今明光、光要、细鳞、山文、乌锤、锁子皆铁甲也，皮甲以犀兕为之，其余皆因所用物名焉）。

参考二
一、《唐律疏议》卷一六《擅兴》私有禁兵器条疏议：私有禁兵器，谓甲、弩、矛、矟、具装等，依《令》私家不合有。

二、《册府元龟》卷六四《帝王部·发号令第三》：贞元……八年六月诏曰：枪甲之属，不畜私家。《令》、《式》有闻，宜当遵守。如闻京城士庶之家，所藏器械，宜令京兆府宣示，俾纳官司，他如律令。

三、《令义解》卷五《军防令》私家鼓钲条：凡私家不得有鼓、钲、弩、牟、矟、具装、大角、少角及军幡（谓……具装者，马甲也。……）唯乐鼓不在禁限。[1]

---

[1] 《新订增补国史大系·令义解》，吉川弘文馆，昭和63年11月印行，第194～195页。

按

　　本条据《唐律疏议》文字酌定。韩国磐《传世文献中所见唐式辑存》〔《厦门大学学报》(哲社版) 1994 年第 1 期〕引前述《唐律疏议》"其甲非皮、铁者,依《库部式》,亦有听畜之处,其限外剩畜及不应畜而有者,亦准禁兵器论"后,云:"案此恐非《库部式》原文,大概是略述其意吧!"所言良是。按疏议所言,仅是式文规定精神。依疏议,即使非皮、铁之甲,若"限外剩畜"(似《库部式》有数量限定),"亦准禁兵器论",并强调说这样处罚,"理为适中"。

　　依《唐六典》卷一六卫尉寺武库令条所记,明光甲、光要甲、细鳞甲、山文甲、乌锤甲、锁子甲等六种甲,为铁甲;居第十位的是皮甲,其质料是"以犀兕为之",即母犀牛皮做成,是明确地以"皮"而命名的甲。"其余皆因所用物名焉",则白布甲、皂绢甲、布背甲三种,既以"布"、"绢"为名,可以肯定不是皮、铁做成;至于"步兵甲",难以说清其甲的质料;但"马甲,木甲"可以肯定是用马皮、木头做成的。这样,这里的皮甲就有两种。

　　又,日本令中,私家也不得有具装,注云:"具装者,马甲也",也是禁兵器之一。其马甲之质料,应是以马皮为之,与唐制相同。

二〔军部〕　诸收获破贼及阑遗器仗等,并申省随状处分,纳近便库。如有不堪用者,即须毁却,任充当处修理军器用。

引据

《宋刑统》卷二七《杂律》地内得宿藏物门附:准《军部

式》：诸收获破贼及阑遗器仗等（以下与本文同）。

　　按

　　此《军部式》，或当为《库部式》，即繁体字的"军"易混于"库"，在此的区别为《军部式》、《库部式》。按《新唐书》卷四六《百官志一》注："龙朔二年，改兵部曰司戎，职方曰司城，驾部曰司舆，库部曰司库。光宅元年，改兵部曰夏官，天宝十一载曰武部，驾部曰司驾。"不见"军部"之称。按唐代式名系按照官府名称取名这一背景，既无"军部"官署，此"军部"或为"库部"，因形近而误。

　　又，仁井田陞《唐军防令と烽燧制度——泷川博士の批评に答えて》（《法制史研究》第四号）曾指出，在法制局本（按即民国七年国务院法制局根据天一阁抄本校刻刊行）、嘉业堂本（按即民国十一年吴兴刘承乾根据天一阁抄本校刻刊行）中，《宋刑统》此处均作"'军'部式"。但仁井田陞以为当为"库部式"。姑复原为《库部式》，以俟后考。

刑部式第十七

（复原凡十一条，附《刑部格》三十一条）

　　《唐六典》卷六刑部尚书侍郎条："刑部尚书、侍郎之职，掌天下刑法及徒隶、句覆、关禁之政令。"其中，"徒隶"属都官郎中、员外郎职掌，"都官郎中、员外郎掌配没隶，簿录俘囚，以给衣粮、药疗，以理诉竞、雪免，凡公私良贱必周知之"；"句覆"属比部郎中、员外郎职掌，"比部郎中、员外郎掌句诸司百僚俸料、公廨、〔赃赎、调敛、徒役课程、逋悬数物，以周知内外之经费而总勾之〕"；"关禁"属司门郎中、员外郎职掌，"司门郎中、员外郎掌天下诸门及关出入往来之籍赋，而审其政"；而刑部郎中、员外郎之职掌，在这里就只剩下了"掌天下刑法"。这一职掌，《唐六典》卷六刑部郎中员外郎条又表述为："（刑部）郎中、员外郎掌贰尚书、侍郎，举其典宪而辨其轻重。""掌贰"是说辅佐刑部尚书、侍郎。按《通典》卷二三《职官五·刑部尚书》云："刑部……侍郎一人（……掌律令，定刑名，案覆大理及诸州应奏之事）"，这里，《通典》没有列出刑部郎中的职掌，道理就在刑部郎中与刑部侍郎职掌相同的缘故。

　　《六典》于刑部郎中员外郎条所述，第一部分是法典介绍。首为《律》、《令》、《格》、《式》之"文法之名"；继为《律》

之篇名、条数，《令》之篇名、条数，《格》、《式》篇数，《律》、《令》、《格》、《式》之定义。其下注释则分别介绍《律》、《令》、《格》、《式》之沿革。第二部分是对《律》的主要内容的介绍，大凡五刑、十恶、八议、赎罪、计赃等，皆有说明，主要为《名例律》中的总则性内容。第三部分为唐《令》中《狱官令》之主要内容介绍。涉及监狱设置、囚犯监禁、审级管辖、死刑审核及执行、徒流刑执行、告发程序、审判程序、法官回避、申诉制度等。

刑部郎中、员外郎之辅佐刑部尚书、侍郎，所谓的"举其典宪而辨其轻重"，以及"掌天下刑法"，以及"掌律令，定刑名，案覆大理及诸州应奏之事"（参见《唐六典》卷一八大理卿条），① 主要是主管全国司法行政和审判。包括复核京兆府、河南府及大理寺判决的徒刑案件和官人犯罪案件，驳令其重审或改判；案覆大理寺及诸州判决的流刑以上案件（包括死刑案件）等。这些职能，有的规定于唐《令》中之《狱官令》，有的规定于《式》中。在《式》，主要是《刑部式》。

今所复原者，主要是有关依据格敕制等特别法而决杖、配流配徒的程序及执行标准，高级官吏及其家属等犯罪的审问特殊程序，狱囚诸项供应的支出来源，"准式"之字义，解官复叙及一些断文等。其中，既涉及到程序法，也有实体法的内容。与《六典》上述记载（包括正文和注文）有关者，目前只有一个条文。

一　〔刑部〕　诸准格敕应决杖人，若年七十以上、十五以下及

---

① 《通典》卷二五《职官七·大理卿》："大唐……（大理）卿一人，掌鞫狱，定刑名，决诸疑谳。"可与《通典》所述刑部郎中职掌相比较。

废疾，并斟量决罚；如不堪者覆奏。不堪流、徒者亦准此。八十以上、十岁以下、笃疾，并放，不须覆奏。

引据

《宋刑统》卷四《名例》老幼疾及妇人犯罪门犯时未老疾条附：准《刑部式》：诸准格敕应决杖人（以下与本文同）。

按

《唐律疏议》卷四《名例》老小及疾有犯条，有一个通例性的规定："诸年七十以上、十五以下及废疾，犯流罪以下，收赎。"疏议说，这是"为矜老小及疾，故流罪以下收赎"。即使"犯加役流、反逆缘坐流、会赦犹流"等重罪，老小也可"至配所免居作"。之所以"至配所免居作"，是因"矜其老小，不堪役身，故免居作"。另，犯罪时未老疾条问答又云："律以老、疾不堪受刑，故节级优异。七十衰老，不能徒役，听以赎论。"则律所确定的规则是：流、徒、杖、笞刑，因老疾不堪受刑，故而予以收赎。

　　本条之"准《格》、《敕》应决杖人"，是依据特别法——格与敕而进行的处罚，与一般的法律不同。在此，《刑部式》是立了一个规矩。依《律》，是不对"年七十以上、十五以下及废疾"者进行决罚的（即执行杖、笞刑），但依《格》、《敕》却可以，只是在执行时"斟量决罚"，予执行者以灵活裁量权；依《律》也是不对"年七十以上、十五以下及废疾"者处以流、徒刑的，但依《格》、《敕》是可以的。《刑部式》确立的规矩只是排除了"八十以上、十岁以下、笃疾"者。

参考

一、《庆元条法事类》卷七三《刑狱门三·决遣》：《断狱令》：诸年七十以上、十五以下若废疾，时（特）敕决杖；或犯加役流、反逆缘坐流、会赦犹流，应决者，非（并）量决。不任者，奏裁。

二、《庆元条法事类》卷七四《刑狱门四·老疾犯罪》：《断狱令》：诸年七十以上若废疾，特敕决杖；或犯加役流、反逆缘坐流、会赦犹流，应决者，并量决。不任者，奏裁。

按

与唐《刑部式》（似也包括北宋，至少是宋初）类似的内容，在南宋是规定在《断狱令》中的。

二 〔开元〕 准《式》：《制》、《敕》处分"与一顿杖"者，决四十；"至到与一顿及重杖一顿"，并决六十。无文"至死"者，为"准《式》"处分。

引据

一、《通典》卷一六五《刑法三·刑制下（大唐）》：（肃宗）宝应元年九月，刑部、大理奏：准《式》：《制》、《敕》处分"与一顿杖"者，决四十；"至到与一顿及重杖一顿"，并决六十。无文"至死"者，谓"准《式》"处分。又，《制》、《敕》或有令"决痛杖一顿"者，《式》文既不载杖数，请准"至到与一顿，决六十"，并不至死。敕旨：依。

二、《唐会要》卷三九《议刑轻重》：（肃宗）宝应元年九月八日，刑部、大理奏：准《式》：《制》、《敕》处分"与一顿杖"者，（以下与本文同）。又，《制》、《敕》或有令"决痛杖一顿"者，《式》文既不载杖数，请准"至到与一顿，决六十"，并不至死。敕旨：依。

三、《唐六典》卷六刑部郎中员外郎条：凡律法之外有殊旨、别敕，则有死、流、徒、杖、除、免之差（谓有殊旨、别敕：宜杀却、宜处尽、宜处死、宜配远流、宜流却、配流若干里，及某处宜配流却遣、宜徒、宜配徒若干年，至到与一顿、与重杖一顿、与一顿痛杖、决杖若干，宜处流、依法配流、依法配流若干里，宜处徒、依法配徒、与徒罪，依法处徒若干年，与杖罪、与除名罪、与免官罪、与免所居官罪，皆刑部奉而行之）。

参考

一、《通典》卷一六五《刑法三·刑制下（大唐）》：（肃宗）上元……二年六月，刑部奏……又应决重杖之人，《令》、《式》先无分析。京城知是蠹害，决杀者多死；外州见流岭南，决不至死。决有两种，法开二门。敕旨：斩、绞刑宜依《格》、《律》处分。

二、《唐会要》卷三九《议刑轻重》：（肃宗）乾元……二年六月十四日，刑部奏……又应决重杖之人，《令》、《式》先无分析。京城知是蠹害，决者多死；外州见流岭南，决不至死。决有两种，法开二门。

按

此条为《式》文，观其"《式》文既不载杖数"可知。从时间看，此式应为《开元式》，引用时间为肃宗宝应元年；从内容看，也当是《刑部式》。又《六典》注文有载，可证当时有一个系统的制度，诸公文用词各有确定的含义，并已成为当时正式法律制度之外（所谓"律法之外"）的皇帝权力——通过"殊旨、别敕"而表现出来的另一套体制。

《式》文未规定"决痛杖一顿"应击打的杖数，观引据资料一可明，而只有"与一顿杖"者决四十、"与一顿及重杖一顿"并决六十的规定。参考项"应决重杖之人，《令》、《式》先无分析"之语，以故肃宗乾元二年（公元759年）刑部在抱怨；至肃宗宝应元年（公元762年）九月八日，刑部、大理奏就解决了这一问题。首先是肯定了平时所谓"准《式》处分"的意义，同时也解决了"《制》、《敕》或有令'决痛杖一顿'"应当遵循的规则，即比照"与一顿，决六十"的《式》文规定进行。

再者，新制入《式》，多由《制》、《敕》转化而来。引据一后半部分"决痛杖一顿"比照"与一顿，决六十"的《式》文进行的新规定，就是如此产生的。《唐会要》卷三九《定格令》："（开元）二十五年九月三日，兵部尚书李林甫奏：今年五月三十日前敕，不入新《格》、《式》者，并望不任〔在〕行用限。"可见，集中一定时期《敕》条而编《格》，自是唐《格》形成的基本的方式，也是《式》条补充的途径之一。

三　〔唐·刑部〕　　决重杖一顿处死，以代极法。

引据

《旧五代史》卷一四七《刑法志》：晋……开运……三年十一月丁未，左拾遗窦俨上疏曰："臣伏睹《名例律》疏云：死刑者，古先哲王，则天垂象，本欲生之，义期止杀；绞、斩之坐，皆刑之极也。又准天成三年闰八月二十三日敕，行极法日，宜不举乐，减常膳；又《刑部式》：'决重杖一顿处死，以代极法'，斯皆人君哀矜不舍之道也。"

参考

一、《通典》卷一六五《刑法三·刑制下（大唐）》：（德宗）建中三年八月，刑部侍郎班宏奏：其十恶中，恶逆以上四等罪，请准《律》用刑；其余及犯别罪，应合处斩刑，自今以后，并请决重杖一顿处死，以代极法。重杖既是死刑，诸司使不在奏请决重杖限。敕旨：依。

二、《唐会要》卷三九《议刑轻重》：（德宗）建中三年八月二十七日，刑部侍郎班宏奏：其十恶中，恶逆已上四等罪，请准《律》用刑；其余犯别罪应合处斩刑，自今已后，并请决重杖一顿处死，以代极法。重杖既是死刑，诸司便不在奏请决重杖限。敕旨：依。

三、《宋刑统》卷一《名例》五刑门：〔准〕唐建中三年八月二十七日敕节文：其十恶中，恶逆以上四等罪，请准《律》用刑；其余应合处绞、斩刑，自今以后，并决重杖一顿处死，以代极法。

按

后晋所行《刑部式》，当是唐旧。观《通典》卷一六五《刑法三·刑制下（大唐）》、《唐会要》卷三九《议刑轻重》及《宋刑统》卷一所载敕文之文字"决重杖一顿处死，以代极法"，与本条《式》文相同。以此知该条《式》文，是由唐建中三年之敕转化而来，其转化痕迹甚为明显。

四 〔刑部〕　诸文武职事、散官三品以上，及母妻并妇人身有五品以上邑号，犯公坐徒以上，及私罪杖以下，推勘之司送问目就问。

引据

《宋刑统》卷二九《断狱》应囚禁枷锁杻门囚应禁而不禁条附：〔准〕《刑部式》：诸文武职事、散官三品以上，（以下与本文同）。

附一：《刑部格》

《宋刑统》卷二九《断狱》应囚禁枷锁杻门囚应禁而不禁条附：〔准〕《刑部格》：敕，官人有被告者，不须即收禁，待知的实，然后依常法。

附二：《神龙〈散颁刑部格〉》

敦煌出土《神龙删定〈散颁刑部格〉》残卷（P.3078，现藏法国巴黎国立图书馆）：

一　法司断九品以上官罪，皆录所犯状进内。其外推断罪定，于后雪免者，皆得罪及合雪所由并元断官同奏。事若在外，以状申省司，亦具出入之状奏闻。若前人失错，纵去官经赦，亦宜奏。若推断公坐者，不在奏限。应雪景迹状，皆于本使勘检。如灼然合雪，具状牒考、选司。若使司已停，即于刑部、大理陈牒，问取使人合雪之状，然后为雪。仍牒中书省，并录状进内讫，然后注。①

按

《宋刑统》所附《刑部格》，显然是本条《式》文在逻辑上的发展。有了对官吏的审问方式上的优待，自然有对其收禁与否的优待。另条《神龙删定〈散颁刑部格〉》，因与本条《式》文相关，故也附于此。刘俊文以为，《唐会要》卷四一《杂录》载

---

① 引自〔日〕岛田正郎主编：《中国法制史料》第2辑第1册，第722页，载杨家骆主编：《中国史料系编》，台湾鼎文书局印行；刘俊文著：《敦煌吐鲁番唐代法制文书考释》，中华书局，1989，第247～248页。

高宗永淳二年二月制云"官人犯罪经断后得雪者，并申尚书省详定。前被枉断及有妄雪者，具状闻奏"，内容与敦煌出土《格》文雪免应奏之规定略同，当是《格》文所本。①

五　〔刑部〕　诸狱囚应给荐席、医药及汤沐，并须枷、锁、钳、杻、钉、镍者，皆以赃赎物充，不足者用官物。

引据

一、《宋刑统》卷二九《断狱》囚应请给医药衣食门附：〔准〕《刑部式》：诸狱囚应给荐席、医药及汤沐，（以下与本文同）。

二、《延喜式》卷二九《刑部省·医药》：凡狱囚应给衣粮、荐席、医药，及修理狱舍之类，用赃赎物者，申官听裁，然后给之。在外者先用后申。

三、《政事要略》天历四年十月十三日符：檢《（刑部）式》条，狱囚应给衣粮、荐席、医药，及修理狱舍之类，用赃赎物。②

按

日本《延喜式》明显沿用了《宋刑统》所附列的唐以来《刑部式》所规定的制度，而《延喜式》又是在前此的《弘仁式》、《贞观式》的基础上而成的。是日本历来之式均沿用唐式之一证。

参考

《庆元条法事类》卷七五《刑狱门五·刑狱杂事》：《断狱

---

① 刘俊文著：《敦煌吐鲁番唐代法制文书考释》，中华书局，1989，第260页。
② 〔日〕虎尾俊哉著：《弘仁式贞観式逸文集成·刑部省》，国书刊行会，平成4年12月版，第107页引。虎尾氏以为"《式》条"应是"刑部"式。

《令》：诸狱，州县当职官半年一次躬行检视。修葺所费，及狱司（当直司同）应供官用，若给囚之物，皆以赃罚钱充；不足者，修葺支转运司钱，余支本司头子钱（如不足，亦许支转运司钱），仍听州县随宜支拨。转运司不得令申请待报。

按

与唐《刑部式》（似也包括北宋，至少是宋初）类似的内容，在南宋是规定在《令》中的。

六 〔刑部〕　用"准式"者，《格》、《敕》、《律》、《令》皆是。

引据

《宋刑统》卷三〇《断狱》断罪引律令格式门附：〔准〕《刑部式》：用"准式"者，《格》、《敕》、《律》、《令》皆是。

参考

《唐会要》卷四一《左降官及流人》：建中三年……四月……京兆尹严郢驳奏曰……法司断结，准式有程。

按

此当时习用术语也。章奏、公文当皆用此字例。参考项所列"法司断结，准式有程"，或即当时"准式"之一例。按"法司断结"之程限，在《令》中有规定。

附《刑部格》：

《宋刑统》卷三〇《断狱》断罪引律令格式门：〔准〕《刑部格》：敕：如闻诸司，用例破《敕》及《令》、《式》，深乖道理。自今以后，不得更然。

按

本条《刑部格》与《式》文相关，故附于此。

七　〔刑部〕　诸先已去任，本罪不至解官，奉敕解者，叙限同
考解例。

引据

《唐律疏议》卷二《名例》官当条问答：先已去任，本罪不
至解官，奉敕解者，依《刑部式》，叙限同考解例。

参考

《唐六典》卷六刑部郎中员外郎条：即本犯不应流而特配流
者，三载以后听仕（有资者各依本犯收叙法。其解见任及非除
名、移乡者，年限、叙法皆准考解之例）。

按

韩国磐《传世文献中所见唐式辑存》〔《厦门大学学报》
（哲社版）1994 年第 1 期〕云："案此只言按《刑部式》处理，
未引式文，故只能说明《刑部式》的确曾存在和被应用而已。"

"叙限"，即叙官之期限。"考解"，指因考课等第低下而被
解官。"同考解例"，即依照考解之法等待叙官。因为毕竟是
"本罪不至解官"而"奉敕解"其官，相对而言，"同考解例"
是一种优待。

同理，参考项中《六典》正文及注文关于"本犯不应流而
特配流"的"三载以后听仕"者，也有"解见任"而其"年
限、叙法皆准考解之例"的规定。只是不知该正文与注文属于
《令》文还是《式》文。

八 〔永徽·刑部〕 以弟为定，成婚已讫。

引据

《令集解》卷一〇《户令·嫁女条》：又释云：《法例》云：雀门州申牒称："郭当、苏卿皆娶阿庞为妇。郭当于庞叔静边而娶，苏卿又于庞弟戚处娶之，两家有交竟者。叔之与侄，俱是朞亲。依《令》，婚先由伯叔；伯叔若无，始及兄弟。州司据状判：'妇还郭当。'苏卿不伏。请定何亲，令为婚主？"司刑判："嫁女节制，略载《令》文。叔若与戚同居，资产无别，须禀叔命，戚不合主婚；如其分析异财，虽弟得为婚主也。检《刑部式》：以弟为定，成婚已讫。《法例》以下，记无别。……"①

按

泷川政次郎在其所著《令集解に见ぇる唐の法律史料》之《开元式》章（收入《支那法制史研究》，第 110～112 页），指出：《令集解》中之《户令集解·嫁女》条的此《刑部式》文字，不是贞观《刑部式》就是永徽《刑部式》。因其原为《法例》一书所引述，而《法例》是唐高宗时成书的。其说可从。

按《旧唐书》卷五〇《刑法志》："先是详刑少卿赵仁本撰《法例》三卷，引以断狱，时议亦为折衷。后高宗览之，以为烦文不便，因谓侍臣曰：'律令格式，天下通规，非朕庸虚所能创制。并是武德之际，贞观已来，或取定宸衷，参详众议，条章备举，轨躅昭然，临事遵行，自不能尽。何为更须作例，致使触绪

---

① 《新订增补国史大系·令集解》第 2 册，吉川弘文馆，昭和 63 年版，第 300 页。并参见〔日〕泷川政次郎著：《支那法制史研究》，有斐阁，1940 年，第 111 页。又，参见〔日〕新美宽撰、铃木隆一补：《本邦残存典籍による辑佚资料集成（正续）》，京都大学人文科学研究所，1968，第 52 页。

多疑。计此因循，非适今日，速宜改辙，不得更然。’自是，《法例》遂废不用。”

九　工、乐及太常音声人，犯徒者，若习业未成，依《式》配役。

引据

《唐律疏议》卷三《名例》工乐杂户及妇人犯流决杖条疏议：工、乐及太常音声人（以下与本文同）。

按

“依《式》”与“准式”不同。“准式”在法律规定上可以有依准“《格》、《敕》、《律》、《令》”之可能，用得是广义；但唐代尚无“依《式》”为依准“《格》、《敕》、《律》、《令》”的规定或使用惯例。故此“依《式》”，当指狭义的“《式》”，即《律》、《令》、《格》、《式》之“《式》”。下二条也与此同例。此三条同为“配役”、“配流”的规定，是当时唐《式》中有关于徒流罪的配法规定。

十　减外残徒，各依《式》配役。

引据

《唐律疏议》卷五《名例》共犯罪有逃亡条：其本应徒，已决杖、笞者，即以杖、笞赎直，准减徒年（……减外残徒，各依《式》配役）。

按

见上条按语。

十一　若子年十六以上，依《式》配流。

引据

《唐律疏议》卷一七《贼盗》谋叛条疏议：若子年十六以上，依《式》配流，其母至配所免居作。

按

见第九条按语。

附一：《神龙删定〈散颁刑部格〉》

罗振玉《罗雪堂全集续编》第六十八册《神龙删定〈散颁刑部格〉残卷》①（P.3078，现藏法国巴黎国立图书馆）：

《散颁②刑部格》卷□

银青光禄大夫、行尚书右丞、上柱国臣苏瑰等奉敕[删]定

刑部　　　都部　　　比部　　　司门③

一、伪造官文书印，若转将用行（行用），并盗用官文书印，及亡印而行用，并伪造前代官文书印，若将行用，因得成官、假与人官、〔同〕情受假，各先决杖一百，头首配流岭南远

---

① 收入〔日〕岛田正郎主编：《中国法制史料》第2辑第1册，第719～727页，载杨家骆主编：《中国史料系编》，台湾鼎文书局印行。按所附跋，罗振玉称该残卷出于敦煌石室，现藏法国巴黎国立图书馆，编号P.3078。最早是由罗的朋友日本人内藤湖南博士游巴黎时手抄而归者。

② 按"散颁格"，《新唐书》卷五八《艺文志二》载"永徽……《散颁天下格》七卷，《留本司行格》十八卷……（分格为二部，以曹司常务为'行格'，天下所共为'散颁格'。）"所谓散颁，即颁行天下者也。又云："又《散颁格》七卷（中书令韦安石、礼部尚书同中书门下三品祝钦明、尚书右丞苏瑰、兵部郎中狄光嗣等删定，神龙元年上。"此处之《散颁刑部格卷□》，即新志所云"《散颁格》七卷"中的一部分。

③ 刘俊文以为，该卷卷首为"刑部格"，其下包括刑部、都官、比部、司门四司，而非以四司名篇，估计是由留司格与散颁格的不同造成的。留司格"留本司施行"，故按二十四司分篇；而散颁格则颁于天下，无须依曹细分，故以六部名篇。此可为一说。见氏著：《敦煌吐鲁番唐代法制文书考释》，中华书局，1989，第257页；同氏著：《唐代法制研究》，台北文津出版社，1999，第147页。

恶处，从配缘边有军府小州，并不在会赦之限。其同情受用伪文书之人，亦准此。

一、官人在任，缘赃贿计罪成殿已上，虽非赃贿，罪至除、免，会恩及别敕免，并即录奏，量所犯赃状，贬授岭南恶处及边远官。

一、流外行署、州县杂任，于监主犯赃一匹以上，先决杖六十；满五匹以上，先决一百，并配入军。如当州无府，配侧近州。断后一月内，即差纲领送所配府，取领报讫，申所司。赃不满匹者，即解却。虽会恩，并不在免军及解免之限。东在（在东）都及京犯者，于尚书省门对众决；在外州县者，长官集众对决。赃多者，仰依本法。

一、盗及诈请两京及九城（成）宫库物，赃满一匹已上，首处斩，从配流。若盗司农诸仓及少府监诸库物，并军粮、军资，赃满五匹以上，首处死，从处流；若一匹以上，首处流，从徒三年。所由官人不存检校，失数满卅匹已上者，奏闻。

一、诐诱官奴婢及藏隐并替换者，并配流岭南。无官荫者，于配所役三年；有官荫者，不得当、赎。官奴婢犯者，配远州苦使。

一、工、乐、杂户犯者，没为官奴婢，并不在赦限。

一、盗计赃满一匹以上，及诐诱官私奴婢，并恐喝取财，勘当知实，先决杖一百，仍依法与罪。

一、略及和诱、和同相卖为奴婢自首者，非追得卖人，并不得成首。其略良人，仍先决杖一百，然后依法。若于羁縻及轻税州自首者，虽得良人，非本州者，亦不成首。

一、但有告密，一准《令》条，受告官司，尽理推鞫（鞠）。如先有合决笞、杖者，先决本笞、杖，然后推逐状内，不当密条者，不须勘当；密条灼然，有逗留者，即准《律》掩捕，驰驿闻奏。如无指的，不须浪追及奏。若推勘事虚，先决杖一百，然后依法科罪，仍不得减赎。若责状不吐，确称有密者，即令自抄状自封，长官重封；如不解书，推勘官人为抄，长官封印署，驰驿进奏，仍禁身待进止。有不肯抄状，并不受推勘者，即与无密（同？），宜便准前决杖，及科本罪。若死囚，旨符已到，有告密者，不须为受。其有相知遣人数头分告，及取人文状，或称闻人传说，或称疑有如此，或云恐如此即告，并重告他人所告之密，勘当虚事（事虚），其杖及反坐无密等罪，一准告人科决。其告密人，虽抄封进，状内所告非密，及称状有不尽，妄请面见者，亦同无密科罪。纵别言他事，并不须为勘当。或缘斗阅（斗竞），或有冤嫌，即注被夺密封；事恐漏泻，官司不为追即摄（摄，即）云党助逆徒，有如此色者，并不须为勘当。仍令州县录敕，于所在村、坊要路榜示，使人具知，勿陷入罪。

一、光火劫贼，必借主人，兼倚乡豪，助成影援。其所获贼，各委州县长官，尽理评覆，应合死者，奏闻。其居停主人，先决杖一百，仍与贼同罪。邻保、里正、坊正、村正，各决杖六十，并移贯边州。其有捉获贼，应合赏，准强盗法；其赏出贼家及居停主人。其贼党有能密告官司，因而捕获者，免其罪，仍同赏例。如有贼发州县，专知官及长官隐蔽不言，及勾官不能纠举者，并解却。若捉贼不获，贬授远恶官。限内捕获过半以上，即免贬责。如擒获外境五人以上，与中上考。应贬者，听功过相折。御史、巡察使出日，仍访察奏闻。

一、盗及杀官驼马一匹以上者，先决杖一百，配流岭南，不得官当、赎。其知情博换、卖买，及过致人、居停主人知情者，并准此。人有纠告者，每纠得一匹，赏物廿匹；纠数虽多，不得过一百匹。其赏物并出隐杀盗（盗、杀）驼马人。告数满十匹以上者，卫士免军，百姓免简点，户奴放从良。所由官人 阿 纵者，与下考；受财求者，准盗人 科 罪 。①

《神龙〈散颁刑部格〉》残卷② （S. 4673，现藏英国伦敦大英图书馆）：

一、官人被推赃罪，事迹分明，拟为诉辞，规避不对；或经恩赦，求请证徒，若得重推，多有翻动；或使过之后，州县容翻，宜审详元状，如事验明白，身虽未对，不须为理。必称枉酷，任经省论，州县不得辄受申诉。其告事人，但审引虚，先决杖六十，仍各依法处断。支证翻者，亦同此科。

一、宿霄（宵）行道，男女交杂，因此聚会，并宜禁断。其邻保徒一年，里正决杖一百。

一、私造违样绫锦，勘当得实，先决杖一百。造意者徒三年；同造及挑文客织，并居停主人，并 徒 二年半；总不得官当、荫赎。踏碓人及村正、 坊 正、里正，各决杖八十。毛褐作文者，不得服用、买卖，违者物并没官。有人纠者，物入纠人，官与市取。其敕赐者，听与应服用人。如管内□□者，官司量事贬附。

一 　 别 敕推事，多为酷法，乃有悬枷著 　 脱衣迥立，

---

① 罗振玉曾将该格刊入其所著《百爵斋丛刊》，题《神龙删定散颁格残卷》（敦煌石室写本〔伯3078〕）。王永兴编著《隋唐五代经济史料汇编校注》第1编上册，曾引述其中5条。王在引本条时，为其二缺字补"人阿"，见中华书局，1987，第249页。同上也参考了刘俊文《敦煌吐鲁番唐代法制文书考释》（中华书局，1989）有关《神龙〈散颁刑部格〉残卷》的录文。

② 从此处开始，引自刘俊文《敦煌吐鲁番唐代法制文书考释》（中华书局，1989）有关《神龙〈散颁刑部格〉残卷》的后部。刘氏说，本段与P. 3078同为一卷，中断为二，20世纪初出于敦煌，分别被法国伯希和及英国斯坦因掠走。为斯坦因掠走者，编号S. 4673，现藏英国伦敦大英图书馆。刘氏系据北大所藏缩微胶卷抄录。见氏著第246页、第252～254页。

连宵忍冻，转 动   房小舍，堙户塞窗，数 □ □ □ □
与脱枷同，□□

〈后缺〉

按

本条"别敕推事，多为酷法"，据刘俊文云，《唐大诏令集》
卷八二载永徽六年十一月《法司及别敕推事并依律文诏》与此
内容略同，当即《格》文所本。按原诏书云："今既《科》、《格》
咸备，宪制久行，讯鞫之法，《律》条具载，深文之吏，犹乖
遵奉，肆行惨虐，曾靡仁心。在含气之伦，禀柔脆之质，乃有
悬枷著树，经日不解，脱衣迥立，连宵忍冻，动转有碍，食饮
乖节，残酷之事，非复一途。楚痛切心，何求不得！念及于此，
深以矜怀。 （中略）自今已后，内外法司及别敕推事，并依
《律》文，勿更别为酷法。"以此可知《格》与《敕》之间的
关系。①

上引《神龙刑部格》皆无相应《式》文，故附于此。本
《格》原有 18 条，此处仅列其 15 条。其余 3 条，一条已经附列
于前述的官员犯罪推问条《式》文后；另二条因分别与《宋刑
统》卷二六及日本《令集解》卷二八所引《刑部格》内容略同，
特别摘出单列于下。

附二：《神龙删定〈散颁刑部格〉》、《刑部格》

一、敦煌出土《神龙删定〈散颁刑部格〉》残卷 （P. 3078，
现藏法国巴黎国立图书馆）：

私铸钱人勘当得实，先决杖一百，头首处尽，家资没官；从
者配流。不得官当、荫赎，有官者，仍除名。勾合头首及居停主

---

① 见刘俊文著：《敦煌吐鲁番唐代法制文书考释》，中华书局，1989，第 269 页。

人，虽不自铸，亦处尽，家资亦没官。若家人共犯，罪其家长，资财并没；家长不知，坐其所由者一房资财。其铸钱处邻、保，处徒一年；里正、坊正，各决杖一百。若有人纠告，应没家资，并赏纠人。同犯自首告者，免罪，依例酬赏。①

二、《宋刑统》卷二六《杂律》私铸钱门附：准《刑部格》：敕：私铸钱及造意人，及句合头首者，并处绞，仍先决杖一百；从及居停主人，加役流，仍各先决杖六十。若家人共犯，坐其家长。若老弱残疾不坐者，则归罪其以次家长。其铸钱处，邻、保配徒一年，里正、坊正、村正各决杖六十。若有纠告者，即以所铸钱毁破，并铜物等赏纠人。同犯自首告者，免罪，依例酬赏。

按

刘俊文以为，《通典》卷九《食货九·钱币下》载高宗永淳元年五月敕，内容与敦煌出土《格》文略同，当为《格》文所本。

按《通典》引该敕云："私铸钱，造意人及句合头首者，并处绞，仍先决杖一百；从及居停主人，加役流，各决杖六十。若家人共犯，坐其家长。老疾不坐者，则罪归其以次家长。其铸钱处，邻、保配徒一年，里正、坊正、村正各决六十。若有纠告者，即以所铸钱毁破，并铜物等赏纠人。同犯自首免罪，依例酬赏。"

该敕与《宋刑统》基本相同，则《宋刑统》之《格》文的源头，应是该敕，而与《神龙刑部格》距离较远。

---

① 引自〔日〕岛田正郎主编：《中国法制史料》第 2 辑第 1 册，第 723~724 页，载杨家骆主编：《中国史料系编》，台湾鼎文书局印行；刘俊文著：《敦煌吐鲁番唐代法制文书考释》，中华书局，1989，第 249 页。

《宋刑统》所引《格》，与神龙时不同处是：多了"造意人"，造意者与私铸钱及"勾合头首者"都处绞刑；"居停主人"加役流，较神龙时的处死刑罚为轻；从犯"加役流"，较神龙流刑为重；"家长若老弱残疾不坐者，则归罪其以次家长"，无"家长不知，坐其所由者一房资财"之规定；"里正、坊正、村正各决杖六十"，较后来神龙时"里正、坊正，各决杖一百"为轻；赏格也有变化，赏"以所铸钱毁破，并铜物"，赏物与犯罪所涉之物联系更紧了，而不是神龙时的赏"应没家资"。

从高宗永淳到中宗神龙的所有这些变化，当是神龙时修改所致。但有关铸钱的《格》文的格局基本未变。

附三：《神龙删定〈散颁刑部格〉》、《开元刑部格》

一、敦煌出土《神龙删定〈散颁刑部格〉》残卷（S. 4673，现藏英国伦敦大英图书馆）：

州县职在亲人，百姓不合陵忽。其有欲害及欧（殴？），所部者承前已令斩决。若有犯者，先决一百，然后禁身奏闻。其内外官人，有侍其班秩故犯，情状可责者，文武六品以下、勋官二品以下并荫人，并听量情决杖，仍不得过六十。若长官无，听通判官应致敬者决。雍、洛寄住及诉竞人亦准此。其清官并国子助教、大学四门博士及副二通判官、录事参〔军〕事、县令、折冲府司马各于本任长官，并不得决限。①

二、《宋刑统》卷二一《斗讼》殴制使刺史县令门：〔准〕《刑部格》：州县职（左）〔在〕监临，百姓尤资礼奉。其有谋杀及殴，并咆悖陵忽者，先决杖一百；若杀，皆斩，不在赦原之限。

三、《令集解》卷二八《仪制令·内外官人条》：或云：《刑

---

① 引自刘俊文著：《敦煌吐鲁番唐代法制文书考释》，中华书局，1989，第253页。

部格》云：内外官人有恃其班品，故违宪法者，文武职事六品已下、勋官二品已下，量情决杖，仍不得过六十。若长官无，听通判官应致敬者决。其徒以上，依常法。[①]

按

该《神龙刑部格》的前部，与《宋刑统》卷二一所引《刑部格》有渊源关系，后者当是来源于前者。其间字句的不同及内容的些小差别，当是后来的改动。

新美宽撰、铃木隆一补《本邦残存典籍にょる辑佚资料集成（正续）》（1968），将《令集解》所引《刑部格》列为《开元格》。查《令集解》原文，未直接标明该《格》的时间，当是日本学者依据其内容而酌定其年代的。

按，《令集解》所引，与《神龙刑部格》中间部分基本相同，明显有渊源关系。《令集解》有"其徒以上，依常法"，为原《格》所无。或即《开元刑部格》较《神龙刑部格》多出此一节。另外，原《格》有"荫人"，又为《令集解》所无。

附四：《开元格》

《通典》卷一七〇《刑法八·峻酷》：《开元格》：周朝酷吏来子珣、万国俊、王弘义、侯思止、郭霸、焦仁亶、张知默、李敬仁、唐奉一、来俊臣、周兴、丘神勣、索元礼、曹仁悊、王景照、裴籍、李秦授、刘光业、王德寿、屈贞筠、鲍思恭、刘景阳、王处贞，右二十三人残害宗支，毒陷良善，情状尤重，身在者宜长流岭南远处；纵身没，子孙亦不许仕宦。

陈嘉言、鱼承晔、皇甫文备、傅游艺，右四人残害宗支，毒陷良善，情状稍轻，身在者宜配岭南；纵身没，子孙亦不许

---

① 《新订增补国史大系·令集解》第3册，吉川弘文馆，昭和63年印行，第726页。

近任。

敕：依前件。

开元十三年三月十二日

按

此《格》列于《通典》刑法部分，可能是开元《刑部格》。

附五：《刑部格》

一、《宋刑统》卷一一《职制》受所监临赃门附：《刑部格》：
敕：诸州解代官人及官人亲识并游客，并不得于所在官司及百姓
间乞取。若官人处分及率敛与者，并同自乞取法。其诸王公以及
百官家人，所在官人不得令供给；其强索供给者，先决杖三十。

二、《宋刑统》卷一九《贼盗》强盗窃盗门附：〔准〕《刑
部格》：受雇载运官物公案，受领因而隐盗及贸易者，并同监
主法。

三、《宋刑统》卷二九《断狱》不合拷讯者取众证为定门
附：〔准〕《刑部格》：敕节文：其有挟情托法，枉打杀人者，宜
科故杀罪。

四、《唐会要》卷四一《左降官及流人》：建中三年……四
月，御史台奏……又准《刑部格》：京城殷杂，愆犯百端，触网
陷刑，徒罪偏广。若皆送覆，系滞实多。其徒以下罪，非除免、
官当及敕杖者，宜准外州县例，量事处分。

按

《唐会要》所引格，未知依据何年敕而成，但德宗建中三年
四月已经在《格》，或系肃、代二宗时所定。又，其内容为京城
徒以下罪，只限于除免官当及敕杖者，才予"送覆"，余罪则仅
量事处分，不必"送覆"，显系程序上之简化。

另外，《格》中也有关于徒流人在流放地的期限规定。如

《唐会要》卷四一《左降官及流人》："（大中）四年正月敕……其秦、原、威、武诸州诸关，先准《格》，徒流人亦量与立限，止于七年，如要住者亦听。"

附六：《开成格》

一、《宋刑统》卷二《名例》以官当徒除名免官免所居官门附：〔准〕《开成格》：其犯十恶、杀人、监守内盗及略人、受财枉法并强盗、造伪头首等情状，蠹害不可与 _____ 会恩至流者，望请不在官当。（下缺）

二、《宋刑统》卷三〇《断狱》断罪引律令格式门附：准《开成格》：大理寺断狱及刑部详覆，其有疑似，比附不能决者，即须于程限内，并具事理，牒送都省。大理寺本断习官、刑部本覆郎官，各将法直，就都省十日内辩定断结。其有引证分明、堪为典则者，便录奏闻，编为常式。

按

此《开成格》即狄兼謩等详定之《开成详定格》，或称《两省详定刑法格》。按其内容，应当属《刑部格》一类。但因《开成格》本身即"关于刑狱"，没有其他内容，也可能是不分篇的。

附七：《格》

《宋刑统》卷二《名例》以官当徒除名免官免所居官门附：〔准〕《格》：勋官、散试官不许赎罪。

按

该条《格》文，其内容属于官员赎罪，当是《刑部格》。

都官式第十八

（复原凡一条）

《唐六典》卷六都官郎中员外郎条："都官郎中、员外郎掌配没隶，簿录俘囚，以给衣粮、药疗，以理诉竞、雪免。凡公私良贱必周知之。"刑部尚书、侍郎职掌中之"徒隶"一项，具体是属于都官郎中、员外郎掌理的。

《六典》同上正文逐项说明都官上述职掌的内容。一，"掌配没隶"，记述了配没之隶为反逆缘坐之家被没收为官奴婢者；有技艺者之配法；长作与分番之别；二，"以给衣粮、药疗"，记述了官奴婢及官户等衣粮供给标准，居作课程，节假婚丧等假，医药供给，官奴婢等的婚姻匹配；三，"以理诉竞、雪免"，记述了官奴婢通过赦宥而分别免为番户、杂户、良人，其中的老、疾者的特殊免法；四，"簿录俘囚"，记述了官奴婢等的簿籍登记和申报等。其中，给衣粮、节假等注文，当是《式》文。但无直接证据，故暂不予复原。

《通典》卷二三《职官五·刑部尚书》言及都官郎中职掌为："掌簿敛、配役、官奴婢簿籍、良贱及部曲、客女、俘囚之事。"所述与《六典》同。

今所复原的一条，为都官掌下的官奴婢的造籍、验视与申报问题的规定。

一　官奴婢，诸司每年正月造籍二通，一通送尚书，一通留本司。〇每岁十月，所司自黄口以上并印臂，送都官阅貌。〇官户……入老者，并从良。

引据

一、《唐会要》卷八六《奴婢》：大历十四年……八月，都官奏：伏准《格》、《式》，官奴婢，诸司每年正月造籍二通，一通送尚书，一通留本司。并每年置簿，点身团貌，然后关金、仓部给衣粮。又准《格》、《式》，官户受有勋及入老者，并从良。比来因循，省司不立文案，伏恐日月滋深，官户逃散。其受勋及入老者无定数，伏请令诸司准《式》造籍送省，并孳生及死亡者，每季申报，庶凭勘会。敕旨：宜并准《式》处分。自今已后，有违阙者，委所司奏闻，准法科罪。

二、《唐六典》卷六都官郎中员外郎条：每岁孟春，本司以类相从而疏其籍以申。每岁仲冬之月，条其生息，阅其老幼而正簿焉（每岁十月，所司自黄口以上并印臂，送都官阅貌）。

三、《唐六典》卷六都官郎中员外郎条：官奴婢……一免为番户，再免为杂户，三免为良人，皆因赦宥所及则免之。年六十及废疾，虽赦令不该，并免为番户；七十则免为良人，任所居乐处而编附之。

按

《唐六典》卷六都官郎中员外郎条之"每岁孟春，本司以类相从而疏其籍以申"，是约略说法，《唐会要》之"诸司每年正月造籍二通，一通送尚书，一通留本司"，才是文书语言。孟春之月为正月；"本司"指各有关官府，据《六典》所言包括司农寺、太乐、少府监等官司；"以类相从"指按照官户、杂户、官奴婢等类别进行，本文《唐会要》所言即专指官奴婢，而《唐六典》则指所有官贱；"疏其籍以申"，报申的机关是尚书省，说得明确些就是尚书省刑部的都官司。又，《唐六典》之"每岁十月，所司自黄口以上并印臂，送都官阅貌"，即《唐会要》之诸司"并每年置簿，点身团貌"，前者是文书之正式表达，后者是撮取大意。

　　《六典》排比《令》、《式》而成，故《唐会要》所言"准《格》、《式》"，《式》的成分高。其后直云"准式"，其为《式》的可能性更大，故将本条列入本《式》。

比部式第十九

（复原凡〇条）

《唐六典》卷六比部郎中员外郎条："比部郎中、员外郎掌句诸司百僚俸料、公廨、赃赎、〔调敛、徒役课程、逋悬数物，以周知内外之经费而总句之〕。"① 即前述刑部尚书、侍郎职掌中之"句覆"的内容之一。《通典》卷二三《职官五·刑部尚书》云："比部郎中一人（……掌内外诸司公廨及公私债负、徒役公程、赃物帐及勾用度物）。"与此略同。

《六典》同上正文逐项说明比部上述职掌的内容：诸司百僚俸料的京官、外官的发放等次标准（内官以本人品级高下为差，外官以州县或府的高下为差）及发放办法（如羁縻州的汉官给当土之物，关、监之官给年支轻货，镇、军司马俸禄同京官等），州县官月料由公廨本钱生利，在京官司有别借食本，京司每季申省，诸州岁终申省，由比部总句复之。此外，仓库出纳、营造佣市、丁匠功程、赃赎赋敛、勋赏赐与、军资器仗、和籴屯收，也由比部句复之。

王永兴先生著有《唐勾检制研究》（上海古籍出版社，1991），其中有一部分题为"财务勾检系统的中央领导机构——比部"，

---

① 方括弧内者，据陈仲夫点校《唐六典》增补，见中华书局，1992，第194、212页。

对比部司的上引职掌进行了详尽的研究。按照他的研究，"比部勾检全国性的财务行政"，对户部的度支司这个"唐代主要财务行政部门"的文案进行勾检；除"勾检全国性的财务事项"外，"也勾检一个州或局部的财务事项"。"比部掌握全国全部财务的令格式，掌管全国全部财务文案"。有关这方面的事务，当在《比部式》中有详尽规定。另外，《比部式》与《计帐式》、《勾帐式》也当有密切的联系。

《唐六典》卷六比部郎中员外郎条注，在比部勾复"仓库出纳"至"和籴屯收"下云："其在京给用则月一申之；在外，二千里内季一申之，二千里外两季一申之，五千里外终岁一申之"，可能是《比部式》文。但无直接证据证明之，故暂付阙如。

本《式》虽无复原条文，但为保持全书体例，仍列于此。

司门式第二十

（复原凡一条）

《唐六典》卷六司门郎中员外郎条："司门郎中、员外郎掌天下诸门及关出入往来之籍赋，而审其政。"即前述之"掌贰"刑部尚书、侍郎之"关禁之政令。""关禁"是司门郎中、员外郎之职掌。

上引《六典》未述及天下诸门。而根据复原唐《式》情况，唐《式》佚文中有关于"门"的规定。《六典》所详细载述的，是天下诸关。包括的内容有：一，天下诸关的数量、等次、分类标准、名称及在各州的分布情况；二，关的功能或作用；三，关的职责；四，度关"过所"的取得方法；五，最后的注释部分主要罗列了律文中有关私度关、越度关等罪名。

按《通典》卷二三《职官五·刑部尚书》云："司门郎中一人（……掌门籍、关桥及道路、过所、阑遗物事）。"其概括较《六典》多出"阑遗物"之事，叙述中又有"门籍"，列举其职掌更细致，可补《六典》之漏略。

本篇《式》与唐令中《关市令》有关"关"的规定、唐律中《卫禁律》有关"关禁"之事关联甚紧。可惜现存佚文只有一条关于"门"的规定，而《六典》卷六又未述及有关这方面的片言只语。

一　〔贞观·司门〕　　其有无门籍人，有急奏者，皆令监门司与仗家引奏，不许关碍。

引据

一、《旧唐书》卷一二八《颜真卿传》……臣闻太宗勤于听览，庶政以理，故著《司门式》云："其有无门籍人，有急奏者，皆令监门司与仗家引奏，不许关碍。"所以防壅蔽也。

二、《颜鲁公文集》卷一《论百官论事疏》：臣闻太宗勤于听览，庶政以理，故著《司门式》云："其有无门籍人，有急奏者，皆令监门司与仗家引对，不许关碍。"

三、《新唐书》卷一五三《颜真卿传》：昔太宗勤劳庶政，其《司门式》曰："无门籍者有急奏，令监司与仗家引对，不得关碍"，防拥〔壅〕蔽也。

四、《资治通鉴》卷二二四《唐纪四〇》代宗大历元年二月条：太宗著《门司式》云："其无门籍人，有急奏者，皆令门司与仗家引奏，无得关碍。"所以防壅蔽也。

参考

《唐会要》卷五五《省号下·谏议大夫》：开元十二年四月敕：令自今以后，谏官所献封事，不限旦晚，任封状进来，所由门司，不得有停滞。如须侧门论事，亦任随状面奏，即便令引对。

按

韩国磐《传世文献中所见唐式辑存》〔《厦门大学学报》(哲社版) 1994 年第 1 期〕引《颜鲁公文集》同上云："案《资治通鉴》卷 224 代宗大历元年（公元 766 年）作《门司式》。刑部第四司为司门，应以《司门式》为是。"所言为是。按，《旧唐书》与《颜鲁公文集》只"奏"与"对"之一字之差。《新唐书》撮取《颜鲁公文集》大意而成，文字经过修饰。另，《唐会要》所载开元制度只存在一时，非长久制度。

关于"门籍"、"门司"及"仗家"问题，《通鉴》胡注云："仗家，宿卫五仗之执事者。"门司，《旧唐书》、《颜鲁公文集》作"监门司"。按《六典》卷二五左右监门卫大将军、将军条：

> 左、右监门卫大将军、将军之职，掌诸门禁卫、门籍之法。凡京司应以籍入宫殿门者，皆本司具其官爵、姓名，以移牒其门（若流外官承脚色，并具其年纪、颜状），以门司送于监门，勘同，然后听入。凡财物器用，应入宫者，所由以籍傍取左监门将军判，门司检以入之；应出宫者，所由亦以籍傍取右监门将军判，门司检以出之。其籍月一换。若大驾行幸，则依卤簿之法，率其属于牙门之下以为监守。中郎将掌监诸门及巡警之法。凡宫殿门及城门皆左入右出。其监门官司检校者，听从便门出入。

可见，监门卫的职责，一是人的出入宫殿，二是物的出入宫殿的勘验。而其所配合的"门司"，就是所谓的城门郎。《唐六典》卷八门下省城门郎条："城门郎掌京城、皇城、宫殿诸门开阖之节，奉其管钥而出纳之。"因而，《唐六典》卷六司门郎中员外郎条："司门郎中、员外郎掌天下诸门"，及《通典》卷二三《职官五·刑部尚书》云："司门郎中一人……掌门籍"，应是与门下省城门郎、与左右监门卫的共同职掌。或其出令指导在司门司，具体执行则在门下省城门郎与左右监门卫。

工部式第二十一

（复原凡一条）

《唐六典》卷七工部尚书侍郎条："工部尚书、侍郎之职，掌天下百工、屯田、山泽之政令。其属有四：一曰工部，二曰屯田，三曰虞部，四曰水部；尚书、侍郎总其职务而奉行其制命。凡中外百司之事，由于所属，咸质正焉。"又，同上工部郎中、员外郎条："（工部）郎中、员外郎掌经营兴造之众务，凡城池之修浚，土木之缮茸，工匠之程式，咸经度之。"据此可知，与刑部郎中、员外郎等其他部之头司不同，工部郎中、员外郎似乎不是"掌贰"工部尚书、侍郎，而是有自己单独的职掌的。

但《通典》卷二三《职官五·工部尚书》言及工部郎中职掌，"所掌与侍郎同"，而侍郎之职掌是"掌兴造、工匠、诸公廨屋宇、五行并纸笔墨等事。"则所谓头司与尚书侍郎职掌之同与不同，又仅仅是个记载方式问题。相比之下，《通典》关于"公廨屋宇"的说法较《六典》具体，"纸笔墨"又《六典》本条所无。《六典》有关纸笔之事在卷二二少府监之右尚署。

《六典》卷七工部郎中员外郎条所言的"经营兴造"有"城池之修浚，土木之缮茸，工匠之程式"等三项职掌。在具体叙述中，前两项职掌下，主要记载了西京长安的京城、皇城、宫城、大明宫、兴庆宫、禁苑，东都洛阳的都城、皇城、皇宫、上阳宫、禁苑等的地理位置、城门设置及名称，各重要官署所在位置，重要的门、殿、阁与国事活动等。其下云："京、都之制备焉。凡兴建修筑，材木、工匠，则下少府、将作，以供其事。"则工部郎中、员外郎主要经管京都二城市的兴建修筑之事，至于地方之事则未必能有精力涉足；且工部只管工程是否进行的决定（按《六典》卷二三将作监丞条："凡内外缮造，百司供给，大事则听制敕，小事则俟省符"，此"省符"即指工部郎中、员外郎所代表的工部司文件），具体主其事者为少府监和将作监。

　　按《唐六典》卷二二少府监条："少府监之职，掌百工伎巧之政令，总中尚、左尚、右尚、织染、掌冶五署之官属，庀其工徒，谨其缮作。少监为之贰。凡天子之服御，百官之仪制，展采备物，率其属以供焉。"是少府监为手工业制造管理机构，其下统辖庞大的分门别类的制造业。唐代少府监有专式即《少府式》，其所掌应在该《式》的规定中。

　　又据《六典》卷二三将作大匠条："将作大匠之职，掌供邦国修建、土木、工匠之政令，总四署、三监、百工之官属，以供其职事"，其下分"内作"、"外作"。"内作"大抵指两京宫内台、殿、楼、阁、屋宇等，"外作"指山陵、城门、诸街、桥、道等。

　　工部郎中、员外郎的第三项职掌，是掌"工匠之程式"。其后相应的注文有："凡计功程者，夏三月与秋七月为长功，冬三月与春正月为短功，春之二月、三月，秋之八月、九月为中功。"此与《六典》卷二三将作监丞条"凡功有长短，役有轻重"之注文："凡计功程者，四月、五月、六月、七月为长功，二月、三月、八月、九月为中功，十月、十一月、十二月、正月为短功"相同，而这正是其"经度""工匠之程式"之事务。按该注文以"凡"字起文，应当是《令》、《式》类文字，很可能就是《工部式》的规定。但因缺乏直接证据，暂不列入，以俟后考。

本篇复原的一条，为《六典》卷二三将作监丞条出现的工程应遵循"四时之禁"起讫时间的规定，据称在"别《式》"中有特例。

一　起冶作、兴土工等，若临事要行，理不可废者，以从别《式》。

引据

《唐六典》卷二三将作监丞条注：凡四时之禁，每岁十月以后、尽于二月，不得起冶作；冬至以后、尽九〔正〕月，[①]不得兴土工；春、夏不伐木。若临事要行，理不可废者，以从别《式》。

按

本条疑是《工部式》文字。"从别《式》"一语，即指"依《式》"，此唐代法律常用术语。一般在《令》中规定，系《令》、《式》互相关联照应之法。日本《养老令》也如此。如《令集解》卷二四《宫卫令·开闭门条》注引唐令："钥匙……出纳时节、开门之法，从别《式》。"唐代《监门式》的确有此规定，按《唐律疏议》卷七《卫禁》奉敕夜开宫殿门条疏："依《监门式》：驾在大内，宫城门及皇城门钥匙，每去夜八刻出闭门，二更二点进入。京城门钥，每去夜十三刻出闭门，二更二点

---

① "九"应作"正"，据陈仲夫点校《唐六典》而改，见中华书局，1992，第212页。

进入。"又，"依《监门式》：宫城门及皇城门，四更二点出钥开
门。京城门，四更一点出钥开门。"又，《令义解·军防令》有
贼入境条："烽数节级，并依别《式》"，与《武经总要》所引
唐"兵部烽式"（即《职方式》）之载有放烽数目正同；他如
《令义解·杂令》大射者条："凡大射者……其仪式及禄，从别
《式》。"《令义解·丧葬令》遣使吊条注"殡殓之事，并从别
《式》"，均是如此。① 故本条当有"临事要行"之特别规定之
《式》存在，惜其文不存。

　　同时，载于本条之上的《六典》卷二三将作监丞条的文字，
"凡四时之禁，每岁十月以后、尽于二月，不得起冶作；冬至以
后、尽九月，不得兴土工；春、夏不伐木"，也可能是《式》
文。唐《式》没有为将作监单独设立篇章，其有关内容应在
《工部式》中。比如，以"春、夏不伐木"而言，因"将作监"
有"百工、就谷、库谷、斜谷、太阴、伊阳监"，"掌采伐材木
之事"，"凡修造所须材干之具，皆取之有时，用之有节"，可能
即此处所云"春、夏不伐木"之事。

---

① 参阅拙文《令式分辨与唐令的复原——〈唐令拾遗〉编译墨余录》，《当代法学》（长春）1990 年第 3 期。

屯田式第二十二

(复原凡二条，附《屯田格》一条)

《唐六典》卷七屯田郎中员外郎条："屯田郎中、员外郎掌天下屯田之政令。凡军、州边防镇守转运不给，则设屯田以益军储。其水陆腴瘠，播植地宜，功庸烦省，收率等级，咸取决焉。"

按上引《六典》，似屯田郎中、员外郎仅掌有关屯田之事，且目的仅是为防止"转运不给"而设立的。但本条《六典》又有"在京文武职事官职分田"及"在京诸司公廨田"的规定，并在注文中详细列举拨给标准，应当理解为职分田及公廨田也属屯田司所管辖的范围。这一点，也符合《通典》记述。按，《通典》卷二三《职官五·工部尚书》言及屯田郎中职掌，"掌屯田、官田、诸司公廨、官人职分、赐田及官园宅等事"，是"职分田"及"公廨田"等均在其管辖下。另外，"赐田及官园宅"，又《六典》所未涉及者。

屯田郎中、员外郎掌理屯田，《六典》注文中应有《屯田式》。如"凡营稻一顷，料单功九百四十八日"等注文，可能就是《屯田式》文。因缺乏旁证，暂不列入。

本篇所复原者，为屯官、屯副的选任、考课以及京官职田收获物的收取方法。

一　屯官取前资官、尝选人、文武散官等强干善农事，有书判，
　　堪理务者充；屯副取品子及勋官充。六考满，加一阶，听
　　选；得三上考者，又加一等。

引据

《唐六典》卷七屯田郎中员外郎条：凡屯皆有屯官、屯副
（屯官取前资官〔以下与本文同〕）。

参考

一、《武经总要前集》卷五《烽火一一》：唐兵部有《烽
式》……今以《唐式》录为前，而今法次之……凡掌烽火，置
帅一人，副一人。每烽置烽子六人，并取谨信有家口者充。副帅
往来检校，烽子五人分更刻望视，一人掌送符牒。并二年一代，
代日须教新人通解，始得代去。如边境用兵时，更加卫兵五人，
兼守烽城。无卫兵则选乡丁武健者给仗充。

二、《唐六典》卷五职方郎中员外郎条：每烽置帅一人，副
一人。

按

按照唐《式》惯例，烽帅、烽副、烽子的设置数量及要
求标准，是规定在《职方式》中的，因兵部之职方司主管烽
事。同理，工部之屯田司主管屯田，其屯官、屯副的设置要求
及标准，也应当在《屯田式》中规定。又，《六典》系排比唐代
《令》、《式》而成，正文、注文皆有《令》、《式》文字，如上
引参考二中的唐《职方式》文字为正文；本条系注文，也当为
《式》文。

又，本条有屯官、屯副的考课加阶及参选规定，为目前所见
的《职方式》佚文所无。

二　京官职田，准《式》并令佃民输送至京。

引据

《唐会要》卷九二《内外官职田》：上元元年十月敕：京官职田，准《式》并令佃民输送至京。

参考

一、《唐会要》卷九二《内外官职田》：（天宝）十二载十月敕：两京百官职田，承前佃民自送，道路或远，劳费颇多。自今已后，其职田去城五十里内者，依旧令佃民自送入城；自余限十月内便于所管州县并脚价贮纳。其脚价五十里外，每斗各征二文；一百里外不过三文。并令百官差本司请受。

二、《全唐文》卷四四《肃宗三·职田准旧〈式〉输送至京敕》：京官职田，准《式》并合佃人输送至京。中间杨国忠奏：去城五十里外，贮纳县仓，本官自差人请受。缘是暂时寄贮，所由触途干没，中闲司尤被抑屈，公私不便，因循累年。自今已后，京兆、河南府诸县，并令依旧送京输纳。本官如邀诘停留，并辄受加耗，请准所费及剩数，计赃以枉法论，至死者加役流。

按

京官职田，《六典》排列于工部屯田郎中员外郎条下，并云："凡在京文武职事官有职分田，京兆、河南府及京县官亦准此。凡在京诸司有公廨田，皆视其品命，而审其分给"，是"审"而"分给"之权在屯田司，由于职掌所属，故本条文字或属《屯田式》。

与此不同，诸州公廨田、诸州及都护府官人职分田，《六典》却将其系在户部郎中员外郎条。又，屯田司管理交接官员职田收获归属，《唐会要》卷九二《内外官职田》："大中元年十月，屯田奏：应内外官请职田，陆田限三月三十日，水田限四月三十日，麦田限九月三十日。已前上者，入后人；已后上者，入前人。伏以《令》、《式》之中，并不该闰月，每遇闰月交替者，即公牒纷纭，有司即无定条，莫知所守。伏以公田给使，须准期程，时限未明，实恐遗阙。今请至前件月，遇闰即以十五日为定式，十五日以前上者，入后人；已后上者，入前人。据今条，其元缺职田，并限六月三十日，春麦限三月三十日，宿麦限十二月三十日，已前上者，入新人；已后上者，并入旧人。今亦请至前件月，遇闰即以十五日为定式。所冀给受有制，永无诉论。敕曰：五岁再闰，固在不刊；二稔职田，须有定制。自此已后，宜依屯田所奏，永为常式。"观奏文所云"内外官职田"字样，可知屯田司似不专掌京官职田，外官职田也在掌理范围内，《六典》只列京官职田，乃写作时的系属问题。

　　附：《开二五屯田格》

　　《通典》卷一〇《食货一〇·盐铁》：（大唐开元……二十五年）又《屯田格》：幽州盐屯，每屯配丁五十人，一年收率满二千八百石以上，准营田第二等，二千四百石以上准第三等，二千石以上准第四等。大同横野军盐屯配兵五十人，每屯一年收率千五百石以上准第二等，千二百石以上准第三等，九百石以上准第四等。

　　又成州长道县盐井一所，并节级有赏罚。蜀道陵、绵等十州盐井总九十所，每年课盐都当钱八千五十八贯（陵州盐井一所，课都当钱二千六十一贯。绵州井四所，都当钱二百九十二贯。资州井六十八所，都当钱一千八十三贯。泸州井五所，都当钱一千八百五十贯。荣州井十二所，都当钱四百贯。梓州都当钱七百一十七贯。遂州四百一十五贯。阆州一千七百贯。普州二百七贯。果州二十六贯）。若闰月，共计加一月课，随月征纳，任以钱银兼纳。其银两别常以二百价为估。其课依都数纳官，欠即均征灶户（自兵兴，上元以后，天下出盐，各置盐司，节级权利，每岁所入九百余万贯文）。

虞部式第二十三

（复原凡一条，附《虞部格》一条）

　　《唐六典》卷七虞部郎中员外郎条："虞部郎中、员外郎掌天下虞衡、山泽之事，而辨其时禁。"此所谓工部尚书侍郎"掌山泽之政令"的具体化。其下内容，一为叙述"时禁"，指"采捕、畋猎，必以其时"，如冬春之交不捕鱼，春夏之交不药兽，夏不践苗，秋不焚燎；二为对野兽之害可随时捕获，并予以赏赐；三为禁止狩猎、樵采区域；四为殿中省、太仆寺及诸牧监等马牛刍藁供应办法，及供应内庭、百官等柴炭、木橦等办法等。

　　《通典》卷二三《职官五·工部尚书》言及虞部郎中职掌，为"掌京城街巷种植、山泽、苑囿、草木、薪炭供须、田猎等事。"较《六典》多出"京城街巷种植"事。

　　今所复原者，为有关山泽方面的原则规定。

一　准《式》，山泽之利，公私共之。

　　引据

　　《唐会要》卷五九《尚书省诸司下·虞部员外郎》：（代宗）大历十四年八月，虞部奏：准《式》："山泽之利，公私共之"者，比来除长春宫所收，占吝甚多。望令关内州府审勘顷亩，先均给贫下百姓，据厚薄节给轻税五分之一，征纳讫，市轻货送上都。如所由辄有隐漏，及收管不尽，并请准条科罪。敕旨：依奏。

按

韩国磐《传世文献中所见唐式辑存》（《厦门大学学报》（哲社版）1994 年第 1 期）引同上云："案此言'准式'，当即指《虞部式》。唐史籍如《唐会要》等，'准式'的用语经常可见，有的指本官司之式，有的即指一般规定或其他曹司之式。"本条当是《虞部式》之规定精神，未必是其原文。

附：《虞部格》

《白氏六帖事类集》卷二五《畋猎一》：禁俗（《虞部格》：西京五百里内宜禁捕猎，犯者王公已下录奏，痛决一顿。）

按

《唐六典》卷七虞部郎中员外郎条云："凡京兆、河南二都，其近为四郊，三百里皆不得弋猎、采捕。"是原来《令》、《式》（已难以分清究竟为《令》文还是《式》文）规定尚宽，而本条《格》文范围加大，西京竟然变为"五百里内"禁捕猎，且规定有罚则。

水部式第二十四

（复原凡三十五条）

《唐六典》卷七水部郎中员外郎条："水部郎中、员外郎掌天下川渎、陂池之政令，以导达沟洫，堰决河渠。凡舟楫、溉灌之利，咸总而举之。"即今之所谓水利或水害之事，均在其所管范围内。按《通典》卷二三《职官五·工部尚书》言及水部郎中职掌，为"掌川渎、津济、船舻、浮桥、渠堰、渔捕、运漕、水碾硙等事"，与《六典》此处及下文叙述略同。惟《六典》重点强调的是桥梁、灌溉，而对"渔捕"、"运漕"等仅是一笔带过。

《六典》在上述水部司职掌下所记述者，一是介绍天下河流数量（包括大川2条、中川135条、小川1252条）及其主要功用，二是概略说明用水灌溉规则及堤防修葺事；三是介绍天下（主要为京都附近）桥梁类型（包括造舟之梁、石柱之梁、木柱之梁）与其数目，注文仅为位于黄河、洛水上"造舟之梁"即所谓河阳桥、大阳桥、蒲津桥、孝义桥所需要的竹索制造或供应、浮桥脚船的预备和制造、各桥水手及木匠人数规定等；四是关于无桥的河流之由官府设置摆渡船与船夫的规定，注文是对这些渡口额设船只数量及船夫来源及数目的详细情况。这些内容，尤其是其中的注文，是《水部式》文。与敦煌发现《水部式》残卷比较，《六典》只是节录了其中的极小一部分。

　　本世纪初出于敦煌而被法国人伯希和掠走的《水部式》残卷，是今存《式》文数量最大的古文书，现存 144 行（现藏法国巴黎国立图书馆，编号 P. 2507）。它使我们得以看到唐代《水部式》原貌的一大部分。

　　唐《水部式》的复原，也是从对该敦煌文书的研究开始的。最早将该残卷确定为唐《水部式》的，是罗振玉。罗氏在《雪堂校刊群书叙录》中，将《白氏六帖事类集》卷二三水田条所引《水部式》与该残卷的第 12 ~ 15 行相比较，认为该残卷为唐《水部式》。以后学者每每提及此。①

　　进一步的研究，学者从残卷中所反映的府州县名及其更改、复旧情况，结合唐代修《式》的历史，将该残卷确定为《开元二十五年式》。② 同时，将残卷的部分内容与《唐六典》注的对

---

①　刘俊文《敦煌吐鲁番唐代法制文书考释》云："罗振玉《雪堂校刊群书叙录》曾检《白氏六帖事类集》卷二三水田条引《水部式》云：《水部式》：'京兆府高陵界清、白二渠交口，置斗门堰。清水恒佳（按当作准）为五分，三分入中白渠，二分入清渠。若雨水边（按当作过）多，即上下用水处相开放，还入清水。三月六日已前、八月二十日已后，任开放之。'上述文字，正在卷子第 12 ~ 15 行中，因知此卷所载为《水部式》。"见氏著中华书局，1989，第 336 页。韩国磐《传世文献中所见唐式辑存》一文，在说到《白氏六帖事类集》卷二三水田条所引《斗门式》时，云："前面已谈到罗振玉氏即用此条《水部式》论证敦煌文书 P. 2507 号为唐代《水部式》残卷，因白氏此条正在该文书残卷内，所占不足四行，而敦煌《水部式》残卷现存一百四十四行。"载《厦门大学学报》（哲社版）1994 年第 1 期。

②　刘俊文《敦煌吐鲁番唐代法制文书考释》考定"此卷所载乃属开元式，其制定时间当在开元十三年以后"，并云："考《通典》卷一六五《刑法》门《刑制》下、《唐会要》卷三九《定格令》、《册府元龟》卷一五二《刑法》部《定律令四》及两《唐书·刑法志》，开元一朝，式凡三修，即开元三年式，姚元崇等奉敕撰；开元七年式，宋璟等奉敕撰；开元二十五年式，李林甫等奉敕撰。此既在开元十三年以后，则为开元二十五年式无疑。"见氏著中华书局，1989，第 336 ~ 337 页。王永兴《隋唐五代经济史料汇编校注》以为："初唐，永徽、垂拱、神龙、开元四次修式。这一《水部式》残卷记载：'沧、瀛、贝、莫、登、莱、海、泗、魏、德等十州，共差水手五千四百人。'按《旧唐书》三八《地理志》（《新唐书》卷三八《地理志》文同）：登州，汉东莱郡之黄县，如意元年，分置登州。《旧唐书》三九《地理志》（《新唐书》三九《地理志》文同）：莫州上，本瀛州之鄚县，景云二年，于县置鄚州。开元十三年……改为'莫'。据此，永徽、垂拱修式之时，尚无登州、莫州之设置；永徽、垂拱、神龙修式之时，尚无莫州之设置；只有开元修式之时，才有莫州之设置；可见这一《水部式》残卷是开元时修制的。"见氏著第 1 编上册，中华书局，1987，第 133 页。

照研究，也帮助了对残卷内容、性质及其制定时间的确定。① 自然，《六典》注当是《开元七年式》，而敦煌《水部式》残卷当是《开元二十五年式》。

这里提到的《唐六典》卷七水部郎中员外郎条注文，其正文是："凡天下造舟之梁四，石柱之梁四，木柱之梁三，巨梁十有一，皆国工修之。其余皆所管州县随时营葺。"也就是在罗列国家主要的 11 座桥梁"皆国工修之"及"其余（桥梁）皆所管州县随时营葺"之后，用了 175 字的注文。按道理，这些注文应当是说明上述桥梁的"修"和"营葺"的，但实际情况却是，注文只涉及到 11 座中的四座桥（河阳桥、大阳桥、蒲津桥、孝义桥）的"修"的规定，另 7 座未涉及，更未提到 11 座大桥之外的"其余"桥梁的"营葺"规定。分层来看注文的内容，（1）是关于承担各桥修桥材料（竹索）制造的州或中央机构、额定制造数量；（2）是浮桥脚船的制造州或原料所出地及制造单位；（3）是各桥的额定水手数量等。其中，（1）（2）两项属于桥梁的"修"理的，（3）则与修理无直接关系。

将这大段注文与敦煌《水部式》残卷对照，可以看出，注文是节取不同条的《式》文拼凑而成的。同时，它也不是按照唐《式》的原有顺序进行摘录的。

本篇复原文字，使用了刘俊文著《敦煌吐鲁番唐代法制文书考释》（中华书局，1989）一书的唐《水部式》残卷录文，其有关"考证"及"笺释"部分，请参见该书；本书也参考了罗

---

① 刘俊文《敦煌吐鲁番唐代法制文书考释》云："此卷所载内容，与《大唐六典》卷七水部郎中员外郎条注多处略同，如第 67～68 行河阳桥、大阳桥水手木匠云云，第 115～121 行河阳、大阳、蒲津诸桥所须竹索云云，第 125～128 行浮桥脚船云云……因知此卷所载为《水部式》。"见氏著中华书局，1989，第 336 页。

振玉《罗雪堂全集》三编第五册的《水部式》录文，[①] 以及王永兴《隋唐五代经济史料汇编校注》第一编上册（中华书局，1987）依据《鸣沙石室佚书》所载而转录的部分录文。

另外，《唐六典》卷七水部郎中员外郎条的前述正文、注文之下，尚有另一段正文："其大津无梁，皆给船人，量其大小难易，以定其差等。"其注文内容是：各津、关额定渡船的数量、渡子来源及人选、每船额定渡子数目、渡子分番及更替等。疑其亦为《式》文，故将其复原为本《式》的最后一条。

一　〔开二五·水部〕泾、渭白渠及诸大渠用水溉灌之处，皆安斗门，并须累石及安木傍壁，仰使牢固。不得当渠造堰。

引据

敦煌文书 P. 2507 残卷（敦煌发现《开元水部式》残卷）：泾、渭白渠及诸大渠用水溉灌之处（以下与本文同）。

按

唐《水部式》多对具体水渠、河流或地区性之事务作出规定，如本条之"泾、渭白渠"、复原第四条甲之"清、白二渠"、复原第五条之"泾水南白渠、中白渠、南渠"、复原第九条之"河西诸州"（当为凉、甘、肃、伊、瓜、沙、西七州）灌溉等，均是如此。此为当时法律规定具体性之一表征。

---

① 〔日〕岛田正郎主编：《中国法制史料》第2辑第2册，载杨家骆主编：《中国史料系编》，台湾鼎文书局印行，第733～750页。

二 〔开二五・水部〕　　诸溉灌大渠有水下地高者，不得当渠
（造）① 堰，听于上流势高之处，为斗门引取。其斗门，皆
须州县官司检行安置，不得私造。其傍支渠有地高水下，须
临时暂堰溉灌者，听之。凡浇田，皆仰预知顷亩，依次取
用，水遍即令闭塞，务使均普，不得偏并。

引据

敦煌文书 P. 2507 残卷（敦煌发现《开元水部式》残卷）：
诸溉灌大渠有水下地高者（以下与本文同）。

参考

《唐六典》卷二三都水监丞条：凡京畿诸水，禁人因灌溉而
有费者。

三甲 〔开七・水部〕　　每渠及斗门置长各一人（以庶人年五十
已上，并勋官及停家职资有干用者为之），至溉田时，乃
令节其水之多少，均其灌溉焉。每岁，府县差官一人以督
察之；岁终，录其功以为考课。

引据

《唐六典》卷二三都水使者条：每渠及斗门置长各一人（以
庶人年五十已上〔以下与本文同〕）。

按

与复原三乙文字相对较，本条也当是《式》文。这表明，
写入《唐六典》卷二三都水使者的，是按《水部式》文润饰而

---

① 刘俊文云："' （ ）' 处原空白，据上下文意，当补作 '造'。"见氏著：《敦煌吐鲁番唐
代法制文书考释》，中华书局，1989，第337页。

成的。《六典》之排比《令》、《式》，此一强证。

参考

《唐六典》卷二三都水监丞条：凡京畿诸水，禁人因灌溉而有费者。

三乙 〔开二五·水部〕 诸渠长及斗门长，至浇田之时，专知节水多少。其州县每年各差一官检校。长官及都水官司时加巡察。若用水得所，田畴丰殖，及用水不平并虚弃水利者，年终录为功过附考。

引据

敦煌文书 P. 2507 残卷（敦煌发现《开元水部式》残卷）：诸渠长及斗门长，至浇田之时（以下与本文同）。

参考

《唐六典》卷二三都水监丞条：凡京畿诸水，禁人因灌溉而有费者。

四甲 〔开二五·水部〕 京兆府高陵县界清、白二渠交口，着①斗门堰。清水恒准水②为五分，三分入中白渠，二分入清渠。若水两（雨）过多，③ 即与④上下用水处相知⑤

---

① 《白氏六帖事类集》卷二三《水田二二》"着"作"置"。
② 《白氏六帖事类集》卷二三《水田二二》无"水"字。
③ 《白氏六帖事类集》卷二三《水田二二》"水两过多"作"若雨水边多"。刘俊文云："按'水两'意不通，疑'两'为'雨'之形讹或为'量'之音讹。下同。"见氏著：《敦煌吐鲁番唐代法制文书考释》，中华书局，1989，第337页。
④ 《白氏六帖事类集》卷二三《水田二二》无"与"字。
⑤ 《白氏六帖事类集》卷二三《水田二二》无"知"字。

开放，还入清水。二月一日①以②前、八月卅日③以④后，亦任开放。⑤ 泾、⑥ 渭二水大白渠，每年京兆少尹一人检校。其二水口大斗门，至浇田之时，须有开下（閇）。⑦放水多少，委当界县官共专当官司相知，量事开闭。

引据

敦煌文书 P. 2507 残卷（敦煌发现《开元水部式》残卷）：京兆府高陵县界清、白二渠交口（以下与本文同）。

参考

《全唐文》卷三九八《刘仲宜·对清白二渠判》：

得清、白二渠交口，不著斗门堰，府司科高陵令罪。云："是二月一日以前。"

殷俗富人，实惟稼穑；分疆列土，必假沟渠。……理宜顺时役筑，作制堤防。惟彼高陵，地称三辅，瞻言沃壤，良由二渠。完谨苟亏，畜泄乖用，必贻罪戾，何以逃刑？……斗门不设，交口未修，功虽阙于千金，时靡过于二月，遽即科殿，恐爽廉平。请从矜释，谓合通典。

按

刘仲宜，一作"仲宣"，开元时擢书判拔萃科，为唐玄宗时人。高陵县令为自己辩护时所依据之《式》文，明言"是二月

---

① "二月一日"，《白氏六帖事类集》卷二三《水田二二》作"三月六日"。
② "以"，《白氏六帖事类集》卷二三《水田二二》作"已"。
③ "八月卅日"，《白氏六帖事类集》卷二三《水田二二》作"八月二十日"。
④ "以"，《白氏六帖事类集》卷二三《水田二二》作"已"。
⑤ "亦任开放"，《白氏六帖事类集》卷二三《水田二二》作"任开放之"。
⑥ "泾"以下五十三字，《白氏六帖事类集》卷二三《水田二二》无。
⑦ "须有开下"，刘俊文云："按'开下'难解，疑'下'为'闭'之省文，后'开闭'多见，可证。"见氏著：《敦煌吐鲁番唐代法制文书考释》，中华书局，1989，第337页。按"閇"即"闭"之俗字。

一日以前"，则其所依据者仍为《开元式》无疑，与后来白居易
所言者，又有不同。

四乙　〔水部〕　京兆府高陵界清、白二渠交口，置斗门堰。清
　　　　水恒准为五分，三分入中白渠，二分入清渠。若雨水边
　　　　〔过〕① 多，即上下用水处相开放，还入清水。三月六日
　　　　已前、八月二十日已后，任开放之。

　　引据

　《白氏六帖事类集》卷二三《水田二二》：畎浍清白渠《斗门
式》（《水部式》：京兆府高陵界清、白二渠交口〔以下与本文同〕）。

　　参考

　《唐六典》卷七水部郎中员外郎条注：自季夏及于仲春，皆
闭斗门，有余乃得听用之。

　　按

　《六典》之文，"仲春"为三月，"季夏"当八月，与本条
之"三月六日已前、八月二十日已后，任开放之"正合。但上
引《六典》注文是专为"碾硙不得与（灌溉）争其利"的正文
而作的说明，与这里的控制"中白渠"、"清渠"的水流精神是
一致的。列于此，供参考。

四丙　〔水部〕　决泄有时，畎浍有度，居上游者不得壅②泉而
　　　　颛（专）其腴，每岁少尹一人行视之，以诛不式。

————————

① "边"，误，应为"过"。
② 《全唐文》卷六〇九作"拥"。

引据

一、《刘宾客文集》卷二《碑上·高陵令刘君遗爱碑》……按《水部式》：决泄有时，畎浍有度（以下与本文同）。长庆三年，高陵令刘君励精吏治……乃循故事，考《式》文暨前后诏条……君讳仁师，字行舆，彭城人……遵《水式》兮复田制，无荒区兮有良岁……

二、《全唐文》卷六〇九《刘禹锡十一·高陵令刘君遗爱碑》……泾水东行注白渠，酾而为三，以沃关中，故秦人常得善岁。案《水部式》：决泄有时（以下与本文同）。兵兴以迁，寝失根本，泾阳人果拥而颛之，公取全流，浸原为畦，私开四窦，泽不及下，泾田独肥，他邑为枯。地力既移，地征如初。人或赴诉，泣迎尹马。而上泾之腴皆权幸，家荣势足，以破理诉者，复得罪。由是咋舌不敢言，吞冤含忍，家视孙子。长庆三年，高陵令刘君励精吏治……乃修故事，考《式》文暨前后诏条，又以新意请更水道入于我里，请杜私窦，使无弃流……别白纤悉，列上便宜，掾吏依违不决。居二岁……役仲冬新渠成，涉季冬二日新堰成……如是请名渠曰刘公，而名堰曰彭城。……君讳仁师，字行舆，彭城人，武德名臣刑部尚书德威之五代孙。……今采其旨而变其词，志于石文曰……遵《水式》兮复田制，无荒区兮有良岁……

三、《唐六典》卷二三都水使者条：凡京畿之内渠堰陂池……每岁，府县差官一人以督察之；岁终，录其功以为考课。

按

《唐六典》卷二三都水使者条只有"每岁，府县差官一人以督察之"，而无敦煌《开元水部式》残卷之"长官及都水官司时加巡察"之文。实际上，这里的更为宏观的"长官时加巡察"，应是"泾渭二水大白渠，每年京兆少尹一人检校"的具体落实，也是本处"每岁少尹一人行视之，以诛不式"的出处。

刘仁师，两《唐书》无传。据本碑，历官高陵、昭应令，官至检校屯田郎中兼侍御史，加司勋正郎中。

本条系征引《式》文大意而成。观"每岁少尹一人行视之"，应是复原《水部式》第四条甲所谓"每年京兆少尹一人检校"的缩略语；再证以刘仁师为高陵县令，则所指定为"京兆少尹"无疑。至于"决泄有时，畎浍有度"，则是"至浇田之时，须有开下〔閗〕"的大意复述。

再者，本条也可能是撮用了其他条文大意，并不局限于清、白二渠的特别规定。比如，复原《水部式》第二条是对所有涉及浇田的普遍性规定："凡浇田，皆仰预知顷亩，依次取用，水遍即令闭塞，务使均普，不得偏并"，即可能是"居上游者不得拥泉而专其腴"的源头。另外，《唐六典》卷七水部郎中员外郎条："凡用水自下始"，也即"居上游者不得拥泉而专其腴"之意。

碑文所记事迹，为穆宗、敬宗时高陵令要求京兆府、朝廷解决上游泾阳县以及后来的三原县的权豪截水之事。为此，新挖刘公渠、彭城堰（分别以刘仁师之姓氏、籍贯命名），此即刘仁师"以新意请更水道入于我里，请杜私窦，使无弃流"计划的具体实施。其渠宽度、深度，云："广四寻，而深半之"，"桉股引而东千七百步"即其长度。

又按碑文，"吞恨六十年，明府雪之"，是泾阳上游拥水，自唐代宗李豫永泰、大历间就已开始（约公元 766 年），可见《式》文不被遵守的严重情况。

五〔开二五·水部〕　泾水南白渠、中白渠、南渠①水口初分，欲入中白渠、偶南渠处，各着斗门堰。南白渠水一尺以上、二尺以下，入中白渠及偶南渠。若水两（雨）过多，放还本渠。其南、北白渠，雨水泛涨，旧有泄水处，令水次州县相知检校疏决，勿使损田。

引据

敦煌文书 P. 2507 残卷（敦煌发现《开元水部式》残卷）：泾水南白渠、中白渠、〔偶〕南渠水口初分（以下与本文同）。

参考一

一、《唐六典》卷七水部郎中员外郎条：若秋、夏霖潦，泛溢冲坏者，则不待其时而修葺。

二、《唐六典》卷二三都水使者条：凡京畿之内渠堰陂池之坏决，则下于所由，而后修之。

参考二

《唐律疏议》卷二七《杂律》失时不修堤防条：诸不修堤防，及修而失时者，主司杖七十；毁害人家、漂失财物者，坐赃论减五等；以故杀伤人者，减斗杀伤罪三等（谓水流漂害于人。即人自涉而死者，非）。即水雨过常，非人力所防者，勿论。

疏议曰：依《营缮令》："近河及大水有堤防之处，刺史、县令以时检校。若须修理，每秋收讫，量功多少，差人夫修理。若暴水泛溢，损坏堤防，交为人患者，先即修营，不拘时限。"若有损坏，当时不即修补，或修而失时者，主司杖七十。"毁害人家"，谓因不修补及修而失时，为水毁害人家，漂失财物者，

---

① 刘俊文云："按'南渠'上脱'偶'字，下文'偶南渠'可证。"见氏著：《敦煌吐鲁番唐代法制文书考释》，中华书局，1989，第337页。

"坐赃论减五等",谓失十匹杖六十,罪止杖一百;若失众人之物,亦合倍论。"以故杀伤人者,减斗杀伤罪三等",谓杀人者,徒二年半;折一支者,徒一年半之类。注云"谓水流漂害于人",谓由不修理堤防,而损害人家及行旅被水漂流,而致死伤者。"即人自涉而死者,非",所司不坐。"即水雨过常,非人力所防者",无罪。

按

《唐六典》卷二三都水使者条所载,当是撮合数条《式》文大意而成的。参见复原第六、第七条。

又,本条参考二的内容,与下列数条有关联。列于此,供参考。

六 〔开二五·水部〕 龙首、泾堰、五门、六门、升原等堰,令随近县官专知检校,仍堰别各于州县差中男廿人、匠十二人,分番看守,开闭节水。所有损坏,随即修理。如破多人少,任县申州,差夫相助。

引据

敦煌文书 P.2507 残卷(敦煌发现《开元水部式》残卷):龙首、泾堰,五门、六门、升原等堰(以下与本文同)。

参考

《唐六典》卷二三都水使者条:凡京畿之内渠堰陂池之坏决,则下于所由,而后修之。

七 〔开二五·水部〕 蓝田新开渠,每斗门置长一人,有水槽处置二人,恒令巡行。若渠堰破坏,即用随近人修理。公私材木，并听运下。百姓须溉田处，令造斗门节用，勿令废运。其蓝田以东先有水硙者，仰硙主作节水斗门，使通水过。

引据

敦煌文书 P. 2507 残卷（敦煌发现《开元水部式》残卷）：蓝田新开渠，每斗门置长一人（以下与本文同）。

参考

一、《唐六典》卷二三都水使者条：凡京畿之内渠堰陂池之坏决，则下于所由，而后修之。

二、《唐六典》卷七水部郎中员外郎条：凡水有溉灌者，碾硙不得与争其利。

八〔开二五·水部〕　　合璧①宫旧渠深处，量置斗门节水，使得平满，听百姓以次取用。仍量置渠长、斗门长检校。若溉灌周遍，令依旧流，不得因兹弃水。

引据

敦煌文书 P. 2507 残卷（敦煌发现《开元水部式》残卷）：合壁（璧）宫旧渠深处（以下与本文同）。

参考

《唐六典》卷七工部郎中员外郎条：东都……禁苑在皇都之西，北拒北邙，西至孝水，南带洛水支渠，谷、洛二水会于其间（……中有合璧、冷泉……陵波十有一宫）。

---

① 刘俊文云：“按‘壁’当作‘璧’。见《大唐六典》卷七工部郎中员外郎条注。”见氏著：《敦煌吐鲁番唐代法制文书考释》，中华书局，1989，第337页。

九　〔开二五·水部〕　　河西诸州用水溉田，其州、县、府、镇官人公廨田及职田，计营顷亩，共百姓均出人功，同修渠堰。若田多水少，亦准百姓量减少营。

引据

敦煌文书 P. 2507 残卷（敦煌发现《开元水部式》残卷）：河西诸州用水溉田（以下与本文同）。

按

公廨田为国家分给各级官府的官田，收租以供公用。职田也称职分田、职公田，系按官职品级分给官员作俸禄之官田。唐《田令》中有内外官府诸司公廨田、内外官人职分田的详细规定。仁井田陞《唐令拾遗》复原田令之第二十九条为"在京诸司公廨田"，第三十条为"在外诸司公廨田"，第三十一条为"京官文武职事职分田"，第三十二条为"诸州官人职分田"，可以参看。本条《式》文所涉及者，为"在外诸司公廨田"和"诸州官人职分田"。其等次，前者高自40顷，低至1顷不等；后者高自12顷，低至80亩不等。

十　〔开二五·水部〕　　扬州扬子津斗门二所，宜于所管三府兵及轻疾内量差，分番守当，随须开闭。若有毁坏，便令两处并功修理。从中桥以下，洛水内及城外，在侧不得造浮砲及捺堰。

引据

敦煌文书 P. 2507 残卷（敦煌发现《开元水部式》残卷）：

扬州扬子津斗门二所（以下与本文同）。

参考

《唐六典》卷七水部郎中员外郎条：凡水有溉灌者，碾硙不得与争其利。

按

"从中桥以下，洛水内及城外，在侧不得造浮硙及捺堰"，似非本条内容，而应作别条另立。因洛水、中桥等，与扬州扬子津等无关，倒与下条有涉。

十一　〔开二五·水部〕　　洛水中桥、天津桥等，每令桥南北捉街卫士洒扫。所有穿穴，随即陪填，仍令巡街郎将等检校，勿使非理破损。若水涨，令县家检校。

引据

敦煌文书 P. 2507 残卷（敦煌发现《开元水部式》残卷）：洛水中桥、天津桥等（以下与本文同）。

十二　〔开二五·水部〕　　诸水碾硙，若拥水质泥塞渠，不自疏导，致令水溢渠坏，于公私有妨者，碾硙即令毁破。

引据

敦煌文书 P. 2507 残卷（敦煌发现《开元水部式》残卷）：诸水碾硙，若拥水质泥塞渠（以下与本文同）。

参考

《唐六典》卷七水部郎中员外郎条：凡水有溉灌者，碾硙不得与争其利。

十三 〔开二五·水部〕　同州河西县缲水，正月一日以后、七
　　　月卅日以前，听百姓用水，仍令分水入通灵陂。

　　引据
　　　敦煌文书 P. 2507 残卷（敦煌发现《开元水部式》残卷）：
　同州河西县缲水（以下与本文同）。

十四 〔开二五·水部〕　诸州运船向北太仓，从子苑内过者，
　　　若经宿，船别留一两人看守，余并辟出。

　　引据
　　　敦煌文书 P. 2507 残卷（敦煌发现《开元水部式》残卷）：
　诸州运船向北太仓，从子苑内过者（以下与本文同）。

十五 〔开二五·水部〕　沙州用水浇田，令县官检校，仍置前
　　　官四人。三月以后、九月以前行水时，前官各借官马一
　　　匹。

　　引据
　　　敦煌文书 P. 2507 残卷（敦煌发现《开元水部式》残卷）：
　沙州用水浇田，令县官检校（以下与本文同）。

十六 〔开二五·水部〕　会宁关有船伍拾只，宜令所管差强了
　　　官检校，着兵防守，勿令北岸停泊。自余缘河堪渡处，亦
　　　委所在州军严加捉搦。

引据

敦煌文书 P. 2507 残卷（敦煌发现《开元水部式》残卷）：
会宁关有船伍拾只，宜令所管差强了官检校（以下与本文同）。

十七　〔开二五·水部〕　**沧、瀛、贝、莫、登、莱、海、泗、**
魏、德等十州，共差水手五千四百人，三千四百人海运，
二千人平河。宜二年与替，不烦更给勋赐，仍折免将役
年及正役年课役，兼准屯丁例，每夫一年各帖一丁。其
丁，取免杂徭人、家道稍殷有者，人出二千五百文资
助。

引据

敦煌文书 P. 2507 残卷（敦煌发现《开元水部式》残卷）：
沧、瀛、贝、莫、登、莱、海、泗、魏、德等十州（以下与本
文同）。

按

王永兴《隋唐五代经济史料汇编校注》曰："这个帖丁要出
二千五百文资助水手。我认为这一被帖者就是《唐大诏令集》
六六《后土赦书》中所说的帖助夫。"见氏著第一编上册，中华
书局，1987，第133页。

本条参考属于河运桥、船事务方面的犯罪，与下面数条都有
关联。列于此，供参考。

参考

《唐律疏议》卷二七《杂律》失时不修堤防条……其津济之
处，应造桥、航及应置船、筏，而不造、置，及擅移桥济者，杖

七十；停废行人者，杖一百。

疏议曰："津济之处，应造桥、航"，谓河津济渡之处应造桥，及航者，编舟作之；及应置舟船，及须以竹木为筏，以渡行人，而不造、置，及擅移桥梁、济渡之所者，各杖七十；"停废行人"，谓不造桥、航及不置船、筏，并擅移桥济，停废行人者，杖一百。

十八 〔开二五·水部〕　胜州转运水手一百廿人，均出晋、绛两州，取勋官充，不足，兼取白丁，并二年与替。其勋官每年赐勋一转，赐绢三匹、布三端，以当州应入京钱物充。其白丁充者，应免课役及资助，并准海运水手例。不愿代者，听之。

引据

敦煌文书 P.2507 残卷（敦煌发现《开元水部式》残卷）：胜州转运水手一百廿人（以下与本文同）。

十九甲 〔开七·水部〕　河阳桥置水手二百五十人，大阳桥水手二百人，仍各置木匠十人。

引据

《唐六典》卷七水部郎中员外郎条注：河阳桥置水手二百五十人，大阳桥水手二百人，仍各置木匠十人。

按

见复原第十九乙按语。

十九乙 〔开二五·水部〕　　河阳桥置水手二百五十人，陕州①
大阳桥置②水手二百人，仍各置竹③木匠十人，④ 在水手
数内。其河阳桥水手，于河阳县取一百人，余出河清、
济源、偃师、汜水、巩、温等县。其大阳桥水手出当
州。并于八等以下户取白丁酌然解水者，分为四番，并
免课役，不在征防、杂抽使役及简点之限。一补以后，
非身死遭忧，不得辄替。如不存检校，致有损坏，所由
官与下考，水手决卅。

引据

敦煌文书 P. 2507 残卷（敦煌发现《开元水部式》残卷）：
河阳桥置水手二百五十人（以下与本文同）。

按

《唐六典》只是节取原《式》文的一部分，相当于敦煌文书
残卷的前三句话，而缺乏其下的木匠编制归属、水手来源地区
（州县）、户等及番上办法等规定。

王永兴先生注意到上述《水部式》提到水手的三处：沧、
瀛等州水手，胜州转运水手，河阳等桥水手，他们均免课役。前
两处的水手，每人每年则有一个帖助夫的二千五百文的资助；胜
州水手中的勋官得勋赐是例外。河阳等桥水手分四番，终身服
役；前两处的水手均"二年与替"，即都分番，也可能是终身服
役的。河阳等桥水手出于八、九等户，属最下等户。见氏著

---

① 《唐六典》无"陕州"2字。
② 《唐六典》无"置"。
③ 《唐六典》无"竹"。
④ 《唐六典》无"在水手数内"以下169字。

《隋唐五代经济史料汇编校注》第一编上册，中华书局，1987，
第 134~135 页。

二十 〔开二五·水部〕 安东都里镇防人粮，令莱州召取当州
经渡海得勋人谙知风水者，置海师贰人，拖师肆人，隶蓬
莱镇，令候风调海晏，并运镇粮。同京上勋官例，年满听
选。

引据

敦煌文书 P. 2507 残卷（敦煌发现《开元水部式》残卷）：
安东都里镇防人粮，令莱州召取当州经渡海得勋人谙知风水者
（以下与本文同）。

按

"安东都里镇防人粮"，原与复原第十九条乙抄录在一处。
从其内容的独立性看，或可能为另一条《式》文，姑作为单独
一条对待。

二十一 〔开二五·水部〕 桂、广二府铸钱及岭南诸州庸调并
和市、折租等物，递至扬州讫，令扬州差纲部领送都。
应须运脚，于所送物内取充。

引据

敦煌文书 P. 2507 残卷（敦煌发现《开元水部式》残卷）：
桂、广二府铸钱及岭南诸州庸调并和市、折租等物（以下与本
文同）。

二十二甲 〔开七·水部〕 凡水有溉灌者，碾硙不得与争其利。自季夏及于仲春，皆闭斗门，有余乃得听用之。

引据

《唐六典》卷七水部郎中员外郎条：凡水有溉灌者，碾硙不得与争其利（自季夏及于仲春，皆闭斗门，有余乃得听用之）。

按

见复原第二十二条乙之按语。

二十二乙 〔开二五·水部〕 诸溉灌小渠上先有碾硙，其水以下即弃者，每年八月卅日以后、正月一日以前，听动用。自余之月，仰所管官司于用硙斗门下，着锁封印，仍去却硙石，先尽百姓溉灌。若天雨水足，不须浇田，任听动用。其傍渠疑有偷水之硙，亦准此断塞。

引据

敦煌文书 P. 2507 残卷（敦煌发现《开元水部式》残卷）：诸溉灌小渠上先有碾硙（以下与本文同）。

按

上引《唐六典》注文为略取《式》文大意而成。季夏为夏季的最后一个月，即六月（四季月：季春三月，季夏六月，季秋九月，季冬十二月）；仲春为春季的第二个月（四仲月：仲春二月，仲夏五月，仲秋八月，仲冬十一月。另有叔春一月，叔夏四月，叔秋七月，叔冬十月）。"八月卅日以后"意味着九月可以正式开始用水，"正月一日以前"意味着十二月末为止，期限为四个月。《六典》说法，应当是"自季秋（包括季秋）及于季

冬（包括季冬）"；否则"自季夏及于仲春"，是自六月至于来年
十二月，长达七个月闭斗门。

按敦煌《水部式》，清、白二渠若遇水足，则"二月一日以
前、八月卅日以后，亦任开放"。《白氏六帖事类集》作"三月
六日已前、八月二十日已后，任开放之"。其中，"二月一日以
前"和"三月六日已前"，都可以理解为仲春之月（一为不包含
仲春之月在内，一为包含仲春之月在内）。或者，白居易时代之
《式》已改变了开元时的规定。前者从"二月一日以前"改为
"三月六日已前"，延后了一个月；后者则提前了十天。

或者，本条《式》文为通例性规定，而清、白二渠为特例性规
定。二者不必尽同也。查复原第十三条"缳水，正月一日以后，七
月卅日以前，听百姓用水"，是又与前者不同也。

参考

《唐六典》卷二三都水监丞条：凡京畿诸水，禁人因灌溉而
有费者，及引水不利而穿凿者。

二十三　〔开二五·水部〕　都水监三津，各配守桥丁卅人，于
　　　　　　白丁、中男内，取酌然便水者充，分为四番上下，仍不
　　　　　　在简点及杂徭之限。五月一日以后、九月半以前，不得
　　　　　　去家十里。每水大涨，即追赴桥。如能接得公私材木栿
　　　　　　等，依令分赏。三津仍各配木匠八人，四番上下。若破
　　　　　　坏多，当桥丁匠不足，三桥通役；如又不足，仰本县长
　　　　　　官量差役，事了日停。

引据

敦煌文书 P. 2507 残卷（敦煌发现《开元水部式》残卷）：

都水监三津，各配守桥丁卅人（以下与本文同）。

　　按

　　《唐六典》卷二三都水监诸津令条："诸津令，各掌其津济渡舟梁之事，丞为之贰。"刘俊文根据《六典》同条津令丞下注文曰："皇朝因隋置。诸津在京兆、河南界者隶都水监，在外者隶当州界"，断定都水监三津皆在京兆、河南界内，并进一步考定此三津为桥渡而非船渡；三津即便桥、中渭桥、东渭桥，见其所著《敦煌吐鲁番唐代法制文书考释》，中华书局，1989，第350～351页。王永兴据《六典》卷二三都水监诸津令条，以为"按京兆界内有渭水、泾水，河南界内有河水、洛水和其他等水，其渡口甚多，不只三个，皆隶都水监。据此，都水监三津的三津，不可解为三个渡口。隋都水监所领诸津分为所领的上、中、下三类。我认为，唐承隋制，都水监三津应解为都水监在京兆、河南界内所领的上、中、下三类渡口。"见氏著《隋唐五代经济史料汇编校注》第一编上册，中华书局，1987，第134页。

　　参考

　　《宋刑统》卷二七《杂律》地内得宿藏物门附：〔准〕《杂令》：诸公私竹木为暴水漂失，有能接得者，并积于岸上，明立标榜，于随近官司申牒，有主识认者，江河五分赏二分，余水五分赏一分。限三十日，无主认者，入所得人。

二十四　〔开二五·水部〕　都水监渔师二百五十人，其中长上
　　　　　十人，随驾京都；短番一百廿人，出虢①州；明资一百

---

① 王永兴《隋唐五代经济史料汇编校注》曰："虢，原系俗字。"见氏著第 1 编上册，中华书局，1987，第134页。

廿人，出房州；各为分①四番上下。每番送卅人，并
取白丁及杂色人五等已下户充。并简善采捕者为之，免
其课役及杂徭。本司杂户、官户，并令教习，年满廿，
补替渔师。其应上人，限每月卅日文牒并身到所由。

引据

敦煌文书 P. 2507 残卷（敦煌发现《开元水部式》残卷）：
都水监渔师二百五十人（以下与本文同）。

二十五甲 〔开七·水部〕 每日供尚食鱼，及中书、门下官应
　　　　　给者。若大祭祀，则供其干鱼、鱼醢，以充笾、豆之
　　　　　实。凡诸司应给鱼及冬藏者，每岁支钱二十万送都
　　　　　水，命河渠以时价市供之。

引据

《唐六典》卷二三都水监河渠署令条：河渠令掌供川泽、鱼
醢之事，丞为之贰。……每日供尚食鱼及中书门下官应给者。若
大祭祀，则供其干鱼、鱼醢，以充笾、豆之实。凡诸司应给鱼及
冬藏者，每岁支钱二十万送都水，命河渠以时价市供之。

按

按复原二十五条乙，"尚食、典膳、祠祭、中书门下所须
鱼，并都水采供"，与本条所涉相同。故将《唐六典》上述文
字定为《式》文。

---

① "各为分四番上下"，刘俊文云："按即'各分为四番上下'，V为颠倒符号。"见氏著中
　华书局，1989，第337页。

二十五乙　〔开二五·水部〕　　其尚食、典膳、祠祭、中书门下所须鱼，并都水采供。诸陵，各所管县供。余应给鱼处及冬藏，度支每年支钱二百贯送都水监，量依时价给直，仍随季具破除、见在，申比部勾覆。年终具录申所司计会。如有回残，入来年支数。

引据

敦煌文书 P. 2507 残卷（敦煌发现《开元水部式》残卷）：其尚食、典膳、祠祭、中书门下所须鱼，并都水采供（以下与本文同）。

按

按复原二十五条甲，供给尚食鱼、中书门下鱼、大祭祀供干鱼、鱼醢，与本处之"尚食、典膳、祠祭、中书门下所须鱼"，约略相当；"凡诸司应给鱼及冬藏者"，在本条作"余应给鱼处及冬藏"，虽然貌似一是全部，一是部分，但前者"每岁支钱二十万送都水"，后者"度支每年支钱二百贯送都水监"，二者数量是相同的，即 20 万钱正好是 200 贯。只是用于全部还是用于部分，就难以说清楚了。又诸陵供给鱼事，《六典》不见。但很明显，《六典》之文摘自《水部式》。

二十六　〔开二五·水部〕　　虽非采木限内，亦听兼运。即虽在运木限内，木运已了及水大有余，溉灌须水，亦听兼用。

引据

敦煌文书 P. 2507 残卷（敦煌发现《开元水部式》残卷）……虽非采木限内，亦听兼运（以下与本文同）。

二十七 〔开二五·水部〕　京兆府灞桥、河南府永济桥，差应上勋官并兵部散官，季别一人，折番检校。仍取当县残疾及中男，分番守当。灞桥番别五人，永济桥番别二人。

引据

敦煌文书 P. 2507 残卷（敦煌发现《开元水部式》残卷）：京兆府灞桥、河南府永济桥（以下与本文同）。

二十八 〔开二五·水部〕　诸州贮官船之处，须鱼膏供用者，量须多□，①役当处防人采取。无防人之处，通役杂职。

引据

敦煌文书 P. 2507 残卷（敦煌发现《开元水部式》残卷）：诸州贮官船之处，须鱼膏供用者（以下与本文同）。

二十九 〔开二五·水部〕　皇城内沟渠拥塞停水之处及道损坏，皆令当处诸司修理。其桥，将作修造。十字街侧，

---

① 刘俊文云："按据上下文意，'多'下当补'少'字。"见氏著：《敦煌吐鲁番唐代法制文书考释》，中华书局，1989，第337页。

令当铺卫士修理。其京城内及罗郭墙，各依地分，当
坊修理。

引据

敦煌文书 P. 2507 残卷（敦煌发现《开元水部式》残卷）：
皇城内沟渠拥塞停水之处及道损坏（以下与本文同）。

按

本条在抄录时虽下接下条"河阳桥所须竹索"云云，但从
二者地点看，不应是同一条，故分为二条。

三十甲 〔开七·水部〕　　河阳桥所须竹索，令宣、常、洪三州
　　　　　　　役工匠预支造。宣、洪二州各大索二十条，常州小索一
　　　　　　　千二百条。大阳、蒲津竹索，每年令司竹监给竹，令津
　　　　　　　家、水手自造。其供桥杂匠，料须多少，预申所司，其
　　　　　　　匠先配近桥人充。

引据

《唐六典》卷七水部郎中员外郎条注云：河阳①桥所须竹索，
令宣、常、洪三州役工匠预支造。宣、洪二州各大索二十条，常
州小索一千二百条。大阳、蒲津竹索，每年令司竹监给竹，令津
家、水手自造。其供桥杂匠，料须多少，预申所司，其匠先配近
桥人充。

---

① 陈仲夫《唐六典》校勘记〔八〇〕云："'河阳'原本讹作'河梁'，正德以下均然，据
敦煌发现《唐水部式残卷》改。"

三十乙 〔开二五·水部〕 河阳桥每年①所须竹索，令宣、常、洪三州□②丁匠预造。宣、洪③州各大索廿条，常州小索一千二百条。脚④以官物充，仍差纲部送，量程发遣，使及期限。大阳、蒲津桥竹索，每三⑤年一度，⑥令司竹监给竹，役⑦津家水手造充。⑧ 其⑨旧索，每委所由检覆，如斟量牢好，即且用，不得浪有毁换。其供桥杂匠，料须多少，预申所司量配，⑩ 先取⑪近桥人充。若⑫无巧手，听以次差配，依番追上。若须并使，亦任津司与管匠州相知，量事折番，随须追役。如当年无役，准式征课。

引据

敦煌文书 P. 2507 残卷（敦煌发现《开元水部式》残卷）：河阳桥每年所须竹索（以下与本文同）。

三十一甲 〔开七·水部〕 浮桥脚船，皆预备半副；自余调度，预备一副。河阳桥船，于潭、洪二州造送；大阳、蒲

---

① 《唐六典》无"每年"2字。
② 刘俊文云："按据上下文意，'三州'下当补'役'字。《大唐六典》卷七水部郎中员外郎条云：'河阳桥所须竹索，令宣、常、洪三州役工匠预支造。'可证。"见氏著：《敦煌吐鲁番唐代法制文书考释》，中华书局，1989，第338页。
③ 《唐六典》"洪"下有"二"字。
④ 《唐六典》无"脚"以下18字。
⑤ 《唐六典》无"三"字。
⑥ 《唐六典》无"一度"2字。
⑦ 《唐六典》作"令"。
⑧ 《唐六典》"造充"作"自造"。
⑨ 《唐六典》无"其"以下23字。
⑩ 《唐六典》"量配"作"其匠"。
⑪ 《唐六典》"取"作"配"。
⑫ 《唐六典》无"若"以下44字。

津桥于岚、石、隰、胜、慈等州休〔采〕木，送桥所造。

引据

《唐六典》卷七水部郎中员外郎条注云：浮桥脚船，皆预备半副；自余调度，预备一副。河阳桥船，于潭、洪二州造送；大阳、蒲津桥于岚、石、隰、胜、慈等州采①木，送桥所造。

三十一乙　〔开二五·水部〕　　诸浮桥脚船，皆预备半副；自余调度，预备一副，随阙代换。② 河阳桥船，于□、③ 洪二州役丁匠④造送。大阳、蒲津桥船，⑤ 于岚、石、隰、胜、慈等州折丁⑥采木，浮送⑦桥所，役匠⑧造供。⑨ 若⑩桥所见匠不充，亦申所司量配。自余供桥调度并杂物一事以□，⑪ 仰以当桥所换不任用物，

① 陈仲夫《唐六典》校勘记〔八二〕云："'采'字原本讹作'休'，正德以下诸本皆作'材'。案：《唐水部式残卷》云：'大阳、蒲津桥船，于岚、石、隰、胜、慈等州折丁采木，浮送桥所，役匠造供。'据此，'休'当作'采'，今改。"
② 《唐六典》无"随阙代换"4字。
③ 刘俊文云："按'洪'上当补'潭'字。《大唐六典》卷七水部郎中员外郎条云：'河阳桥船，于潭、洪二州造送。'"见氏著：《敦煌吐鲁番唐代法制文书考释》，中华书局，1989，第338页。罗振玉《罗雪堂全集》3编第5册的《水部式》录文，于本处也作"潭"。
④ 《唐六典》无"役丁匠"3字。
⑤ 《唐六典》无"船"字。
⑥ 《唐六典》无"折丁"2字。
⑦ 《唐六典》无"浮"字。
⑧ 《唐六典》无"役匠"2字。
⑨ 《唐六典》无"供"字。
⑩ 《唐六典》无"若"以下106字。
⑪ 王永兴《隋唐五代经济史料汇编校注》曰："所缺一字应是'上'字。"见氏著第1编上册，中华书局，1987，第134页。刘俊文云："按据上下文意，'以'下似可补'上'字。"见氏著：《敦煌吐鲁番唐代法制文书考释》，中华书局，1989，第338页。

回易便充。若用不足，即预申省，与桥侧州县相知，量以官物充。每年出入破用，录申所司勾当。其有侧近可采造者，役水手、镇兵、杂匠等造贮，随须给用。必使预为支拟，不得临时阙事。

引据

敦煌文书 P. 2507 残卷（敦煌发现《开元水部式》残卷）：诸浮桥脚船，皆预备半副（以下与本文同）。

按

《六典》注只是节取了部分《水部式》文，观此条文字可知。

三十二　〔开二五·水部〕　诸置浮桥处，每年十月以后，凌牡开解合□□□抽正解合，所须人夫，采运榆条、造石笼及綑索等杂使者，皆先役当津水手及所配兵。若不足，兼以镇兵及桥侧州县人夫充。即桥在两州两县□①者，亦于两州两县准户均差，仍与津司相知，□②须多少，使得济事。役各不得过十日。

引据

敦煌文书 P. 2507 残卷（敦煌发现《开元水部式》残卷）：诸置浮桥处，每年十月以后（以下与本文同）。

---

① 王永兴《隋唐五代经济史料汇编校注》曰："所缺一字应是'间'字"。见氏著第 1 编上册，中华书局，1987，第 134 页。刘俊文云："按据上下文意，'两州两县'下似可补'间'字。"见氏著：《敦煌吐鲁番唐代法制文书考释》，中华书局，1989，第 338 页。

② 刘俊文云："按据上下文意，'须多少'上似可补'料'字。第 119 行有'料须多少'可证。"见氏著：《敦煌吐鲁番唐代法制文书考释》，中华书局，1989，第 338 页。

三十三甲 〔开七·水部〕　蒲津桥〔水匠〕一十五人。

引据

《唐六典》卷七水部郎中员外郎条注：蒲津桥〔水匠〕一十五人。

按

见复原第三十三乙按语。

三十三乙 〔开二五·水部〕　蒲津桥水匠①一十五人；虔州大江水，赣石险难□□，②给水匠十五人，并于本州取白丁便水及解木作□③充，分为四番上下，免其课役。

引据

敦煌文书 P. 2507 残卷（敦煌发现《开元水部式》残卷）：蒲津桥水匠一十五人（以下与本文同）。

按

《六典》注所云"蒲津桥一十五人"，与上文联系，可以是水手，也可以是木匠。因其语言环境为："河阳桥置水手二百五十人，大阳桥水手二百人，仍各置木匠十人，蒲津桥一十五人。"敦煌《水部式》残卷中，河阳桥与大阳桥设置水手、竹木

---

① 王永兴《隋唐五代经济史料汇编校注》曰："水匠，乃水手与竹木匠合并的简称。"见氏著第 1 编上册，中华书局，1987，第 134 页。

② 刘俊文云："按据上下文意，'赣石险难'下似可补'之处'二字。"见氏著：《敦煌吐鲁番唐代法制文书考释》，中华书局，1989，第 338 页。

③ 王永兴《隋唐五代经济史料汇编校注》曰："所缺一字应是'者'字。"见氏著第 1 编上册，中华书局，1987，第 134 页。刘俊文云："按据上下文意，'解木作'下似可补'者'字。"见氏著：《敦煌吐鲁番唐代法制文书考释》，中华书局，1989，第 338 页。

匠的规定，是单独设条的，见复原《水部式》第十九条乙。而蒲津桥设置木匠的规定，则在本条。很明显，《唐六典》是将不同条的《式》文，按照相关性而抄录在一起。因为《六典》的任务，是将有关四座大桥的有关情况作梗概的介绍，是否同条，是否照顾到顺序，就不在考虑之中。

该条的"水匠"当是木匠。证据之一是，敦煌《水部式》云："河阳桥置水手二百五十人，陕州大阳桥置水手二百人，仍各置竹木匠十人，在水手数内。"其中，"在水手数内"五字最关键。"蒲津桥水匠一十五人"，无论如何不能理解为"水手、木匠"共十五人。蒲津桥作为大桥梁之一，名次排在第一位，若与第二、第三位的河阳桥、大阳桥所须水手二百五十人或二百人相较，则水手在二百人以上，是没有问题的；同样，与河阳桥、大阳桥所须竹木匠十人相比，蒲津桥所须竹木匠也不应少于十人。以其桥更大、更重要，规定为须木匠十五人，是合适的。这样，联系到《式》文后部"水匠十五人，并于本州取白丁便水及解木作□充"，既要求"便水"，又要求"解木作"，倒可以理解为"通水性的木匠"十五人。同样道理，"虔州大江水赣石险难□□给水匠十五人"，也应作如是理解。只不过《六典》所引为蒲津桥等重要之桥，而在抄录时不及它。否则，它也可能被抄录在《六典》中。

三十四甲 〔开七·水部〕 孝义桥所须竹索，取河阳桥退者以充。

引据

《唐六典》卷七水部郎中员外郎条注：孝义桥所须竹索，取河阳桥退者以充。

按

与复原第三十四条乙比较，本条似有严重脱文。依照下条，"河阳桥退"之竹索，不是补充孝义桥，而是补充洛水某桥的，与本条所云意思不同。表明《六典》撰写时，为简略其文，有时不精审，以致出现大误。或者，本条是《六典》在传抄或刻印过程中，有脱漏字句致误。

王永兴先生《隋唐五代经济史料汇编校注》曰："孝义，据《水部式》，洛水中桥所须竹篾，取河阳桥故退者充。而孝义桥所须竹篾，配宣、饶等州造。《唐六典》'孝义'误，应作'洛水中桥'。"见氏著第一编上册，中华书局，1987，第128页。

三十四乙　〔开二五·水部〕　孝义桥所须竹篾，配宣、饶等州造送。应□□①塞系篾，船别给水手一②人，分为四番。其 洛 水 □□□□□ 篾，③ 取河阳桥故退者充。

引据

敦煌文书 P. 2507 残卷（敦煌发现《开元水部式》残卷）：孝义桥所须竹篾，配宣、饶等州造送（以下与本文同）。

---

① 刘俊文云："按'应'下当补'须柉'二字。《新唐书》卷四八《百官志》诸津令条云：'凡舟渠之备，皆先拟其半，柉塞竹缚所在供焉。'"见氏著：《敦煌吐鲁番唐代法制文书考释》，中华书局，1989，第338页。

② 王永兴《隋唐五代经济史料汇编校注》曰："'一'字疑有误，一人如何能分四番。"见氏著第 1 编上册，中华书局，1987，第134页。

③ 陈仲夫《唐六典》校勘记〔八四〕引《唐水部式残卷》作"其洛水（中桥竹）篾"。

三十五 〔开七·水部〕 白马津船四艘，龙门、会宁、合河等关船并三艘，渡子皆以当处镇防人充；渭津关船二艘，渡子取永丰仓防人充；渭水冯渡船四艘，泾水合泾渡、韩渡、刘椌坂渡、眭城坂渡、覆篱渡船各一艘，济州津、平阴津、风陵津、兴德津船各两艘，洛水渡口船三艘，渡子皆取侧近残疾、中男解水者充。会宁船别五人，兴德船别四人，自余船别三人。蕲州江津渡、荆州洪亭、松滋渡、江州马颊、檀头渡船各一艘，船别六人；越州、杭州浙江渡、洪州城下渡、九江渡船各三艘，船别四人，渡子并须近江白丁便水者充，分为五番，年别一替。

引据

《唐六典》卷七水部郎中员外郎条：其大津无梁，皆给船人，量其大小难易，以定其差等（白马津船四艘，龙门、会宁、合河等关船并三艘〔以下与本文同〕）。

按

本条是《六典》对"其大津无梁，皆给船人，量其大小难易，以定其差等"的正文而作的注文。此前《六典》正文"凡天下造舟之梁四，石柱之梁四，木柱之梁三，巨梁十有一，皆国工修之。其余皆所管州县随时营葺"之下的长达 195 字的注文，皆是《式》文。我们已根据敦煌《水部式》残卷，将其分作 5 段复原如上。依照这样一个注文为《式》文的惯例，可以推定《六典》此处之注文也是唐代开元《水部式》文，故复原于此。

　　再者，本条从连贯性上，似乎为一条，是对无桥之江河津渡的官设摆渡之船、船夫等的设置及其番上规定，因无其他佐证，姑按一条复原，不再细分条目。

秘书省式第二十五

（复原凡二条）

《唐六典》卷一〇秘书监条："秘书监之职，掌邦国经籍图书之事。有二局：一曰著作，二曰太史，皆率其属而修其职；少监为之贰焉。"其下有秘书郎、校书郎等，"秘书郎掌四部之图籍，分库以藏之，以甲、乙、景、丁为之部目"；"校书郎、正字掌雠校典籍，刊正文字，皆辨其纰缪，以正四库之图史焉"。但这只是国家图书馆藏书与校正之事。

秘书省中，较重要的是著作局和太史局。"著作郎掌修撰碑志、祝文、祭文"；"太史令掌观察天文，稽定历数。凡日月星辰之变，风云气色之异，率其属而占候焉。其属有司历、灵台郎、挈壶正。"著作局之著作郎，据《通典》卷二六著作郎载，在开始时有"掌修国史"之任，但后来"徒有撰史之名，而实无其任，其任尽在史馆矣"，故《六典》不书其职。

《通典》卷一九《职官一·历代官制总叙》云：秘书省"监录图书"，卷二六《职官八·秘书监》云"掌经籍图书，监国史，领著作、太史二局"，到后来，由于"其后国史、太史分为别曹，而秘书省但主书写勘校而已"。这样，秘书郎的"分掌四部经籍图书，分判校写功程事"，就成了秘书省重大的事务了。

在唐代，《秘书省式》是单独成篇的，今存《六典》卷一〇

秘书省条的正、注文字中，有一部分当是《式》文。如关于书的
收藏本数（"凡四部之书，必立三本，曰正本、副本、贮本，以供
进内及赐人"）及赐人书问题（"凡敕赐人书，秘书无本，皆别写
给之"）等，就有可能是《式》文。但无旁证，姑且存疑。

目前笔者见到的《秘书省式》佚文，也只有关于缮写方面
的。一是关于"写书"所用墨的供应问题；一是关于纸张之事。

一　〔开元·秘书省〕　写书料，每月大墨一挺。

引据

《倭名类聚抄》卷六：唐《秘书省式》：写书料，每月大墨
一挺。[①]

参考

一、《通典》卷二六《职官八·秘书监》：大唐……掌经籍
图书，监国史，领著作、太史二局。……其后国史、太史分为别
曹，而秘书省但主书写勘校而已。

二、《通典》卷二六《职官八·秘书监》：秘书郎……大唐
亦四员，分掌四部经籍图书，分判校写功程事。

三、《唐六典》卷一〇秘书省秘书郎条：秘书郎四人，从六
品上；校书郎八人，正九品上；正字四人，正九品下；主事一
人，从九品上；令史四人，书令史九人，典书八人，楷书手八十
人，亭长六人，掌固八人，熟纸匠、装潢匠各十人，笔匠六人。

按

此式中的"写书料，每月大墨一挺"，当是供给秘书省之秘

---

① 〔日〕新美宽撰、铃木隆一补：《本邦残存典籍による辑佚资料集成（正续）》，京都大
学人文科学研究所，1968，第52页。

书郎及其属下的。顺便说一句，《六典》中的"笔匠六人"，当是修理者，其制造当属少府监。《六典》卷二二少府监中尚署令条："掌供岁时乘舆器玩"，注云："每月进笔"，可证。又同上右尚署令条："右尚署，令一人"，注云："皇朝因置令二人，掌造甲胄、具装、刀、斧、钺及皮毛杂作、胶墨、纸笔、荐席等事。"其正文复云："凡刀剑、斧钺、甲胄、纸笔、茵席、履舄之物，靡不毕供。"注文言及"白马尾、白氂牛尾，出陇右诸州"，当是用来造笔的。《通典》卷二七少府监中尚署等注："右署掌皮毛、胶墨、杂作、席荐等事。"则笔的制造供应在中尚署，墨及纸笔的制造与供应也在右尚署。

缮写书籍是秘书省的常务性工作。《唐会要》卷三五《经籍》记载了大量秘书省的缮写活动。如，武德五年秘书监令狐德棻奏请"购募遗书，重加钱帛，增置楷书，专令缮写"；乾封元年十月，上诏命对"四部群书""刊正然后缮写"；开元七年（公元719年）五月，"降敕于秘书省、昭文馆……并官及百姓等，就借缮写之"。根据开元十九年（公元731年）的统计，贞观、永徽、麟德、乾封、总章、咸亨年间，都曾奉诏缮写过书籍，形成四库总数89000卷的藏书规模；而从天宝三载（公元744年）至天宝十四载（公元755年），又续写16843卷。关于缮写，有一个连续记载。开成元年（公元836年）七月，御史奏：秘书省四库新旧书籍56476卷，并无文案，要求"自今已后，所填补旧书及别写新书，并随日校勘，并勒创立文案，别置纳历，逐月申台。并外察使每岁末，计课申数，具状闻奏"。大中三年（公元849年）正月统计，根据这一要求，"应写书四百一十七卷"。次年二月总结，年终"写完贮库，及填缺书籍三百六十五卷，计用小麻纸一万一千七百七张"。则不惟卷数，连用纸情况也都统计出来了。

二 〔开元〕　染麻纸廿五张，縠纸五十张，褾帒廿张。

引据

《倭名类聚抄》卷六：染麻纸廿五张，縠纸五十张，褾帒廿张（票〔褾?〕，音方小反；袖，瑞也。见唐）。[1]

参考

《唐六典》卷二〇太府寺右藏署令条：右藏署令掌邦国宝货之事，丞为之贰（杂物州土……益府之大小黄、白麻纸……杭、婺、衢、越等州之上细黄、白状纸，均州之大模纸，宣、衢等州之案纸、次纸，蒲州之百日油细薄白纸……）。

按

关于纸的制造与供应，见上条注。按《唐六典》卷二〇太府寺右藏署令条注"杂物州土"所开列诸州贡赋的各种类型纸，表明唐代用纸不仅来源于少府监制造，也来自于地方进贡。又，上条注言及写书用"小麻纸"。此处"染麻纸"等，当也是用来写书的。姑将其复原为《秘书省式》。

又，按《唐六典》卷二〇太府寺右藏署令条注"杂物州土"所开列诸州贡赋的各种类型纸张，与本条所言者不符合。按其记载于太府寺，也可能是《太府式》。未知此二类纸是否属于一事。附于此，以俟后考。

---

① 〔日〕新美宽撰、铃木隆一补：《本邦残存典籍による辑佚资料集成（正续）》，京都大学人文科学研究所，1968，第53页。

太常式第二十六

（复原凡三条）

《唐六典》卷一四太常卿条："太常卿之职，掌邦国礼乐、郊庙、社稷之事。以八署分而理焉：一曰郊社，二曰太庙，三曰诸陵，四曰太乐，五曰鼓吹，六曰太医，七曰太卜，八曰廪牺，总其官属，行其政令；少卿为之贰。"其中，郊社署令"掌五郊、社稷、明堂之位，祠祀、祈祷之礼"；太庙署令本应掌太庙之事，但开元二十四年敕废其官署，其事由少卿一人"知太庙事"；诸陵署令"掌先帝山陵，率户守卫之事"等，太乐署令"掌教乐人调合钟律，以供邦国之祭祀、飨燕"，鼓吹署令"掌鼓吹施用调习之节，以备卤簿之仪"，太医署令"掌诸医疗之法"，太卜署令"掌卜筮之法，以占邦家动用之事"，廪牺署令"掌荐牺牲及粢盛之事"。

今所复原的三条，一是关于太乐的，一是关于陵户的，一是关于廪牺之牲牢的。

另有关于太庙的文字，也可能是《式》文，但证据不足。《通典》卷二五《职官七·宗正卿太庙令》载："大唐开元二十五年……五月，太常少卿韦绍奏曰：'谨详经典，兼寻《令》、《式》，宗庙享荐，皆主奉常，别置署司，事非稽古。其太庙署请废省，本司专奉其事。'许之。"按，"奉常"即太常。开元二十五年以前《令》、《式》（即开元七年《令》、《式》），定有太常掌宗庙荐享之规定。因其时在太常寺下设"太庙署"，属于其八署之一。后来，太庙署废，太常卿的此职遂废。当时从其所请，意味着太常卿或少卿也恢复旧职，即恢复到原有《令》、《式》的旧制上。据《通典》上条所记，此事同年即发生变化："二十五年敕：'宗正设官，实司属籍。而陵寝崇敬，宗庙惟严，割隶太常，殊乖本系，奉先之旨，深所未委。自今已后，诸庙置（署？）并隶宗正寺。'"但本条之制也可能是《令》文，姑附于此，以俟后考。

一　太常卿上事，庭设九部乐。

引据

《唐会要》卷六五《太常寺》：（大中）十二年十月，太常卿封敖左授国子祭酒。旧《式》：太常卿上事，庭设九部乐。时（封）敖拜命后，欲便于观阅，移就私第视事，为御史所举，遂有此责。

按

韩国磐《传世文献中所见唐式辑存》〔《厦门大学学报》（哲社版）1994 年第 1 期〕云："此处所言'旧式'，应即为以前的《太常式》，不过未必为原文，只是举其大意吧。封敖不遵旧式于太常寺上任陈乐，而在自己家中就职和陈设九部乐，故被贬官。这是在记载封敖由太常卿贬官为国子祭酒的原因时说到《太常式》的。"其说可从。

二　先代帝王陵户，准《式》二十人。

引据

《唐会要》卷二一《诸僭号陵》（《旧唐书》卷八五《唐绍传》、《新唐书》卷一一三《唐绍传》略同）：至景龙三年三月十六日，太常博士唐绍上疏曰：谨按昊、顺二陵，恩敕特令依旧，因循前例，守户与昭陵数同。又先代帝王陵户，准《式》二十人，今虽外氏特恩，亦须附近常典，请准《式》量减，取足防闲，庶无逼上之嫌，不失尊崇之道。

按

太常卿之职，所掌八署有诸陵署，是正在其职掌内。又，该条当为《式》文。按，诸陵署令"掌先帝山陵，率户守卫之事"，属本朝先帝山陵陵户问题，《六典》本朝帝王陵户规定为三百及四百人，与此差异较大。

三　大祀、小祀及州县社稷，依《式》合用牲牢，余并用酒脯。

引据

《唐会要》卷一〇上《后土》：开元十九年……六月二十八日敕：大祀、小祀及州县社稷，依《式》合用牲牢，余并用酒脯。

参考

《唐六典》卷一四太常寺廪牺署令条：凡三祀之牲牢，各有名数（昊天上帝之牲以苍犊……宗庙、社稷……孔宣父、齐太公庙皆以太牢，风师、雨师……诸太子庙皆以少牢，其余则以特牲。……）……凡供别祀用太牢者，则三牲加酒、脯及醢（犊、羊、猪各一，酒二斗，脯四段，醯四合）。

按

本条既云"依《式》"，当是《式》文，可能是《太常式》。盖廪牺署令"掌荐牺牲及粢盛之事"，"牺牲"及"粢盛"皆用于祭祀；而光禄寺之光禄卿之职"掌邦国酒醴膳羞之事"，有的供祭祀，有的供朝会，有的供宾客，不专用于祭祀。参考项所引《六典》卷一四太常寺廪牺署令条："凡三祀之牲牢，各有名数（昊天上帝之牲以苍犊……）"，即是关于牲牢和酒脯的有关规定。

司农式第二十七

（复原凡〇条，附《留司格》一条）

　　《唐六典》卷一九司农卿条："司农卿之职，掌邦国仓储委积之政令，总上林、太仓、钩盾、导官四署与诸监之官属，谨其出纳而修其职务；少卿为之贰。凡京、都百司官吏禄廪，皆仰给焉。凡朝会、祭祀、供御所须，及百官常料，则率署、监所贮之物以供其事。"其中，"上林署令掌苑囿、园池之事……。凡植果树蔬菜，以供朝会、祭祀；其尚食进御及诸司常料亦有差"；"太仓署令掌九谷廪藏之事……。凡凿窖、置屋，皆铭砖为庾斛之数，与其年月日，受领粟官吏姓名"；"钩盾署令掌供邦国薪刍之事……。凡祭祀、朝会，宾客享宴，随其差降而供给焉"；"导官署令掌供御导择米麦之事……。凡九谷之用，有为糗糒，有为曲蘖，有为粉脂，皆随其精粗，差其耗损，而供给之"。

　　又，《通典》卷二六《职官八·司农卿》言该司职掌，颇有可以与《六典》相互发明之处。如上林署令"掌诸苑囿、池沼、种植、蔬菜、藏冰之事"，太仓署令"掌仓廪出纳"，钩盾署令"掌薪炭、鹅鸭、薮泽之物"，导官署令"掌春碾米面、油烛之事"。其中，太仓署令突出"出纳"而不仅只是廪藏，导官署令有"油烛之事"而不仅只是"导择米麦"，均可补《六典》之不备。

　　唐历朝《式》均有《司农式》，但未发现其佚文。《六典》
卷一九正文、注文（尤其是注文）中当有《司农式》文，但无
旁证。现有一条《格》文，可能是《仓部格》，与本司有关。姑
附列于此，以俟后考。

　　附：《垂拱留司格》

　　《倭名类聚抄》（那波本卷一六、狩谷本卷四）：《垂拱留司
格》云：瓷坩廿口，一斗以下、五升以上。①

　　按

　　坩为瓦锅。其容积，要求做成"一斗以下、五升以上"，盛
放或度量粮食的可能性较大。《唐六典》卷一九司农丞条云：
"凡受租皆于输场，对仓官、租纲吏人执筹数函，其函大五斛，
次三斛，小一斛。"或与此类似。另外，也有可能是用于祭祀。
姑附于此。

---

① 转引自〔日〕仁井田陞著、栗劲等编译：《唐令拾遗·序论》，长春出版社，1989，第
879页。

光禄式第二十八

（复原凡二条）

《唐六典》卷一五光禄卿条："光禄卿之职，掌邦国酒醴膳羞之事，总太官、珍羞、良酝、掌醢四署之官属，修其储备，谨其出纳；少卿为之贰。"其中，"太官令掌供膳之事"，具体事务是"帅宰人以銮刀割牲，取其毛、血，实之于豆，遂烹牲焉。又帅进馔者实簠、簋，设于馔幕之内"；"珍羞令掌供庶羞之事，丞为之贰，以实笾、豆。陆产之品曰榛、栗、脯、修，水物之类曰鱼、盐、菱、芡，辨其名数，会其出入，以供祭祀、朝会、宾客之礼"；"良酝令之职，掌供邦国祭祀五齐、三酒之事；丞为之贰。……凡郊祀之日，帅其属以实尊、罍"，"若享太庙，供其郁鬯之酒，以实六彝。若应进者，则供春暴、秋清、酴醿、桑落等酒"；"掌醢令掌供醢醯之属，而辨其名物；丞为之贰。一曰鹿醢，二曰兔醢，三曰羊醢，四曰鱼醢，和其曲蘖，视其多少，而为之品齐。凡祭神祇，享宗庙，用俎醢以实豆；燕宾客，会百官，用醢酱以和羹。"

今复原之《光禄式》，其第一条是关于祭祀供物的数量的综括性规定。但其在永徽年间就受到了非议，因而被修改。第二条是关于祭祀牲牢所用的部位及摆放方法的规定。

一 〔永徽·光禄〕 诸祭天地、日月、岳镇、海渎、先蚕等，
笾、豆各四；祭宗庙，笾、豆各十二；祭社稷、先农等，
笾、豆各九；祭风师、雨师，笾、豆各二。

引据

一、《旧唐书》卷二一《礼仪志一》：（高宗）显庆二年七
月，礼部尚书许敬宗……等又议笾、豆之数曰："按今《光禄
式》：祭天地、日月（以下与本文同），寻此《式》文，事深乖
谬。社稷多于天地，似不贵多；风雨少于日月，又不贵少。且先
农、先蚕，俱为中祭，或六或四，理不可通。又先农之神，尊于
释奠，笾、豆之数，先农乃少，理既差舛，难以因循。谨按
《礼记·郊特牲》云：'笾、豆之荐，水土之品，不敢用亵味，
而贵多品，所以交于神明之义也。'此即祭祀笾、豆，以多为
贵。宗庙之数，不可逾郊。今请大祀同为十二，中祀同为十，小
祀同为八，释奠准中祀。自余从座，并请依旧《式》。"诏并可
之，遂附于《礼》、《令》。

二、《唐会要》卷九上《杂郊议上》：敬宗等又议笾、豆之
数曰："案今《光禄式》：祭天地、日月（以下与本文同），寻此
《式》文，事深乖谬。……今请大祀同为十二，中祀同为十，小
祀同为八，释奠准中祀。自余从座，并请依旧式。"诏并可之，
尊附于《礼》、《令》。（《旧唐书·礼仪志》）

三、《唐会要》卷一七《祭器议》：永徽二年，礼部尚书许
敬宗议笾、豆之数曰："谨按《光禄式》：祭天地（以下与本文
同。惟宗庙、社稷、风师前无'祭'字），寻此《式》文，事实
乖戾。……今请大祀（以下与《旧唐书》同）。"从之。

四、《大唐郊祀录》卷一《凡例上·俎馔》：凡用笾豆之

数……臣泾案：明庆初，礼部尚书许敬宗议曰："案今《光禄式》：'祭天地、日月、岳镇、海渎、先蚕等，笾、豆各四；祭宗庙，笾、豆各十二；祭社稷、先农等，笾、豆各九；风师、雨师等，笾、豆各二。'寻此《式》文，事深乖谬。……今请大祀同为十二，中祀同为十，小祀同为八，释奠准中祀。自余祀之座，并请依旧。"诏并从之，遂附于《礼》。今之所制，自敬宗始也。

参考

《唐六典》卷一五光禄寺太官署令条：凡冬至圆丘之祀昊天上帝，笾、豆各十二……配帝亦如之……夏至方丘祭皇地祇，笾、豆各十二……配帝亦如之……孟冬祭神州，笾、豆各十二……配坐亦如之。太社、太稷，笾、豆各十……配帝亦如之。……时享太庙，每室笾、豆各十八……帝社、先蚕，笾、豆各十……释奠于孔宣父，笾、豆各十……配坐亦如之……释奠于齐太公，笾、豆各十……配坐亦如之。

按

许敬宗对《式》文规定的笾、豆之数的非议是："社稷多于天地，似不贵多；风雨少于日月，又不贵少。且先农、先蚕，俱为中祭，或六或四，理不可通。又先农之神，尊于释奠，笾、豆之数，先农乃少，理既差舛，难以因循。谨按《礼记·郊特牲》云：'笾、豆之荐，水土之品，不敢用亵味，而贵多品，所以交于神明之义也。'此即祭祀笾、豆，以多为贵。宗庙之数，不可逾郊。"于此建立了笾、豆之数"以多为贵"的原则。

从《开元礼·序例上》俎豆的规定来看，许敬宗的"大祀同为十二，中祀同为十，小祀同为八"的建议及所谓的"附于《礼》"确实被实行了。因为在《开元礼》中，我们确实能够看到这一点被吸收的痕迹。又据稍后成书的《唐六典》卷一五光禄卿太官署令条，也与前述唐《式》不同，而是依照了修改后的规定。比如，昊天上帝、皇地祇、神州，笾、豆各十二；朝日、夕月、太社、太稷、帝社、先蚕，笾、豆各十；风师、雨师、灵星、司中、司命等，笾、豆各八；"释奠准中祀"，则有"释奠于孔宣父，笾、豆各十"及"释奠于齐太公，笾、豆各十"规定。只是在开元二十四年，将"时享太庙，每室笾、豆各十二"改为增加"笾、豆各六"而变为"笾、豆各十八"。将这些规定与唐代《祠令》所规定的大祀、中祀、小祀作个对比，基本上是符合的。

　　唐代《祠令》规定：昊天上帝、五方上帝、皇地祇、神州、宗庙，皆为大祀；日月、星辰、社稷、先代帝王、岳镇、海渎、帝社、先蚕、孔宣父、齐太公、诸太子庙，并为中祀；司中、司命、风师、雨师、灵星、山林、川泽等，并为小祀。州县社稷、释奠及诸神祠，亦准小祀例。①

　　祭祀器具的数量是有一定之规的。《唐会要》卷一七《祭器议》曰：开元二十二年正月……韦述等议曰："……而古《式》存焉……请兼详今《式》，据文而行。"是其又明显规定于《式》文中。

二　〔开元〕　　凡祭，有牲者，皆豚右胖，体十一：前节三，肩、臂、臑；后节二，肫、胳；正脊一，脡脊一，横脊一，长肋一，短肋一，代肋一，皆二骨以并。脊，从前为正；肋，傍中为正。

---

① 〔日〕仁井田陞著、栗劲等编译：《唐令拾遗·祠令第八》复原第二条，长春出版社，1989，第60页。

引据

一、《唐六典》卷一五光禄寺太官令条注：凡祭，有牲者，皆豚右胖（以下与本文同）。

二、《延喜式》卷二〇《大学寮·释奠》……牲者，皆载右胖，体十一，前脚三节，肩、臂、臑，节一段，皆载之。后脚三节，"每"节一段，去下一节，载上肫、骼二节；又取正脊、脡脊、横脊、短胁、正胁、代胁，各二骨以并。余皆不设（余者左方也。兽卧下左，故不用左也）。

三、《延喜式》卷五〇《杂式·诸国释奠》……牲者，皆载右胖，前脚三节，肩、臂、臑，节一段，皆载之。后脚三节，节一段，去 下 一节，载上肫、骼二节；又取正脊、脡脊、横脊、短胁、正胁、代胁，各二骨以并。余皆不设。

四、《大唐开元礼》卷一《序例上·俎豆》：凡肉皆实俎。其牲皆升右胖，体十一，前节三，肩、臂、臑；后节二，肫、骼；正脊一，脡脊一，横脊一，正胁一，短胁一，代胁一，皆二骨以并。脊，从前为正；胁，傍中为正。

五、《大唐郊祀录》卷一《凡例上·牲牢》：凡骨皆载于俎。其牲皆升右胖，体十一，前节三，肩、臂、臑；后节二，肫、骼；正脊一，脡脊一，横脊一，正胁一，短胁一，代胁一，皆二骨并。脊以从前为正；胁以傍中为正（案贵云"升"，犹上也。上右胖，周所骨也。肩、臂、臑，肱郑也。并，併也；肋骨多，其六膞各取二骨併之，以多为贵也。凡牲煮于镬曰烹，在鼎曰升，在俎曰载也）。

按

本条当为式文。日本《延喜式》可为证明。

三式的前节三、后节二、以及三脊、三肋，均符合"体十一"的总数。日本式强调"余皆不设",即唐式所谓采"右胖",唐日两式精神相同。唐之"长肋",日本称"正肋",且与"短肋"互倒文字。

太仆式第二十九

（复原凡三条）

《唐六典》卷一七太仆卿条："太仆卿之职，掌邦国厩牧、车舆之政令，总乘黄、典厩、典牧、车府四署及诸监、牧之官属……。凡国有大礼、大驾行幸，则供其五辂属车之属。凡监、牧所通羊、马籍帐，则受而会之，以上于尚书驾部，以议其官吏之考课。"其中，"乘黄令掌天子车辂，辨其名数与驯驭之法"；"典厩令掌系饲马牛，给养杂畜之事"，包括配给成丁、饲草、粮料等；"典牧令掌诸牧杂畜给纳之事……凡群牧所送羊、犊皆受之，而供于禀牺、尚食之用；诸司合供者，亦如之"；"车府令掌王公已下车辂，辨其名数及驯驭之法……皆视其品秩而给之"。

《通典》卷二五《职官七·太仆卿》所记，与上述《六典》相同，惟"典牧署"条下云："大唐有乘黄等四署，令、丞各四人，掌外牧及造酥酪、脯腊之事。"这里的"乘黄等四署"恐有错简，实际就是"典牧署"；而其所掌之"供于禀牺、尚食之用"，实际即"造酥酪、脯腊之事"。此可以补《六典》之未备。

今所复原者，为牧马调习制度、在牧马牛死失过多时的牧长责任追究问题、诸州封函及畜产之印的给法等内容。

一 〔太仆〕 　诸在牧马，二岁即令调习。每一尉，配调习马人十
人。分为五番上下，每年三月一日上，四月三十日下。

　　引据

《唐律疏议》卷一五《厩库》官马不调习条疏：依《太仆
式》：在牧马，二岁即令调习（以下与本文同）。

　　参考

一、《唐律疏议》卷一五《厩库》官马不调习条疏：又
《令》云："殿中省尚乘，每配习驭调马，东宫配翼驭调马。其
检行牧马之官，听乘官马，即令调习。"[1]

二、《唐六典》卷一七乘黄署令条：凡将有事，先期四十
日，尚乘供马，马如辂色，率驾士预调习。指南等车亦如之。

三、《唐六典》卷一七车府署令条：凡辂车之马，率驭士预
调习之，然后入辂及车；以牛驾者亦如之。

　　按

官马调习，在实践中已不止在监牧进行，在京城供应帝王的
殿中省尚乘及东宫，也要调习。观唐《令》规定，至为明了。

二 〔开元·太仆〕 　诸牧长所管马牛，死失过耗，结罪合徒
者，虽去官，亦不在免限。

　　引据

《令集解》卷三八《厩牧令·死耗条》：穴云：私案，可云
以理非约，何者？《开元令》云："马廿一岁以上不入耗限。"以

---

① 〔日〕仁井田陞著、栗劲等编译：《唐令拾遗·厩牧令第二十五》复原第十六条，长春出
版社，1989，第637页。

此案之，审知，理死约也。就此说赏，可勘定死耗二事也。《大仆式》云："诸牧长所管马牛（以下与本文同），亦不在免限"者，案之，"死耗"如言死失也（无官犯罪条云）。[①]

按

《大仆式》即《太仆式》。唐律有牧长所管马牛，因死失过耗而结罪应当笞杖及应合徒罪的规定。泷川政次郎《支那法制史研究》认为《令集解》本条既同时引述《开元令》，估计本条《大仆式》，也即《开元式》。[②]

参考

《唐律疏议》卷一五《厩库》：诸牧畜产，准所除外，死、失及课不充者一，牧长及牧子笞三十，三加一等；过杖一百，十加一等，罪止徒三年。羊减三等（余条羊准此）。

三　给诸州封函及畜产之印，在《令》、《式》，印应官给。

引据

《唐律疏议》卷一九《贼盗》盗官文书印条注："余印，谓印物及畜产者。"疏议曰："余印，谓给诸州封函及畜产之印，在《令》、《式》，印应官给。"

按

此"余印"，在《唐律》中与官文书印对举。注云"谓印物及畜产者。"《六典》及《唐会要》有畜产印文样式，随地区等

---

① 《新订增补国史大系·令集解》第4册，吉川弘文馆，昭和62年印行，第923页。另参见〔日〕泷川政次郎著：《支那法制史研究》，有斐阁，1940，第110页；〔日〕新美宽撰、铃木隆一补：《本邦残存典籍による辑佚资料集成（正续）》，京都大学人文科学研究所，1968，第52页。

② 见〔日〕泷川政次郎著：《支那法制史研究》，有斐阁，1940，第110页。

而不同。此类繁琐细碎之事，应规定在《式》中。

参考一

一、《唐六典》卷一七太仆寺上中下牧监条：凡在牧之马皆印（印右膊以小"官"字，右髀以年辰，尾侧以监名，皆依左、右厢。若形容端正，拟送尚乘，不用监名。二岁始春，则量其力，又以"飞"字印印其左髀、膊。细马、次马，以龙形印印其项左；送尚乘者，尾侧依左、右闲印以"三花"。其余杂马送尚乘者，以"凤"字印印左膊，以"飞"字印印左髀。骡、牛、驴则官名志其左膊，监名志其右髀。驼、羊则官名志其颊，羊仍割耳。若经印之后，简入别所者，各以新入处监名印其左颊。官马赐人者，以"赐"字印，配诸军及充传送驿者，以"出"字印，并印左、右颊也）。

二、《唐会要》卷七二《诸监马印》：凡马驹以小"官"字印印右膊，以年辰印印右髀，以监名依左右厢印印尾侧（若形容端正，拟送尚乘者，则须不印监名）。

至二岁起脊，量强弱，渐以"飞"字印印右膊。细马、次马俱以"龙"形印印其项左。送尚乘者，于尾侧依左、右闲印以"三花"。其余杂马齿上乘者，以"凤"字印左膊，以"飞"字印左髀。经印之后，简习别所者，各以新入处监名印印左颊。官马赐人者，以"赐"字印；诸军及充传送驿者，以"出"字印，并印右颊。

参考二

《唐会要》卷七二《诸蕃马印》：骨利干马，本俗无印，惟割耳鼻为记。结骨马与骨利干马相似，少不如，印"出"。

悉密马，与结骨相似，稍不如，印（阙）。

葛逻禄马，与悉密相类，在金山西，印（阙）。

已上部落，同种类。

杖曳固马，与骨利干马相类。种多黑点骢，如豹文。在瀚海南幽陵山东杖曳固川。

同罗马，与杖曳固川相类，亦出骢马种。在洪诺河东南，曲越山北，幽陵山东，印〇。

延陀马，与同罗相似，出骆马骢马种。今部落颇散，四出者多，今在幽州北，印〇。

仆骨马，小于杖曳固，与同罗相似，住在幽陵山南，印〇。

（中略）

奚马，好筋节，胜契丹马，余并与契丹同。今饶乐都督北，印乙。

太府式第三十

（复原凡二条）

《唐六典》卷二〇太府寺卿条："太府卿之职，掌邦国财货之政令，总京、都四市、平准、左右藏、常平八署之官属，举其纲目，修其职务。少卿为之贰。……凡四方之贡赋，百官之俸秩，谨其出纳，而为之节制焉。"所谓"八署"的具体职掌为：两京诸市署（长安东西二市、洛阳南北二市，共四署）令"掌百族交易之事"，平准署令"掌供官市易之事"，左藏署令"掌邦国库藏之事"，所藏为天下"赋调"；右藏署令"掌邦国宝货之事"，所藏为金玉珠贝等；常平署令"掌平籴仓储之事"。

《通典》卷二六《职官八·太府卿》所记，与《六典》略同。惟左右藏职掌叙述较细，"左藏署令三人（掌库藏钱、布帛、杂彩），右藏署令二人（掌铜铁、毛角、玩弄之物，金玉、珠宝、香、画、彩色、诸方贡献杂物）"，较《六典》为具体。

今所复原者，为高级官员从库藏出来免于搜查的规定、官私度量衡每年检验问题的规定。前者应是与平准署、左藏署、右藏署三署事务相关联者，后者是与太府丞职责相关联者。

又，《六典》卷二〇太府寺卿条有一个注文："诸州庸、调及折租等物应送京者，并贮左藏；其杂送物并贮右藏。庸、调初至京日，录状奏闻。每旬一奏纳数。"很可能是《式》文。因无直接证据，姑附于此，以待后考。

一　五品以上，皆不合搜检。

引据

《唐律疏议》卷一五《厩库》库藏主司不搜检条疏：从库藏出，依《式》："五品以上，皆不合搜检。"

参考

《唐六典》卷二〇太府寺左藏署令条：凡藏院之内禁人然火及无故而入者。

按

日本律令研究会编《译注日本律令六·唐律疏议译注篇二》，中村裕一执笔《厩库》律的该条，以为此《式》篇目不明。见东京堂昭和 59 年初版，第 359 页。

本条当是《太府式》，因太府寺之下有"左藏署"、"右藏署"。不当入《仓部式》、《库部式》。

又，本条是对所有库藏而作的规定。但主要应与平准署、左藏署、右藏署三个官署的事务相关联。与常平署之藏粮无关。依《六典》卷二〇，藏院之内既禁无故而入者，似搜检也与藏院之库房相联。

二　凡官私斗、秤、度尺，每年八月诣太府寺校印署，无或差缪，然后听用。

引据

一、《唐六典》卷二〇太府丞条：凡官私斗、秤、度尺，每年八月诣寺校印署，无或差缪，然后听用之。

二、《唐会要》卷六六《太府寺》：大历十年三月二十二日敕："自今以后，应付行用斗、秤、尺度，准《式》取太府寺较印，然后行用。"

按

韩国磐《传世文献中所见唐式辑存》〔《厦门大学学报》（哲社版）1994 年第 1 期〕云："此条'准式'当即准《太府式》。同上书同卷同篇记载：'武德八年九月敕：诸州斗秤，经太府较之。'以后当即将此列入《太府式》。检《唐六典》卷 20《太府寺》，亦载有：'凡官私斗秤度尺，每年八月，诣寺校印署，无或差缪，然后听用之。'"所言良是。又，大历十年敕，很明显是对旧制的重申。

参考

《唐六典》卷二〇太府寺卿条：以二法平物：一曰度量（度谓分、寸、尺、丈，量谓合、升、斗、斛），二曰权衡（权，重也；衡，平也）。

少府式第三十一

（复原凡三条）

　　《唐六典》卷二二少府监条："少府监之职，掌百工伎巧之政令，总中尚、左尚、右尚、织染、掌冶五署之官属，庀其工徒，谨其缮作。少监为之贰。凡天子之服御，百官之仪制，展采备物，率其属以供焉。"其中，中尚署，掌供应郊祀之圭璧、皇帝岁时器玩、中宫服饰；左尚署，掌供应天子之车辇、华盖及皇太后、皇后、皇太子、王公以下、公主王妃车辂等；从复原条文看，所谓"掌供"也包括了制造标准；右尚署，掌供应天子之鞍辔及五品之帐等；织染署，掌供应天子、皇太子及群臣之冠冕；掌冶署，掌熔铸铜铁器物之事。是少府监为手工业制造机构，其下统辖庞大的分门别类的制造业。

　　《少府式》为少府监所掌事务的专篇，故《六典》卷二二少府监的许多文字，可能就是《少府式》文。如少府监丞条之"教诸杂作"之业成年限的注文，中尚署令条的"供郊祀之圭璧"以及"岁时乘舆服玩"的两个大段注文，都可能是《式》文。但目前尚无旁证。另外，《六典》其他篇目记载的器物的规格、样式，如从天子至皇太子的车辂的样式（同时也就是少府监制造物品的规格与样式），它们也同样可能是《少府式》文。

　　今所复原者，有属于左尚署职掌的公主的车辂制造与供应，少府监每年蜡烛制造与供应，以及可能为《少府式》断文的一条资料。

一　〔少府〕　　公主出降，犊车两乘，一金铜装。郡主，犊车两乘，一铜装。县主，犊车两乘，一铜装。

引据

《唐会要》卷三一《杂录》：（文宗太和）六年六月敕：详定诸司制度条件等……又准《少府式》：公主出降，犊车两乘（以下与本文同）。

参考一

一、《旧唐书》卷四五《舆服志》：外命妇、公主、王妃乘厌翟车，驾二马。自余一品乘白铜饰犊车，青通幰，朱里油缯，朱丝络网，驾以牛。二品已下去油缯、络网，四品青偏幰。

有唐以来，三公已下车辂，皆太仆官造、贮掌。若受制行册命及二时巡陵、婚葬则给之。自此之后，皆骑马而已。

二、《大唐开元礼》卷二《序例中》：外命妇卤簿。一品：清道二人，青衣六人，偏扇、团扇、方扇各十六，行障三具，坐障二具，厌翟车驾二马，驭人八（非公主、王妃即乘白铜饰犊车，驾牛，驭人四），从人十六，夹车、从车六，乘伞一，大扇一，团扇二，戟六十。

二品：清道二人，青衣四人，偏扇、团扇、方扇各十四，行障二具，坐障一具，白铜饰犊车一，驾牛，驭人六，从人十四，夹车、从车四，乘伞一，团扇二，戟四十。

三品：清道二人，青衣二人，偏扇、团扇、方扇各十，行障二具，坐障一具，白铜饰犊车一，驾牛，驭人四，从人十二，夹车、从车四，乘伞一，团扇二，戟二十。

四品：清道二人，青衣二人，偏扇、团扇、方扇各八，行障一具，坐障一具，白铜饰犊车一，驾牛，驭人四，从人十，夹车、从车二，乘伞一，团扇二。

参考二

《续资治通鉴长编》卷六一《真宗》：景德二年……十二月……癸卯，（王）钦若又言……况法驾卤簿，本奉至尊，郊祝庙享，俱为大事，安可以群臣凶礼，参用吉仪？既黩尊卑，实违典法。请令有司，依《唐六典》、《令》、《式》，别置王公以下车辂及鼓吹仪仗，以备拜官职、朝会、婚葬之用。诏从。

按

《唐六典》卷二二少府监左尚署令条云："左尚署令掌供……公主、王妃、外命妇一品厌翟车，二品、三品犊车，其制各有差。"是公主所用诸车，本应由少府监提供。同上书接云："其用金帛、胶漆、材竹之属，所出方土以时支送（漆出金州云云）"，是少府监为生产机构，但依本条《式》文，似供给也属其职务之一。因在《六典》中，"天子之车辂"由太仆寺的乘黄署主掌，"王公已下车辂"由太仆寺之车府署主掌，"皇后车辂"由内侍省内仆局主掌，"皇太子车辂"由太子仆寺主掌，唯独公主及王妃车辂无机构掌理。又按《续资治通鉴长编》，"王公以下车辂及鼓吹仪仗"，本来就为"《唐六典》、《令》、《式》"中具有；则《式》中所有者，应是指与本条类似的《式》文。

从《旧唐书》卷四五《舆服志》及《大唐开元礼》卷二《序例中》，可以看到"金铜装"及"铜装"的"犊车"，实际即"白铜饰犊车"。之所以叫"犊车"，是因为均用牛来承驾，所谓"驾牛"。其车的最好的装饰是"青通幰，朱里油纁，朱丝络网"。

二　〔开元〕　少府监，每年供蜡烛七十挺。

引据

《倭名类聚抄》卷四（仁井田陞引作那波本卷十二、狩谷本卷四）：《唐式》云：少府监，每年供蜡烛七十挺。①

参考

《唐六典》卷二二少府监左尚署令条注：隋开皇中，三尚方并属太府寺。左尚令三人，掌造车辇、伞扇、稍耗、弓箭、弩戟、器仗、刀镞、胶漆、竹木、骨角、画素、刻镂、蜡烛等。皇朝置一人。

按

本条《式》文明确指出"少府监"，是为少府监职掌之一证。按上引《唐六典》卷二二少府监左尚署令条注："隋开皇中，三尚方（即中尚署、左尚署、右尚署——作者注）并属太府寺。左尚令三人，掌造车辇、伞扇、稍耗、弓箭、弩戟、器仗、刀镞、胶漆、竹木、骨角、画素、刻镂、蜡烛等。皇朝置一人，开元十八年为正七品下。"隋开皇之制，蜡烛之制造归太府寺。但少府是从太府中分出来的。《唐六典》卷二二少府监条注云："至隋炀帝大业五年，始分太府为少府监，置监一人，从三品；少监一人，从四品；丞二人；统左尚、右尚、内尚、司织、司染、铠甲、弓弩、掌冶等署。……皇朝因为监。"是蜡烛之制

---

① 〔日〕新美宽撰、铃木隆一补：《本邦残存典籍による辑佚资料集成（正续）》，京都大学人文科学研究所，1968，第52页。〔日〕仁井田陞著、栗劲等编译：《唐令拾遗·附录·序论》，长春出版社，1989，第879页。仁井田陞引文除标明"唐式云"外，又标明该条分别处在《倭名类聚抄》两个版本的"那波本卷十二、狩谷本卷四"。

造，从太府寺之左尚署转而为少府监之左尚署，只是归属有变化，而职责并未变化。唐代三尚方，沿袭隋炀帝改制结果，仍为少府监官属。左尚署仍应依《式》制造供应蜡烛。

按新美宽撰、铃木隆一补之《本邦残存典籍による辑佚资料集成（正续）》，将本条定为《开元式》，今据之。又，仁井田陞《唐令拾遗·序论》云："《倭名抄》所引的唐式有唐《开元式》，而不见有其他年度的式，也可以把所引的唐式都看成《开元式》。"也可从。①

三　〔开元〕　行床牙脚。

引据

《倭名类聚抄》卷四：行床牙脚。②

参考

《唐六典》卷一一殿中省尚舍局尚舍奉御条：尚舍奉御掌殿庭张设……凡大驾行幸，预设三部帐幕，有古帐、大帐、次帐、小次帐、小帐，凡五等。……凡五等之帐各三，是为三部（帐皆乌毡为表，朱绫为覆，下有紫帏方座，金铜行床，垂以帘）。

按

新美宽撰、铃木隆一补《本邦残存典籍による辑佚资料集成（正续）》，将本条确定为《开元式》；又，仁井田陞以为："《倭名抄》所引的唐式有唐《开元式》，而不见有其他年度的

---

① 〔日〕新美宽撰、铃木隆一补：《本邦残存典籍による辑佚资料集成（正续）》，京都大学人文科学研究所，1968，第52页。〔日〕仁井田陞著、栗劲等编译：《唐令拾遗·附录·序论》，长春出版社，1989，第879页。

② 〔日〕新美宽撰、铃木隆一补：《本邦残存典籍による辑佚资料集成（正续）》，京都大学人文科学研究所，1968，第52页。

式，也可以把所引的唐式都看成《开元式》。"① 故将本条复原为
《开元式》。

"行床"，为有关出行之具。唐代皇帝出行（所谓"大驾行
幸"）有其事。按《唐六典》卷一一殿中省尚舍局尚舍奉御条
云："尚舍奉御掌殿庭张设，供其汤沐，而洁其洒扫……凡大驾
行幸，预设三部帐幕，有古帐、大帐、次帐、小次帐、小帐，凡
五等。……凡五等之帐各三，是为三部（帐皆乌毡为表，朱绫
为覆，下有紫帏方座，金铜行床，垂以帘。……）。"此"行床
牙脚"当即这里的"金铜行床"之附属物。

又，按《唐六典》卷二二少府监右尚署令条："右尚署令掌
供天子十有二闲马之鞍辔，及五品三部之帐，备其材革，而修其
制度"，是"三部帐幕"或"五等之帐各三"，皆由少府监制造。
其所附属之"行床"也当由少府监制造。以此，故将本条复原
为《少府式》。

---

① 〔日〕新美宽撰、铃木隆一补：《本邦残存典籍による辑佚资料集成（正续）》，京都大
学人文科学研究所，1968，第53页；再，参见〔日〕仁井田陞著、栗劲等编译：《唐令
拾遗·附录·序论》，长春出版社，1989，第879页。

监门式第三十二

（复原凡八条）

《唐六典》卷八门下省城门郎条："城门郎掌京城、皇城、宫殿诸门开阖之节，奉其管钥而出纳之。"其下正文、注文涉及诸门开阖顺序、击鼓声与诸门开闭，皇城门、宫城门、京城门等诸门钥匙出入时刻等。而其注文多与《唐律疏议》所引唐《监门式》文字相近。今据《唐六典》、《唐律疏议》记述、征引顺序复原之。凡《六典》与《唐律疏议》相同者，用《六典》为主；《唐律疏议》独有者，仅据《唐律疏议》。其年代可考者，考其年代；与《宫卫令》有联系者，也辨其异同。

但《监门式》不仅是门下省城门郎的事务，它与诸卫（十六卫）中的左右监门卫职掌也有关联。按《六典》卷二五左右监门卫大将军将军条：

左、右监门卫大将军、将军之职，掌诸门禁卫、门籍之法。凡京司应以籍入宫殿门者，皆本司具其官爵、姓名，以移牒其门（若流外官承脚色，并具其年纪、颜状），以门司送于监门，勘同，然后听入。凡财物器用，应入宫者，所由以籍傍取左监门将军判，门司检以入之；应出宫者，所由亦以籍傍取右监门将军判，门司检以出之。其籍月一换。若大

驾行幸，则依卤簿之法，率其属于牙门之下以为监守。中郎
将掌监诸门及巡警之法。凡宫殿门及城门皆左入右出。其监
门官司检校者，听从便门出入。

可见，监门卫的职责，一是人的出入宫殿，二是物的出入宫
殿的勘验。而其所配合的"门司"，就是所谓的城门郎。在现存
《式》文中，有对于监门官员（包括泛泛的监门官司及监门大将
军、将军、中郎将等）的直接规定。

另外，《监门式》篇目之得名，也当与左右监门卫这一官府
名称有关。按《六典》同上注："隋置左、右监门府……炀帝改
左、右监门卫将军为郎将。皇朝置大将军、郎将等员。龙朔二
年，改府为卫。"是唐朝初称府，后改为卫。其《式》名是从左
右监门府（或卫）之名称而来的，就如同《秘书省式》、《太常
式》、《光禄式》等是从秘书省、太常寺、光禄寺而来一样。

《监门式》也涉及左右金吾卫的职掌。按《六典》卷二五左
右金吾卫大将军将军条："左右金吾卫大将军、将军之职，掌宫
中及京城昼夜巡警之法，以执御非违。"同条载其所属中郎将
"掌领府属，以督京城内左、右六街昼夜巡警之事；左右郎将贰
焉。"按今所存《监门式》有关于"京城每夕分街立铺，持更行
夜"的规定，应即巡警之事。

又，《唐律疏议》卷八《卫禁》越州镇戌等城垣条疏议云：
"'城主无故开闭者'，谓州、县、镇、戌等长官主执钥者，不依
法式开闭，与越罪同。"此处所谓"法式"，属于京师之外的、
对地方之城门开闭的法度，可能也在《监门式》中有所规定。

再者，《唐会要》卷八六《街巷》："太和五年七月，左右巡
使奏：伏准《令》、《式》及至德、长庆年中前后敕文，非三品

以上及坊内三绝，不合辄向街开门，各逐便宜，无所拘限。因循既久，约勒甚难，或鼓未动即先开，或夜已深犹未闭。致使街司巡检，人力难周，亦令奸盗之徒，易为逃匿。伏见诸司所有官宅，多是杂赁，尤要整齐。如非三绝者，请勒坊内开门。向街门户，悉令闭塞。请准前后，除准《令》、《式》各合开外，一切禁断，余依。"此处《令》、《式》，也有是《式》文的可能性。姑附于此，以待后考。

一甲　〔武德至垂拱·监门〕　顺天①等门为宫城〔门〕。②

引据

一、《令集解》卷二四《宫卫令·宫墙条》：穴云："……唐令云：'顺天门为宫〔城〕门。'《监门式》云：'顺天等门为宫城〔门〕'是。"

二、《唐律疏议》卷七《卫禁》阑入宫殿门及上阁条疏议：顺天等门为宫城门。

三、《唐律疏议》卷七《卫禁》登高临宫中条疏议：顺天等门为宫城门。

按

唐律引上文虽未标明"《式》"之字样，但属首次引述《监门式》文者，与《六典》注之叙述为第一条者相同，故列为复原首条。

顺天门，据《六典》卷七工部郎中员外郎条注："承天门，

---

① 《唐六典》卷七工部郎中员外郎条注："承天门，隋开皇二年作，初曰广阳门，仁寿元年改曰昭阳门。武德元年改曰顺天门，神龙元年改曰承天门。"
② "门"，原阙，今以意补之。

隋开皇二年作，初曰广阳门，仁寿元年改曰昭阳门。武德元年改
曰顺天门，神龙元年改曰承天门。"是自唐高祖武德、太宗贞
观、高宗永徽以来并历经武周皆称顺天，直至中宗神龙复辟，方
改为承天。这期间所修的《式》有：《武德式》、①《贞观式》、
《永徽式》、《垂拱式》，②《式》文中称"顺天门"者应是此四
《式》。不过，永徽三年始作律疏，四年完成，永徽二年即撰定
《永徽式》，所以律疏所引最早是《永徽式》，最晚不过《垂拱
式》。日本仁井田陞、牧野巽以《唐律疏议》中有些地名系永徽
以后名称，从而考定现存《唐律疏议》非《永徽律疏》，而是
《开元律疏》，③却未理会到《唐律疏议》所引《式》文竟然有
开元以前门名而从未据实更动者。同样，疏文引述《令》文也
有未改动者。《杂律》犯夜条引《宫卫令》云："五更三筹，顺
天门击鼓，听人行；昼漏尽，顺天门击鼓四百捶讫，闭门。后更
击六百捶，坊门皆闭，禁人行。"依理，神龙时改门名为"承
天"，开元时也应称"承天"，但却依旧称"顺天"。笔者赞同刘
俊文的意见，认定现存《唐律疏议》"并非永徽或开元一朝之
典"，因为其"律疏的部分内容和文字"，"是永徽以后直至开元
间多次修改的产物"。④ 这样，"顺天"未改为"承天"，应是历

---

① 《唐六典》、两唐书《刑法志》均未言及《武德式》。唯《新唐书》卷五八《艺文志二》
　　载："武德……《式》十四卷……尚书左仆射裴寂、右仆射萧瑀、大理卿崔善为……等
　　奉诏撰定。"考裴寂自武德六年四月至九年正月为左仆射，萧瑀自武德六年四月至九年
　　七月为右仆射，崔善为于武德五年（或稍前）由尚书左丞徙为大理卿。是《武德式》修
　　撰于武德六年四月至八年底。
② 《六典》卷六刑部郎中员外郎条注提及《永徽式》、《垂拱式》，旧志与之同，均不言
　　《贞观式》。《新唐书》卷五八《艺文志》云："贞观……《式》三十三卷。中书令房玄
　　龄、右仆射长孙无忌、蜀王府法曹参军裴弘献等奉诏撰定。"是确曾有此《式》存在。
③ 见〔日〕仁井田陞、牧野巽：《故唐律疏议制作年代考》（上、下），《东方学报》（东
　　京）第1册（1931）。
④ （唐）长孙无忌等撰、刘俊文点校：《唐律疏议·点校说明》，中华书局，1983，第3～4
　　页。

次修改律疏时，对原引《令》、《式》条文不加更动的结果。因《六典》所引《开元式》之"顺天"门已改为"承天"。

《令集解》所引只是《式》之节文。《唐律疏议》相同引文之前尚有"嘉德等门为宫门"，其后又有"太极等门为殿门"。卷七《卫禁》奉敕夜开宫殿门条疏云："皇城门，谓朱雀等门"，"京城门，谓明德等门。"又，卷八宫门等冒名守卫条疏："京城门……者，谓明德等诸门。"又，卷七阑入逾越为限条疏："皇城，谓朱雀等门……京城，谓明德等门"。显然皆系《式》文大意文字。《唐六典》卷八城门郎条注的记述较为全面（见下条），当是《开元监门式》式文。据之可复原《开元监门式》于下。

一乙　〔永徽至开元〕　明德等门为京城门，朱雀等门为皇城门，承天等门为宫城门，嘉德等门为宫门，太极等门为殿门，通内等门并同上阁门。东都诸门准此。

引据

一、《唐六典》卷八门下省城门郎条注：明德等门为京城门（以下与本文同）。

二、《唐律疏议》卷七《卫禁》阑入宫殿门及上阁条疏议：嘉德等门为宫门，顺天等门为宫城门……太极等门为殿门。

三、《唐律疏议》卷七《卫禁》登高临宫中条疏：嘉德等门为宫门，顺天等门为宫城门。

四、《唐律疏议》卷七《卫禁》奉敕夜开宫殿门条疏：皇城门，谓朱雀等门……其京城门，谓明德等门。

按

本条文字在《六典》引述中可能被节略过。诸"等"字之前应当是详细列举形式。按《唐六典》卷七工部郎中员外郎条，京城诸门，南面三门有明德、启夏、安化，东面三门有春明、通化、延兴，西面三门有金光、开远、延平。皇城诸门，南面三门有朱雀、安上、含光，东面二门有延喜、景风，西面二门有安福、顺义。宫城诸门，南面三门有承天、长乐、永安；其余之门，如承天门北之太极门，已属殿门；再北有朱明门、两仪门，及与之平行之虔化门、肃章门、晖政门、武德西门；两仪门内有两仪殿，"常日听朝而视事焉"，注释所谓"古之内朝也"；又，"北入虔化门，则宫内也"，"北入肃章门，则宫内也"，皆属于"通内等门"。

据此，《式》文的详细列举形式应当是，"明德、启夏、安化、春明、通化、延兴、金光、开远、延平等门为京城门；朱雀、安上、含光、延喜、景风、安福、顺义等门为皇城门；承天、长乐、永安等门为宫城门；嘉德等门为宫门，太极等门为殿门，通内（包括两仪门、虔化门、肃章门、晖政门、武德西门）等门并同上阁。"

实际上，京城北墙之光化门、景耀门、芳林门等门也应为京城门；宫城北墙之玄武门、安礼门、至德门，及宫城南墙之永春门、广运门、嘉福门，以及大明宫南墙之延福门、丹凤门、望仙门、延政门，与内侍省相通的通明门、与掖庭宫相通的嘉猷门等门，也为宫城门。①

《令集解》卷二四《宫卫令·宫墙条》除引"《监门式》云：'顺天等门为宫城〔门〕'"外，其前又有"唐令云：'顺天门为宫〔城〕门。'"。仁井田陞根据此将其复原为《宫卫令》

---

① 参见（清）徐松撰：《唐两京城坊考》，中华书局，1985，附图。

第一条，并将《六典》前述诸门文字复原为《宫卫令》。从规定方式及用字看，《六典》之"承天等门为宫城门"等，与《令集解》所引《监门式》"顺天等门为宫城〔门〕"相同，皆为"等"字，均属列举性规定。我们认为这绝不是巧合，应是《式》文原状。唐《律》的疏文所述明德、朱雀、嘉德、太极等门也属此种用字惯例及规定方式。相反，《令集解》所引"唐令云：'顺天门为宫〔城〕门'"，不用"等"字，不属列举性规范，当是《令》之节文，其语言环境虽已难揣测，但显然不应与《式》文相提并论。故《六典》城门郎条注关于诸门规定应属《监门式》，而不是《宫卫令》。

"通内"非单一门名，依《唐律疏议》卷七《卫禁》阑入宫殿门及上阁条注，指"宫内诸门……而得通内者"，疏曰："谓肃章、虔化等门，而得通内"。按因正门朱明门以内系内朝，肃章、虔化、晖政、武德四门皆通内朝，故四门内称宫内，"通内等门并同上阁门"，与《唐律疏议》卷七《卫禁》阑入宫殿门条之律之精神一致，即"入上阁内者绞（其宫内诸门……而得通内者，亦准此）。"

日本仁井田陞、牧野巽《故唐律疏议制作年代考（上）》考定《唐律疏议》为开元二十五年疏议，其中一项重要理由，就是今存《唐律疏议》中存在着不少永徽以来才出现的地名。但《唐律疏议》中也称"顺天等门为宫城门"，则所谓理由就不能成为理由。

二甲　〔开元〕　承天门击晓鼓，听击钟后一刻，鼓声绝，皇城门开；第一冬冬声绝，宫城门及左右延明、乾化门开；第二冬冬声绝，宫殿门开。夜第一冬冬声绝，宫殿门闭；第二冬冬声绝，宫城门闭及左右延明门、皇城门闭。其京城门开闭与皇城门同刻。承天门击鼓，皆听漏刻契至乃击；待漏刻所牌到，鼓声乃绝。

引据

《唐六典》卷八门下省城门郎条注：承天门击晓鼓，听击钟后一刻（以下与本文同）。

参考

一、《唐六典》卷八门下省城门郎条：开则先外而后内，阖则先内而后外，所以重中禁，尊皇居也。候其晨昏击鼓之节而启闭之。

二、《唐律疏议》卷一九《贼盗》盗符节门钥条疏：开闭殿门，皆用铜鱼合符。用符钥法式，已于《擅兴律》解讫。

按

《唐六典》卷八门下省城门郎条注所引上述文字，当是《式》文，因本、注文前后均系《式》文，类似或相同文字皆被《唐律疏议》明确标为《监门式》者。只是本条应是《开元监门式》。

又依《宫卫令》："五更三筹，顺天门击鼓，听人行"，是承天门击晓鼓时间为五更三筹。又，夜鼓第一冬冬为捶鼓四百声，第二冬冬声为六百捶；晓鼓当亦如此。

二乙 〔开元〕　皇城门无文早开。

引据

《唐会要》卷二三《缘祀裁制》：至（德宗）大历十四年六

月十八日，大内皇城留守张景所奏：得御史台牒：景风、安上等门，每至祀祭日，缘祭官到尚书省授誓戒了赴朝，准旧例合早开；又准《监门式》，皇城门无文早开。敕旨：自今以后，祀祭授誓戒官，其日既赴尚书省，不须入朝。

按

此《式》当是开元《监门式》文字大意，即唐代第三次大规模修《式》之文意精神。本句文字不是《式》之原文。"准旧例合早开"，是习惯中事，与《式》文不合，故御史台根据《式》文精神予以否定。

三甲〔永徽·监门〕　驾在大内，宫城门及皇城门钥匙，每去夜八刻出闭门，二更二点进入。京城门钥，每去夜十三刻出闭门，二更二点进入。○宫城门及皇城门，四更二点出钥开门。京城门，四更一点出钥开门。

引据

《唐律疏议》卷七《卫禁》奉敕夜开宫殿门条疏：依《监门式》：驾在大内（以下与本文同）……其开门出钥迟者，依《监门式》：宫城门及皇城门（以下与本文同）。驾在大明、兴庆宫及东都，进、请钥匙，依《式》各有时刻。

按

《唐律疏议》说"驾在大明、兴庆宫及东都，进、请钥匙，依《式》各有时刻"，是本条后半即应是这方面的详细规定。惜其文不存，无法知其详情。

上列二节《监门式》，应是《永徽式》，理由同前。至于二节《式》文之排列顺序，因《律》文先列闭门进钥，后列开门出钥，故先引宫城、皇城及京城门钥匙出闭、进入时刻，后引上述三类门出钥开门时刻，未必是依原《式》文排列顺序征引，而只是取其方便。

"刻"，按昼夜百刻之记时制，冬至昼四十五刻，夜五十五刻；夏至昼六十五刻，夜三十五刻；春分、秋分，昼五十五刻半，夜四十四刻半。"去夜八刻"、"去夜十三刻"即天黑前八刻及十三刻，京城门闭早，宫城门、皇城门闭晚。如以冬至为例，昼分为中午十二时，下午应有二十二刻半，去夜八刻应是昼分之后十四刻半闭门。

"更"为古时夜间记时单位。一更约两小时，一夜分为五更（见《颜氏家训·书证》）。"点"，一更为五点，宋程大昌《演繁露》四："点者，则以下漏滴水为名。每一更又分为五点也。"又，唐律云"五更三筹"，是筹即点。

又，按《唐六典》卷八门下省城门郎条："门仆八百人"，注云："皇朝城门郎置门仆，分番上下，掌送管钥。"是其钥匙"出"与"入"，皆由门仆送或收。

三乙 〔开元〕　宫城、皇城钥匙，每日入前五刻出闭门，一更二点进入；五更一点出开门，夜漏尽，第二冬冬后二刻而进入。○京城门钥匙于东廊下贮纳，每去日入前十四刻出闭门，二更一点入；四更一点出开门，夜漏尽，第二冬冬后十刻入。

引据

《唐六典》卷八门下省城门郎条注：宫城、皇城钥匙，每日入前五刻出闭门（以下与本文同）。

参考

《唐六典》卷八门下省城门郎条：凡皇城、宫城阖门之钥，先酉而出，后戌而入；开门之钥，后丑而出，夜尽而入。……京城阖门之钥，后申而出，先子而入；开门之钥，后子而出，先卯而入。

按

《唐六典》注所引上述《式》文应是《开元监门式》，与前述《唐律疏议》所引不同。在顺序上，《六典》先述皇城、宫城门闭开、出入时刻，后述京城门闭开、出入时刻，故前节专述皇城、宫城，后节专述京城门钥。依京城门钥有贮纳地点规定看，似《六典》分述者更接近《式》文原样。同时，在内容众寡上，唐律律文设定罪名仅及"开门出钥迟"而没有"进钥迟"罪名，故所引《永徽式》不及三类门开门之后进钥之《式》文，《六典》则有；《六典》有京城门钥贮纳地点规定，唐律引《式》无。

在开闭诸门出钥时间上，《永徽式》宫城、皇城门闭开均早，分别较《开元式》闭早三刻（合今 0.72 小时），开早四点（约合今 1.6 小时）；京城门，《永徽式》闭门出钥较《开元式》晚一刻，开门出钥时间同。至于闭门后进钥时间，二《式》也互有参差，均反映了《开元式》对《永徽式》做了较大调整的痕迹。京城门钥出晚、入晚（如《永徽式》），出早、入早（如《开元式》），呈顺向调整形式；宫城门钥早出、晚入（如《永徽式》），晚出、早入（如《开元式》），则又呈逆向调整形式。

又，依《唐律疏议》卷七《卫禁》奉敕夜开宫殿门条疏："驾在大明、兴庆宫及东都，进、请钥匙，依《式》各有时刻"，按：兴庆宫开元二年置，因本坊旧名，故本段疏议应是开元以后所增者，但可说明类似本条之《开元式》文是存在的，惜其文不传。《六典》城门郎条注又谓"凡车驾巡幸，所诣之所，计其应启闭者，先发（指城门郎及其属官）而请其管钥，及至，即开阖如京城之制"，可能是《式》文。至少，巡幸之所可以包括疏议所谓之东都。

本条《监门式》实施情况，据《唐会要》卷二三《缘祀裁制》载：大历十四年六月，由于受誓戒之祠祭官，至祭祀日应援例入朝，旧例也早开景风、安上等皇城门放行，但因《监门式》精神是"皇城门无文早开"，故有司奏请皇帝裁断。从这一事例看，开元以来五更一点出钥开皇城门的规定还是被执行了。

日本《令集解》卷二四《宫卫令·开閤门条》："释云……《唐令》云：镒匙皆连铁，兼刻其门名，藏之于匮。其出纳时节、开门之法，从别《式》。"可见，按唐代《令》、《式》分工，《式》中应对诸门钥匙出纳时节作详细规定，本条《监门式》即《令》所云"别《式》"之文。不过，日本仿唐制，先用唐《律》、《令》，130余年后用唐《格》、《式》，故制令时既用唐《令》，也间取唐《式》。《令义解》卷五所反映的日本养老《宫卫令》第四条即"开閤门条"，有"其出入镒者，第一开门鼓以前三刻出，閤门鼓以后三刻进。"将类似唐《监门式》之内容规定入《令》，只是较唐《式》更为简单、划一。察其原因，也容易理解。当时制度必须有所依据，不能等待将来立法时再作规定。

四甲〔永徽·监门〕　诸奉敕夜开宫殿门，受敕人具录须开之门，并入出人帐，宣敕送中书，中书宣送门下。其宫内诸门，城门郎与见直诸卫及监门大将军、将军、中郎将、郎将、折冲、果毅内各一人，俱诣阁复奏。御注"听"，即请合符、门钥。监门官司先严门仗，所开之门内外并立队，燃炬火，对勘符合，然后开之。

引据

一、《唐律疏议》卷七《卫禁》奉敕夜开宫殿门条疏议："奉敕以合符夜开宫殿门"，依《监门式》：受敕人具录须开之门（以下与本文同）。

二、《令集解》卷三一《公式令·便奏式条》：右请进铃印（……私案：门镱请进，少纳言不合知。律云：不覆奏开。注云：本司谓卫府闱司者。又案本律《监门式》知耳）。[①]

按

上述《监门式》当是《永徽式》。又，日本养老《律》与唐《律》规定略同，也有复奏与否的问题，故其所引《监门式》也复相同。因其与门钥、符节、复奏、卫府职掌有关，姑且附于此，以俟后考。

四乙 〔开元〕 殿门及城门若有敕夜开，受敕人具录须开之门，宣送中书门下。其牙内诸门，城门郎与见直监门将军、郎将各一人俱诣阁门覆奏，御注"听"，即请合符门钥，对勘符，然后开之。

引据

《唐六典》卷八门下省城门郎条注：殿门及城门若有敕夜开

（以下与本文同）。

参考

《唐六典》卷八门下省城门郎条：若非其时而有命启闭，则诣阁覆奏，奉旨、合符而开阖之。

按

《唐六典》卷八门下省城门郎条注所引上文应是《开元监门式》。唯与唐律前述引《式》繁简不同，如覆奏之人，《六典》较唐律为少。当是开元宿卫诸制与永徽以来不同之故。

依唐律，本条显然是《监门式》。仁井田陞未注意唐律引文，却将《六典》卷八城门郎注与唐律引文相近似者拟定为唐《宫卫令》。根据是日本养老《宫卫令》第十五条与《六典》注文相当。但正如前文所云，日本令与唐代《令》、《式》相近者，不可一例拟定为唐《令》。因日本制《令》时，间也取用了唐《式》。故与其将其拟为唐《令》，不如依唐律将其拟为唐《式》更确当。

五　〔开元〕　凡车驾巡幸，所诣之所，计其应启闭者，先发而请其管钥，及至，即开阖如京城之制。

引据

《唐六典》卷八门下省城门郎条注：凡车驾巡幸，所诣之所，计其应启闭者，先发（指城门郎及其属官——作者注）而请其管钥，及至，即开阖如京城之制。

按

上述文字，与复原第四条乙相连，以"凡"字开头，当是别条《式》文。

六 〔永徽·监门〕 京城每夕分街立铺，持更行夜。鼓声绝，则禁人行；晓鼓声动，即听行。若公使赍文牒者，听。其有婚嫁，亦听（须得县牒。丧、病须相告、赴，求访医药，赍本坊文牒者，亦听）。

引据

《唐律疏议》卷八《卫禁》越州镇戍等城垣条疏：又依《监门式》：京城每夕分街立铺，（以下与本文同）其有婚嫁，亦听。注云：须得县牒（以下与本文同）。

按

《唐律疏议》引《式》之下有"注云"，其文又非律文之注，可知当时诸《式》文中也有注文，疏议所引正是《式》文原注。此类情形，正与日本《延喜式》有注文相一致。注文与正文，效力相同，且多是补充正文的。唐律律文有注，《令》是否有注，尚未发现。

上述《监门式》文，应是《永徽式》。道理同前。

又，街鼓之制，创于太宗贞观年间。《旧唐书》卷七四《马周传》载："先是，京城诸街，每至晨暮，遣人传呼以警众。（马）周遂奏诸街置鼓，每击以警众，令罢传呼，时人便之。"《新唐书》卷九八《马周传》称"京师"，更称"俗曰冬冬鼓"。所谓"禁行"、"听行"，主要指坊、市门，《唐律疏议》卷八《卫禁》越州镇戍等城垣条说得很明确。但下条恐是特殊时期、地点之事。

按《唐会要》卷八六《城郭》，"铺"也称"助铺"。《唐律疏议》卷八《卫禁》宫内外行夜不觉犯法条云："宫内外行夜，并置铺、持更，即是守卫者。又有探更、行更之人，此行夜者。"又，同上"冒名守卫"条："谓宫城门外队仗，及傍城助铺所，及朱雀等门……"，是傍城皆有助铺。此外，"非皇城、京城等门，自余内外捉道守铺及别守当之处"，是又称"守铺"。

一般来说，"鼓声绝，则禁人行"，是要求遵守的，但有时也被时俗所破。《唐会要》卷七八《皇城使》："天祐三年闰十二月，皇城使奏：伏以皇城之内，咫尺禁闱，伏乞准元敕条流：鼓声绝后，禁断人行。近日军人百姓，更点动后，尚恣夜行。特乞再下六军止绝。从之。"

又，《新唐书》卷九八《马周传》："城门、卫舍、守捉士，月散配诸县，各取一，以防其过，皆（马）周建白。"

参考

一、《唐律疏议》卷二六《杂律》犯夜条：诸犯夜者，笞二十；有故者，不坐（闭门鼓后、开门鼓前行者，皆为犯夜。故，谓公事急速及吉、凶、疾病之类）。疏议曰……但公家之事须行，及私家吉、凶、疾病之类，皆须得本县或本坊文牒，然始合行，若不得公验，虽复无罪，街铺之人不合许过。既云闭门鼓后、开门鼓前禁行，明禁出坊外者。若坊内行者，不拘此律。

二、《唐律疏议》卷二六《杂律》犯夜条：《宫卫令》：五更三筹，顺天门击鼓，听人行。昼漏尽，顺天门击鼓四百捶讫，闭门。后更击六百捶，坊门皆闭，禁人行。

三、《全唐文》附《唐文拾遗》卷二二《臧希晏·街鼓减常〈式〉奏》：诸街铺鼓，比来依漏刻发声，从朝堂发远处，每至夜才到。伏望今日已后，减常《式》一刻发声，庶绝违犯。（《唐会要》卷七十一）

七 〔永徽·监门〕 诸皇城内诸街铺，各给木契。京城诸街铺，各给木鱼。

引据

《唐律疏议》卷一六《擅兴》应给发兵符不给条疏议：《监门式》：皇城内诸街铺（以下与本文同）。

按

韩国磐《传世文献中所见唐式辑存》〔《厦门大学学报》（哲社版）1994年第1期〕云："按此指用以发兵之木契、木鱼。"

按《唐六典》卷八门下省符宝郎条："凡国有大事则出纳符节，辨其左右之异，藏其左而班其右，以合中外之契焉。……四曰木契，所以重镇守，慎出纳车驾巡幸，皇太子监国，有兵马受处分者为木契。若王公以下、两京留守及诸州有兵马受处分，并行军所及领兵五百人以上、马五百匹以上征讨，亦各给木契。其在内在外及行用法式并准鱼符。"皇城内、京城诸街铺均具有防守性质，其木契、木鱼与上述性质相同，自无问题。

八 金部、司农，准《式》并给木契。

引据

一、《唐律疏议》卷一六《擅兴》应给发兵符不给条疏议：金部、司农，准《式》亦并给木契。但是在《式》诸契，并同"余符"。

二、《唐六典》卷三金部郎中员外郎条：乃置木契，与应出物之司相合，以次行用，随符牒而合之，以明出纳之吝（金部置木契一百一十只。二十只与太府寺合，十只与东都合，十只与九成宫合，十只与行从太府寺合，十只行从金部与京金部合，十只行从金部与东都合，二十只与东都太府寺合，二十只东都金部与京金部合）。

三、《唐六典》卷一九司农卿及丞条：司农卿之职，掌邦国仓储委积之政令，总上林、太仓、钩盾、导官四署与诸监之官属，谨其出纳而修其职务。……凡置木契二十只，应须出给，与署合之（十只与太仓署合，十只与导官署合，皆九雄、一雌。雄，主簿掌；雌，留署，勘然后出给）。

四、《唐六典》卷三仓部郎中员外郎条：乃置木契一百枚，以与出给之司相合，以次行用，随符牒而给之（仓部置木契一百只。三十只与司农寺合，十只与太原仓监合，十只与永丰仓监合，二十只与东都司农寺合，二十只行从仓部与京仓部合，十只与行从司农寺合）。

五、《唐六典》卷二〇太府寺丞条：凡置木契九十五只：二十五只与少府、将作、苑总监合，七十只与库官合。十五只刻"少府监"字，十四只雄，付少府监；五只刻"将作监"字，四只雄，付将作监；五只刻"苑总监"字，四只雄，付苑总监，皆应索物。雌留太府寺。

　　按

本条暂拟为《监门式》。《唐律疏议》"应给发兵符不给"虽以兵符为文，实际包含所有符契，疏议中已明言。从上引资料看，有木契的官署已不限于金部、司农，仓部、太府寺等官署也有。

将本条拟定为《监门式》的理由，盖因其物资出门须有监守。《唐六典》卷二〇太府寺左藏令丞条云："凡出给，先勘木契，然后录其名数及请人姓名，署印送监门，乃听出。"是出纳须有左右监门卫之监督，与警卫把守有关。

宿卫式第三十三

（复原凡九条）

《唐六典》卷二四左右卫大将军将军条："左右卫大将军、将军之职，掌统领宫廷警卫之法令，以督其属之队仗，而总诸曹之职务；凡亲、勋、翊五中郎将府及折冲府所隶者，皆总制焉。"按规定，"每月，亲、勋、翊五府之三卫及折冲府之骁骑应番上者，各受其名簿，以配所职。凡宿卫内廊阁门外，分为五仗。"又，其下之"亲府、勋一府、勋二府、翊一府、翊二府"等五府中郎将，"掌领其府校尉、旅帅、亲卫、勋卫、翊卫之属以宿卫，而总其府事"。同卷之左右骁卫、左右武卫、左右威卫、左右领军卫等，其职掌皆略同于左右卫。

《唐律疏议》卷七、卷八《卫禁》许多条都涉及到宿卫及宿卫人。如"宿卫人被奏劾不收仗"条云："宿卫人，谓卫士已上、诸卫大将军以下"；"宿卫冒名相代"条云："宿卫者，谓大将军以下、卫士以上，以次当上，宿卫宫殿"；又云"应宿卫人，谓诸卫所管应入宫殿上番者"；"无著籍入宫殿"条疏："宿卫长上人，虽一日上，两日下，皆有长籍"；"阑入逾阈为限"条云："殿内宿卫人"；"阑入庙社及山陵兆域门"条云："守卫，谓军人于太庙、山陵、太社防守宿卫者"；"守卫，谓防守卫士昼夜分时专当者"，"皆置宿卫防守"；"主帅，谓领兵宿卫太庙、山陵、太社三所者"，"余条皆有监门及守卫"。

今所复原者，为卫士当番职掌分配、三卫之卫士番上时间、卫士自备武器装备、京师中央官署宿直制度等。第一、第二条，主要是依据《唐律疏议》引文而复原者，依例确定为《永徽式》；第三至第八等六条，是依据日本古籍《倭名类聚抄》而复原者。按照新美宽撰、铃木隆一补之《本邦残存典籍による辑佚资料集成（正续)》，将该六条《式》文皆确定为《开元式》，今从之。① 其顺序，则主要依据《令义解·军防令》俑戎具条、《新唐书》卷五〇《兵志》所述及的"剉碓一具"、"人具弓一，矢三十"、"弓弦袋一口"、"行縢皆一"等的顺序，逐条列示。第九条乙是依据《唐会要》引《式》而复原的，原引文中已标明是《开元式》。

又，日本《令义解·军防令》俑戎具条，所述制度较详细，可以用作复原唐《式》的依据。详见各条参考。

一 〔永徽〕 卫士以上，应当番宿卫者，皆当卫见在长官，割
配于职掌之所，各依仗卫次第坐、立。

引据

《唐律疏议》卷七《卫禁》已配仗卫辄回改条疏：依《式》：卫士以上，应当番宿卫者（以下与本文同）。此即职掌已定……若不依职掌次第而擅配隶，乖于《式》文及将别处驱使者……。

---

① 参见〔日〕新美宽撰、铃木隆一补：《本邦残存典籍による辑佚资料集成（正续)》，京都大学人文科学研究所，1968，第52～53页。

参考一

一、《唐六典》卷二四左右卫大将军将军条：左右卫大将军、将军之职，掌统领宫廷警卫之法令，以督其属之队仗……凡亲、勋、翊五中郎将府及折冲府所隶者，皆总制焉。……每月，亲、勋、翊五府之三卫及折冲府之骁骑应番上者，各受其名簿，以配所职。凡宿卫内廊阁门外，分为五仗（一曰供奉，二曰亲仗，三曰勋仗，四曰翊仗，五曰散手仗），皆坐于东、西廊下。若御坐正殿，则立于两阶之次。在正门之内，则以挟门队坐于东、西厢。

二、同上左右骁卫大将军将军条：左右骁卫大将军、将军之职掌如左右卫。……亲府之翊卫、外府之豹骑番上者，则分配之。在正殿之前，则以胡禄队坐于东、西廊下。若御坐正殿，则以队仗次立于左右卫下。在正门之外，则以挟门队列于东、西厢。

三、同上左右武卫大将军将军条：左右武卫大将军、将军之职掌如左右卫。……凡翊府翊卫、外府熊渠番上，则分配之。在正殿前，则以诸队次立于骁卫下；在嘉德门内，则以挟门队坐于东、西廊。

四、同上左右威卫大将军将军条：左右威卫大将军、将军之职掌如左右卫。……翊府翊卫、外府羽林番上者，则分配之。在正殿前，则以诸队立于阶下；在长乐、永安门内，则以挟门队列于两廊。

五、同上左右领军卫大将军将军条：左右领军卫大将军、将军之职掌如左右卫。……凡翊府翊卫、外府射声应番上者，则分配之。在正殿前，则以诸队立于阶下；在长乐、永安门外，则以挟门队列于两廊。

六、同上卷二五左右金吾卫大将军将军条：左右金吾卫大将军、将军之职，掌宫中及京城昼夜巡警之法，以执御非违……凡车驾出入，则率其属以清游队建白泽旗、朱雀旗以先驱，又以玄武队建玄武旗以后殿……若巡狩师田，则执其左右营卫之禁。凡翊卫翊府、同规、宝图等五十府旷骑、卫士应番上者，各配所职焉。

七、同上左右千牛卫大将军将军条：左右千牛卫大将军、将军之职，掌宫殿侍卫及供御之仪仗，而总其曹务。凡千牛备身、备身左右执弓箭以宿卫，主仗守戎服器物。

八、同上左右羽林军大将军将军条：左右羽林军大将军、将军之职，掌统领北衙禁兵之法令，而督摄左右厢飞骑之仪仗，以统诸曹之职。……凡飞骑每月番上者，皆据其名历而配于所职。……凡飞骑宿卫，将军已下不得使其出外。

参考二

一、《唐六典》卷二八太子左右卫率府条：左右卫率掌东宫兵仗羽卫之政令，以总诸曹之事，凡亲、勋、翊府及广、济等五府属焉……每月，亲、勋、翊三府之卫及广、济等五府之超乘应番上者，配于所职。……兵曹掌……亲、勋、翊卫卫士之名簿，及其番上、差遣之法式。……中郎将、郎将掌其府校尉、旅帅及亲、勋、翊卫之属以宿卫，而总其府事。

二、同上太子左右司御率府条：左右司御率府率掌同左右卫率……郊城等三府之旅贲应番上者，各配于所职。

三、同上太子左右清道率府条：左右清道率府率掌东宫内外昼夜巡警之法……每月，绛邑等三府之直荡应番上者，配于所职。

四、同上太子左右内率府条：左右内率府率之职，掌东宫千牛、备身侍奉之事……以千牛执细刀、弓箭，以备身宿卫、侍从。

按

"卫士"，按《唐六典》卷五兵部郎中员外郎条云："凡兵士隶卫，各有其名：左右卫曰骁骑，左右骁卫曰豹骑，左右武卫曰熊渠，左右威卫曰羽林，左右领军卫曰射声，左右金吾卫曰佽飞；东宫左右卫率府曰超乘，左右司御率府曰旅贲，左右清道率府曰直荡，总名曰卫士，皆取六品已下子孙及白丁无职役者点充。"据此，则卫士是指十二卫之兵士，加上东宫六率府之兵士。这样，左右监门卫、左右千牛卫、左右羽林军似不属卫士范围。但左右千牛卫大将军将军职下有"千牛备身、备身左右执弓箭以宿卫"；左右羽林军大将军将军职下，也有"凡飞骑宿卫，将军已下不得使其出外"，其下又有翊府中郎将掌领翊卫之属"以总北军宿卫之事"；只是左右监门卫职掌，似与宿卫无关。此外，东宫之太子左右内率府之职，也有"以备身宿卫、侍从"之事，也不专属于前六卫。

卫士之当番宿卫，"皆当卫见在长官，割配于职掌之所"，证诸于《六典》记载十二卫之情况，如左右卫"亲、勋、翊五府之三卫及折冲府之骁骑应番上者，各受其名簿，以配所职"，左右骁卫"亲府之翊卫、外府豹骑番上者，则分配之"，左右武卫"凡翊府翊卫、外府熊渠番上，则分配之"，左右威卫"翊府翊卫、外府羽林番上者，则分配之"，左右领军卫"凡翊府翊卫、外府射声应番上者，则分配之"，左右金吾卫"凡翊卫翊府、同规、宝图等五十府彍骑、卫士应番上者，各配所职焉"，皆表明卫士之职掌由当卫的长官分配。又按左右卫之分配是以"每月"，则其他卫也当是以"月"进行分配。再者，卫士当番宿卫皆"各依仗卫次第坐、立",可证明上引《六典》之或坐或立之记载不误。

本条当是《宿卫式》。日本律令研究会编《译注日本律令六·唐律疏议译注篇二·卫禁》在该律的第十三条"已配仗卫回改"下注谓:"当是《监门宿卫式》。"[①] 在唐代,《监门式》与《宿卫式》是分为二《式》的。证诸《唐律疏议》所引《监门式》皆单列,并不与《宿卫式》相混淆。

二 〔永徽〕 三卫去京二千里外,六十日上;岭南为季上。

引据

《唐律疏议》卷七《卫禁》宿卫上番不到条问答:依《式》:三卫去京二千里外(以下与本文同)。

参考

一、《唐六典》卷五兵部郎中员外郎条:凡左右卫亲卫、勋卫、翊卫,及左右率府亲、勋、翊卫,及诸卫之翊卫,通谓之三卫。……凡三卫皆……量远迩以定其番第(五百里内五番,一千里内七番,一千里外八番,各一月上;三千里外九番,各倍其月)。

二、《新唐书》卷五〇《兵志》:凡当宿卫者番上,兵部以远近给番,五百里为五番,千里七番,一千五百里八番,二千里十番,外为十二番,皆一月上。若简留直卫者,五百里为七番,千里八番,二千里十番,外为十二番,亦月上。

---

① 〔日〕注添庆文译注:《译注日本律令六·唐律疏议译注篇二·卫禁上》,东京堂昭和59年出版,第45页。

按

"三卫"，解见参考项引述《六典》卷五。

本条当是《宿卫式》。日本律令研究会编《译注日本律令六·唐律疏议译注篇二·卫禁》注5谓"当是《兵部式》"，①恐误也。

"番上"或"上番"，指更替、轮值。唐代月番较常见，《唐律疏议》卷七《卫禁》宿卫上番不到条问曰："……若准三十四日罪止，便是月番之外"，是卫士宿卫有月番。此外，门夫也有月番。《新唐书》卷五五《食货志五》："（门夫）番上不至者，闲月督课为钱百七十；忙月，二百。"是以月上为番。又有年番，按《唐律疏议》卷一六《擅兴》遣番代违限条："依《军防令》：防人番代，皆十月一日交代。"三卫卫士番上，依唐律引《式》为双月番及季番，分别服役六十日、九十日。此与《唐六典》卷五的月番及特殊情况下的双月番以及《新唐书》兵志所述的月番不同。

番上期限，距离近者番期短，远者番期长。故距京城二千里外之三卫卫士，每番番期六十日；岭南为九十日。唯其分番间隔不明。

依《新唐书》卷五○《兵志》，番上间隔，距离近者番少，因其往返较易；远者番多，因其往返不便。故距京城五百里者为五番，以月番计算，每人每五个月当一个轮次；千里七番，则七个月一轮；八番、十番、十二番，依此类推。

仁井田陞《唐令拾遗·军防令》复原第六条，将上引《六典》注关于"五百里内五番云云"复原为唐《军防令》。其依据

① 〔日〕注添庆文译注：《译注日本律令六·唐律疏议译注篇二·卫禁上》，东京堂昭和59年出版，第60页。

是，该条与日本《军防令》第八条相当，因而拟定为唐令。按《令义解》卷五《军防令·兵士上番条》："凡兵士上番者，向京一年，向防三年，不计行程。"将二者联系起来，似较牵强。

按，《六典》注可以是《令》文，因为它是对所有卫士的规定；但唐《律》引本条为《式》文，是对卫士中的一部分（即较特殊的三卫）所作的规定。因而可以理解为：唐《式》中有关于三卫上番的特别规定，《令》文中有关于卫士上番的一般规定。

三　〔开元〕　每火，剉碓一具。

引据

一、《倭名类聚抄》卷六：剉碓一具。①

二、《新唐书》卷五〇《兵志》：十人为火……凡火具……碓……皆一……并其介胄、戎具藏于库。有所征行，则视其入而出给之。

三、《令义解》卷五《军防令》备戎具条：凡兵士，每火……剉碓一具……

四、《神机制敌太白阴经》卷四《战具类·军装篇四二》……锉子……解结锥……各十分，一十一万二千五百事。

五、《通典》卷一四八《兵一·今制附》注：每火，锅一。……错子……解结锥……

参考一

一、《令义解》卷五《军防令》备戎具条：凡兵士，每火绀

---

① 〔日〕新美宽撰、铃木隆一补：《本邦残存典籍による辑佚资料集成（正续）》，京都大学人文科学研究所，1968，第53页。

布幕一口，着里铜孟小釜，随得二口；锹一具，刨碓一具，斧一具，小斧一具，凿一具，镰二张，钳一具。每五十人，火鑚一具，熟艾一斤，手锯一具。每人弓一张，弓弦袋一口，副弦二条，征箭五十只，胡箓一具，太刀一口，刀子一枚，砺石一枚，蔺帽一枚，饭袋一口，水甬一口，盐甬一口，胫巾一具，鞋一两，皆令自备（谓"绀布幕"以下，并皆私备也），不可阙少。行军之日，自尽将去。若上番年，唯将人别戎具，自外不须（谓"上番年"者，向卫防之年也；"人别戎具"者，弓以下、鞋以上是也；"自外不须"者，"绀幕"以下、"手锯"以上，上番之年，不须将行也）。[①]

二、《新唐书》卷五〇《兵志》：五十人为队，队有正；十人为火，火有长。火备六驮马。凡火具乌布幕、铁马孟、布槽、锸、镢、凿、碓、筐、斧、钳、锯皆一，甲床二，镰二。队具火钻一，胸马绳一，首羁、足绊皆三。人具弓一，矢三十，胡禄、横刀、砺石、大觽、毡帽、毡装、行縢皆一，麦饭九斗，米二斗，皆自备，并其介胄、戎具藏于库。有所征行，则视其入而出给之。其番上宿卫者，惟给弓矢、横刀而已。

三、《通典》卷二九《职官一一·折冲府》：五十人为队，队有正；十人为火，火有长。备六驮马驴（初置八驮，后改为六）。米粮、介胄、戎器、锅、幕，贮之府库，以备武事。

四、《通典》卷一四八《兵一·令制附》注：每队，驴六头、幕五口；每火，锅一。干粮麨袋（以皮为之），不然，马孟，刀子，错子，钳子，钻子，药袋，火石袋，盐袋（用夹帛），解结锥，裤奴，抹额，六带帽子，毡帽子，摊子，鞦鞴

---

① 《新订增补国史大系·令义解》，吉川弘文馆，昭和63年11月印行，第184～185页。

（鞃，莫忽反；鞚，音孔）。锯、凿：各二分。镰四分，切草刀二分，行布槽一分，大小瓢二分。马军：鞍辔、革带、披毡、被马毡皆二，绊、插、揵，每马一匹，韦皮条各皆三。揵音健。

参考二

一、《唐六典》卷二三将作监左校署令条：左校令掌供营构梓匠之事……凡……诸司什物，皆供焉（……什物谓机案、柜槛、敕函、行槽、剉碓之属）。

二、《唐六典》卷二三将作监中校署令条：中校令掌供舟车、兵仗、厩牧、杂作器用之事。……闲厩系饲则供剉碓、行槽、鞍架……

按

关于本条《式》文之顺序，在日本令中，先规定"每火"之装备，再规定"每五十人"之装备，最后才是"每人"装备；《新唐书》卷五〇《兵志第四〇》，先是火之装备，其次是队之装备，最后是每人之装备；《通典》卷一四八注，先是队之装备，后是火之装备。估计在唐《式》中，也是先集体、后个人的顺序。故先列本条之以"火"为单位的条文。

依《新唐书》卷五〇，每"火，具乌布幕……碓……皆一"。此"碓"若是"剉碓"，当是每火应有剉碓一具。

再者，按《唐六典》，将作监左校署令掌供"诸司什物"中有"剉碓"，中校署令掌供"闲厩系饲，则供剉碓"，二者似皆非供应军事项目者，但与此相类似。又，《唐六典》此处"行槽"或即《通典》所谓"行布槽"。

按《新唐书》卷五〇，每火剉碓之外，尚有"乌布幕、铁马盂、布槽、锸、镢、凿、筐、斧、钳、锯皆一，甲床二，镰二"等；依《令义解·军防令》，每火剉碓之外，尚有"绀布幕一口，着里铜盂小釜，随得二口；锹一具，到碓一具，斧一具，小斧一具，凿一具，镰二张，钳一具”等。至于每队之装备，《新唐书》卷五〇“队具火钻一，胸马绳一，首羁、足绊皆三”，《令义解·军防令》“每五十人，火鑽一具，熟艾一斤，手锯一具”，二者略有不同，但可能都是《式》文。

四　〔开元〕　诸府卫士，人别弓一张，征箭卅只。

引据

一、《倭名类聚抄》卷六：诸府卫士，人别弓一张，征箭卅只。[①]

二、《新唐书》卷五〇《兵志》：人具弓一，矢三十……其番上宿卫者，惟给弓矢、横刀而已。

参考一

一、《令义解》卷五《军防令》俑戎具条：凡兵士……每人弓一张，弓弦袋一口，副弦二条，征箭五十只，胡箓一具，太刀一口，刀子一枚，砺石一枚，蒚帽一枚，饭袋一口，水甬一口，塩甬一口，胫巾一具，鞋一两，皆令自俑（谓“绀布幕”以下，并皆私俑也），不可阙少。行军之日，自尽将去。若上番年，唯将人别戎具，自外不须（谓“上番年”者，向卫防之年也；“人别戎具”者，弓以下、鞋以上是也；“自外不须”者，“绀幕”以下、“手锯”以上，上番之年，不须将行也）。[②]

二、《新唐书》卷五〇《兵志》：人具弓一，矢三十，胡禄、

① 〔日〕新美宽撰、铃木隆一补：《本邦残存典籍による辑佚资料集成（正续）》，京都大学人文科学研究所，1968，第53页。

② 《新订增补国史大系·令义解》，吉川弘文馆，昭和63年11月印行，第184～185页。

横刀、砺石、大觿、毡帽、毡装、行滕皆一，麦饭九斗，米二斗，皆自备，并其介胄、戎具藏于库。有所征行，则视其入而出给之。其番上宿卫者，惟给弓矢、横刀而已。

参考二

《神机制敌太白阴经》卷四《战具类·器械篇第四一》：弓，十分；弦，三十分。副箭，一百五十分。弓一万二千五百张，弦三万七千五百条，箭三十七万五千只。

按

弓、箭之外，按《新唐书》卷五〇《兵志》，尚有"胡禄、横刀、砺石、大觿、毡帽、毡装、行滕"等；按日本《令义解·军防令》，尚有"胡箓一具，太刀一口，刀子一枚，砺石一枚，蔺帽一枚，饭袋一口，水甬一口，盐甬一口，胫巾一具，鞋一两"等。另外，《太白阴经》另有"射甲箭"、"生𨫒箭"、"长垛箭"。

五　〔开元〕　卫士弓袋。

引据

一、《倭名类聚抄》卷六：弓袋。[①]

二、《神机制敌太白阴经》卷四《战具类·器械篇四一》：长垛箭、弓袋、胡鹿、长弓袋：并十分，一万二千五百副。

参考

《令义解》卷五《军防令》偹戎具条：凡兵士……每人弓一张，弓弦袋一口，副弦二条，征箭五十只……皆令自偹，不可阙

---

① 〔日〕新美宽撰、铃木隆一补：《本邦残存典籍による辑佚资料集成（正续）》，京都大学人文科学研究所，1968，第53页。

少。……①

按

日本《令义解·军防令》作"弓弦袋一口"，不知是用来装弓之袋，还是用来装弦之袋。既是"一口"，则弓袋与弦袋是不加分别的。不像《倭名类聚抄》卷六所引"弓袋"与"弦袋"是分离着的。

六 〔开元〕 诸府卫士弦袋。

引据

《倭名类聚抄》卷六：诸府卫士弦袋。②

参考一

《令义解》卷五《军防令》俻戎具条：凡兵士……每人弓一张，弓弦袋一口，副弦二条，征箭五十只。……皆令自俻，不可阙少……③

参考二

《神机制敌太白阴经》卷四《战具类·器械篇四一》：弓：十分；弦，三十分。……弓一万二千五百张，弦三万七千五百条。

按

参见上条按语。

---

① 《新订增补国史大系·令义解》，吉川弘文馆，昭和 63 年 11 月印行，第 184～185 页。
② 〔日〕新美宽撰、铃木隆一补：《本邦残存典籍による辑佚资料集成（正续）》，京都大学人文科学研究所，1968，第 53 页。
③ 《新订增补国史大系·令义解》，吉川弘文馆，昭和 63 年 11 月印行，第 184 页。

七　〔开元〕　诸府卫士，人别行缠一具。

引据

一、《倭名类聚抄》卷五：诸府卫士，人别行缠一具（缠，音直连反）。①

二、《新唐书》卷五〇《兵志》：人具弓一，矢三十，胡禄……行縢皆一……皆自备。

参考一

一、《令义解》卷五《军防令》偹戎具条：凡兵士……每人弓一张，弓弦袋一口，副弦二条，征箭五十只，胡箓一具，太刀一口，刀子一枚，砺石一枚，蔺帽一枚，饭袋一口，水甬一口，塩甬一口，胫巾一具，鞋一两，皆令自偹（谓"绀布幕"以下，并皆私偹也），不可阙少。行军之日，自尽将去。若上番年，唯将人别戎具，自外不须（谓"上番年"者，向卫防之年也；"人别戎具"者，弓以下、鞋以上是也；"自外不须"者，"绀幕"以下、"手锯"以上，上番之年，不须将行也）。②

二、《新唐书》卷五〇《兵志》：人具弓一，矢三十，胡禄、横刀、砺石、大觿、毡帽、毡装、行縢皆一，麦饭九斗，米二斗，皆自备，并其介胄、戎具藏于库。有所征行，则视其入而出给之。其番上宿卫者，惟给弓矢、横刀而已。

参考二

《唐会要》卷九五《高昌》：（贞观）十四年八月……平高昌国。……太宗欲以其地为州县，魏征谏曰："……常须千余人

---

① 〔日〕新美宽撰、铃木隆一补：《本邦残存典籍による辑佚资料集成（正续）》，京都大学人文科学研究所，1968，第52页。

② 《新订增补国史大系·令义解》，吉川弘文馆，昭和63年11月印行，第184~185页。

镇守，数年一易，往来交替……遣办衣资……"黄门侍郎褚遂良上疏曰："……陛下岁遣千余人，远事屯戍……去者资装，自须营办……"

按

日本古书中的"行缠"，即《新唐书》中的"行滕"。

新美宽撰、铃木隆一补之《本邦残存典籍による辑佚资料集成（正续）》，将《倭名类聚抄》中所引的本条及以下 5 条都确定为《开元式》。另外，仁井田在谈到《倭名类聚抄》中所引的唐式时说："《倭名抄》所引的唐式有唐《开元式》，而不见有其他年度的式，也可以把所引的唐式都看成《开元式》。"二说均可从。①

从《新唐书》卷五〇《兵志》看，行滕之外，尚有"胡禄、横刀、砺石、大觽、毡帽、毡装"等；再从《令义解·军防令》看，胡箓之外，尚有"太刀一口，刀子一枚，砺石一枚，蔺帽一枚，饭袋一口，水甬一口，塩甬一口，胫巾一具，鞋一两"，唯"行缠"不见于日本令。

另外，仁井田陞《唐令拾遗·军防令》有三条《令》文的复原是值得商榷的。《军防令》复原第三条，根据《唐六典》卷五兵部郎中员外郎条"火十人，有六驮马"及《通典》卷二九《职官一一·武官下折冲府》"十人为火，火有长，备六驮马驴"，将"十人为火，火有六驮马"复原为唐令。② 其主要理由

---

① 参见〔日〕仁井田陞著、栗劲等编译：《唐令拾遗·附录·序论》，长春出版社，1989，第 879 页。
② 实际上，《新唐书》卷五〇《兵志》也有"十人为火，火有长。火备六驮马"的记载。

是日本《军防令》中有相应条文。① 按照日本令有相应文字而复原的唐令文还有复原《军防令》第四条，它是根据《新唐书》卷五〇《兵志》的"人具……麦饭九斗，米二斗，皆自备，并其介胄、戎具藏于库。有所征行，则视其人而出给之"而复原的。② 此外，复原第五条虽无相应日本《令》条文，但它是根据《通典》卷一四八《兵一·令制附》"每队驴六头云云"、《新唐书》卷五〇《兵志》"凡火具乌布幕"及日本《倭名类聚抄》卷一三《调度部征战具籍》之"唐令用'胡禄'二字"等复原而成的，其文为："诸火具乌布幕、铁马盂、布槽、锸、镢、凿、碓、筐、斧、钳、锯皆一，甲床二，镰二。队具火钻一，胸马绳一，首羁、足绊皆三。人具弓一，矢三十，胡禄、横刀、砺石、大觿、毡帽、毡装、行縢皆一"。这三条《令》文复原，都有问题存在。

仁井田陞关于《军防令》复原第五条的主要依据是，《倭名类聚抄》卷一三《调度部征战具籍》有"唐令用'胡禄'二字"。但即使有了唐《令》中使用了"胡禄"两个字，也不能就确定包含了"胡禄"二字的上述《通典》和《新唐书》文字就是唐《令》。其中道理，是不消细说的。同样，只凭日本令中具有相应文字，就将某些文字复原为唐《令》的做法，难保其一贯正确。如无有力的间接证据或旁证，这将是危险的。

但我们倒可以根据《新唐书》卷五〇《兵志》所载之

---

① 《令义解·军防令》兵士为火条："凡兵士，十人为一火，火别疣六驮马，养令肥壮。差行日，听将疣驮。若有死失，仍即立替。"见《新订增补国史大系》，吉川弘文馆，昭和63年11月印行，第183～184页。

② 《令义解·军防令》兵士储糒条："凡兵士，人别储糒六斗，盐二升，并当火供行戎具等，并贮当色库。……起十一月一日，十二月卅日以前纳毕。每番于上番人内，取二人守掌，不得杂使。行军之日，计火出给。"见《新订增补国史大系》，吉川弘文馆，昭和63年11月印行，第184页。

"（每）火具（剉）碓一"、"人具行縢一"、"人具弓一，矢三十"，来与《倭名类聚抄》卷五、卷六所引唐《开元式》相合，来确定《新唐书》卷五〇《兵志》所述制度为唐《式》。这里，既包括了"十人为火，火有长。火备六驮马"，也包括"人具……麦饭九斗"等等，甚至也包括"诸火具乌布幕、铁马盂"等条文。同时，我们也可以说："在日本令中有类似的规定，可作为复原的间接证明。"但这样做，毕竟有一定的风险。所以，我们在这里只是作一提示，供大家研究时参考，而不做实际的复原。

八　〔开元〕　**卫尉寺六幅幕。**

引据

一、《倭名类聚抄》卷五：卫尉寺六幅幕（音莫）。[1]

二、《唐六典》卷一六卫尉寺守宫署令条：守宫署令掌邦国供帐之属，辨其名物，会其出入；丞为之贰。……若吏部、礼部、兵部、考功试人，则供帐幕之属。若王公婚礼，亦供其帐具。

三、《唐六典》卷一六卫尉寺卿条：卫尉卿之职……凡大祭祀、大朝会，则供其羽仪、节钺、金鼓、帷帟、茵席之属。其应供宿卫者，每岁二时阅之，其有损弊者，则移于少府监及金吾修之。

按

其幕可供朝会、祭祀、行从，亦可供宿卫，观《六典》可

---

[1] 〔日〕新美宽撰、铃木隆一补：《本邦残存典籍による辑佚资料集成（正续）》，京都大学人文科学研究所，1968，第52页。

知。唐《式》中无卫尉方面的《式》，按《唐六典》卷一六卫尉寺守宫署令条，本条可能为《吏部式》、《礼部式》、《兵部式》、《考功式》中的任何一种《式》文。但按《六典》卷一六卫尉寺卿条及卷二四左右卫大将军将军长史条，本条又可能是《宿卫式》，暂将本条复原为《宿卫式》。

又，《新唐书》卷五〇《兵志》有"十人为火……凡火具乌布幕……皆一"，其"乌布幕"属于军用设备，当与此条所谓"幕"无关。

九甲 〔开元〕　凡尚书省官，每日一人宿直，都司执直簿，转以为次（诸长官应通判者，及上佐、县令不直）。凡内外官，日出视事，午而退。有事则直官省之。务繁者，不在此限。

引据

一、《唐六典》卷一左右司郎中员外郎条：凡尚书省官，每日一人宿直，都司执直簿一，① 转以为次（凡②诸司长官应通判者，及上佐、县令皆不直也）。③ 凡内外百僚，④ 日出而⑤视事，既⑥午而退，有事则直官省之。其⑦务繁，⑧ 不在此例。⑨

二、《唐会要》卷八二《当直》：故事：尚书省官，每一日

---

① 《唐会要》卷八二无"一"字。
② 《唐会要》卷八二无"凡"字。
③ 《唐会要》卷八二无"也"字。
④ "百僚"，《唐会要》卷八二作"官"字。
⑤ 《唐会要》卷八二无"而"字。
⑥ 《唐会要》卷八二无"既"字。
⑦ 《唐会要》卷八二无"其"字。
⑧ "繁"下，《唐会要》卷八二有"者"字。
⑨ "例"，《唐会要》卷八二作"限"字。

一人宿直，都司执直簿，转以为次（诸长官应通判者，及上佐、县令不直）。凡内外官，日出视事，午而退。有事则直官省之。务繁者，不在此限。

按

从本条乙内容看，本条甲也为《开元式》。"尚书省官，每日一人宿直"为正面规定，括弧中之注文也应理解为正面规定，与下文之"并不宿直"恰相联系。

参见本条乙之参考。

参考

《大唐新语》卷一三《谐谑》：姚崇为紫微令，旧例给舍直次，不让宰相。（姚）崇以年、位俱高，不依其请。令史持直簿诣之，（姚）崇批其簿曰："告直令史，遣去又来，必欲取人，有同司命。老人年事，终不拟当。"给、舍见之欢笑，不复逼也。后遂停宰相直宿。

九乙　〔开元〕　尚书左右丞及秘书监、九寺卿、少府监、将作监、御史大夫、国子祭酒、太子詹事、国子司业、少监、御史中丞、大理正，外官二（上）① 佐已上及县令，准《开元式》，并不宿直。

引据

《唐会要》卷八二《当直》：故事：尚书左右丞（以下与本

---

① "二"，应为"上"之误。《六典》、《会要》卷八二当直第一条注，皆作"上"，可为证明。

文同），外官二（上）① 佐已上及县令，准《开元式》，并不宿直。

参考

一、《唐律疏议》卷九《职制》在官应直不直条：诸在官应直不直、应宿不宿，各笞二十；通昼夜者，笞三十。疏议曰：依《令》："内外官应分番宿直。"若应直不直、应宿不宿，昼、夜不相须，各笞二十。通昼、夜不直者，笞三十。

二、《唐律疏议》卷七《卫禁》无著籍入宫殿条：即宿次未到而辄宿，及籍在东门而从西门入者，又减二等。疏议曰：即宿次未到者，谓应供奉之官及内官当直，各有宿次。其宿次未到而辄宿……

按

不宿直之"外官二佐已上及县令"之"二"应是"上"字之误，见上注。既称《开元式》"上佐及县令"不宿直，可知《六典》、《会要》双行小字注均为《式》文无疑。注中"诸司长官（或诸长官）应通判者"，也应是《式》文。之所以限定"应通判"之长官不宿直，因其在制度上有权力对所有事务下达判词，从而有机会见到直官处分之事理，故不必直。"宿"的场合，与此同理。

韩国磐《传世文献中所见唐式辑存》〔《厦门大学学报》(哲社版) 1994 年第 1 期〕云："案此只言《开元式》而未言篇名，而其内容叙当直事，查《唐六典·尚书吏部》吏部郎中、员外郎下有一条规定说：'凡诸司置直，皆有定制'。则此当在《吏部式》中，且恐非原式文而是述其意者。"此说需要辩明。

———————

① "二"，应为"上"之误。《六典》、《会要》卷八二当直第一条注，皆作"上"，可为证明。

按，《唐六典》卷二吏部郎中员外郎条之"凡诸司置直，皆有定制"，其下有非常详细的注文，其文云：

> 诸司诸色有品直：吏部二人，兵部三人，考功、职方、库部、户部、度支、驾部、比部各一人，门下省明法一人、能书二人、装潢一人，刑部明法一人，弘文馆学直四人、造供奉笔二人，造写御书笔二人、装书一人、拓书一人，修史馆装书一人，中书省明法一人、能书四人、装制敕一人、翻书译语十人、乘驿二十人，集贤院能书六人、装书十四人、造笔四人，大理寺明法二人，太常寺三十人，光禄寺十人，鸿胪寺译语并计二十人，金银作一人，漆作一人，太府、太仆、卫尉、司农寺各三人，沙苑监一人，少府监十四人，将作监五十人，殿中省尚食局、尚药局各十人、尚乘局二十人、尚辇局三人、尚舍局四人、尚衣局一人，秘书省图画一人、丹青五人、造笔一人，太史监五人，国子监明五经一人、文章兼明史一人，崇文馆拓书一人，内侍省一百人，内坊四人，仆寺十人，家令寺七人，教坊二十人，总监十四人，军器监四人，陇右六使孳课一十二人，太原府监牧役使孳课二人。外官直考者，选同京官。其前官及常选人，每年任选。若散官、三卫、勋官直诸司者，每年与折一番。

此处之"直"，为当直的选任数量及范围的规定，可能也是《式》文。但与上述之"宿直"不是一事。从规定看，京城各司及外州县之"直"，一般从职事官中选，故有"散官、三卫、勋官"之选"直诸司者"之说；同时，职事官之现任官，被选的比率较高，另一部分是历任官，故又有"前官"被选入之事；

至于待选人，则是所谓"常选人"。

此《式》当是《宿卫式》。《唐律》卷七《卫禁》将"宿次"与宿卫人规定入同一条。《唐会要》卷八二《当直》云：贞观五年敕："文武官妻娩月，免宿直。"是武官也称宿直。注又云："左卫大将军李大亮，领太子右率卫、工部尚书，身居三职，宿卫两宫。至宿直，太宗劳之曰：'至公宿直，我便安卧。'"李大亮身居卫官，称宿卫自无不可；但也称"宿直"，与称文武官同。至文官宿直，唐代也称"宿卫"。同上云：中书舍人梁升卿遇私忌，不能宿直，"报给事中元彦冲，令宿卫"，是舍人、给事中称"宿卫"。后元彦冲责梁升卿："汝何不直"，中使又见"直官不见"，可证"宿卫"与"宿直"二词是通用的。故唐代《宿卫式》当包含二义，一为"宿直"，意义较广，包括文武官"宿直"、卫官"宿卫"；二为狭义的卫士"宿卫"。

计帐式第三十四

（复原凡一条）

《唐六典》卷六刑部郎中员外郎条："凡《式》三十有三篇（亦以尚书省刑[①]〔列〕曹及秘书、太常、司农、光禄、太仆、太府、少府及监门、宿卫、计帐为其篇目）。"《计帐式》应为单独的一个篇目，因它无法与其他篇目合并在一起。但这样算下来应是34篇，而不是33篇。又，《唐会要》卷三九《定格令》载武则天垂拱时事云："至垂拱元年三月二十六日，删改《格》、《式》，加《计帐》及《勾帐式》，通旧《式》成二十卷。"韩国磐《传世文献中所见唐式辑存》〔《厦门大学学报》（哲社版）1994年第1期〕云："此处只言所增式的篇名，无式文，但可确证此式之存在。"所言极是。按此前的《式》，原有18卷，加两卷成20卷，《计帐式》及《勾帐式》各为1卷。是《计帐式》既为《垂拱式》所有，也为《开元式》所有。《计帐式》应为唐《式》的篇目之一，自无问题。

计帐是唐代官府登记、统计户口和预算应征课役的文书。也称帐、簿帐。可以区分为县计帐、州计帐、户部计帐。县计帐由县府按户籍每年编造一次，按户登记户主及家口姓名、年龄、性

[①] "刑"，王永兴以为当作"六"。见氏著：《唐勾检制研究》，上海古籍出版社，1991，第91页。按《旧唐书·刑法志》作"列"，作"列"为是。

别、年状。与户籍之登记土地情况不同，计帐上载有每户人口的总计、分类统计和课税数额。州计帐是根据县计帐汇编而成，分类统计户口和课税数额，为一州总计性的簿帐。《新唐书》卷五一《食货志一》云："又有计帐，具来岁课役，以报度支。"即指各州计帐之关乎国家来年之预算者。《通典》卷六《食货六·赋税下（大唐）》又云："诸课役，每年计帐至尚书省，度支配来年事，限十月三十日以前奏讫。"这是唐《令》规定，其内容，即由户部编制全国计帐之事。根据各州计帐汇编而成的户部计帐，是全国的总计帐，称大帐、大计帐、大簿、大簿帐。《通典》同上有唐玄宗"天宝中天下计帐"总计数，内容包括户数、税钱数、地税数、课丁数、租税庸调每岁钱粟绢绵布总数等。

《计帐式》的内容，当是规定计帐的式样或规格的。日本令中的"依式造帐"、"依式勘造"，来自于唐代制度，似可说明当时《式》文的情形。

《计帐式》在唐朝施行的痕迹是明显的。韩国磐《传世文献中所见唐式辑存》（《厦门大学学报》（哲社版）1994 年第 1 期）曾举例说到这一情况："《唐会要》卷 24《诸侯入朝》条说：'大历十四年六月，敕诸州刺史入计如式。'这里的'入计如式'应是指《计帐式》，但亦无式文。"

一　依式造帐（谓造计帐之模样也。释云：造计帐之样，谓之式也。《古记》云：依式，谓造计帐之样也）连署。

引据

一、《令义解》卷二《户令》造计帐条：凡造计帐，每年六月卅日以前，京国官司责所部手实（谓手实者，户头所造之帐。其户籍亦责手实也），具注家口、年纪（谓年纪犹云年岁也）；若全户不在乡者（谓假如要借驱使，举户赴任，并浮逃未除之类也），即依旧籍转写，并显不在所由。收讫，依式造帐（谓造计帐模样也）连暑（署）。八月卅日以前，申送太政官（谓杂户、陵户计帐，亦同申送也）。[1]

二、《令集解》卷九《户令·造计帐条》：凡造计帐，每年六月卅日以前，京国官司责所部手实（谓手实者，户头所造之帐。其户籍亦责手实。释云……《古记》云：手实，谓户主所造计帐也），具注家口、年纪（谓年纪犹云年岁也……）；若全户不在乡者（谓假如要籍驱使，举户赴任，并浮逃未除之类也……），即依旧籍转写，并显不在所由。收讫，依式造帐（谓造计帐之模样也。释云：造计帐之样，谓之式也。其计帐者，国惣造目录一卷申送。朱云：计帐惣造二通，一通留国，一通送民部耳。穴云：问：神户、杂户、陵户何？答：亦同。但更造一通，不见文也。《古记》云：依式，谓造计帐之样也。造国帐，谓国总造目录一卷申送也，如户籍。不作里别为卷，惣写三通也）连署。八月卅日以前，申送太政官（谓杂户、陵户计帐，亦同申送……）。

参考一

《唐会要》卷八五《籍帐》：武德六年三月令：每岁一造帐，三年一造籍，州县留五比，尚书省留三比。

参考二

《令集解》卷九《户令·造户籍条》：凡户籍六年一造，起

---

[1]《新订增补国史大系·令义解》，吉川弘文馆，昭和 63 年 11 月印行，第 96 页。

十一月上旬，依式勘造。里别为卷，惣写三通。其缝皆注其国其郡其里其年籍，五月卅日内讫（释云……何者？先造计帐，后可造籍故。答：《古记》云：问：依式勘造，未知式并责手实不？答：依式，谓造户籍样。又以计帐造，更不责手实。一云，更合责手实也）。二通申送太政官，一通留国。其杂户、陵户籍，则更写一通，各送本司。所须纸笔等调度，皆出当户，国司勘量所须多少，临时斟酌，不得侵损百姓。其籍至官，并即先纳后勘。若有增减隐没不同，随状下推。国承错失，即于省籍具注事由，国亦注帐籍。

参考三

《庆元条法事类》卷三二《财用门三·鼓铸》:《转运司申铸钱计帐》

某路转运司:

今具某年某州某监铸钱计帐

一　前帐应在见管数，已在今帐应在项内，作旧管声说

一　前帐见在（只撮计都数）

某色若干

余色依此

一　收

物料（只具铜铅。余项准此）

铜若干

铅锡依此

钱若干

若干铜铅锡本脚钱

若干诸色縻费钱

若干转运司钱

若干某处钱

一　支（如系支前帐见数，亦依或开破）

物料

铜若干

铅锡依此

钱若干

一　应在

旧管（谓前帐见管名数，撮计逐色都数，如今帐开破不尽，即并入见管项内收）

新收

开破（并前帐见管如今帐开破，亦如此项）

见管

一　见在（并前帐见在，如今攒帐开破不尽，主（亦?）并入此项）

右件状，如今攒造到某年某州某监铸钱物料计帐一道谨具申尚书某部谨状

年月　　　　日依常式

按

日本令为每年一造计帐，此沿袭自唐代制度。日本令户籍六年一造，则与唐代之三年一造籍有差异。

本条《计帐式》，内容当为按照当时计帐的式样或规格来造计帐。日本令中"依式造帐"，应来自于唐代制度，似可说明当时式文情形。

再者，日本令中也有"户籍依式勘造"规定。此造户籍之事，或也系《计帐式》规定内容。依照《令集解》卷九《户

令·造户籍条》引《古记》问答："依式勘造，未知式并责手实不？"答曰："依式，谓造户籍样。又以计帐造，更不责手实。一云，更合责手实也。"是当时造户籍与造计帐，是密切联系着的，程序也难以区分得很清楚。

勾帐式第三十五

（复原凡〇条，附《勾帐格》一条）

按《唐会要》卷三九《定格令》云："至垂拱元年三月二十六日，删改《格》、《式》，加《计帐》及《勾帐式》，通旧《式》成二十卷。"但《勾帐式》不见于《六典》。《唐六典》卷六刑部郎中员外郎条："凡《式》三十有三篇（亦以尚书省刑①〔列〕曹及秘书、太常、司农、光禄、太仆、太府、少府及监门、宿卫、计帐为其篇目）。"是《勾帐式》为《开元式》所无，②至少为《开元二十五年式》所无。可能在此之前有过合并。《勾帐式》或被合并于《比部式》中，或被合并在《计帐式》中，均有可能。王永兴先生著《唐勾检制研究》以为："财务勾检系统所使用的勾检方式方法，在《勾帐式》制定之前与制定之后，大致相同。"③可以解释勾检方式作为基本稳定的方法，在社会中是实用的、通行的制度，是否规定入法律只是时间问题。

王永兴先生著《唐勾检制研究》，在题为"财务系统勾检制

---

① "刑"，王永兴以为当作"六"。见氏著：《唐勾检制研究》，上海古籍出版社，1991，第91页。按《旧唐书·刑法志》作"列"，作"列"为是。

② 王永兴先生云《六典》所载《开元七年式》有《勾帐式》1篇，未知何据。见氏著：《唐勾检制研究》，上海古籍出版社，1991，第91页。

③ 王永兴著：《唐勾检制研究》，上海古籍出版社，1991，第212页。

的实行情况"一节中，有一部分论述的是"《勾帐式》的实行"。
他以为，《勾帐式》"可解释为勾检各种帐（如计帐、会计帐等）
的法式"。他举《旧唐书》卷一〇五《杨慎矜传》及《资治通
鉴》卷二一二唐玄宗开元二十一年载杨崇礼为太府卿善于理财
之事，应与《勾帐式》的实行有关。按前传云："时太平且久，
御府财物山积，以为经杨卿者无不精好。每岁勾剥省便，出钱数
百万。"又后书云："太府卿杨崇礼，（杨）政道之子也，在太府
二十余年，前后为太府者莫及。时承平日久，财货山积，尝经杨
卿者，无不精美；每岁勾驳省便，出钱数百万缗（勾者，勾考
其出入或多或少。驳者，按文籍有并缘欺弊则驳异之）。"王永
兴先生以为："此处的勾当，应是勾考帐簿，故能知其出入或多
或少，而'按文籍'驳异，文籍也应是帐簿，按帐簿故能知其
欺弊。我认为，这就是《勾帐式》的应用实行。"① 所言良是。

　　《勾帐式》既以"勾检各种帐（如计帐、会计帐等）"等为
内容，应当与一般的公文勾、检有区别。比如，《唐会要》卷五
七《尚书省诸司上·尚书省》载："建中三年正月，尚书左丞庾
准奏：'省内诸司文案，准《式》并合都省发付诸司判讫，都省
句、检稽失。近日以来，旧章多废，若不由此发句，无以总其条
流。其有引敕及例不由都省发句者，伏望自今以后，不在行用之
限。……'从之。"此处是一般勾、检，不是《勾帐式》的
勾、检。

　　一般勾检制，是对所有公文的句检稽失。《唐会要》卷五八
《尚书省诸司中·左右司员外郎》有一个对文案时间上稽程的处
罚例："（开元）五年四月九日敕：尚书省天下政本……吏部员

外郎褚璆等十人，案牍稽滞……且六官分事，四方取则，尚书郎
皆是妙选，须称职司，焉可尸禄悠悠，曾无断决？……至如行判
程限，素标《令》、《式》，自今后，各置惩革。再若有犯，别当
处分。"据王永兴先生研究，这样的勾检官在中央及地方官署都
有设置，用来对本官署官员在公务处理过程中的断事失错及时间
上拖延程期进行检举和监督，即更广泛的"句检稽失"。《勾帐
式》的"勾"，只是一般勾检制中一个方面。

又，《白氏六帖事类集》卷一二《申牒文书四三》云："《案
牍簿领送解式》：《公式令》：诸州使人送解至京，二十条已上，
二日付了；四十条已上，三日付了；一百条已上，四日了；二百
条已上，五日了。"韩国磐《传世文献中所见唐式辑存》〔《厦门
大学学报》（哲社版）1994 年第 1 期〕对此云："这条《案牍簿
领送解式》是哪篇的式文呢？《唐六典》明白规定尚书都省左右
司郎中及员外郎，掌管内外百司的文书收发，故此不是《吏部
式》文，应是《计帐勾帐式》文，《案牍簿领送解式》则是大篇
内的小篇名。"此也似误。《案牍簿领送解式》不是《式》文，
更不是《计帐勾帐式》文。它仅是白居易随事立名的语言，所
引内容则是《公式令》。

笔者目前尚未发现《勾帐式》佚文，为保持体例，姑将其
《式》名及有关资料列于此。

附：《勾帐格》

《唐会要》卷五九《尚书省诸司下·比部员外郎》：建中元
年四月，比部状称："天下诸州及军府赴句帐等《格》：每日
（月）① 诸色句征，令所由长官、录事参军、本判官据案状子细

---

① "日"，王永兴认为当作"月"。见氏著：《唐勾检制研究》，上海古籍出版社，1991，第
82 页。

句会。其一年句获数，及句当名品，申比部。一千里已下，正月
到；二千里已下，二月到；余尽三月到尽。省司检勘，续下州
知。都至六月内结，数关度支，便入其年支用。旨下之后，限当
年十二月三（十）[①] 日内纳足者，诸军支（度）[②] 使亦准
此。……"敕旨：依奏。

　　按

　　上文为有关"勾帐"内容的《格》。因难以确定其具体的格
的名称，姑列于此，以俟后考。

　　类似内容的《格》在唐代有许多。如《唐会要》卷五九
《尚书省诸司下·比部员外郎》载："长庆元年六月，比部
奏：'……其诸州府，仍请各委录事参军，每年据留州定额钱物
数，破使去处，及支使外余剩见在钱物，各具色目，分明造帐，
依《格》限，申比部。准常限，每限五月三十日都结奏。旨下
之后，更送户部。……'敕旨：宜从。"此《格》主要是确定时
间上的程限。

---

① "三"下，王永兴认为应有"十"字。见氏著：《唐勾检制研究》，上海古籍出版社，
　　1991，第82页。
② "支"下，王永兴认为应有"度"字。见氏著：《唐勾检制研究》，上海古籍出版社，
　　1991，第82页。

附录一

《唐式辑佚》引据资料及
所在页码索引①

一　中国典籍

《唐六典》，（唐）李林甫等撰，陈仲夫点校，中华书局，1992。

184《唐六典》卷二司封郎中员外郎条：凡名山、大川及畿内县皆不得以封。

193《唐六典》卷二考功郎中员外郎条：每年别敕定京官位望高者二人云云。

195《唐六典》卷八门下省弘文馆学士条注：考试经业，准《式》贡举，兼学法书。

199《唐六典》卷八门下省弘文馆学士条注：补弘文、崇文学生例：皇宗缌麻已上亲云云。

205《唐六典》卷三户部郎中员外郎条：河南道贡（泗州货布）。淮南道赋贡（货布）云云。

205《唐六典》卷二〇太府寺卿条：凡绢、布出有方土（黄州之货，并第一等）云云。

209《唐六典》卷三户部郎中员外郎条：河北道贡，邢州丝布云云。

212《唐六典》卷三户部郎中员外郎条：山南道贡，细纻（复、郢、开等州白纻）云云。

213《唐六典》卷二〇太府寺卿条：凡绢、布（复州之纻，并第一等）云云。

216《唐六典》卷三户部郎中员外郎条注：淮南道庸、调，杂有纻、赀、火麻等布。

217《唐六典》卷三户部郎中员外郎条：江南道，贡（台州金漆）。

218《唐六典》卷三户部郎中员外郎条注：河北道贡（相州，胡粉）。

218《唐六典》卷二〇太府寺右藏署令条注：杂物州土：相州之白粉。

220《唐六典》卷三户部郎中员外郎条：河南道贡（豫州鸡鹅绫）。淮南道贡（光州生石斛）。

222《唐六典》卷三户部郎中员外郎条：安东、平、营、檀、妫云云。

242《唐六典》卷七工部郎中员外郎条注：其役功，则依《户部式》。

252《唐六典》卷三户部郎中员外郎条：凡丁户皆有优复蠲免之制（诸皇宗籍属宗正者及诸亲……及诸色杂有职掌人）。

254《唐六典》卷三户部郎中员外郎条：凡食封皆传于子孙（食封人，身没以后，所封物云云）。

275《唐六典》卷三仓部郎中员外郎条：凡王公已下，每年户别云云。

276《唐六典》卷三仓部郎中员外郎条：凡义仓之粟唯荒年给粮云云。

283《唐六典》卷四礼部郎中员外郎条：凡车驾巡幸及还京，三百里内刺史朝见。

284《唐六典》卷四礼部郎中员外郎条：大瑞（大瑞谓景星、庆云云云）。

297《唐六典》卷四礼部郎中员外郎条：凡常服亦如之（亲王、三品已上、二王后，服用紫，饰以玉云云）。

299《唐六典》卷四礼部郎中员外郎条：凡常服，五品已上，服用朱，饰以金。

302《唐六典》卷四礼部郎中员外郎条：凡内外百官有鱼符之制云云。

302《唐六典》卷八门下省符宝郎条：随身鱼符之制，庶官以铜（并以袋盛。其袋，五品以上饰以银云云）。

303《唐六典》卷四礼部郎中员外郎条：凡凶服不入公门（遭丧被起在朝者，各依本品著浅色绅缦云云）。

308《唐六典》卷四祠部郎中员外郎条注：其道士、女道士、僧、尼，行道、散斋云云。

317《六典》卷一四太常寺诸陵署条：献陵等署，朔望皆修享于诸陵。若桥陵，则日献羞焉。

321《唐六典》卷四祠部郎中员外郎条：高祖神尧皇帝（五月六日）云云。

355《唐六典》卷四祠部郎中员外郎条：凡国忌日，两京定大观、寺各二，散斋云云。

367《唐六典》卷二吏部郎中员外郎条：内外官吏则有假宁之节（谓元正、冬至，各给假七日云云）。

396《唐六典》卷四膳部郎中员外郎条：凡亲王已下常食料各有差（每日细白米二升云云）。

401《唐六典》卷一八鸿胪寺典客署令条：诸蕃使主、副五品已上给帐、毡、席云云。

403《唐六典》卷一八鸿胪寺典客署令条注：若诸蕃献药物、滋味之属云云。

417《唐六典》卷五职方郎中员外郎条：凡烽候所置，大率相去三十里云云。

422《唐六典》卷五职方郎中员外郎条：每烽置帅一人，副一人。

432《唐六典》卷五职方郎中员外郎条注：其放烽，有一炬、二炬、三炬、四炬者云云。

438《唐六典》卷五职方郎中员外郎条：凡州县城门及仓库门，须守当者云云。

444《唐六典》卷五驾部郎中员外郎条：凡三十里一驿云云。

446《唐六典》卷五驾部郎中员外郎条注：每驿皆置驿长一人云云。

448《唐六典》卷五驾部郎中员外郎条注：凡水驿亦量事闲要以置船云云。

448《唐六典》卷五驾部郎中员外郎条注：凡马三名给丁一人，船一给丁三人。

450《唐六典》卷五驾部郎中员外郎条注：凡驿皆给钱以资之，什物并皆为市。

450《唐六典》卷五驾部郎中员外郎条注：凡乘驿者，在京于门下给券云云。

459《唐六典》卷六刑部郎中员外郎条注：至到与一顿、与重杖一顿云云。

479《唐六典》卷六都官郎中员外郎条注：每岁十月，所司自黄口以上并印臂，送都官阅貌。

479《唐六典》卷六都官郎中员外郎条注：官奴婢一免为番户，再免为杂户，三免为良人云云。

488《唐六典》卷二三将作监丞条注：若临事要行，理不可废者，以从别《式》。

491《唐六典》卷七屯田郎中员外郎条注：屯官取前资官云云。

501《唐六典》卷二三都水使者条：每渠及斗门置长各一人云云。

505《唐六典》卷二三都水使者条：每岁，府县差官一人以督察之；岁终，录其功以为考课。

514《唐六典》卷七水部郎中员外郎条注：河阳桥置水手二百五十人云云。

517《唐六典》卷七水部郎中员外郎条：凡水有溉灌者，碾硙不得与争其利云云。

520《唐六典》卷二三都水监河渠署令条：每日供尚食鱼及中书门下官应给者云云。

523《唐六典》卷七水部郎中员外郎条注：河阳桥所须竹索云云。

524《唐六典》卷七水部郎中员外郎条注：浮桥脚船，皆预备半副云云。

526《唐六典》卷七水部郎中员外郎条注：蒲津桥〔水匠〕一十五人。

528《唐六典》卷七水部郎中员外郎条注：孝义桥所须竹索，取河阳桥退者以充云云。

530《唐六典》卷七水部郎中员外郎条：其大津无梁，皆给船人云云。

545《唐六典》卷一五光禄寺太官令条注：凡祭，有牲者，皆豚右胖云云。

553《唐六典》卷二〇太府丞条：凡官私斗、秤、度尺，每年八月诣寺校印署云云。

565《唐六典》卷八门下省城门郎条注：明德等门为京城门云云。

568《唐六典》卷八门下省城门郎条注：承天门击晓鼓云云。

570《唐六典》卷八门下省城门郎条注：宫城、皇城钥匙，每日入前五刻出闭门云云。

573《唐六典》卷八门下省城门郎条注：殿门及城门若有敕夜开，受敕人具录须开之门云云。

574《唐六典》卷八门下省城门郎条注：凡车驾巡幸，所诣之所，计其应启闭者云云。

577《唐六典》卷三金部郎中员外郎条注：金部置木契一百一十只云云。

578《唐六典》卷一九司农卿及丞条：凡置木契二十只，应须出给，与署合之云云。

578《唐六典》卷三仓部郎中员外郎条：乃置木契一百枚，以与出给之司相合，以次行用云云。

578《唐六典》卷二〇太府寺丞条：凡置木契九十五只云云。

595《唐六典》卷一六卫尉寺守宫署令条：守宫署令掌邦国供帐之属云云。

595《唐六典》卷一六卫尉寺卿条：凡大祭祀、大朝会，则供其帷帟、茵席之属云云。

596《唐六典》卷一左右司郎中员外郎条：凡尚书省官，每日一人宿直云云。

《大唐开元礼》，（唐）萧嵩等奉敕撰，民族出版社 2000 年 5 月影印清洪氏公善堂校刊本。

283《大唐开元礼》卷三《序例下·杂制》：凡车驾巡幸云云。

314《大唐开元礼》卷三《序例下·杂制》：凡王公以下郊庙预祭，若临时遇雨者，沾服失容云云。

545《大唐开元礼》卷一《序例上·俎豆》：凡肉皆实俎。其牲皆升右胖，体十一云云。

《大唐郊祀录》，（唐）王泾撰，民族出版社 2000 年 5 月影印适园丛书本（附《大唐开元礼》后）。

543《大唐郊祀录》卷一《凡例上·俎馔》：案今《光禄式》：祭天地、日月、岳镇云云。

545《大唐郊祀录》卷一《凡例上·牲牢》：凡骨皆载于俎。其牲皆升右胖，体十一云云。

《太常因革礼》，（宋）台湾商务印书馆，1981。

281《太常因革礼》卷五《总例互》：唐《礼部式》：天地五郊等坛，三百步内，不得葬埋云云。

《唐律疏议》，（唐）长孙无忌等撰，刘俊文点校，中华书局，1983。

159《唐律疏议》卷二五《诈伪》伪写官文书印条疏：依《式》：周、隋官亦听成荫。

185《唐律疏议》卷三《名例》除免官当叙法条注云：夫、子见在有官爵者，听依《式》叙。

225《唐律疏议》卷二八《捕亡》在官无故亡条疏：《户部式》："灵、胜等五十九州为边州。"

236《唐律疏议》卷二八《捕亡》丁夫杂匠亡条问答：亦既编户，见在课
　　役如法，准《式》仍征赋役。

289《唐律疏议》卷二五《诈伪》诈为瑞应条疏：其"瑞应"条流，具在
　　礼部之《式》云云。

293《唐律疏议》卷二七《杂律》违令条疏：《礼部式》：五品以上服紫，
　　六品以下服朱云云。

440《唐律疏议》卷八《卫禁》越度缘边关塞条疏：又准《主客式》：蕃
　　客入朝云云。

411《唐律疏议》卷二六《杂律》从征从行身死不送还乡条疏议：准《兵
　　部式》：从行身死云云。

412《唐律疏议》卷一六《擅兴》校阅违期条疏议：其折冲府校阅，在
　　《式》有文。

413《唐律疏议》卷一六《擅兴》乏军兴条疏议：若未从军，尚容求宽，
　　即从"违《式》"法。

428《唐律疏议》卷八《卫禁》烽候不警条疏：依《职方式》：放烽讫而
　　前烽不举者云云。

431《唐律疏议》卷八《卫禁》烽候不警条疏：依《职方式》：放烽讫而
　　前烽不举者云云。

432《唐律疏议》卷八《卫禁》烽候不警条疏：放烽多少，具在别《式》。
　　云云。

436《唐律疏议》卷八《卫禁》烽候不警条疏：谓昼放烟、夜放火者云云。

443《唐律疏议》卷一〇《职制》增乘驿马条疏议：准《驾部式》：六品
　　以下前官、散官云云。

452《唐律疏议》卷一六《擅兴》私有禁兵器条疏议：其甲非皮、铁者，
　　依《库部式》，亦有听畜之处。

465《唐律疏议》卷二《名例》官当条问答：先已去任，本罪不至解官，
　　奉敕解者，依《刑部式》，叙限同考解例。

467《唐律疏议》卷三《名例》工乐杂户及妇人犯流决杖条疏议：工、乐

及太常音声人云云。

467《唐律疏议》卷五《名例》共犯罪有逃亡条疏议：减外残徒，各依式配役。

467《唐律疏议》卷一七《贼盗》谋叛条疏议：若子年十六以上，依式配流。

548《唐律疏议》卷一五《厩库》官马不调习条疏：依《太仆式》：在牧马，二岁即令调习云云。

549《唐律疏议》卷一九《贼盗》盗官文书印条疏议：畜产之印，在《令》、《式》，印应官给。

553《唐律疏议》卷一五《厩库》库藏主司不搜检条疏：从库藏出，依《式》：五品以上，皆不合搜检。

563《唐律疏议》卷七《卫禁》阑入宫殿门及上阁条疏议：顺天等门为宫城门。

563、565《唐律疏议》卷七《卫禁》登高临宫中条疏：嘉德等门为宫门，顺天等门为宫城门。

565《唐律疏议》卷七《卫禁》阑入宫殿门及上阁条疏议：嘉德等门为宫门，太极等门为殿门。

565《唐律疏议》卷七《卫禁》奉敕夜开宫殿门条疏：皇城门，谓朱雀等门；其京城门，谓明德等门。

569《唐律疏议》卷七《卫禁》奉敕夜开宫殿门条疏：依《监门式》：驾在大内云云。

569《唐律疏议》卷七《卫禁》奉敕夜开宫殿门条疏：依《监门式》：宫城门及皇城门云云。

569《唐律疏议》卷七《卫禁》奉敕夜开宫殿门条疏：驾在大明、兴庆宫及东都，进、请钥匙，依《式》各有时刻。

573《唐律疏议》卷七《卫禁》奉敕夜开宫殿门条疏：依《监门式》：受敕人具录须开之门云云。

575《唐律疏议》卷八《卫禁》越州镇戍等城垣条疏：依《监门式》：京

城每夕分街立铺云云。

577《唐律疏议》卷一六《擅兴》应给发兵符不给条疏议:《监门式》:皇城内诸街铺云云。

577《唐律疏议》卷一六《擅兴》应给发兵符不给条疏议:金部、司农,准《式》亦并给木契。

580《唐律疏议》卷七《卫禁》已配仗卫辄回改条疏:依《式》:卫士以上应当番宿卫者云云。

584《唐律疏议》卷七《卫禁》宿卫上番不到条问答:依《式》:三卫去京二千里外云云。

《宋刑统》,(宋)窦仪等撰,吴翊如点校,中华书局,1984。

239《宋刑统》卷二七《杂律》失火门非时烧田野条附:〔准〕《户部式》:诸荒田有桑枣之处云云。

308《宋刑统》卷一二《户婚》僧道私入道门私入道条附:〔准〕《礼部式》:诸五品以上女及孙女出家者云云。

404《宋刑统》卷一二《户婚》死商钱物门附:〔准〕《主客式》:诸商旅身死云云。

404《宋刑统》卷一八《贼盗》残害死尸门附:〔准〕《主客式》:诸蕃客及使蕃人宿卫子弟云云。

453《宋刑统》卷二七《杂律》地内得宿藏物门:〔准〕《军部式》:诸收获破贼及阑遗器仗云云。

457《宋刑统》卷四《名例》老幼疾及妇人犯罪门犯时未老疾条附:〔准〕《刑部式》:诸准格敕应决杖人云云。

461《宋刑统》卷二九《断狱》应囚禁枷锁杻门囚应禁而不禁条附:〔准〕《刑部式》:诸文武职事、散官三品以上云云。

463《宋刑统》卷二九《断狱》囚应请给医药衣食门附:〔准〕《刑部式》:诸狱囚应给荐席云云。

464《宋刑统》卷三〇《断狱》断罪引律令格式门附：〔准〕《刑部式》：
用"准式"者云云。

《白氏六帖事类集》，（唐）白居易撰，1933 年吴兴张氏影印宋刻本。

175《白氏六帖事类集》卷一二《胥吏四二》：《吏部式》：诸流外宫满
云云。

194《白氏六帖事类集》卷一二《举选五七》注：《考功式》：诸州及国子
监贡举人试官云云。

233《白氏六帖事类集》卷二二《征役七》：充夫式（《户部式》：又谓：
男女三岁已下为黄云云）。

240《白氏六帖事类集》卷二二《征役七》：充夫式（《户部式》：诸正丁
充夫四十日免云云）。

266《白氏六帖事类集》卷一六《军资粮一》：衣赐《式》（《度支式》：供
军云云）。

285《白氏六帖事类集》卷一一《祥瑞二》：《式》（云：麟、凤、鸾、龙
云云。又《式》云：玄珠、明珠、玉英云云。又云：秬黍、嘉禾、芝
草云云）。

355《白氏六帖事类集》卷一一《登遐二五》注：《祠部式》：国忌日
云云。

363《白氏六帖事类集》卷九《卜筮二一》：《祠部式》：诸私家不得立杂
神云云。

363《白氏六帖事类集》卷九《相二二》：《祠部式》：卜、相禁断云云。

364《白氏六帖事类集》卷二七《淫厉五》：立神式：《祠部式》：私家不
得立杂坐云云。

399《白氏六帖事类集》卷二一《二王后九〇》：二王后祭《式》（（《主客

式》：二王后，每年四时享庙云云）。

402《白氏六帖事类集》卷一一《聘八》注：准《式》：季支主宾格〔客〕
鸿胪诸蕃官客食云云。

403《白氏六帖事类集》卷二二《蛮夷贡赋二六》：蕃夷进献式（《主客
式》：诸蕃夷进献云云）。

407《白氏六帖事类集》卷一四《功二七》注：《兵部式》：叙功，计杀获
及输失数云云。

412《白氏六帖事类集》卷一六《军资粮一》：衣赐式（《兵部式》：给赐
者云云）。

412《白氏六帖事类集》卷一六《军资粮一》：衣赐式（《兵部式》：诸应
有知发军处云云）。

504《白氏六帖事类集》卷二三《水田二二》：斗门式（《水部式》：京兆
府高陵界云云）。

《白孔六帖》，（唐）白居易撰，（宋）孔传续增，四库全书本。

233《白孔六帖》卷七八《征役》：充夫《式》（《户部式》……又谓男女
三岁已下为黄云云）。

240《白孔六帖》卷七八《征役》：充夫《式》（《户部式》：诸正丁从夫四
十日免〔调〕云云）。

285《白孔六帖》卷三六《祥瑞》：《式》（云：麟、凤、鸾、龙云云。又
《式》云：玄珠、明珠、玉英云云。又云：秬黍、嘉木、芝草云云）。

**《册府元龟》，（宋）王钦若等编撰，中华书局 1960 年影印明
刻本。**

178《册府元龟》卷五八五《掌礼部·奏议》：且简《礼部式》，惟有南郊

陪位，更不别载圆丘。

236《册府元龟》卷六三《帝王部·发号令二》：诸州背军逃亡人，限制到百日内，容自首，准《令》、《式》合所在编户。

306《册府元龟》卷五四五《谏净部·直谏》：唯《式》：公主、王妃已下葬礼，惟有团扇云云。

310《册府元龟》卷六一《帝王部·立制度二》：准《六典》及《礼部式》：诸文武赴朝，诸府道从。职事一品，及开府仪同三司、骠骑大将军，听七骑云云。

《通典》，（唐）杜佑撰，王文锦等点校，中华书局，1988。

164《通典》卷二四《职官六·殿中侍御史》：武太后时，有殿中里行云云。

166《通典》卷二四《职官六·监察侍御史》：大唐监察……里行五员云云。

169《通典》卷二四《职官六·监察侍御史》：武太后时，复有员外监察、试监察云云。

169《通典》卷二四《职官六·监察侍御史》：《吏部式》：其试监察云云。

177《通典》卷四三《礼三·郊天下》：且检《吏部式》，唯有南郊陪位，更不别载圆丘。

273《通典》卷一二《食货一二·轻重（义仓）》：大唐开元二十五年定《式》：王公以下云云。

269《通典》卷六三《礼二三·天子诸侯玉佩剑绶玺印》：准《式》：三品以上饰以玉，四品以上饰以金，五品以上饰以银云云。

301《通典》卷四○《职官二二·秩品五（大唐）》注：三品以上紫衣，金鱼袋；五品以上绯衣，银鱼袋云云。

417《通典》卷一五二《兵五·守拒法附》：烽台，于高山四顾险绝处置之云云。

423《通典》卷一五二《兵五·守拒法附》：一烽六人，五人为烽子云云。

425《通典》卷一五二《兵五·守拒法附》：烽台……台高五丈，下阔二丈云云。

429《通典》卷一五二《兵五·守拒法附》：每晨及夜平安，举一火；闻警，固举二火云云。

439《通典》卷三五《职官一七·俸禄·禄秩（门夫附）》：诸州、县不配防人处云云。

444《通典》卷三三《职官一五·州郡下·乡官》：三十里置一驿（其非通途大路则曰馆）。

458《通典》卷一六五《刑法三·刑制下（大唐）》：准《式》：制敕处分"与一顿杖"者云云。

586《通典》卷一四八《兵一·今制附》注：每火，锅一。……错子……解结锥……。

《续通典》，（清）嵇璜等撰，浙江古籍出版社，2000。

280《续通典》卷四五《礼一·郊天》：行事官明衣、绢布等，准《式》既祭前给讫云云。

《唐会要》，（宋）王溥撰，中华书局，1955。

163《唐会要》卷六〇《御史台上·殿中侍御史》：殿中里行，准《吏部式》，以三员为定额。

166《唐会要》卷六〇《御史台上·监察御史》：《吏部式》：监察里行及试，以七员为定额。

170《唐会要》卷八二《休假》：文班常参官，旧例，每月得请两日事故假。今许请三日云云。文武常参应请期年丧假者云云。

176《唐会要》卷八二《冬荐》：每年冬荐官，吏部准《式》检勘。

178《唐会要》卷九上《杂郊议上》：且检《吏部式》，唯有南郊陪位，更不别载圆丘。

182《唐会要》卷九〇《缘封杂记》：应食实封人，并一年内，准《式》具合袭子孙官品……准《式》附贯云云。

184《唐会要》卷九〇《缘封杂记》：通邑大都，不以封锡。……自顷命侯，稍殊旧《式》。

184《唐会要》卷九〇《缘封杂记》：诸名山、大川及畿内县，并不封。

184《唐会要》卷五八《司封员外郎》：文武官五品以上，请准《式》叙母、妻邑号云云。

189《唐会要》卷五八《司勋员外郎》：准制及《格》、《式》叙勋云云。

192《唐会要》卷八一《考上》：其考课付所司准《式》校定。

192《唐会要》卷五八《尚书省诸司中·考功郎中》：其考课付所司准《式》校定云云。

193《唐会要》卷五八《尚书省诸司中·考功郎中》：其外官考，每年定诸司长官一人判、校云云。

195《唐会要》卷六四《宏文馆》：考试经业，准《式》贡举，兼学书法。

195《唐会要》卷七五《选部下·冬集》：礼部送进士、明经、明法、宏文生及崇贤生、道举等，准《式》，据书判、资荫，量定冬集、授散。

199《唐会要》卷七七《论经义》：望请准《式》：《孝经》郑注，与孔《传》依旧俱行。

200《唐会要》卷五九《尚书省诸司下·太庙斋郎》：太庙斋郎，准《式》礼部补。

219《唐会要》卷五八《尚书省诸司中·户部侍郎》：其申、光、蔡等州，令所供瀺灂绫、生石斛等，并同日到。其诸道贡物，请准《式》送纳云云。

225《唐会要》卷二四《诸侯入朝》：（开元？）十八年十一月敕：灵、胜、凉、相……等五十九州，为边州云云。

234《唐会要》卷八五《逃户》：其狭乡无剩地云云。

235《唐会要》卷八五《逃户》：如有浮客，情愿编附云云。

237《唐会要》卷九二《内外官职田》：又准《式》：职田黄籍，每三年
　　一造。

237《唐会要》卷九二《内外官职田》：内外文武官职田及公廨田，准
　　《式》云云。自今以后，准《式》各令送付本官。

252《唐会要》卷五八《尚书省诸司中·户部侍郎》：准《式》合蠲免职
　　掌人云云。

254《唐会要》卷九〇《缘封杂记》：又准《户部式》节文：诸食封人，
　　身殁以后云云。

256《唐会要》卷九〇《缘封杂记》：故尚父汾阳王子仪，实封二千户，宜
　　准《式》减半云云。

268《唐会要》卷九一《内外官料钱上》：其外官太守兼京官，准《式》：
　　亲王带京官云云。

269《唐会要》卷九一《内外官料钱上》：应给百司正员文武官月料钱外，
　　官员准《式》云云。

270《唐会要》卷一〇〇《杂录》：东至高丽国云云。

289《唐会要》卷四四《杂灾变》：又按《礼部式》，具列三瑞，无猫不食
　　鼠之目。

297《唐会要》卷三一《杂录》：《礼部式》：亲王及三品已上云云。

302《唐会要》卷三一《鱼袋》：至神龙二年二月四日，京文武官云云。

302《唐会要》卷三一《鱼袋》：神龙二年八月制：京文官云云。

303《唐会要》卷二四《朔望朝参（常朝日附）》：准《式》：朝官有周以
　　下丧者，许服绝缦云云。在《式》，朝官皆以绫为袍，五品以上服金
　　玉带云云。

304《唐会要》卷二四《朔望朝参》：朝参官衔故，准《式》不合著朱衣
　　裤褶者云云。

306《唐会要》卷三八《葬》：准《式》：公主、王妃以下葬，唯有团扇、

方扇、采帏、锦帐之色。

309《唐会要》卷二五《杂录》：诸文武官三品以上及中书黄门侍郎，若遇雨，听著雨衣、毡帽至殿门外，并听著出入。

310《唐会要》卷三一《杂录》：《六典》及《礼部式》：诸文武官赴朝，诸府道从云云。

317《唐会要》卷二一《缘陵礼物》：又《祠部式》：献、昭、乾、定、桥、恭陵，并朔望上食。岁及冬至、寒食，各设一祭。唯桥陵除此日外，每日供半口羊充荐。

318《唐会要》卷二〇《公卿巡陵》：惟《贞观式》文，但以春秋仲月，命使巡陵。

355《唐会要》卷二三《忌日》：天下诸上州，并宜国忌日准《式》行香。

458《唐会要》卷三九《议刑轻重》：准《式》：制敕处分"与一顿杖"者云云。

479《唐会要》卷八六《奴婢》：伏准《格》、《式》，官奴婢，诸司每年正月造籍二通云云。伏请令诸司准《式》造籍送省云云。敕旨：宜并准《式》处分。

492《唐会要》卷九二《内外官职田》：京官职田，准《式》并令佃民输送至京。

495《唐会要》卷五九《尚书省诸司下·虞部员外郎》：准《式》："山泽之利，公私共之。"

536《唐会要》卷六五《太常寺》：旧《式》：太常卿上事，庭设九部乐。

537《唐会要》卷二一《诸僭号陵》（《旧唐书》卷八五《唐绍传》、《新唐书》卷一一三《唐绍传》略同）：又先代帝王陵户，准《式》二十人云云。

537《唐会要》卷一〇上《后土》：大祀、小祀及州县社稷，依《式》合用牲牢，余并用酒脯。

542《唐会要》卷九上《杂郊议上》：案今《光禄式》：祭天地、日月云云（《旧唐书·礼仪志》）。

542《唐会要》卷一七《祭器议》：谨按《光禄式》：祭天地云云。

553《唐会要》卷六六《太府寺》：应付行用斗、秤、尺度，准《式》取
太府寺较印，然后行用。

556《唐会要》卷三一《杂录》：又准《少府式》：公主出降云云。

568《唐会要》卷二三《缘祀裁制》：又准《监门式》，皇城门无文早开。

596《唐会要》卷八二《当直》：故事：尚书省官，每一日一人宿直云云。

597《唐会要》卷八二《当直》：故事：尚书左右丞云云，准《开元式》，
并不宿直。

《五代会要》，（宋）王溥撰，上海古籍出版社，1978。

191《五代会要》卷一五《考功》：准《式》：校京官考，限来年正月内
云云。

312《五代会要》卷二《杂录》：准《式》：近侍导驾官自三引车云云。

《文献通考》，（元）马端临撰，中华书局，1986。

299《文献通考》卷一〇七《王礼考二·朝仪》：在《式》：朝官皆以绫为
袍云云。

303《文献通考》卷一〇七《王礼考二·朝仪》：准《式》：朝官有司以下
丧者，许服绝缦云云。

《武经总要前集》，（宋）曾公亮、丁度撰，中华书局上海编辑所
1959 年影印明正德刊本。

417《武经总要前集》卷五《烽火一一》：唐兵部有《烽式》，尤为详
具。……今以《唐式》录为前……唐法：凡边城堠望云云。

422《武经总要前集》卷五《烽火一一》：唐兵部有《烽式》……凡掌烽火，置帅一人云云。

425《武经总要前集》卷五《烽火一一》：唐兵部有《烽式》……置烽之法云云。

427《武经总要前集》卷五《烽火一一》：唐兵部有《烽式》……用烽火之法云云。

428《武经总要前集》卷五《烽火一一》：唐兵部有《烽式》……凡应火土筒若向东应云云。

430《武经总要前集》卷五《烽火一一》：唐兵部有《烽式》……凡白日放烟、夜放火云云。

432《武经总要前集》卷五《烽火一一》：唐兵部有《烽式》……凡寇贼入境云云。

435《武经总要前集》卷五《烽火一一》：唐兵部有《烽式》……凡告贼烽起处云云。

436《武经总要前集》卷五《烽火一一》：唐兵部有《烽式》……凡烽号隐密云云。

436《武经总要前集》卷五《烽火一一》：唐兵部有《烽式》……凡烽帅、烽副当番者云云。

《神机制敌太白阴经》，（唐）李筌撰，盛冬铃译注，河北人民出版社，1991。

417《神机制敌太白阴经》卷五《预备·烽燧台篇四六》：经曰：明烽燧。于高山四望险绝处置云云。

423《神机制敌太白阴经》卷五《预备·烽燧台篇四六》：经曰：明烽燧。一烽六人，五人烽子云云。

425《神机制敌太白阴经》卷五《预备·烽燧台篇四六》：屋上置突灶三

所，台下亦置三所云云。

429《神机制敌太白阴经》卷五《预备·烽燧台篇四六》：每夜平安举一

火，闻警举二火云云。如早夜平安火不举，即烽子为贼提（捉）。

586《神机制敌太白阴经》卷四《战具类·军装篇四二》……锉子……解

结锥云云。

590《神机制敌太白阴经》卷四《战具类·器械篇四一》：长垛箭、弓袋、

胡鹿、长弓袋云云。

《元和郡县图志》，（唐）李吉甫撰，贺次君点校，中华书局，1983。

206《元和郡县图志》卷九《河南道五》：泗州开元贡：细紵布云云。

207《元和郡县图志》卷二七《江南道三》：沔州元和贡：麻紵布一端。

209《元和郡县图志》卷一五《河东道四》：邢州开元贡：丝布云云。

211《元和郡县图志》卷三一《剑南道上》：邛州开元贡：丝布一十匹。元

和贡：丝布一十匹。

213《元和郡县图志》卷二一《山南道二》：邓州开元贡：白纻、丝布。复

州开元贡：白纻布一十匹云云。

218《元和郡县图志》卷一六《河北道一》：相州开元贡：胡粉。

220《元和郡县图志》卷九《河南道五》：蔡州开元贡：龟甲、双䴘鸂

绫。……光州开元贡：葛十匹，生石斛六十斤云云。

《旧唐书》，（后晋）刘昫等撰，中华书局，1975。

177《旧唐书》卷二一《礼仪志一》：且检《吏部式》，惟有南郊陪位，更

不别载圆丘。

200《旧唐书》卷一八五《良吏传下》：明经习左氏及通《周礼》等四经

者出身云云。

289《旧唐书》卷一一九《崔祐甫传》：又按《礼部式》具列三瑞，无猫不食鼠之目。

299《旧唐书》卷一四五《董晋传》：在《式》：朝官皆是绫袍袄，五品已上金玉带云云。

302《旧唐书》卷一四五《董晋传》：准《式》：朝官有周年已下丧者云云。

306《旧唐书》卷八五《唐临传附绍传》：准《式》：公主、王妃已下葬礼，惟有团扇云云。

306《旧唐书》卷二八《音乐志一》：准《式》：公主、王妃已下葬礼，惟有团扇、方扇云云。

310《旧唐书》卷四三《职官志二》：凡文武官赴朝、诣府，导从各有差。

417《旧唐书》卷四三《职官志二》：凡烽堠所置，大率相去三十里云云。

484《旧唐书》卷一二八《颜真卿传》：《司门式》云：其有无门籍人有急奏者云云。

542《旧唐书》卷二一《礼仪志一》：按今《光禄式》：祭天地、日月云云。

《新唐书》，（宋）欧阳修、宋祁撰，中华书局，1975。

207《新唐书》卷三八《地理志二》：泗州土贡：赀布云云。

210《新唐书》卷三八《地理志二》：河南道厥贡：丝布。濠州土贡：丝布云云。

214《新唐书》卷四〇《地理志四》：山南道厥贡：金、丝、纻、漆。峡州土贡：纻葛。归州土贡：纻葛云云。

217《新唐书》卷四一《地理志五》：台州土贡：金漆。

218《新唐书》卷三九《地理志三》：相州土贡：胡粉。卫州土贡：胡粉。澶州土贡：胡粉。

220《新唐书》卷三八《地理志二》：蔡州土贡：溪鹅等绫。卷四一《地理志五》：淮南道，寿州土贡：生石斛云云。

484《新唐书》卷一五三《颜真卿传》：《司门式》曰：无门籍者有急奏，令监司与仗家引对云云。

586《新唐书》卷五〇《兵志》：十人为火……凡火具……碓……皆一。

589《新唐书》卷五〇《兵志》：人具弓一，矢三十……皆自备……其番上宿卫者，惟给弓矢、横刀而已。

592《新唐书》卷五〇《兵志》：人具弓一，矢三十，胡禄……行縢皆一……皆自备。

《旧五代史》，（宋）薛居正等撰，中华书局，1976。

460《旧五代史》卷一四七《刑法志》：又《刑部式》：决重杖一顿处死，以代极法云云。

《资治通鉴》，（宋）司马光撰，中华书局，1956。

484《资治通鉴》卷二二四《唐纪四〇》：太宗著《门司式》云：其无门籍人，有急奏者云云。

《颜鲁公文集》，（唐）颜真卿撰，清嘉庆七年（1802 年）刻本。

484《颜鲁公文集》卷一《论百官论事疏》：《司门式》云：其有无门籍人有急奏者云云。

《刘宾客文集》，（唐）刘禹锡撰，商务印书馆缩印本。

505《刘宾客文集》卷二《碑上·高陵令刘君遗爱碑》：按《水部式》：决

泄有时云云。

《全唐文》，（清）董诰等编，上海古籍出版社，1990。

303《全唐文》卷三〇四《李适之·禁朝官称惨改乘服式奏》：朝服，准
《式》皆合备具云云。如有惨故，准《式》不合著朱衣裤褶云云。

505《全唐文》卷六〇九《刘禹锡十一·高陵令刘君遗爱碑》：按《水部
式》：决泄有时云云。

《唐语林》，（宋）王谠撰，上海古籍出版社 1978 年 6 月据原中华书局上编所点校本印行。

171《唐语林》卷八《补遗》：今之免服，准《式》给晦日假者云云。

《开元升平源》，（唐）吴兢撰，丁如明辑校：《开元天宝遗事十种》，上海古籍出版社，1985。

283《开元升平源》：准《式》，车驾行幸，三百里内刺史合朝觐。

敦煌文书，〔法〕伯希和，以 P. 编号（现藏法国巴黎国立图书馆）；〔英〕斯坦因，以 S. 编号（现藏英国伦敦大英图书馆）。

157 敦煌文书 P. 4745 残卷（敦煌发现《贞观吏部式》断片）：长史、司
马、司录、上总管从四品云云。

161 敦煌文书 P. 2504 残卷（敦煌发现《天宝令式表》残卷）：《文〔吏〕
部式》：诸妇人不因夫而别加邑号者云云。

172 敦煌文书 P. 2504 残卷（敦煌发现《天宝令式表》残卷）：装束

《式》：敕：今年新授官云云。

328 敦煌文书 P.2504 残卷（敦煌发现《天宝令式表》残卷）：国 忌，皇八代祖宣 皇帝 云云。

331 敦煌文书 S.6537 背 14 分号录文（郑余庆《大唐新定吉凶书仪》）：《祠部新式第四》：高祖神尧大圣大光孝皇帝忌五月六日云云。

367 敦煌文书 S.6537 背 14 分号录文（郑余庆《大唐新定吉凶书仪》）：《祠部新式第四》：三元日，正月十五日上元云云。

500 敦煌文书 P.2507 残卷（敦煌发现《开元水部式》残卷）：泾、渭白渠及诸大渠用水溉灌云云。

501 敦煌文书 P.2507 残卷（敦煌发现《开元水部式》残卷）：诸溉灌大渠云云。

502 敦煌文书 P.2507 残卷（敦煌发现《开元水部式》残卷）：诸渠长及斗门长云云。

503 敦煌文书 P.2507 残卷（敦煌发现《开元水部式》残卷）：京兆府高陵县界清、白二渠交口云云。

507 敦煌文书 P.2507 残卷（敦煌发现《开元水部式》残卷）：泾水南白渠云云。

508 敦煌文书 P.2507 残卷（敦煌发现《开元水部式》残卷）：龙首、泾堰云云。

509 敦煌文书 P.2507 残卷（敦煌发现《开元水部式》残卷）：蓝田新开渠每斗门云云。

509 敦煌文书 P.2507 残卷（敦煌发现《开元水部式》残卷）：合壁（璧）宫旧渠云云。

510 敦煌文书 P.2507 残卷（敦煌发现《开元水部式》残卷）：河西诸州用水溉田云云。

511 敦煌文书 P.2507 残卷（敦煌发现《开元水部式》残卷）：扬州扬子津斗门云云。

511 敦煌文书 P. 2507 残卷（敦煌发现《开元水部式》残卷）：洛水中桥云云。

511 敦煌文书 P. 2507 残卷（敦煌发现《开元水部式》残卷）：诸水碾硙云云。

512 敦煌文书 P. 2507 残卷（敦煌发现《开元水部式》残卷）：同州河西县缲水云云。

512 敦煌文书 P. 2507 残卷（敦煌发现《开元水部式》残卷）：诸州运船向北太仓云云。

512 敦煌文书 P. 2507 残卷（敦煌发现《开元水部式》残卷）：沙州用水浇田云云

513 敦煌文书 P. 2507 残卷（敦煌发现《开元水部式》残卷）：会宁关有船云云。

513 敦煌文书 P. 2507 残卷（敦煌发现《开元水部式》残卷）：沧、瀛、贝云云。

514 敦煌文书 P. 2507 残卷（敦煌发现《开元水部式》残卷）：胜州转运水手云云。

515 敦煌文书 P. 2507 残卷（敦煌发现《开元水部式》残卷）：河阳桥置水手二百五十人云云。

516 敦煌文书 P. 2507 残卷（敦煌发现《开元水部式》残卷）：安东都里镇防人粮云云。

516 敦煌文书 P. 2507 残卷（敦煌发现《开元水部式》残卷）：桂、广二府铸钱云云。

517 敦煌文书 P. 2507 残卷（敦煌发现《开元水部式》残卷）：诸溉灌小渠上先有碾硙云云。

518 敦煌文书 P. 2507 残卷（敦煌发现《开元水部式》残卷）：都水监三津各配守桥丁云云。

520 敦煌文书 P. 2507 残卷（敦煌发现《开元水部式》残卷）：都水监渔师二百五十人云云。

521 敦煌文书 P.2507 残卷（敦煌发现《开元水部式》残卷）：其尚食、典膳、祠祭、中书门下所须鱼云云。

521 敦煌文书 P.2507 残卷（敦煌发现《开元水部式》残卷）……虽非采木限内云云。

522 敦煌文书 P.2507 残卷（敦煌发现《开元水部式》残卷）：京兆府灞桥云云。

522 敦煌文书 P.2507 残卷（敦煌发现《开元水部式》残卷）：诸州贮官船之处云云。

522 敦煌文书 P.2507 残卷（敦煌发现《开元水部式》残卷）：皇城内沟渠拥塞停水之处云云。

524 敦煌文书 P.2507 残卷（敦煌发现《开元水部式》残卷）：河阳桥每年所须竹索云云。

526 敦煌文书 P.2507 残卷（敦煌发现《开元水部式》残卷）：诸浮桥脚船云云。

526 敦煌文书 P.2507 残卷（敦煌发现《开元水部式》残卷）：诸置浮桥处云云。

527 敦煌文书 P.2507 残卷（敦煌发现《开元水部式》残卷）：蒲津桥水匠一十五人云云。

529 敦煌文书 P.2507 残卷（敦煌发现《开元水部式》残卷）：孝义桥所须竹篾云云。

吐鲁番文书（1972 年出土吐鲁番阿斯塔那墓葬文书，编号 72TAM。现藏新疆维吾尔自治区博物馆）。

261 72TAM230：46（1） 《仪凤度支式》残卷： 〈前缺〉□ 正义 以折破庸调 云云。

264 72TAM230：46（2）《仪凤度支式》残卷：〈前缺〉交州

料，请委交府便配以南诸州云云。

265　72TAM230∶84（1）《仪凤度支式》断片：（一）〈前缺〉官、入国
　　等，各别为项帐。其轻税人具云云。

二　日本典籍

《令集解》，〔日〕惟宗直本编，《新订增补国史大系（普及版）》，吉川弘文馆平成元年3月。

238《令集解》卷一二《田令·荒废条》：《开元式》第二卷云：其开荒
　　地，经二年收熟，然后准例云云。

243《令集解》卷一三《赋役令·春季条》：《开元式》云：一、依令：孝
　　义得表其门闾云云。

246《令集解》卷一三《赋役令·春季条》：《开元式》云：一、依令：授
　　官应免课役云云。

248《令集解》卷一三《赋役令·春季条》：《开元式》云：一、依令：春
　　季附者云云。

249《令集解》卷一三《赋役令·春季条》：《开元式》云：一、防阁、疾
　　（庶）仆云云。

253《令集解》卷一三《赋役令·春季条》：《开元式》云：一、诸色选人
　　中间有替解云云。

314《令集解》卷一五《学令·释奠条》：《开元式》四卷云：诸祠祀，若
　　临时遇雨云云。

391《令集解》卷五《职员令·大膳职条》：案《开元式》：供奉酱一石，
　　料云云。

465《令集解》卷一〇《户令·嫁女条》：检《刑部式》：以弟为定，成婚
　　已讫。

548《令集解》卷三八《厩牧令·死耗条》：《大仆式》云：诸牧长所管马牛死失过耗云云。

563《令集解》卷二四《宫卫令·宫墙条》：穴云：《监门式》云："顺天等门为宫城〔门〕"是。

573《令集解》卷三一《公式令·便奏式条》：又案本律《监门式》知耳。

603《令集解》卷九《户令·造计帐条》：依式造帐（谓造计帐之模样也。……《古记》云：依式，谓造计帐之样也）云云。

《倭名类聚抄》，〔日〕源顺撰。据新美宽撰、铃木隆一补：《本邦残存典籍による辑佚资料集成（正续）》摘录，京都大学人文科学研究所，1968。

187《倭名类聚抄》卷一：《唐式》云：皇子乳母、皇孙乳母。

205《倭名类聚抄》卷三《布帛》：《唐式》云：赀布。

207《倭名类聚抄》卷四：并州每年造粉五十石，以官驴驮送所司。

209《倭名类聚抄》卷三《布帛》：《唐式》云：白丝布。

212《倭名类聚抄》卷三：纻布三端。

216《倭名类聚抄》卷三《布帛》：《唐式》云：杨州庸调布。

216《倭名类聚抄》卷六（仁井田陞引作那波本卷十五）：《开元式》云：台州有金漆树。

218《倭名类聚抄》卷五《服玩部》（仁井田陞引作那波本卷十四、狩谷本卷六）：《开元式》云：白粉卅斤。

305《倭名类聚抄》卷四：庶人帽子皆宽大、露面，不得有掩蔽。

309《倭名类聚抄》卷五：三品以上若遇雨，听着雨衣、毡帽至殿门前。

392《倭名类聚抄》卷四、卷五：铁锅、食单各一。

394《倭名类聚抄》卷五：《开元式》云：食刀、切机各一。

394《倭名类聚抄》卷四：大盘。

395《倭名类聚抄》卷四：饭碗、羹叠子各一。

396《倭名类聚抄》卷四：尚食局漆器，三年一换；供每节料朱合等，五年一换。

401《倭名类聚抄》卷六：诸蕃入朝，调度帐幕、鞍鞯、鞦辔，量事供给。

402《倭名类聚抄》卷五（仁井田陞引作那波本卷十四、狩谷本卷六）：《唐式》云：鸿胪蕃客等器皿、油单及杂物，并令少府监支造。

425《倭名类聚抄》卷四《灯火部》：烽燧（火橛附）。《唐式》云：诸置燧之处，置火台，台上插橛。

440《倭名类聚抄》卷四：每城油一斤，松明十斤。

440《倭名类聚抄》卷四：灯笼（见《开元式》）。

441《倭名类聚抄》卷四：每城灯盏七枚。

532《倭名类聚抄》卷六：唐《秘书省式》：写书料，每月大墨一挺。

534《倭名类聚抄》卷六：染麻纸廿五张，榖纸五十张，褾袯廿张。

558《倭名类聚抄》卷四（仁井田陞引作那波本卷十二、狩谷本卷四）：《唐式》云：少府监，每年供蜡烛七十挺。

559《倭名类聚抄》卷四：行床牙脚。

586《倭名类聚抄》卷六：剉碓一具。

589《倭名类聚抄》卷六：诸府卫士，人别弓一张，征箭卅只。

590《倭名类聚抄》卷六：弓袋。

591《倭名类聚抄》卷六：诸府卫士弦袋。

591《倭名类聚抄》卷五：诸府卫士，人别行缠一具。

595《倭名类聚抄》卷五：卫尉寺六幅幕。

《延喜式》，〔日〕藤原忠平等奉敕撰，《新订增补国史大系（普及版）》，吉川弘文馆平成元年 4 月。

286《延喜式》卷二一《治部省·祥瑞》：景星（德星也。或如半月，或如大星而中空)、庆云云云。

397《延喜式》卷三二《大膳上·新尝（祭）》：宴会杂给。亲王以下、三
  位已上并四位参议：人别饼料粳米、糯米各八合云云。

400《延喜式》卷二一《玄蕃寮·诸蕃》：凡诸蕃使人，将国信物应入京者
  云云。

463《延喜式》卷二九《刑部省·医药》：凡狱囚应给衣粮、荐席、医药
  云云。

545《延喜式》卷二〇《大学寮·释奠》：牲者，皆载右胖，体十一，前脚
  三节云云。

545《延喜式》卷五〇《杂式·诸国释奠》：牲者，皆载右胖，前脚三节
  云云。

《令义解》，〔日〕清原夏野等奉敕撰，《新订增补国史大系（普及版）》，吉川弘文馆，昭和63年11月。

586《令义解》卷五《军防令》俑戎具条：凡兵士，每火……剉碓一
  具……。

602《令义解》卷二《户令》造计帐条：依式造帐（谓造计帐模样也）连
  暑（署）。

《本朝文粹》，据〔日〕宫城荣昌：《延喜式の研究（论述篇）》，第四篇第二章《延喜式の性格》，大修馆书店，1957。

197《本朝文粹》卷二《官符》：案唐《式》：昭文、崇文两馆学生，取三
  品已上子孙云云。

《政事要略》，据〔日〕虎尾俊哉：《弘仁式贞观式逸文集成·刑

部省》，国书刊行会，平成4年12月。

463《政事要略》天历四年十月十三日符：检《（刑部）式》条，狱囚应
　　给衣粮、荐席、医药云云。

**《入唐求法巡礼行记》，〔日〕圆仁撰，顾承甫、何泉达点校，上
海古籍出版社，1986；〔日〕圆仁撰，白化文等校注：《〈入唐求
法巡礼行记〉校注》，花山文艺出版社，1992。**

312《入唐求法巡礼行记》卷四：会昌四年，唐国恒《式》：三长月不许敕
　　命，今上则不然也。

352《入唐求法巡礼行记》卷一：又大唐国今帝讳"昂"（即云名），先祖
　　讳"纯"（淳）云云。

367《入唐求法巡礼行记》卷一：开成四年正月一日甲寅，是年日也。官
　　俗三日休暇云云。

367《入唐求法巡礼行记》卷四：会昌五年，寒食，从前已来，准《式》
　　赐七日暇。

附录二

《唐式辑佚》引证及
参考书目与论文

一 中文书籍（凡引据资料已列书目，此处一般不录）

《新五代史》，（宋）欧阳修撰，中华书局，1974。

《续资治通鉴长编》，（宋）李焘撰，中华书局，1979。

《历代刑法志》，群众出版社，1988。

《睡虎地秦墓竹简》，睡虎地秦墓竹简整理小组，文物出版社，1978。

《唐大诏令集》，（宋）宋敏求编，洪丕谟等点校，学林出版社，1992。

《庆元条法事类》，（宋）谢之肃等撰，中国书店据燕京大学图书馆藏版
　　印行。

《罗雪堂全集·续编》第 18 册，罗振玉辑录《神龙删定散颁刑部格残卷》
　　（杨家骆主编中国史料系编《中国法制史料》第 2 辑第 1 册，台湾鼎
　　文书局印行）。

《罗雪堂全集·三编》第 5 册，罗振玉辑录《水部式》（杨家骆主编中国
　　史料系编《中国法制史料》第 2 辑第 2 册，台湾鼎文书局印行）。

《敦煌宝藏》，黄永武主编，台湾新文丰出版公司印行，第 48 册。

《历代刑法考》，（清）沈家本撰，中华书局，1985。

《九朝律考》，程树德著，商务印书馆，1927。

《白居易集》，（唐）白居易撰，顾学颉校点，中华书局，1979。

《〈龙筋凤髓判〉校注》，（唐）张鷟撰，田涛、郭成伟校注，中国政法大学出版社，1996。

《李靖兵法辑本注译》，邓泽宗，解放军出版社，1990。

《唐两京城坊考》，（清）徐松撰，中华书局，1985。

《大唐新语》，（唐）刘肃撰，许德楠、李鼎霞点校，中华书局，1984。

《因话录》，（唐）赵璘撰，上海古籍出版社，1957。

《隋唐嘉话》，（唐）刘餗撰，中华书局，1979。

《朝野佥载》，（唐）张鷟撰，中华书局，1979。

《杜阳杂编》，（唐）苏鹗撰，中华书局上海编辑所排印本。

《高力士外传》，（唐）郭湜撰，上海古籍出版社，1985。

《通志二十略》，（宋）郑樵撰，王树民点校，中华书局，1995。

《太平御览》，（宋）李昉编，夏剑钦等校点，河北教育出版社，1994。

《太平广记》，（宋）李昉等编，华飞等校点，团结出版社，1994。

《事物纪原》，（宋）高承撰，中华书局，1989。

《敦煌吐鲁番唐代法制文书考释》，刘俊文著，中华书局，1989。

《隋唐五代经济史料汇编校注》（第 1 编下册），王永兴著，中华书局，1987。

《唐令拾遗》，〔日〕仁井田陞著，栗劲、霍存福、王占通、郭延德编译，长春出版社，1989。

《唐仆尚丞郎表》，严耕望著，中华书局，1986。

《中国法律对东亚诸国之影响》，杨鸿烈著，中国政法大学出版社，1999。

《隋唐历史文献集释》，吴枫著，中州古籍出版社，1987。

《唐五代书仪研究》，周一良、赵和平著，中国社会科学出版社，1995。

《唐勾检制研究》，王永兴著，上海古籍出版社，1991。

《唐代法制研究》，刘俊文著，台北文津出版社，1999。

《秦律通论》，栗劲著，山东人民出版社，1985。

《唐律与唐代法律体系研究》，钱大群著，南京大学出版社，1996。

《唐帝国的精神文明——民俗与文学》，程蔷、董乃斌著，中国社会科学出版社，1996。

《唐代铨选与文学》，王勋成著，中华书局，2001。

《唐五代志怪传奇叙录》，李剑国著，南开大学出版社，1993。

《隋唐五代史研究概述》，张国刚著，天津教育出版社，1996。

《中国法律史研究在日本》，俞荣根等，重庆出版社，2002。

二　中文论文

《天宝令式表与天宝法制——唐令格式写本残卷研究之一》，刘俊文，《敦煌吐鲁番文献研究论集》（三），北京大学出版社，1984。

《敦煌写本唐开元水部式校释》，王永兴，《敦煌吐鲁番文献研究论集》（三），北京大学出版社，1984。

《关于编纂〈唐式辑逸〉的规划与进展——兼论唐式的性质与地位》，霍存福，"中国法律史国际学术讨论会"提交论文，1989年2月。

《令式分辨与唐令的复原——〈唐令拾遗〉编译墨余录》，霍存福，《当代法学》（长春）1989年第3期。

《论礼令关系与唐令的复原——〈唐令拾遗〉编译墨余录》，霍存福，《法学研究》1990年第4期。

《唐式逸文的遗存及搜集情况》，霍存福，《中国法律史国际学术讨论会论文集》，陕西人民出版社，1990。

《从几件敦煌吐鲁番文书看唐代法律形式——式》，冯卓慧，《法学研究》1992年第3期。

《唐式性质考论》，霍存福，《吉林大学社会科学学报》1992年第6期。

《传世文献中所见唐式辑存》，韩国磐，《厦门大学学报》（哲社版）1994年第1期。

《唐式与日本式的比较研究》，霍存福，《中外法律史新探》，陕西人民出版社，1994。

三　外文书籍

《本邦残存典籍による辑佚资料集成（正续）》，〔日〕新美宽撰、铃木隆
　　一补，京都大学人文科学研究所，1968。

《弘仁式贞観式逸文集成》，〔日〕虎尾俊哉编，国书刊行会，平成4年12
　　月版。

《交替式》，《新订增补国史大系》（普及版），吉川弘文馆，平成元年
　　4月。

《延喜式の研究（论述篇）》，〔日〕宫城荣昌著，大修馆书店，1957。

《延喜式》，〔日〕虎尾俊哉著，吉川弘文馆，平成元年5月第7刷。

《令义解》，〔日〕清原夏野等奉敕撰，《新订增补国史大系（普及版）》，
　　吉川弘文馆，昭和63年11月印刷。

《大唐六典》，（唐）李隆基御撰、李林甫奉敕注，〔日〕广池千九郎训点、
　　内田智雄补订，广池学园事业部，昭和48年12月刊行。

《译注日本律令五·唐律疏议译注篇一》，日本律令研究会编，东京堂出
　　版，昭和54年初版。

《译注日本律令六·唐律疏议译注篇二》，日本律令研究会编，东京堂出
　　版，昭和59年初版。

《译注日本律令七·唐律疏议译注篇三》，日本律令研究会编，东京堂出
　　版，昭和62年初版。

《唐令拾遗》，〔日〕仁井田陞著，东京大学出版会，1983年1月复刻版。

《支那法制史研究》，〔日〕泷川政次郎著，有斐阁，1940。

T. Yamamoto, O. Ikeda and M. Okano, Tun – huang and Turfan Documents
　　concerning Social and Economic History. I, Legal Texts.　（B）Plates,
　　TōyōBunko, 1978.　（A）Introduction & Texts, TōyōBunko, 1980。

四　外文论文

《唐兵部式と日本军防令》,〔日〕泷川政次郎,《法制史研究》第2号。

《唐军防令と烽燧制度——泷川博士の批评に答えて》,〔日〕仁井田陞,
　　《法制史研究》第4号。

《故唐律疏议制作年代考》(上、下),〔日〕仁井田陞、牧野巽,《东方学
　　报》(东京) 第1册,1931。

O. Ikeda, Proceedings　of　the Conference on Sino – korean – Japanese Cul-
　　tural Relations, April　24 ~ 30, 1983. TaiPei, Taiwan。

后　记

　　本项目研究，曾在 1993 年获得"吉林大学笹川良一优秀青年教育基金项目"的立项资助。当时申报的研究成果形式为专著，计划至 1996 年完成。原题为《唐式辑佚与式文研究——兼与日本〈延喜式〉比较》，现在看来是无法全面地与《延喜式》进行比较研究了。原因之一是二者的差距较大，唐式的逸文太少，难以进行一一的比较。好在书中随处尽可能地进行了唐日两式异同情况的有关说明，对该问题有一定的涉及，大体可以弥补这方面的缺憾。

　　近十年来，日本笹川良一基金会一直给我邮寄有关基金活动方面的材料，迄今没有中断过。在笔者进行全书校对的今天，恰好又收到了他们的函件。这种关心和期待，一直是我完成并完善该项研究的动力之一。在此，我对他们的对于我作为受资助者的期冀和关心，表示深深的敬意和谢意。

　　感谢吉林大学社会科学研究处原刘桂云处长等人给予我的帮助和支持，他们对该项目进行的全过程都给予了极大的关注。在北京大学学习的来国龙同志，曾为我提供了黄永武博士主编之《敦煌宝藏》第 48 册第 195～198 页的复印件（台湾新文丰出版公司印行），这是我最早读到唐人郑余庆《大唐新定吉凶书仪》

所收《祠部新式第四》的资料。另外，在本书杀青时，法学院两位青年教师潘宇、邓勇及博士研究生刘晓林、冯学伟，先后参与了全书的校对和注释体例的统一工作，在此一并致谢。

著　者
附记于 2009 年 5 月

作者简介

霍存福　男，1958 年 5 月生，河北省康保县人，法学博士，吉林大学法学院、吉林大学理论法学研究中心教授，博士生导师。主要研究领域为法律史、法律文化。1998 年获得国务院政府特殊津贴，2000 年入选教育部"跨世纪优秀人才培养计划（人文社会科学）"第三批人选，2005 年被收入《当代中国法学名家》（第 1 卷）介绍；主持国家社科基金项目和教育部项目 6 项。出版专著有《权力场——中国人的政治智慧》（2006 年获教育部"第四届中国高校人文社会科学研究优秀成果奖"法学类三等奖）、《复仇·报复刑·报应说：中国人法律观念的文化解说》（2007 年获吉林省第七次社会科学优秀成果三等奖）；译著有《唐令拾遗》（与栗劲等合译）；参与主持《中国法制通史·元》、《中国法律思想通史·清代》编写（均为副主编）；在《法学研究》、《吉林大学社会科学学报》、《法学家》、《法制与社会发展》等杂志发表论文 60 余篇。在秦代、唐代、元代法制史和先秦、清代法律思想史、传统法律文化研究方面有一定建树。

中国法制史考证续编 · 第八册（全十三册）

唐式辑佚

主　　编／杨一凡
著　　者／霍存福

出 版 人／谢寿光
总 编 辑／邹东涛
出 版 者／社会科学文献出版社
地　　址／北京市西城区北三环中路甲 29 号院 3 号楼华龙大厦
邮政编码／100029
网　　址／http：//www. ssap. com. cn
网站支持／（010）59367077
责任部门／人文科学图书事业部　（010）59367215
电子信箱／bianjibu@ ssap. cn
项目经理／宋月华
责任编辑／魏小薇
责任校对／吴小云

总 经 销／社会科学文献出版社发行部
　　　　　（010）59367080　59367097
经　　销／各地书店
读者服务／市场部（010）59367028
印　　刷／三河市文通印刷包装有限公司

开　　本／787mm×1092mm　1/16
印　　张／41.5（全十三册共 365 印张）
字　　数／497 千字（全十三册共 4351 千字）
版　　次／2009 年 8 月第 1 版
印　　次／2009 年 8 月第 1 次印刷

书　　号／ISBN 978-7-5097-0821-7
定　　价／4600.00 元（全十三册）

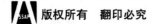